尼雷尔文选
第二卷
自由与社会主义
1965~1967

〔坦桑〕朱利叶斯·尼雷尔 著

李 琳 徐宜修 王 磊 译

张忠祥 译校

华东师范大学出版社

"东非历史文化丛书"编委会

主　任：童世骏
副主任：任友群　沐　涛

委　员（按姓氏笔画为序）：
丁树哲　艾周昌　任友群　李安山　刘鸿武
沐　涛　张宏明　俞　斌　洪永红　舒运国
童世骏

《尼雷尔文选》（四卷）

总策划：任友群　沐　涛
统稿人：沐　涛　王　磊

目 录

序————1
前言————1
1. 坦桑尼亚的长征是经济长征————1
2. 解散独立议会————3
3. 与西方的关系————15
4. 坦桑尼亚受到不公正的指控————19
5. 应对麻风病————21
6. 东非合作问题————23
7. 失业不是问题————31
8. 广播竞选————33
9. 非洲历史大会————39
10. 新国民大会开幕————44
11. 农业是发展的基础————58
12. 阅读的重要性与乐趣————60
13. 司法与人民————62
14. 非洲的荣誉————66
15. 新的贸易模式————82
16. 领导人绝非老爷————84
17. 南部非洲背景下的罗得西亚————90
18. 坦桑尼亚经济————101
19. 坦桑尼亚银行落成典礼————116
20. 大学的角色————119
21. 原则与发展————126

22. 泛非主义者的困境——143

23. 非洲不可内斗——152

24. 教师的力量——156

25. 外汇储备——161

26.《阿鲁沙宣言》:社会主义和自力更生——163

27. 坦桑尼亚的公有制——177

28. 社会主义不是种族主义——182

29. 经济民族主义——186

30. 为自力更生而教育——190

31. 非洲统一条件的新视角——209

32. 通向社会主义的多条道路——217

33. 对工会的演讲——225

34. 人是最终目的——228

35. 东非条约——238

36. 赞比亚与坦桑尼亚——240

37. 社会主义与农村发展——246

38. 外交政策——268

39.《阿鲁沙宣言》之后——283

40. 学校的发展——303

序

在《自由与统一》的前言中我说过,一本书的问世是集体努力的结果,为此,我要感激许许多多的人。在过去3年里,本书的策划和出版环境没有变化,因此我只能重复我的谢忱。

我在发表本书收录的演讲和文章期间,坦桑尼亚人民已经众志成城地投入到比独立时期更为艰苦卓绝的斗争中去了。坦噶尼喀非洲民族联盟[①]全国执行委员会、我本人以及其他坦盟和非洲—设拉子党的领导人都表达了对社会主义的坚定信念。我们了解到了农村和城镇里的问题和想法,并使之成为一般原则和政策制定的依据。因此,我要重申一遍:本书出自坦桑尼亚共和国的人民之手。本书力图从政策制定的角度来表述人民基本的愿望和想法。人民是灵感的源泉,他们接受了建议,并以实际行动表达了对政策的支持。

我尤其要感谢政府、坦盟和非洲—设拉子党的同事们。他们一次又一次地与我就具体问题进行讨论,并将讨论的结果和想法对全国人民进行广泛宣传。没有他们的努力和对工作的热忱,农民和工人们的问题将始终无法得到解决。

借此机会,我还要代表全国人民感谢坦桑尼亚公共事业部门的工作人员,尽管他们没有直接参与到政策制定的讨论中去,但坦桑尼亚正在开展的全新事业离不开他们的付出。如果坦桑尼亚继续走资本主义道路,那么公共事业部门、当地政府机构、军队、警察、医生、审计员、管理者等,也许仍然属于坦桑尼亚的特权阶层。而我们选择了社会主义道路,他们就要承担更繁重的工作,同时没有机会实现个人富裕。对于他们的爱国、忠诚,以及他们愿意接受人民的意愿、为了实现国家目标而不懈努力的精神,我们致以崇高的敬意!无论现在还是未来,我们事业的成功在很大程度上都离不开他们的付出。

---

① 以下简称为"坦盟"。——译校注

本书的出版还离不开以下几位的特殊贡献。在此要感谢我的私人助理琼·威肯女士,她负责了本书的研究和许多其他工作。还要感谢贝蒂·休斯、琼·赛可希尔拜和埃丝特·姆温茵瓦几位女士,本书中的演讲和文件的打字、初稿及终稿的工作都是由她们完成的。同时感谢芭芭拉·布鲁姆太太编制了本书的索引。

最后,感谢编辑和出版社允许我将作品的原稿出版;还要感谢坦桑尼亚信息部的摄影师们,他们精彩的照片令本书增色不少。

朱利叶斯·尼雷尔
1968年8月

前　言

　　这篇前言可以看作是本书演讲和文章中提及事情发生的社会背景,但我的初衷并不在于此。从很大程度上来讲,书中的很多事情在介绍时已经提到了当时的背景、事情的起因;其他文中没有提到的,读者也不难发现在之前的铺垫段落里也已经给出了充分的信息。因此,我希望在这里更加详细地阐述社会主义这一坦桑尼亚的目标,以及为实现这一目标坦桑尼亚应当如何努力。

　　1961年12月,坦噶尼喀刚刚取得独立,坦盟就修改了宪法,将社会主义正式定为国家发展的目标。无论是与桑给巴尔联合之前的政府,还是联合之后成立的新政府,都采取了一些相关的立法和政策。这些立法和政策无不表明社会主义这一目标已经被坦桑尼亚人民全面接受。但是,由于缺乏可为人民广泛接受、简单易懂的社会主义理念和政策的解读,由此引发的问题也日益严重,政府和政党的某些措施导致非社会主义机构、价值观及态度的滋长。出现这一情况,是因为我们对社会主义的理解还不到位。因此,1967年初《阿鲁沙宣言》的颁布,标志着坦桑尼亚迈出了重要的一步。《阿鲁沙宣言》以及之后的政策陈述,明确了社会主义对我们国家,尤其对国家领导人的要求。

　　但是《阿鲁沙宣言》仅仅是个开始。坦桑尼亚现在还不是社会主义国家。目前坦桑尼亚人民坚定要走社会主义道路,可实际工作几乎还没展开。社会主义不是由政府决定而实现的,也不是由议会通过法案就能建成的。靠国有化或设计蓝图,我们国家不可能实现社会主义。建设社会主义要困难得多,也漫长得多。

乌贾马是坦桑尼亚的社会主义

　　社会主义对我们来说意味着什么呢?我们怎样才能前进?这些问题的答案在某些方面体现在我们选择什么样的词来描述我们的目标。"乌贾马"这个词被选来陈述我们的社会主义政策并不是偶然的;我们选它并不仅仅是因为想在斯瓦希里语里找一个与"社会主义"对应的词。斯瓦希里语在不断发展,不停地在吸收新的外来语,比如我们会把其他国家的政策叫作"社会主义"。选"乌贾马"这个词是有特殊原因的。首先,它来自于非洲的语言,因此突出了社会主义的非洲特色。其次,它的本意为"一家人",人们自然而然就会联想到一家人团结互助的寓意。

通过"乌贾马"这个词,我们传达了这样一种思想:社会主义建立在我们过去的基础上,要按照我们自己的意愿来建设。单纯地借用社会主义的理念,不顾坦桑尼亚的国情,是不可取的。我们特意决定了要按照我们的传统来建设社会主义,只是要有特别的建设方向、发展目标。我们突出了传统社会组织形式的某些特征,并将之发扬光大,来适应当今科技的发展,帮助我们更好地面对20世纪世界生活提出的挑战。

突出传统的特征,意味着我们要努力创造出属于我们民族自己的东西,走坦桑尼亚特有的道路。这并不是说我们不再建设社会主义。

社会主义是国际化的思想体系,其理念与信仰与人类社会密切相关,并不局限于坦桑尼亚的居民或非洲公民。但正因为它的普世性,所以它一定与坦桑尼亚的公民也紧密相连。这样一来,它也一定能适用于我们的国情,适应造就我们国家的地理环境和历史背景。它不会将每个人变得千篇一律,无论这个人是来自乌扎那奇、胡南、科尔切斯特,还是来自乌普萨拉。只有当考虑到不同人的差异,而且对不同的人来说同样适用时,社会主义才具有普世性。它也确实做到了。社会主义的普世性并不意味着不同社会的社会机构、风俗习惯或语言必须是单一的、一致的。一百个成功的社会主义国家完全可以有一百种不同的组织形式、社会风俗习惯以及政策阐述的方式,并不是说称呼人民为"同志",才是社会主义,在社会主义社会也没有必要必须坚持民间的结婚仪式。同样,高度集中的经济形式也并不是社会主义的内在组成部分。我认为,世界上不同的社会主义社会在很多方面都会不同,即使取得了全面发展的时候也是如此,而不会像现在这样,停留在实现社会主义的不同阶段。这些社会的差异会反映出发展方式和历史沿革的不同。

如果就此认为不同的社会主义社会存在的差异会导致"社会主义"失去意义,或者认为这个概念过于模糊,不适合作为年轻国家的社会发展目标,那就大错特错了。无论在哪个社会主义社会,你都会发展相同的价值观念和本质特征,而这些在非社会主义国家是不存在的。正是这些价值观和特征的存在,才造就了一个社会主义社会。在正在建设社会主义的国家里,这些价值观和特征不一定会找到,因为很明显,转型中的社会还没有实现目标。在一个建设中的社会里发现的这些价值观和特征越多,这个社会就越接近于社会主义。现实与目标的差距,告诉了我们还有多长的路要走,还有多少工作有待完成。通过检视坦桑尼亚具备多少这些社会主义的必要因素,能够让那些了解坦桑尼亚的人们知道,我们的国家还有多少重任。

什么是社会主义社会?

当判断某个社会是否是社会主义社会时,应当看什么呢?社会主义社会中不同的机构和组织背后有什么共同的特征和价值观吗?

首先也是核心的一点是,在社会主义制度下,人是所有社会活动的目的。为人民服务,促进人的发展,才是社会本身的目标。这是至高无上的目标——不是"国家"的荣光,不是产量的增加——对于社会主义社会来说,没有什么比认同"人是存在的理由"更为根本了。

在某种意义上,社会主义的所有其他特征都服从于这个特征。但是从人类历史发展的角度来说,有一件事情不容置疑。"人"这个词对于社会主义者来说,意味着所有人,意味着全人类,无论是男人还是女人,无论是黑人、白人、棕色皮肤的人,还是黄种人,无论是鼻梁高还是鼻梁低,受过教育还是没受过教育,聪明还是愚蠢,强壮还是弱小,所有这些,以及所有其他分类,都无法改变这一事实:社会上所有成员——每一个被服务的对象——都是平等的。

人类的平等也许容易被科学证明,也许相反。但是接受它作为社会生活的基本前提,是社会主义的核心和本质。怀疑人类平等的人不可能是真正的社会主义者。如果一个社会在它的组织形式上、行动上,依照社会成员的出身、籍贯、外表、宗教信仰,而不是根据他们对待其他社会成员的方式,歧视或者允许歧视社会成员现象的存在,那么这个社会就不是社会主义社会;同样,种族主义、部落主义、或者宗教排它现象的存在,也意味着该社会并不是社会主义社会,无论它具有什么其他属性。而一个人人平等的社会,则极有可能是社会主义社会,因为社会主义的组织形式就是将人的多样性用来实现全人类的共同利益。社会主义作为一个体系,将人类不平等转化成为人类平等服务。换言之,人类的平等就是社会主义的信仰。

维护人的尊严,应当主动遵循两个社会主义社会的基本特征。任何一个社会都不会允许损害或者侮辱它的目的。而以人为本的社会能促进人的尊严和发展,有利于全体社会成员。在这一点上不应当设立界限。社会主义社会寻求维护人类平等,无论在这方面它的能力多么有限,它也绝不会做出任何有损人类尊严的事情。

民主是社会主义社会的另一本质特征。人类平等必须在政治组织上体现出来,每个人都是政府的平等的一分子。无论采取什么方式来实现这一原则,人民(这里指的是整个社会所有的公民)必须是至高无上的。实现这一至高无上的地位的同时,不能破坏法律和社会秩序,或者社会的管理。换言之,必须建立机制保证人民能够和平地实现意愿,依法实现对法律的变革,在正常的社会体制的框架内更换领导人。如果社会太大,直接的民主(即由人民直接管理)无法得到保证,那么必须通过自由选举,上述的情况才能顺利实现。但是选举并不是民主的开始和结束。人民自行选择代表固然重要,但是人民代表有自由,也有能力有效处理职责范围内的事情同样重要。如果社会的各个层面——经济的、社会的和立法的机构——不重视、不推动人人平等的话,是无从实现民主的。一个经济或人民的社会地位都不平等的社会的政治民主,往好了说是不够完美,往坏了说是彻头彻尾的骗局。

因此,社会主义社会是由劳动者组成的——也只能是由劳动者组成。每个成员都要为整个社会创造财富而出一份力,同时他也会得到与付出相应的回报。只有小孩、失去劳动能力的老人、病人才可以免除劳动的责任,其他人都被赋予了这项责任和权利。因为,劳动不仅仅是回报社会的责任,它也是每个人的权利。任何失去了为自己、为他人、为社会做有益事情能力的人,都需要得到补偿,也应当得到补偿。儿童需要食物、关爱,这是显而易见、毋庸置疑的。病人和残疾人也有他们的权利,他们丧失了劳动能力,但应当同样有东西吃、有衣服穿和有地方住。社会应当对任何一个失去生活自理能力的人负起责任。社会主义制度下不应当有"永久性失业"的群体,而在发展中国家,尤其是坦桑尼亚,技术进步和经济灵活性意味着我们在一些人接受新的技能培训时需要帮扶他们,一直到取得第一次丰收。

除了上述群体,社会主义社会里的每一个人都是劳动者。若非如此,社会主义将不复存在,贫穷会导致整个社会难以为继。但是这里的"劳动者"指的是每一个劳动的人:自耕田里劳作的农民,合作农场里的社员,照看孩子、家人的妇女。这些人都没有领取工资,但是他们帮助了整个社会商品以及福利的增长。也没有必要在工薪阶层和办公室工作人员、管理层、专家之间进行区分。所有通过自己的劳动为社会做贡献的人都是劳动者。

因此,社会主义社会不存在人剥削人的现象。不会再有无所事事的"主人"使役其他人在"他们"的地里或"他们"的工厂里干活。社会不同成员之间的收入也不会出现极大的不平等。有争议的地方在于一个极其聪明的人,或者一个特别勤劳的人,对社会做的贡献比那些没有这些素质的人要多,他因此得到了更多的报酬。即便如此,有哪个人工作的价值会是另一个人的100倍之多?有些工作要想有效完成,必须要有额外的设施,比如说教师或管理人员需要有一个能够安静学习的地方,需要某一种类的书等条件。但是会出现有人仅有一张床的空间,而有人却需要一座宫殿的情况吗?

还有一种剥削形式是社会主义社会应当避免的,也是很容易出现的。如果一个人偷奸耍滑,只顾自己利益,不肯按时完成一天的工作,不肯和同事配合,那么他就是在剥削他人。社会有权也有责任杜绝这种现象,防止出现因生产工具和交换方式的私人占有而出现剥削。

这是社会主义社会的又一特征。社会主义的组织形式是生产工具和交换方式牢牢掌握在人民手中。这种形式的掌控并不仅仅意味着阻止负面事情的发生,它也可以用作积极的层面——可以扩大工厂规模,增建新厂,风险投资,等等。基本上可以确定的是,国民经济中的重要部门都是公有的,在所有制方面可以区分一个社会是社会主义的还是非社会主义的。有些社会会想出其他办法,对经济进行积极干预,杜绝剥削现象的出现。这也许并不常见,但是有可能实现,前提是社会主义的其他本质特征仍然存在,那么这个社会仍然是一个社会主义社会。

有必要指出的是,公有制有很多形式,但是目的只有一个,就是保证没有剥削,社会不会出现不公平的现象。因此,人民可以通过选举出来的中央政府或当地政府来掌控所有权,或者可以通过合作社或其他组织体现。这取决于相关的技术和社会的其他做法和愿望。最根本的一点是,没有哪个个人或群体能够利用拥有的权力,绑架社会或他人,为自己谋利。

很明显,这并不排除与单个劳动者或家庭息息相关的生产资料的私有制。这么说只是为了吓退那些妄图走资本主义腐朽道路的人。农民可以有锄头,木匠可以有锯,劳动者可以拥有自己的工具,用来作为双手的补充。同样,一个家庭可以有房子住,有家具设施来提升生活的舒适度。当人们需要合作共同实现某个目标时,公有制才会出现。两个人使用一个工具,他们必须公平使用。当某一产品同时是他人生活必需品时,他们也有权参与进来决定产品的归属。任何认为所有生活用品都必须国有或集体所有才是社会主义的说法,都是愚蠢之极、挑拨离间的。

还有一种恐吓人民的妄言,说社会主义不存在个人自由。社会主义的目的是扩大人民的真正自由,提高人民的尊严与幸福指数。最明显表现在社会的法律得到普及,法律面前人人平等,不会有人无缘无故遭到"社会公仆"们的逮捕和迫害。依法治国是社会主义的一部分。不依法治国,社会主义也不可能实现。依法治国本身并不是社会主义,但是社会主义离不开依法治国。因为这是在社会生活中体现人人平等的一个方面。

社会主义社会最后一个特征是它所强调的价值观。在封建社会或贵族阶层,出身是最重要的。如果你的父母是上层人物,那么你也会享有经济特权和社会地位。在资本主义制度下,个人财富是最重要也是唯一一个衡量社会地位的因素,竞争是最为推崇的美德——即使理论上不是,实践中也是。而社会主义社会的价值观与上述都截然不同。首先,社会结构和宣传教育会强调人与人之间的合作精神——要与朋友和邻居友好合作——而不是个人的野心。其次,社会地位最高、声望最高的是那些奉献了自己的一切,全心全意为人民服务的人,而不是个人成就最高的人。财富的多寡并不会成为评价一个人的标准。社会主义社会中,成功意味着通过积极为社会服务,为社会的繁荣发展做出贡献,从而赢得人们的尊重和爱戴。

所有这些就是社会主义社会的特征。当你在一个社会中发现这些特征时,你就可以断定它是社会主义社会。如果只发现了部分特征,那么这个社会就是部分社会主义的——或者说,它有社会主义的因素。如果一个社会正做出不懈努力来建设这些价值观和组织体系,那么这就是一个朝着社会主义方向前进的社会。

社会主义和财富的创造

无论是在《阿鲁沙宣言》颁布之前还是之后,坦桑尼亚的政府和政党都一直在强调财富创造,即增加产量的必要性。我们要将这一点延续下去,因为我们的国情决定了社会主义的目的是商品数量的丰富,从而可以更多地用于社会服务、分配和投资。现在我们国家还很穷,人民饱受疾病和无知之苦,就是因为我们没有生产出足够的财富来击退这些恶魔。如果想让人们生活得有尊严,那么我们必须要增加产量。现有财富还不能公平分配;国民人均收入大约是每年400先令到460先令。增产是我们国家计划的头等大事,是我们实现其他目标的前提基础。

强调这点非常有必要,因为财富创造的本身并不是社会主义的目的。生产的目的永远都是为了全人类的幸福。生产商品是因为它们实用,是为了让人们生活得更加美好。对于坦桑尼亚人来说这很明显,甚至大多数人都会奇怪我为什么要说这些,因为充裕的食物、砖瓦、房梁、炉子、椅子、桌子、床、衣服等林林总总的东西会让生活更舒适,这再明显不过了。但是我们面临着这样一种误区,即"财富"代表的是我们在国外杂志(甚至是国内杂志)上、电影里看到的消费品。陷入这一认识上的误区,我们就会认为大量生产消费品才是衡量国家或经济发展的标准。

社会主义者是不会这么看的。他会问:现在生产的是哪种产品? 在什么情况下生产的? 对整个社会有什么影响? 对于社会主义者来说,为那些人们从来不会想到去用、没有消费需求,只有少数人希望用来盈利的东西"创造市场"没有必要。但是在资本主义社会这是最常见不过的事情,这是资本主义的内在属性。这样的例子不胜枚举。这里我仅举两个例子。我听说过,在有的社会买电动牙刷是一种荣耀——也许刷牙需要的力气已经超出正常人类的能力范围吧! 还有一种更匪夷所思的产品,厂家一直在大力向另一个资本主义国家的人们推销,就是一种"不会洒出来的托盘"。据说用这种托盘,即使晃来晃去,杯子里的水也不会洒出来! 推销这种产品的广告在资本主义社会随处可见,他们的报纸、电视不遗余力地暗示人们:如果你不买这种一无是处的产品,那么你就落伍了! 换言之,他们努力让人们心理产生一种不满足感,不买这种"宣传"的产品,人们就会感到失落,所以只要有钱就有人去买。这就是所谓的"创造市场"。据说只有"创造市场",社会才会"进步",才会增加国民收入,才会"让消费者有选择的自由"。

如果这些产品生产销售的同时,其他人的价值被忽略或者牺牲了,那么社会主义者面临这种情况时是不会为这种价值观动摇的,也不会为"实行消费者权利的自由"这种说辞所打动。很难想象,在一个国家,一方面大力宣扬这种"市场创造",另一方面人民生活极度贫困,缺乏教育资金,免费的医疗保险社会都无力承受!创造财富的目的是为了人,这是社会主义生产的目的,这样的目的会有不同的结果。电动牙刷和不会洒出来的托盘,即使是生产出来了,也要等到基本需求得到满足之后再投向市场。

对于社会主义者来说,生产的第一要务是产品的生产和分配要保证每一个社会成员有东西吃、有衣服穿、有地方住,能够保障温饱。其他的产品只有当他们能促使这一目标早日实现时才有必要生产。除了这些基本的需求,社会主义社会更加注重生产对社会有利的东西,更优质的教育设施、医疗服务、社会公共活动场所,如图书馆、社区中心、公园等。同时它会分配资源给与生产无关的社会价值观上——像提高劳动报酬,改善工作条件,美化自然环境,保护我们生活的这个世界。当然,即使基本的工作没有完成,也有必要花一些时间、精力、金钱在这些非消费者产品上,因为这些会影响人们的生活方式。举个例子来说,在城里建房子时,即使不能立刻建成,也要规划公共的空间,为公共建筑预留地方;有必要的话,要花最少的钱,保护自然景观和野生动植物。因为有的东西一旦消失,将不复存在。

因此,在社会主义社会,人类作为消费者并不是"万物之首"。相反,人作为个体渴望得到尊严,无论从个人还是社会角度来说都是消费者,也是生产者。社会主义认为人的社会生活是不可分割的,每个人和他的生活都是一个整体,如果他有参加选举的自由却食不果腹,他也不会快乐;如果是一个奴隶,即使衣食无忧,他也不会快乐。在社会主义社会,人们团结起来,携手创建所在的社会,每个人不同的需求和合作的社会价值都会被充分考虑,只会优先照顾那些有紧急需求的人,并不会不分情况地否定。

在坦桑尼亚,财富增长、人民生活富足是最紧急的事情,但是我们不允许因为满足这种需求破坏人人平等,损害人的尊严。我们要在扩大社会财富的同时,尽可能地重视其他价值的创造。

社会主义是世俗的

社会主义与人的社会生活方方面面都息息相关,并不意味着人不能作为个体而存在。每个人都是独一无二的,每个人都有个人隐私。社会在必要时有权力规范、鼓励或打击那些影响社会其他成员的行为。对于那些纯粹私人的事情,社会不会干涉。一旦一个人履行了对社会的责任,那么他在空闲时间画画、跳舞、写诗、踢球还是静坐就与社会主义无关;他是否信仰上帝,是否参加宗教仪式,还是在其他地方祈祷,这些都与社会主义无关。

社会主义关注的是人的社会生活。人与上帝的关系是他个人的事情;他是否相信有来世也是他的私事。只要他的行为不会影响到其他社会成员的相关私人权利,那么他的事情就与别人无关。举例来说,如果对一个人来说,无论他身在何处,在一天的早上和晚上的特定时间要进行祈祷是很重要的事情,那么别人就不能干涉。但是宗教如果要求个人牺牲,提倡剥削他人,那么这些做法就是不允许的。

社会主义关注世界上人类的生活方式,并不会涉及其他地方的生活,也不会关注人的灵魂,或实现上帝意志的步骤。社会主义关心的是世俗生活。是否有上帝并不是重点。当然这建立在人人平等的基础上,但是得出这一结论可以通过很多种途径。人们可以接受人人平等,是因为他们相信是上帝创造了人类,并且有科学依据支持这个结论,或者仅仅因为他们相信这是唯一一种消除不公的社会组织形式。是否在此基础上接受社会主义不重要,重要的是他们确实接受了。

这意味着社会主义并不要求它的信仰者是无神论者。人们没有必要研究玄学,弄清楚世界上有一个神、多个神还是没有神,才能成为社会主义者,也没有必要研究到底有没有来世之类的东西,才能决定是否信仰社会主义。这些问题对某个人来说也许重要,但是与社会主义无关。讨论社会主义时涉及这些问题,只会争论不休,反而妨碍了讨论大家一致支持的事情。对社会主义和社会主义者来说,应当关注的是社会关系。至于为什么是个人的事情,社会主义和基督教、伊斯兰教和其他任何认同人人平等的宗教之间并不矛盾。

社会主义和宗教是两件不相干的事情,但这并不意味着社会主义是反宗教的。在社会主义社会,人民拥有宗教信仰自由,可以信仰任何宗教;无论宗教团体规模大小,社会主义都会努力不去做任何伤害宗教感情的事情。有时候不免会出现一些问题,比如说,由于某些宗教葬礼仪式,城市地区会出现公共卫生问题。但是即使如此,也要努力和有关人士达成一致,必须考虑到宗教感情。

这种宗教包容的必要性来自社会主义的本质。个人的宗教信仰对他本人非常重要,而社会主义的目的是人。社会主义不会为抽象的"人"服务。它的目的是实现社会成员利益的最大化。正是宗教信仰的个人性使得社会主义尽可能地不去过问宗教问题。社会主义是世俗的。世俗意味着不去推翻根深蒂固的宗教信仰,无论这些信仰在非教徒眼里看起来有多么荒唐。一些宗教习俗,如蓄长发、为宗教英雄或圣人塑像、祭酒、禁止歌舞——所有这些与教外人士毫无关系,但是对教徒来说非常重要。正因为重要,所以社会主义社会不会干涉,不会强制人们剃头,也不会强制别人蓄长发;不会禁止祭酒,但是会要求不能因为祭酒损坏公共财产;不会强制跳舞,即使要求公民要服役一段时间,其中一项就是跳舞。相反,社会主义社会保护宗教塑像不被蓄意破坏,反对携带武器,等等。社会主义将永远致力于扩大自由,而宗教自由就是人类自由的重要组成部分。

社会主义不是宗教

现在有一种很明显的趋势,一些社会主义者想要建立一种新的宗教信仰——社会主义宗教。它通常叫作"科学社会主义",把马克思、列宁的经典著作看作是社会主义的《圣经》,并把它当作评价一切思想与行动的依据。

当然,这种学说并不是以宗教的形式呈现。社会主义的拥护者们往往将宗教批判成"人民的精神鸦片",而把自己的信仰奉为"科学",但是他们的言行举止却与迂腐的神学家没什么两样。如果有人的行为不同于"科学社会主义"的传教士们在一百多年前的书里下的定义,他们就会横加指责。事实上,我们迅速达到了这个阶段:基督教不同教派之间关于《圣经》的准确含义的争执,与那些声称自己是真正的马克思列宁主义的解读者之间的争执相比,已经相形见绌了。

将社会主义变成一种宗教信仰是非常荒谬的。这并不科学,也不是马克思主义,因为无论马克思是一个多么机智和善辩的社会主义者,他永远不会说自己是从不犯错的圣人!马克思是一个伟大的思想家。他精辟地分析了他所生活的资本主义工业社会,诊断了资本主义社会的弊病,主张采取一些补救措施,促进社会的良性发展。但是他并不是神。时间已经证明,马克思在某些方面的观点是错误的,正如他在很多其他方面是正确的一样。马克思写的不是已知的真理。他的著作是勤奋思考与辛勤工作的结果,不是来自神的启示。因此,将他的著作看作是基督徒的《圣经》和穆斯林的《古兰经》般的宗教经典是不科学的。

马克思和列宁的著作对社会主义者来说是有帮助的,因为社会主义者考虑他们所处时代的客观条件,努力总结出实现目标的方法。我们可以学习他们分析问题的方法,学习他们的思想。但是过去很多的思想家也是如此。1968年,社会主义者不必纠结他的行为或建议是否与马克思或列宁的著作一致,更不会花费几个小时——更不要说几个月或几年的时间——来证明他的决定是客观的,是与马克思列宁的教义完全一致的。社会主义者的任务就是找出最好的办法,在现有的条件下达到期望中的目标;组织规划社会,解决某个问题,变革社会的某些方面,同时要强调人的重要性和人的平等。

尤其重要的是,我们非洲人必须要理解,我们在探索自己的社会主义道路时,一不小心就会被这种新的宗教信仰的说法迷惑。解决问题时,就容易把某些马克思主义宣扬者的说法等同于马克思的本意。如果这样做,我们离失败不远了。非洲的条件与马克思列宁著书的欧洲截然不同。好像一说这些思想家提供了解决所有问题的答案,或者说马克思发明了社会主义,就是在说反对非洲人民的尊严和社会主义的普世性。马克思确实为社会主义思想的完善做出了很大贡献,但是社会主义并不是马克思开创的,也不会随着对他著作的解读而结束。

一般说来,尽管坦桑尼亚还存在着一些封建部落,但是传统的坦桑尼亚社会还是有很多社会主义特征的。人们不会称自己为社会主义者,他们也不是刻意为之。所有的人都是劳动者,他们不靠剥削他人为生。社会成员之间分配的产品数量也不会有太大差异。这些都是社会主义的特征。尽管物质生活水平很低,但是传统非洲社会的组织形式与社会主义的原则是一致的。

这些情况在坦桑尼亚大部分地区都存在,在非洲很多其他地区也是如此。即使在我们的城市里,与亲朋好友分享的社会风气也非常浓厚,由此引发了很多私人问题。这些事情与马克思无关——人们以前从来没有听说过他。但是这些为建设现代社会主义提供了基础。否定这一基础，就是否认非洲会对人类的进步做出贡献。非洲取得进步的唯一方法是否就是否定自己的过去，转而照搬其他社会的做法，这个问题一直都有争议。

要在非洲建设社会主义却否定非洲的过去是不科学的。科学的思维是指找出特定情况下的所有事实，无论你是否喜欢这些事实，无论它们是否符合事先形成的想法；是指分析问题，找到出路，实事求是，以目标为导向。这是马克思在19世纪中叶的欧洲所做的事情。如果他生活在苏库马地区、马萨伊地区或者鲁伍马，他也许会写出与《资本论》截然不同的一本书，但是他的思想仍然会是科学的社会主义。如果"科学社会主义"真的有什么含义的话，它指的只能是目标是社会主义的，用科学的研究方法制定政策，否则它就是一种陷阱，诱导轻率的人暴露自己的本性，然后实行新形式的压迫。社会主义者的使命是发现真相。他不说自己懂，他也不会去发现那些已知的真相——这是神学家的工作。科学家在经验中积累知识的基础上工作，这些经验都被看作是正确的，直到有新的经验证明这是错误的，或者证明在特殊情形下有另外一种情况。

真正的科学社会主义者会从特定社会的情况入手来分析问题。在坦桑尼亚，他会将已有的社会主义的价值观作为分析的部分依据；他会研究殖民时期对社会组织形式的观点和体系的影响；他会考虑到世界形势对坦桑尼亚的影响。在这之后，他会制定政策，以适用于现代社会主义国家的发展。最后他会参照《阿鲁沙宣言》和乌贾马政策做出指示！

科学社会主义者无论是否了解马克思、列宁或者圣西门、欧文和拉斯基，都会这样做。了解这些以及其他思想家的著作和思想，有助于社会主义者清楚目标，知道怎样评价他所看到的东西；但是如果他不够仔细，他有可能会被误导。同样，熟悉历史可以帮他学习别人的经验；熟谙经济学能让他了解有什么力量在社会中运作。但是如果他将这些教义或者学说作为指导他解决问题的真理，那么他就大错特错了。没有什么比他自己认真工作、努力思考更重要了。

举个例子来说，通过对过去一些社会主义学者以及历史和经济的研究，人们往往认为坦桑尼亚必须先走资本主义道路，才能实现社会主义。很难想象他们在得出这个结论之前认真考虑过本国的国情。（同样很难让人相信他们真正了解社会主义的原则——难以相信他们具备社会主义的态度！）当然，在殖民统治时期，坦桑尼亚是西方资本主义世界的一部分，但仅仅在这个世界的边缘而已。我们的国家取得独立之后,仍然沿用了资本主义的一些组织机构。一些人由于受到的教育,或者出于对他们见过的殖民地代表人的羡慕,仍然抱有资本主义和个人主义的思想。但是大部分人民群众没有变成资本家,没有满脑子资本主义思想。到目前为止,我国经济的最大组成部分并不是资本主义性质的。事实上,每当我们想要帮助非洲人民成为资本主义店主、农场主、工业家时,大部分人都没有成功,因为他们无法接受经商成功所必需的资本家的做法!然而教条主义者们却不肯放弃,他们将这些失败归咎于少数民族的阴谋诡计。他们种族歧视和非社会主义的想法昭然若揭!他们并没有认识到,资本主义需要从业者们具备某些特质,而这些素质是我们广大的人民不习惯接受的。

在这些条件下,建设资本主义有什么意义呢?伴随资本主义的还有个人主义、社会歧视、对尊严的践踏!这些是我们要与之斗争的,资本主义的组织机构也要被毁掉或者进行改革,这时候才能决定开始建设社会主义。反对资本主义是什么时候开始的?如果一定要先走资本主义道路再建设社会主义,那么资本主义存在的时间应该是多久呢?

只有当我们不得不同意,除了资本主义的方法,没有别的途径解决生产问题时,资本主义才能领先于社会主义。诚然,资本主义能使商品和服务的数量大幅度增长——对此没有哪个社会主义者会有疑问。但是没有证据表明只有通过资本主义才能取得较高的生产水平;事实上,不断有证据表明资本主义不是唯一的出路。苏联、东德、中国、朝鲜走的社会主义道路有所不同,但是它们绝不是资本主义国家,而且它们也生产出了大量人们生活的必需品。拿朝鲜来说,它的电视机、汽车、时装的产量也许无法和纽约州相比,但是它国内98%的村子和86%的农户都通了电,而且过去8年间,它为三分之二的农村家庭建造了新的房屋,改善了住房条件。换句话说,生产的重点可能不同,与其他价值相比经济产值的重要性可能有异,但是朝鲜已经表明生产可以以非资本主义的形式组织开展。如果一次可以成功,有什么理由不相信还会再次成功呢?

事实就是社会主义的原则与全体人类社会在各个技术发展阶段和社会组织的各个层面都密切相关。如何运用社会主义原则,一定是根据不同时间或地点的客观条件进行制定的。没有哪本书能够给出所有问题的解决方式,也没有什么"社会主义道路地图"标注出所有的障碍,以及穿越或绕过路障的方法。我们别无选择,只能牢记社会主义原则,理解它的特点,然后将人类积累的智慧运用到解决不断发展变化的人类问题中去。没有上帝般无穷的智慧,没有解决一切问题的本领,我们也必须尽最大努力去做。通往社会主义没有魔术公式,没有捷径可循。我们只能摸索着前进,努力清晰地、科学地思考我们所处的条件。

没有可供我们复制的模式

1965年,坦桑尼亚采取了自己的民主形式,否定了西方模式,尽管在那之前,我国的宪法一直都是建立在西方的体系之上的,我们还是认为西方的模式不适合我们的国情。我们参照了世界各地的民主制度,研究了不同学者的著作,然后我们问了自己两个问题。第一,民主制度的目的是什么?第二,坦桑尼亚处在什么样的条件下?面临着什么特殊的困难?然后我们决定采取一党制。在我们看来,一党制包括了民主的所有必要因素,同时又保证了统一和强大,考虑到了我们的贫穷的现状、国土面积、民族传统和愿望。我们制定的宪法并不完备,但是比任何其他国家地区的宪法都适合我们,而且我们相信这部宪法在保护人民主权的同时,能够保证我们现阶段发展所必需的一个高效、强有力的政府。

当我们宣布这一新的制度时,外界不乏批判我们"抛弃民主"的声音,甚至现在这些指责仍在继续。这些批评大部分来自传统的西方民主国家,甚至同情我们的一些人都认为这是发展中的倒退。面对这些批评,我们积极地发表声明,解释我们的做法,告诉外界为什么我们会认为这种新的制度既民主又适合我国国情。做了这些之后,我们不再担心西方国家或民主理论家们会说什么。因为当我们考虑民主制度时,我们否定了遵循"威斯敏斯特模式"的想法,同时我们也克服了向与我国政治制度有关的国家申请许可的心理冲动。我们并没有因为批判西方的政治制度而否定来自西方的这种民主的传统。相反,我们在很多方面欣赏西方政治制度,并从中学到了很多。但是我们是坦桑尼亚成熟理智的公民,我们要将民主变成我们国家可持续的现实。

民主方面我们是怎样做的,社会主义方面我们也要怎样做。我们没有必要为了寻求来自东方的社会主义而拒绝西方的民主。社会主义是关于人民的,人民是历史、教育和环境的产物。那种认为西方民主可以调整以适应国情,达成人民的意愿,而社会主义就必须从别处借鉴的想法是极其可笑的。对英国、瑞典和其他国家民主的某些方面的羡慕,并没有让我们模仿他们。同样我们也可以借鉴中国、苏联、朝鲜、南斯拉夫的做法,不必认为这样做就是照搬了它们的模式。

不幸的是,我们中的一些人——通常是那些坚持认为我们不能照搬西方民主制度的人——按照莫斯科或北京的做法来评价我们的社会主义政策,判定我们是否进步,仅仅因为某种做法在其他地方见效,就要求我们也这样做。如果这些国家的共产党表现出了异议(无论是明显还是不明显的),他们都会感到不安。因为他们认为社会主义模式已经存在于那里了,只有从这些模式的守护人那里取得了"许可证明",我们才是真正的社会主义者。他们说人类社会问题的完美答案已经有了,我们要做的就是学习别人的做法。他们还说非洲没有对世界做出任何贡献,精华都来自别的地方。出于他们这种不安全感,他们要寻求来自他们认为拥有了这些答案的其他国家或政党的"许可证明"。

我们必须避免出现这种态度。拼命否认西方,又向东方靠拢,这种做法既不是爱国的表现,也不是明智的行为。坦桑尼亚不需要就国内政策的制定得到来自国外的许可。我们唯一需要的是坦桑尼亚人民的同意。我们要实现的是用一种适合我们国情、容易为人民的信仰和情感接受的方法来成功地解决问题。真正的坦桑尼亚人担心的是坦桑尼亚的人民怎么想,而不是其他人怎么看。真正的坦桑尼亚社会主义者牵挂的是坦桑尼亚人民怎样在最短的时间走向一个全面的社会主义社会。他们不会在意其他的社会主义者是否赞同对我们来说至关重要的事情。

当然,如果固执己见,非要制定出我们自己的政策,一味反对从其他国家或其他国家人民的经验和想法那里吸取教训,这也是很愚蠢的行为。我们说坦桑尼亚不需要来自其他国家的许可,并不是说我们不能向他们学习。这种一听是美国人或中国人说的、或英国人或波兰人做的,就不假思索地否定的做法,和不假思索地接受他们所说所做的行为一样,是一种自卑情结的体现。

为什么坦桑尼亚不能学习中国的农村公社呢?他们的经验可以帮助提升我们农业管理的水平和思路——只要我们肯去学、去思考,而不是照搬。还有朝鲜在农村转型方面取得的成功,与其他共产主义国家步履艰难的状况相比,他们做得已经很出色了。为什么我们不能向朝鲜学习呢?古巴的成年人教育试行办法难道没有值得我们借鉴的地方吗?农业组织、农村转型、成年人教育,这些都是坦桑尼亚亟待解决的问题。为什么我们不能学习他人的技巧,看看是否这些技巧能为我们所用,或者他们能否为我们面临的问题提供解决思路呢?

我们不能把视野局限在共产主义国家的发展上。以色列的合作式定居地、丹麦和瑞典的合作组织都积累了大量可供我们学习的经验。甚至是最老牌的资本主义国家也有可取之处——比如说,他们激发工人积极性,提高产量的方法。我们不能盲目地吸收这些做法,而是要考虑这些做法是否或者在多大程度上适用于社会主义。还有信仰自由、言论自由,这些难道没有可取之处吗?如果个人选举、集会的自由不像资本主义的拥护者们那样重视的话,它就一定反映出人人平等,从而对社会主义者至关重要吗?要实现这种自由和平等,而不必牺牲其他的自由和平等,我们离这一天还有多远呢?

坦桑尼亚人是世界大家庭的一部分。我们在世界上占有一席之地。认定西方是资本主义的阵营,反对一切来自西方的东西的做法是愚蠢的;否定一切共产主义的事情的做法也是不明智的。我们要建设的是乌贾马——坦桑尼亚的社会主义——这有别于其他国家的情况。我们既要向东西方学习,还要向其他政治制度学习,同时不能照搬经验或仰人鼻息。我们的任务是看清我们自己的位置,弄清我们的需求,然后根据这些来考虑他人的经验和建议。我们不能对外界、对自己充满不信任,动辄脑中警铃大作。我们要虚心向同胞学习,为人类知识和经验的宝库做出应有的贡献。动动脑子我们就能做到这些——我们要学会思考。

社会主义的普世性和多样性

这一切总结起来是什么呢?就是相信人只能与人和平共处,人只能在一个以人为本的社会里,作为一个独立的人,实现自己最大的潜能。这个社会既要重视人人平等,又要让他掌控一切生活和发展的工具;就是认为因为人与人不同,因为不同的国家有不同的历史,生活在不同的地理环境里,有不同的风俗习惯和信仰,因此通往社会主义的道路和社会主义表现出来的形式是不同的;就是坚信个人或集体的进步不代表其他人或集体不必自我反思;就是明确人类发展没有固定的自然规律可供套用,来达到社会主义完美的天堂;相反,建设社会主义是人为的,社会主义原则一定要对人们有利;就是人的多样性的统一,社会生活基本原则的合理性,以及表现方式的多样性;就是不能根据这个国家的机构或声明来辨别这是否是社会主义社会,而是通过最基本的特征,即平等、合作和自由。

向社会主义过渡

从理论上来说,社会主义社会的标志性特征并不完全存在于正在建设社会主义的社会里。如果社会主义的制度和思想都存在,那么这个社会就是社会主义的,但是有些社会主义社会的基本特征缺少也是难以避免的。无论是通过暴力革命,还是通过和平的政治演变,都可以通向社会主义。

社会主义并非直接脱胎于暴力流血。即使最成功、最为人津津乐道的革命也不可避免地经历了社会成员之间的间隙、怀疑和敌对。这些都不利于平等的形成,让人们很难建立合作关系。特别是有人总会担心在革命中被斗得最惨的人会寻机报复。伤痛的回忆、丧失亲友的痛苦,使得承受人饱受折磨,这将毒害社会上人与人之间的关系。暴力革命也许会使社会主义制度更容易建立起来,但是却加大了培养社会主义态度的难度。没有这种态度,社会主义制度也不会有生命力。

这并不是说暴力革命永远是错的,永远与社会主义不相干。有时候暴力也会不得已而为之,因为这是摧毁社会主义反对势力的唯一途径。但是暴力这种捷径,只能毁灭旧的社会制度和权力集团,并不能建立新的社会制度。即使通过暴力革命,推翻了封建社会或法西斯,巩固了革命成果,新生活的建设仍然需要曾经生活在旧社会、被旧社会造就的人民(虽然他们本身也是反对旧社会的)来完成。暴力革命会带来建设社会主义的其他问题,这些问题不同于那些通过和平演变实现社会制度更迭的国家的问题,但是仍然是实实在在存在的。

事实上,那些认为好像必须通过暴力革命才能建立社会主义的人,以及那些认为只有发生了暴力冲突的国家才算走社会主义道路的人,从认识上来看都不算真正的社会主义者。对于心系人民的人来说,暴力不是最好的方法。暴力是个很严肃的问题,因为人民要为此受苦受难。只有当其他前进的道路被完全封锁,人们的坚持、决心和大众的意志无法打通这条道路的时候,才不得不进行暴力革命。暴力本身是社会主义特征的对立面,它可以用来打击强盗、土匪,可以让独裁者为所欲为。但是社会主义不能通过这种形式,因为它的基础是人人平等。暴力者漠视个人或少数群体的权利,声称"我高高在上,其他人都是蠢蛋,不过是一群温顺待宰的绵羊"。在社会主义国家,领导权力可以——也必须——被赋予,但必须由人民来领导,因为最终控制权在人民手里。社会主义的领导权是人民的,不能被武力或专制者强加。

这意味着凡是必须通过暴力革命才能开始建设社会主义的地方,必然在初始的过渡阶段缺乏社会主义的特征。有的只是怀疑、恐惧、违法、没有政治自由。即使在社会主义经济的基础建设方面进行了勇敢的尝试,也有可能在有效管理方面存在一些不足。

相反,如果从旧社会过渡时采取的是非暴力的途径,那么在建设的过程中也会出现很明显的非社会主义的特征。旧的社会组织会有很多残余,很多旧的习惯会依然存在,因为社会变革没有让人们考虑这个问题。旧的态度和行为模式仍然会主导在其位者的思想。这些事情会为社会主义的进步制造困难,就同暴力的后遗症一样。无论通过什么方式建立的社会主义制度,外来者都会否认这个过渡中的社会是社会主义的,否认它的进步。他们会指出哪些特征是非社会主义的,甚至是反社会主义的。

坦桑尼亚是这样,其他地方,确切地说我们的联合共和国都体现出了两种过渡方式存在的问题。桑给巴尔的革命清除了社会主义道路上的很多障碍,但是它产生了很多其他问题和恐惧。在大陆,政治环境消除了暴力革命的必要性,我们可以通过渐进的方式,根据达成的意见和我们的能力,解决出现的问题,建立社会主义。但是这也存在问题,因为自私自利的人会误导人们,阻扰我们前进。在联合共和国的两部分,我们仍要保证新的特权阶层不会在独立后和革命后滋生。

解决这些问题的途径在于人民对社会主义的理解,对社会主义的态度。尤其取决于人人平等和人民当家做主的理念是否已经为社会全体人民和领导人所接受、接受的速度和程度如何。社会机构可以帮助宣传这些理念,鼓励人们表达渴望,但是这些机构本身无法给出答案。比如,常务咨询委员会提供机制,让人们投诉专横的领导人和官员,但是其有效性取决于人民是否愿意去投诉,以及政府和党员是否愿意纠正这些偏差。没有什么可以取代人的道德和勇气,归根到底还是要靠人民来裁定,他们信任的、他们赋予了领导职务的人是否令人民满意。坚持领导权力属于人民的唯一途径,就是是否领导人害怕来自人民的审判。

人民的目的,只有在他们心平气和、思虑周全地行使权力的时候,当社会的制度能够保障人民这样做的时候，才会平稳地向前推进。人民要理解他们有什么权力，理解权力对他们未来的重要性，理解社会主义的基本原则。只有那时，他们才能不为某些利欲熏心、满怀嫉妒、妄图利用个别领导人无意中犯下的错误的人所利用。只有那时，他们才能不被那些出于一己之私，谎称有实现社会主义繁荣富强的捷径却被现有领导人横加阻挠的花言巧语所迷惑。人民的意愿是至高无上的，但是只有当他们充分了解了社会主义之后，他们才能拥有平等和尊严。

在前殖民地国家建立社会主义面临的困难

要在像坦桑尼亚这样的前殖民地国家建立社会主义，我们将面临某些特定的困难。建立社会主义的前提是必须要有坚定的社会主义者——尤其是要有坚定的领导层。虽然人民能在日常生活中遵循社会主义原则，但是仅仅这样还是不够。在国家现代化的过程中，领导层也很有必要接受社会主义原则。这样到 20 世纪，国家面临各种技术问题或国际形势时，领导层才有可能将社会主义原则运用到实际问题中。更进一步说，人民需要对新的社会主义目标有所了解，理解新的社会主义目标对他们的实际意义。

然而，20 世纪 50 年代以及 60 年代初期发生在坦桑尼亚的一系列大规模的运动，目的都是为获取国家独立。独立运动期间，我们只是为了反对殖民主义，抵抗外国殖民者的统治，并没有为反对资本主义发起运动，也没有为建立社会主义开展活动。更加棘手的是我们所反抗的殖民主义是另一个与我们完全不同的种族推行的，很容易将反对殖民主义与反对欧洲这个民族划等号。坦桑尼亚开展的运动是建立在人人平等的基础上的，这是千真万确的，我们从中受益颇多。但众所周知，绝大多数非洲人民依然受到种族歧视的迫害。我们曾发问，"为什么坦桑尼亚没有非洲地区专员、行政人员、监管人员和秘书？"也常常这样问，"为什么领导层都是欧洲人或者亚洲人？"以及其他这样或那样的问题。在国家独立面前，人道主义常常居于次要地位。即使政治家们公开允诺，国家独立后他们也绝不会支持歧视非洲以外民族的种族主义。这通常被看作是一种策略，用以避免殖民主义政权的阻挠！因此，几乎整个非洲都出现了这种现象：国家独立后，人民最首要的、最迫切的要求就是国家的非洲化。他们并不是要求所有人都必须加入非洲国籍，即本土化——事实上，国家领导者最普遍的做法是拒绝给予那些非黑人的居民非洲公民身份。要求社会主义化的人更少；他们只关心将白色和棕色皮肤的人驱赶出非洲，所有领导层和民众都换成黑人。因此，如果领导者能如他们所愿，将国内所有非黑色皮肤种族驱赶出非洲，由黑人来替代之前的白人、棕色皮肤的人、资本家，他们将对领导者欢呼。民众只是把资本主义当作一种现代制度，非洲民众抗议的只是现代部门落入外国人之手，而不是资本主义本身。

不仅仅广大民众是这样看问题的，许多国家领导人也是如此。他们并不反对资本主义，只是想要获得资本主义果实，并将国家独立看成是结束由外国人攫取这种果实的途径。事实上，许多为获得国家独立而战的人们也是有意识或无意识地以此为动机的。他们相信，只有实现国家独立，他们才能获得理想中的巨额财富。并且，他们以接受过的现代教育来判断得出的结论是：为实现这个目标而参与独立战争是完全值得的。事实上，殖民地区的资本主义者常给非洲领导人灌输这种悖论，即驱赶非黑色皮肤人种，将资本家们都换成黑人。独立运动时期出现的"极端主义者"往往就是那些鼓动"杀了白种人"的人。这样，他就能得到被处死的白人留下的所有财富。在这种情况下，国家实现独立后（如果他依然能幸存下来），他们往往是资本主义者最忠实的拥护者，而他们也将重新披上一层"中间派人士"的面纱！同样，那些反对处死非非洲籍人员的独立运动战士们，也有可能是虔诚的宗教主义者或者社会主义者。如果他们是后者，国家获得独立后，资本主义者又可以将他由"中间派人士"划分为"极端主义者"或者"共产主义者"！

国家独立运动不考虑意识形态的差别，通常只是为了团结一切反对殖民主义的力量来维持国家团结统一，或是防止分散更多力量到社会主义教育问题中去，否则将不利于进行反对殖民主义的抗争。（领导们仅仅考虑将殖民主义者的资本主义经济非洲化，并不完全出于自私；他们本身通常不知道还有其他的选择。）但这将给获得独立后的国家带来严重的问题。一旦领导者们拥有权力，人民试图了解并信任的某些领导，会认为国有化应该没收非非洲籍人的财富，用以支持非洲籍人民。某些深谋远虑的领导人可能不会赞同这种做法。但他们认为要发展经济，就必须在非洲人民的参与下扩张资本主义。

这些领导人会拿少数人财富增长做幌子，告诉人民他们承诺的发展进步已经实现；他们将指着个别非洲人的豪车豪宅对你说：这就是国家取得繁荣进步以及他们为民族独立所做出的贡献的证据。在此基础上,某些领导人开始对《阿鲁沙宣言》评头论足。他们说作为领导人,他们不允许在非洲这片土地上出现地主和奸商。然而国家独立之后,这片土地上的亚洲人和欧洲人仍然会剥削非洲人民。这些言论表明了他们的观念。首先,亚洲人不能或者不应该妄想在非洲这个社会中担任要职;其次,只有其他民族的人对非洲民众进行剥削才是错的。顺便说一句,某些领导人也表现出了以权谋私的欲望。因为非洲人民成为地主或资本家的唯一途径就是他们手中的权力,以此来获取财富。(也有例外的情况,因为在非洲独立、非洲人民建立自己的商业和现代化农业之前,他们几乎没有机会获取财富。总的来说,非洲独立之后,人民的权利扩大,这正是非洲人民能接触资本主义体制并从工人变成所有者或雇主的原因。)

由于资本主义的存在以及它对非洲人民的潜移默化的影响,参与国家独立战争的民众更易于接受资本主义。他们可能将领导人攫取财富视作理所应当的行为,甚或是国家进步的体现——一定时期内,他们可能以此为荣。如果国家的经济得到了发展,人民贫穷有所缓解,抑或是即使人民生活水平维持不变,上述情况也将持续很长一段时间。由于全体非洲人民都信任、尊敬他们的国家领导人,资本主义将在非洲受到公众的广泛认可。那些最积极活跃、呼声最高、最有文化的人会得到更多的工作机会,否则他们会对资本主义进行声讨批判。除此之外,再也不会有外国政府干涉非洲传统习俗。但是,人们迟早会丧失热情,并将国家独立后成立的政府看作与旧政府是一丘之貉,认为他们都是人民应该极力回避的统治者。即使新政府能极力避免传统经济社会的摩擦,民众也将热情不再——直到另一个能说服民众,使民众相信他能改善民众当前生活状况的人再次出现。

国家进行反殖民抗争,从一个殖民地变成一个独立自主的国家相对容易——尤其是以自由和民主为国家道德标准的独立运动。每个人都想获得自由,一个民族主义者的责任就是激发人民的民族自尊心,从而为自由而战。但是要建立起社会主义所定义的自由并不是一件容易的事。这就需要理解社会主义,并因此采取积极行动,而不是简单地反对殖民主义,或者想要积极合作却起了反作用。当然,反殖民主义难度也是相当大的。

独立战争期间,国家各个方面的发展进步都是必然的,除非是以巨额损失为代价的。

第一,在简化至关重要的问题的过程中,种族歧视已经被默许,甚至被间接鼓励。坦桑尼亚很显著的一点是民众不会搞种族歧视,现在仍然如此。然而很多领导人有这种观念,他们当中的一些人一直不能做到客观地看待问题,他们憎恶的应该是歧视本身而不是种族歧视所代表的种族。种族歧视从根本上违反了社会主义的第一要义——人人平等。

第二,大多数活跃、人气高的民族主义领袖都没有社会主义信念。他们要么是没有机会去学社会和经济组织的问题及可能性,要么已经成为了被追逐资本主义个人利益之羹驱动的人。

第三,所有国家政党组织及教育都要打击殖民主义;反对曾经站在权力中心的其他种族。这也就意味着,只要获得了独立,权力的核心就将被非洲化。这将会有个很严重的风险:政党就会失去支持,会萎缩。人们,甚至那些领导者也会认为政党已经完成了它的使命。一旦获得了独立,就没有必要再努力去维持它了。

所有这些事情表明:独立之后,建设社会主义的工作得从头开始。人民需要一个新的目标——社会主义的目标——他们得知道只有为了这第二个目标更加努力,他们才能真正从他们以前所付出的努力中获益。

为了完成这个新任务,建设强大的政党组织同独立前同样重要,但是它还需要领导者认真的、持续的努力。特别是,他们需要行事谨慎,强调他们对人民的认同感以及表明他们仍是人民中的一员。这在独立运动中不成问题:领导者和人民同吃同住,他们和他们领导的民众一样贫穷。他们别无选择,也没有什么特别的诱惑。在社会主义建设中,他们所处的位置就不一样了:领导者们为了更有效地完成新政府的工作任务,他们会生活在一个更舒适的环境里;他们同时还要面对各种各样的权力诱惑。为了在自由运动的第二阶段成为效率高的领导者,他们应该拒绝这些诱惑,这很重要;他们的行为表现应该有社会主义者的风范,他们应该时刻准备好向人民公示个人财产。

然而仅仅靠领导者们参与社会主义建设是不够的,必须建立一个有效的成人教育体系,旨在帮助人民理解社会主义的要义以及它们与发展和自由的真正关系。应当建立社会主义地方机构——合作社、乌贾马村等,要有效地控制它。作为一个政府行为,建立乌贾马村确保了对国民经济重要部门的控制,同时,同样重要的是,它动员了一切可用的技能、经验和资源。另外,必须建立新经济、社会、文化机构,不分种族、部落,强调人人平等,让社会能听到人民的声音。而这一切能顺利进行的前提条件是:要保护好这些尚在襁褓中的新机构,保护好这年轻的国家不被破坏。有些傲慢自大的人妄图把自认为的幸福生活强加于他人,只有人民能免遭这种人的操纵,上述的愿景才能实现。

即使是以这种宽泛的概念来陈述,这一系列需要完成的工作都将消耗大量人力、物力、财力。要将这些宽泛的条例付诸实践更是困难重重——尤其是当你开始详尽地制定出每一个细节的计划时,它们看似意义不大,但又是成败的关键。非洲地区人民受教育程度低,金融专业人士缺乏,人民对社会主义的忠诚度不高,现代化程度不高,对社会主义的理解不全面,新成立的国家存在着繁重的责任和巨大的诱惑,这使得非洲地区社会主义建设更加困难。但正是由于这些特殊困难的存在,才使得某些机遇能出现。因为一个国家已经成立了,人民已经为未来的改革变化做好了充分准备——他们需要的是一个以尊重人性为原则的领导团队。一旦人民明白之后,资本的缺乏将使得人民不再只关注资金,而会更多地关注人力资源,从而引导整个社会加强对人力资源的培育,而不是单单关心物质财富。建设社会主义非常困难,这也是我们面临的一个很大的挑战。最大的困难就是让付出的所有努力都能取得成效,结束持续这么长时间的抗争,实现我们的最终目标。

我们已经开始在坦桑尼亚建设社会主义。既然我们已经独立了,那么给人民另一个奋斗目标,这是目前为止我们所真正获得的成就。至于其他,我们已经竭力阻止强大的新集团的滋生,避免他们成为资本主义的特权阶级。我们已经成立了一些机构,人民能够在这些机构说出他们的心声。我们已经开始帮助地方上进行现代社会主义的试验。我们已经明确了教育、农村发展的政策,并且列出了对领导阶层的期望。但是我们还不是社会主义社会,我们的事业才刚刚起步。我们特定的优先权就是杰出的社会主义成年人教育,人民日益巩固的自信与自尊。这些是让自由不被权力滥用,免遭野心勃勃、不讲诚信、自私自利的人操控的前提条件。人民积极地参与并掌控新社会的发展很关键。

社会主义建设在坦桑尼亚的最终成功与否——在其他地方也是一样——取决于这个国家的人民。因为无论什么样的社会都是由人民创造的。社会主义社会人民的利益取决于他们的贡献——他们的工作,他们为了共同利益的合作,他们对"人人平等,情同手足"这一观点的接纳。

就这而言,坦桑尼亚人民已经在国家独立上取得成功,所以我们应该在人道主义之路上将自己置身于和平以及人类尊严之道。因为我们的非洲在很长一段时间里一直在沉睡,容忍世界上其他国家践踏蹂躏我们。现在我们开始觉醒,开始和我们的同胞们一起追求民族尊严。在具有普遍适用性的原则之上,思考我们自己的问题,坦桑尼亚将为人类发展做出自身的贡献。这是我们的机会,也是我们的责任。

朱利叶斯·尼雷尔
1968 年 8 月

1 坦桑尼亚的长征是经济长征

1965 年 6 月 4 日,在欢迎周恩来总理的国宴上,尼雷尔总统以对周总理和他的同志们所做出的牺牲的赞赏和敬意拉开了演讲的序幕,并且还特别提到了 1934 年至 1935 年间红军遭受围剿时被迫踏上的长征之路。他说道：

……我们坦桑尼亚人民则更加幸运。虽然我们自己没有遇到这样的考验,我们仍旧欣赏并钦佩这种决心和牺牲的精神。我们怀着深深的敬意,向中国人民和他们的领导人所取得的成就致敬。如果我们国家的独立受到任何方面的威胁,我坚信贵国的榜样会帮助我们发掘同样的勇气。

我们从中国革命中同样可以吸取到另外的经验。那就是仅有勇气、热情和耐力是不够的,还必须要有纪律和与这个国家、这个时代的需求和环境相适应的明智的政策。没有任何一种解决办法可以放之四海而皆准。每一个国家、每一个时代都必须用自己的方式去处理自己的问题,挖掘最大的优势,并且抓住机会去实现它。这就意味着世界上不同的国家会采用不同的经济、社会和政治组织运行方式和系统。也只有这样,每一个国家才能达到人类进步和发展的共同目标。

虽然我们两国的道路也许不同,但人类的团结和对和平、自由和经济繁荣的共同渴望使我们能够也应该保持友谊与相互合作。中国和坦桑尼亚一样,现在都在进行着一场新的革命性的战斗——清除贫穷与经济落后。对于坦桑尼亚来说,事实上,"长征"是一个经济问题。我们要战胜的敌人不会用子弹杀死我们,但会在我们积攒所有能量开展工作的时候,用疾病削弱我们,用懒惰诱惑我们,使我们放纵自己,深陷挥霍的陷阱。事实上,总理先生,这一点也正是我们可以从中国学习经验的地方。中国人民一心一意搞建设的情景在我访问贵国时给我留下深刻印象。贵国人民和政府高效愉悦地做事,并且有意识地节约,对于我,并通过我对于我国人民都是一个极大的鞭策。我相信我们已经可以开始将这种经验付诸实践了。

在我就座之前,有一件事我必须提及。我刚才已经说过坦桑尼亚的长征是一场经济长征,但并不是全部。当我们用任何可能的武器与贫困作斗争的同时,我们也必须保卫我们联合共和国的主权和领土完整,与任何想利用我们现在的需求以便控制我们的人抗争。

很高兴我们可以与来自世界各地的友好的民族与国家签订贸易和经济援助的协议与合约。但是我们绝不接受外部的命令或者新殖民主义,而且我们也绝不能减弱与颠覆破坏我国政府和人民的势力的斗争。无论是我们的原则、我们的国家,还是决定了我们自己未来的自由都是不可以出卖的。

还有一点更为重要。坦桑尼亚并没有完全自由,因为非洲本身并没有完全自由。在非洲完全解放之前,我们还不能把所有的精力都放在经济建设上。我们仍然希望,并且依旧努力使用和平手段获得自由。但是我们也很清楚,无论发生什么,整个非洲大陆的自由是一定会胜利的,而且也是势在必行的。

总理阁下,中华人民共和国和坦桑尼亚联合共和国在很多重要的方面都是不一样的,尤其是国土面积和在世界上的潜在重要性上。但是我们两国人民仍然有很多共同之处,例如对和平、自由、经济发展和相互友谊的渴望。因此,我很荣幸地代表坦桑尼亚人民向你们伟大国家的人民,中国共产党主席毛泽东和今晚在场的贵国嘉宾致敬。

2 解散独立议会

1965年6月8日,尼雷尔总统面向坦桑尼亚国民议会用斯瓦希里语进行了此次演说。在其演说中,尼雷尔总统提出实行一党执政的宪法议案,随后其详细谈论了坦桑尼亚经济发展取得的进步和发展的具体要求。

在我们现行的宪法体制下,我感到很荣幸时常能在议会直接发表演讲,而不需要通过我的部长们进行传话。我今天的演讲有两大目的。

首先,我希望诸位了解,我准备在此次议会会议结束后解散议会。作为独立国家的公民,坦桑尼亚大陆上的国民将首次获得选举未来五年议会代表的机会。自1960年上一届议会选举以来,国内发生了根本的变化。本届议会与联合共和国政府及国民相互协作,对提升我国国家地位的宪法改革负责,对着手实现经济改革这一更为漫长的进程负责。然而,我们前进的道路上依旧有许多任务要完成,现在正是坦桑尼亚联合共和国国民有权再次选举代表他们自己发言的议员们的时机。

我今天的第二个任务是要求本届议会考虑一党制国家的提议,之后会通过宪法修正案及相关议案的形式向诸位提交这一提案。正是在借鉴以往经验教训的大环境下,我要求议会认真审视预算案和其他事务,财政部长随后会向诸位提交这些材料。

一党制国家提案

出于某些基本的政治原则,坦噶尼喀非洲民族联盟(坦盟)成立了,并得到了坦噶尼喀人民的大力支持。坦盟的成立是为了给坦噶尼喀带去民主,也是为了建立坦噶尼喀的独立自主,为了国民有权决定并掌握自己发展的命运。如今,这依然是坦盟不变的宗旨,正是在这一原则基础之上,要求诸位依法建立一党制。

1958年以来,在一次次的选举中,坦盟得到了越来越多的国民支持。国民选举推翻了统一坦噶尼喀党;非洲人国民大会甚至无法保护其候选人的储蓄存款;本届议会中只有一位独立候选人反对坦盟——而他这一极少数中的特例更是证明了遍行的规则:他曾经是坦盟成员,即使在他反对坦盟官方提名候选人的活动中,他还在为坦盟招募成员。国民在他们的全民运动中紧密团结在一起。

结果,坦盟支持的候选人自然而然地就被选举出来了,国民想要拥有一位坦盟代表。然而,由于我们采用的是多党制的体制,国民没法选择具体是哪位坦盟候选人。这就意味着,事实上,我们的规程危及到了民主和团结;如果国民总是默然同意由党的机器推选出来的坦盟候选人,那么国民们就失去了选择代表人及其言行的实际权利。如果国民反对这一候选人,那么他们就面临着把国家生计交给我们国家统一敌人的风险,同时也会危及到他们所希望捍卫的原则的未来。因此,我们现在所面临的形势是,为了维护那些理应保障民主实践的制度和规程,虽然适合多党制体系,但事实上却剥夺了国民选择其国民代表的权利。

正是为了补救这一状况,1963年坦盟年会决定依法建立一项民主的一党制。成立总统委员会,由其商讨决定为实现这一目标需要在宪法和其他方面做出的适当变动。汇总报告现在就与政府白皮书一起摆在诸位面前,其中政府白皮书中加入了党和联合政府商讨决定的修正案。在本届议会结束前,会向诸位提供贯彻落实这些提议所必需的立法规章事项,以供参考。

如果正如我所希望的那样,诸位支持摆在你们面前的措施方案,那么本届议会就会对未来五年中的四大宪政发展负责,而其中三大宪政发展直接关系到联合政府的宪法和制度。坦噶尼喀独立宪法是由坦盟与其殖民宗主国共同制定的,因此显而易见,英国的民主实践活动直接影响到了我们的宪法。但在这一点上并没有明显错误,从我国历史发展的角度来看,这恰恰是一个适当的出发点。然而一个民主政府的制度体系必须反映出其所服务国家的民族文化、民族理想。因此,1962年,我们自己制定出了共和制宪法,我们以此为指导,开始了自主管理我们国家。如今提交给本届议会的提案是我们为了发展适合我国国情、我国国家理想的体制做出的进一步努力。

我认为对我们的基本法——宪法做出这些变动并无任何不妥。1961年7月,我曾经说过宪法关乎我们未来社会的形态和我们政治体制的发展,我们必须"摸索着前进"。这意味着我们必须借鉴我们自己国家的经验教训和其他国家的经验教训。我们拒绝照搬其他国家的体制,即便在这些体制下那些国家得到了很好的发展,因为我们的体制是要为我们的国情服务的。我们拒绝穿上宪法的紧身衣来约束我们,即便是我们自己制定的。坦桑尼亚的宪法必须为坦桑尼亚的国民服务。我们并非想让坦桑尼亚的国民为宪法服务。

当然,宪法也不应该被淡然处之。宪法内容的任何变动都必须经过深思熟虑和充分讨论,从而判断我们是否真的认为这种变动会实现我们所预期的目的。我相信,现在摆在诸位面前的提案就是经过深思熟虑后的成果,事实上,总统委员会的报告就是一份值得在国际政治史上占有一席之地的文件。这份报告是在征询全国国民意见和建议、在坦盟商讨修正后的基础上形成的。

在征求诸位同意这份白皮书及随后的立法规章的时候,请允许我明确说明:我并非宣称这是我们最终的结果。我们相信这些提案会帮助国民更好地管理一个强大的中央政府。然而,在具体实践过程中,或者是我们的政治体系工作可能发生某些变动的情况下,一些问题就有可能会慢慢显露出来。如果我们将修正的宪法视为神圣不可侵犯的圣旨,任何情况下都不能对其进行批判或者修正的话,那么我们一定会铸成大错的。

无论是过去还是将来,坦桑尼亚宪法仅仅在某种意义上是神圣庄严的。那就是其提供了一个框架,——也只有在这一框架结构下——联合政府和法律才能根据国民的意愿而改变。企图在宪法框架结构范围外——这一常规的结构外——改变法律或是联合政府,则是对我们国家的叛变。然而,如果误读宪法永恒权威性这一概念,让国民感到自己无法改变宪法,即便是在实践表明宪法已经无法帮助其原本应该服务的原则的情况下,那么就未免太过愚蠢了。

提交给议会参考的白皮书中在法律方面的修正和变动并没有丝毫改变国家的基本原则。我们依然是民主国家,只是联合政府认为这些变动会让政府更加高效地运转。我们意识到,民主只能在共和国每一位公民都平等的基础上才能运转,联合政府认为这些提案会增强坦桑尼亚国民的政治平等性。我们认为任何社会、任何民族都存在一些特定的道德原则,其体制必须为这些道德原则服务。在国家道德建设中,我们努力向坦桑尼亚国民讲清楚这些道理,联合政府相信这些原则的应用会得到其所建议的政治变革的支持。

现在我并不想一一列举这些提案中的变动。我认为有几点对于提案而言是必要的,希望诸位能关注到这几点。第一点是将作为我们国家唯一的政治组织的我们党的性质。它将是一个群众的政党,任何一个接受坦盟基本原则的公民都能成为该党的一分子,并参与到联合政府的进程中。这一规定与坦盟的历史相符合,也是联合政府提议建立一党制民主的基本要素。

我希望提及的第二点是,提案提议在总统候选人、地方政府候选人、议员的选举方式上做出的变动。国民有权从两名坦盟候选人中做出选择这一规定,为的是消除现存的明显冲突,这一冲突表现在选择代表的自由与维护国家统一之间。提议有关这些候选人的选举及提交给国民抉择的这一独特的规程,为的是尽量避免撒下出现分歧的种子——即便是在个体之间——同时也是为了给国民机会,使其能够了解并评估那些向自己索要选票的候选人的性格和能力。

第三点,我希望诸位仔细考虑提案中关于选举联合共和国总统这一不同寻常的方式。事实上,我们宪法体制下的总统权力十分强大,除了代表自己之外,总统还代表了我们国家的统一和尊严。国民议会十分有必要在这一问题上清楚地表明其立场。

最后一点,有关这些政治发展方面,我希望向诸位提议成立监督滥用职权常设委员会。坦桑尼亚经济问题的实质要求联合政府、政党的许多官员以及法律自身,应该比其他个人拥有更大的权力。与此同时,我们最近的历史,以及我们绝大多数国民教育的落后,意味着自行抑制职权滥用的情况是几乎不存在的。对于那些居住在村落里的国民和分散的农庄里的国民来说,正是警察、地方法官、坦盟官员或是联合政府官员,在他们日常生活中扮演了联合政府的角色。而在地方或地区行政总部,正是由一些重要官员直接行使着实际权力,从而在一定程度上影响着我们国民的生活。这是无可避免的,也是必要的。只有向这些人委以真正的职责重任,我们国家才会实现转型。但是我们不得不认识到这些权力可能,甚至已经被滥用,而其受害者则是联合政府应该代表的国民们。

监督滥用职权常设委员会应该接受并调查我国国民的投诉,并向总统提交调查报告,提出改进建议。国民有权直接访问这一常设委员会。联合政府相信,通过这样一个委员会的工作能够帮助我们实现全体国民政治平等的愿望,也能在我们社会主义社会背景下实现个人自由。

经济计划概况

有关这些政治话题我已经谈论很久了。但正如先前我们在许多场合所说的那样,我们的政治组织仅仅是我们所肩负重任的一个方面。政治组织必须帮助我们维护并扩大个人自由和人格尊严,与此同时,它必须帮助我们发展我国的经济。因为只有经济发展了,我们才能实现我们国民所希望过上的生活。而这就是我现在所希望谈论的话题。

大约一年前,我们开始实施坦噶尼喀五年发展计划。现在正是我们初步评估实施中的发展计划的时候,也是审查我们遭遇失败及失败原因的时候,从而我们可以采取任何所需的改进措施。

这意味着我们必须问自己一个问题:"我们成功地达到以最大可能的速度发展坦噶尼喀经济的目标了吗?"因为这是五年计划的宗旨:尽可能快地增加坦噶尼喀的国民财富,同时又要与维护国家独立和国民掌控自己的经济这一要求保持一致。

目前为止我们取得了哪些进展呢?

财政部长会在两天时间内做一个经济发展概况汇报。但是基于五年计划前九个月的发展情况来看,有一点是确定的——那就是我们的国民可以有权声称他们也为此尽了自己的一份力。这是可以通过事实说明的,1964年7月1日至1965年4月1日期间,义务做出的国家建设工作为我国创造了超过90万英镑价值的新资产。我们新建了316英里的铁路支线,97座小桥,664间新增的教室,134家诊所,49家合营商店。所有这些生活服务设施都如五年计划所勾画的那样建立了,因此教师有了教室可以进行教学,医护人员有了诊所可以进行医治,诸如此类。此外,清理并种植了18542英亩的集体农场;挖掘了517英里的灌溉沟渠,建立了5000多个鱼塘——所有这些都与增加产量、为国民提供更优质的食物有着直接联系。

以上并没有把所有完成的工作——列举出来,但是已经很鼓舞人心了。因为这代表了我们国民的决心,代表了他们愿意为改善自己生活继续努力地工作。1962年,全国范围内开展自助计划工作,而到1965年这一工作还在继续进行中,这表明了我们追寻发展的热情并非一时冲动,这种热情是我们最终会实现增长的基本要素。

另一方面则是经济作物得到了大幅增长。尽管我们无法控制雨水量，并非所有付出的努力会带给我们想要看到的结果，但是今年我们的个体农户大大增加了棉花、咖啡、腰果的种植。其他一些作物受天气影响而收成欠佳，但是全国各地的农民都表明了他们愿意继续完成自己工作的意愿。

然而，我们意识到从本质上而言，如果我们国家想要取得我们所希望的最大进展的话，实现五年计划这种努力还是不够的。针对我国经济的公有成分和私有成分，分别制定了各种我们期待能实现这一目的的计划方案，鼓励支持各种成分参与。

坦白而言，对过去一年里私人投资的数额，我们感到很失望。我们制定了税收减免来鼓励新的投资；我们制定了投资保障来引进国外资金；我们也部署了其他许多旨在鼓励私营企业发展的安排，从而为我们国家服务。然而私人投资的水平并没有达到五年计划中所构想的那么高。关于这一点，我们需要进行更多的思考，看看存在的抱怨或是问题，看看它们是否可以得到妥善的解决，或者只是因为存在误解方面的问题。

我们对私人投资这一块感到失望，其实换言之，就是清楚地表明了私营企业在我们五年计划中的重要地位。这并不代表着失败，相反，1964年私人投资比1963年高出了19个百分点，这一数字包含了近乎价值1000万英镑的器械、装备、大规模新建的住宅楼。这些都发展得不错，我的意思是我们必须发展得更好。五年计划第一年最突出的经验教训是，我们的发展需要更多的自力更生。

此时此刻，我应该提及一下国家发展公司（the National Development Corporation）的工作，因为国家发展公司充当着私人投资与公共投资之间的桥梁作用，也为我国经济发展做出了重大贡献。国家发展公司成立于今年一月，兼并了先前的坦噶尼喀发展公司和农业公司。同时，其接管了联合政府财政部在威廉姆森钻石矿山、坦噶尼喀包装公司、尼亚萨湖盐矿等领域的投资。在不久的将来，国家发展公司很有可能就会成为坦桑尼亚最大的单个商业组织，当然也是利益覆盖范围最广的。

国家发展公司是由联合政府成立的机构，联合政府拥有其所有权，由6位部长和联合政府委任的其他4名成员组建董事会，共同管理。公司成立的唯一宗旨是为了确保国家公民能够取得最大程度的经济发展。国家发展公司不仅仅是联合政府的投资者，同时也是一个社会主义的组织，因为它是一个经济所有权、经济扩张都属于人民的机构。公司的收益都用于再投资，和其他公司一样，也要向财政部缴税，但是公司没有股东。

这并不代表国家发展公司仅属于其参与活动的所有人。公司的职责在于推进最大程度的发展，利用自己的资源优势实现我国经济最大可能的增长。

这正是公司所一直践行的。尽管国家发展公司成立不久，但是却已经与许多不同的私营企业合作伙伴进行深入调查了，公司斥资180万英镑开展各种项目，而外部资金更是超过了600万英镑。日后这些计划的具体实现，就意味着国家发展公司以不足200万英镑的投资，推动了坦桑尼亚的投资，这笔投资数额高达800万英镑，我们期待着在今后一年半的时间内就能实现这一目标。

事实上，国家发展公司代表了联合政府和国民所采取的一种新的重大的投资方式。公司更是制定了进一步的发展计划，在适当的时候会公布这些计划。

我不可能花那么长的时间详细地谈论国营经济投资的其他方面。部长们会一一详细讲述他们所付出的努力以及所取得的成就。然而，总体而言，在五年计划的初始阶段，我们在融资方面的发展进程确实非常缓慢，但是在第三季度这一进度就快速增长了。所有指标显示，现在和之后的第四季度里，我们都会维持这种高速发展的模式。

国会也要关注一些实体的发展。黑尔水利发电站（The Hale Hydroelectric Station）已经投入运转，这本不是五年计划中的一部分，但是黑尔水利发电站提供的电力是我们能够在其供电范围内建立新兴产业的重要因素。对炼油厂和神殿水库（Nyumba ya Mungu Dam）的工作也在开展之中，许多其他较小的工业单位也已经投入生产，更多的项目正在积极计划当中。

过去一年中最值得注意的新建工程是大学学院的扩建。过去12个月里，我们斥资约100万英镑来建造学院建筑，每一笔资金都得到了合理利用，因此我们完全有权利为之感到充分自豪，也可以对那些有幸入学的学生提出严格的要求。

事实上，在整体的教育领域我们的确取得了巨大进展。达累斯萨拉姆的教师培训学院已经开始在宏伟壮观的新建建筑里运转——即使现在还没有正式开放，在莫罗戈罗、马兰古、姆普瓦普瓦和布廷巴的四所教师学院也在进一步的规划之中。但是，即使这些新建的学院还没有完全竣工，过去一年时间里参加教师培训的中学毕业生也增长了 200 人,意味着比去年增长了 50%。此外,首批 51 名学生现在已经在莫罗戈罗农学院开始了他们为期三年的学位课程,莫罗戈罗农学院的商业示范农场已经建成,其他的学院建筑还在建设之中。

这些发展(就如所有高等教育发展一样)是早期低水平扩张的成果。事实上,它们是我们自坦盟 1960 年取得对政府的领导以来,始终如一关注着中学发展的成果。这一政策还需继续维持一段时间,但是现在可以看到我们小学质量和数量得到改善的可能了。与此同时,作为北坦噶尼喀项目之一,为一至五年级学生兴建的基巴哈中学在 2 月份开放;坦噶中学的新建筑也刚开始建设,科罗圭和希尼安加地区的学校建筑不久之后也会开始动工。

在国家住宅公司的努力下,首都的住房建设项目也在有条不紊地进行之中。大约 900 所房子已经完工,还有数百家正在建设之中。如今联合政府希望将其扩展至其他城镇。已经在莫罗戈罗、塔博拉、坦噶、姆特瓦拉、松盖阿、希尼安加这些地方初步启动,但是我们还没有解决那些地方的实质发展问题。

然而,现阶段我们应该将关注重心放在生产性投资方面。其中很重要的一方面是村落安置计划,如今在农村安置委员会管理下的村落已经有 23 个了,而一年前才只有 10 个。目前,这一活动涉及了 3311 位农民,但是来年这一数字有望达到 7500 位。更重要的是,在现有的计划中,我们已经种植了 1 万英亩左右的经济作物,大约 13.8 万英亩的土地已经,或者正在被清理,为下一季作物的种植做好准备。

这些新的定居点中的绝大多数都取得了较为不错的成果,但是我们从先前的经验中学到了许多。尤其是我们希望减少这些村庄的资本化。在开始的时候让农场肩负沉重债务,同时又让人感觉联合政府能够提供所有服务,这并不是推动活动开展的最佳方法。将来,我们会不断扩大帮助,提供更多的经济服务,依靠农民的自主性和干劲来发展住房等社会服务,因为正是他们的努力带来了收益。个体和国家必须更加意识到自力更生的重要性。

所有这些进步都值得我们注意,但是这还不够。我们还无法实施或者是开始五年计划中第一年内的所有的项目。在公有经济方面,尽管 1963 年公共投资取得了大幅增长,但是似乎我们无法取得五年计划中 1964/1965 年度预期的 55%。为什么呢?

首先,我们起步较慢的部分原因是五年计划开始实施的时候,我们就像是气喘吁吁到达起跑点的运动员一样。五年计划五月份才公布,但是却要在七月一日就开始实施。在那么短的时间内是不可能完成协商融资,让项目做好充足准备的。

但是这种状况不会再次发生。更为严重的情况是一些有关五年计划可行性的设想在第一阶段还没有得到证实。无论是从人力还是财力来说,这一点都是事实。

去年我曾经说过,仅是联合政府服务这一块,我们应该从国外引进500位左右高水平的人才。尽管这些要求的考试越来越严格,但是我们似乎还无法缩减这些人才的招募数目。我们的人力资源项目确实引导学生选择在我们所需的专业领域接受高等教育,因此到1968年,我们就会有更多专业技术合格的坦桑尼亚人才。但是从人力资源利用研究角度而言,尽管这一做法能减少我们最初估测所需的人数,五年计划其他领域的新发展所需几乎填补了这一减少的人数。事实上,过去12个月里,我们才勉强招募到足够的人员来填补合同到期人员和退休人员的空缺。显然,我们还需要在这方面付出更多的努力。眼下由于这一人才紧缺困难,我们在两个不同的方面面临着延期的危险。一方面是在实施新项目上,另一方面是在制定能够用来吸引融资的项目表格上。某些国家的贷款申请太过复杂,加上我们没有国民能够担此重任完成申请,从而导致我们常常可能很晚才得到财政援助。

目前有两件事情降低了这种人才紧缺带来的损失。一是我们现有的许多官员都在无薪加班,让自己达到工作极限。二是高资质的志愿者数量的上升使得我们能够利用其中一些人来填补运行岗位。但是这些补救措施是远远不够的,并且随着我们经济的发展,我们发现我们将面临新的困难。因此,在这一方面,我们需要付出更多的努力。正如我之前所言,我们国家中的所有人都可以为此付出自己的一份力。试图吸引人们来工作的最好的广告就是让现有的专家自己感到满意。每一位专家不仅应该为自己干着有价值的工作而感到满意——这一点是事实。如果他在坦噶尼喀工作顺心,鼓励别人也来坦噶尼喀工作,那么他肯定也会感到他身边都是朋友,这些朋友尊重他,尊重他的职责,正如他们希望自己也受到同等的尊重一样。

在我转换话题之前,请允许我补充一点,那就是在我们招募人员的时候,我们要尽量扩大招募的范围。我们现在有来自10个不同国家的人员在坦噶尼喀工作，如苏联、南斯拉夫、加拿大、美国、中国，等等。此外，我们目前已在全球17个国家申请技术援助。我希望这一点不会让议会中的议员担忧我们海外招聘人才所带来的影响。

导致一些项目延期的另一大因素是财力的不足。关于海外援助的问题，我没有什么新的内容可补充了。我们清楚地表明了我们的所需、我们的感激之情，以及我们不会让他国影响我们国家独立的决心。目前我们在各种发展项目中所接受的援助与我们在各方面保持独立的要求完全一致。我认为这一点应该得到诸位的公认。与此同时，我们还必须接受和理解一些其他事情。

第一，寻求经济援助的国家要比愿意给予援助或是有能力提供援助的国家多。这就意味着援助国能够而且也会有选择性地答应给予援助的项目，甚至是选择性地同意给予帮助的国家。

这常常就会导致延期。我们需要准备详细的项目援助申请，并提交给援助国供其参考。几个月后，援助国可能决定不支持该项目——他们完全有权利这么做。那么，我们就需要向其他国家递交援助申请。在此期间，一切都无法进展，我们无法订购材料，无法招募员工，甚至完全无法做好任何准备工作。各位议员肯定会询问的五年计划中的许多项目就面临着这种处境。

第二，当外国同意给予某些项目一定的援助时，更倾向于帮助那些拥有较大"进口量"——即进口货物成本在总成本中占比很大，而非国内薪资或国内产品成本在总成本中占比很大——的国家。

这意味着最容易融资的项目是那些并不需要雇佣许多当地人，也不会大量推动国内对于我们新工厂制造的产品的需求的项目。同时，这也意味着通常从国外获得融资往往是依据各种影响因素，而不是我们自己的优先顺序。因此，如果我们过度依赖海外援助的话，我们五年计划的进程可能面临着失去平衡的危险。我们从中汲取的经验教训也是很明显的，即要更加独立。

第三，当某一项目获得了海外援助，这一援助通常是部分的，附带有条件的。通常援助国仅会答应援助该项目的进口成本，条件是我们自己能解决国内成本。我们总是努力寻找办法解决国内成本花费，我们的许多朋友会帮助我们解决这一问题。但是这一做法的结果是我们可以获得的，比如说，工厂需要的机器，但是我们却无法使用这些机器，因为我们没有资金来建造工厂或是拥有购买原材料等所需的费用。

所有这些问题的解决办法就是要增加国内对于发展资金的投入。我们国家比较贫穷,但是如果我们在这一问题上不竭尽全力的话,我们就无法改变我们贫穷的面貌。从长远角度而言,发展中最为关键的因素就是使用我们自己的资源。如果我们不尝试任何可能的方法来帮助自己,而仅仅要求别人的帮助,那么我们就太不理智了。

关于这一点,我们要考虑两方面。一是为发展筹集到并非日常消费所必需的一切资金的问题。二是我们如何安排我们筹集到的资金的问题。

我们可以通过两种方式筹集到国内的资金,用于我国的发展:税收和储蓄。如果有人投资于工厂或者农场,这些工厂或是农场会促进我国的发展,那么从这层意义上来说,他是在做储蓄。但是我们并没有那么多人有那么多资金或者储蓄所需的技巧。正是因为这个原因,联合政府在今年年初发行了国民储蓄债券。即便面额只有10先令,也能借给联合政府,借期七年,在此期间,这笔钱就可以用来发展我国的经济。到期后,个人每笔投资的10先令将会得到14先令的效益。这种租约很慷慨,但是我认为财政部长会确信债券的交易起步会非常缓慢。同时,去年11月,联合政府发行了6.75%的政府股票,这只股票将在1970/1971年度到期。目前通过这种方法,我们只筹集到了不足50万英镑的资金。

即便这些储蓄方案在今后确实得到了较大支持,我们需要意识到这并不能解决我们国内发展融资的问题。我们必须要筹集到发展所需的资金。那就意味着要靠国内税收。从工薪族的工资那里收税,从农民的农产品中收税,我们必须筹集到能够帮助我们开发资源的那笔资金。

当我们国家决定采用五年计划时,我们就准备好了要做出一些牺牲,从而实现这一目标。去年我曾经说过,这个五年计划是对我们国家的一种挑战——正如我们当初为了获得自由所面临的挑战那样巨大。因此必要的时候我们也得接受征收超过和平时期的社会所能接受的更高的税率这一问题。因为我们并非完全处于和平时期,我们在战斗——与我们的贫穷作战。

有关寻找国内发展所需资源这一问题,还有两件事情息息相关。一是个人工作的回报必须与其为我们社会做出的贡献相关。坦盟和联合政府在我国工人的薪资和条件上取得了较大的改善,尽管最低收入工人的状况还远远不尽如人意。工资和收入的增长会影响到产品和服务的实际成本,除非它们与生产力的增长有直接关系。过去并没有经常发生这种状况,但将来肯定会发生。当务之急是为我国制定出一项工资和收入的政策。鉴于我们社会主义和发展的双重目标,在未来的数月中,这将是联合政府所关注的重心。

第二个因素是联合政府自身、行政部门需要比现在有更多财政纪律的约束。在每一件事情上,我们都要考虑是否可以通过更为节省的方式达到相同的目的。正如我在坦桑尼亚联合日所做的演讲那样,如果坦桑尼亚把自己伪装成一个十分富裕的国家,希望通过炫耀来给国民留下好印象,那简直是愚蠢至极。当我们花费大量资金来使国民留下好印象时,我们所得到的其实是让他们怀疑我们宣称要与贫穷作战的真实性,或是让他们认为我们是一群傻子。

此外,联合政府有必要坚持所有公共资金的使用者必须遵守一般规定和有关支出管理的财政规定与指示。我期望本届国会的公共账户委员会(Public Accounts Committee)针对任何由于没有遵守这些规则而导致的财政违纪现象采取适当的措施。有关这一问题,我们不能像之前那样有所懈怠。我们只有严格要求各方面的财政纪律,国民的资金才会得到恰当处理,才会最为合理地为我国创造出最大的利益。

我们的口号必须是"节俭"。这必须贯穿联合政府开支的整个过程。从这个角度来说,我已经决定立马实施两项较小的节俭措施。一是从今天开始,任何政府接待都不再提供各种酒类,只有茶、咖啡或者是软饮料。二是从今天开始,不再为任何联合政府官员或是政治家购买价格高于900英镑的汽车,达累斯萨拉姆等地还要低于此标准。

这些节俭措施很小,但是对于联合政府而言,一年省下来的资金也会达到数千英镑。此外,这些做法并不是不合理的,也不会影响我们的工作效率。我期望全国上下每个政府部门都能够效仿这一节俭行为,做出类似的节俭措施,我们欢迎议会议员或者是我们联合共和国其他公民提出的任何意见和建议。

议长先生,我请求本届国会的议员,在这最后一次会议上,履行对于我们国家所应付出的职责,这五年来他们一直按照这一标准执行着。

我谨代表坦桑尼亚国民,向各位议员,向在座诸位,为你们在过去五年里所做的一切表达我的感激之情。我希望每位议员仍有机会为国家服务,无论是在国会中还是在其他奋斗领域。为自由而奋斗。

3 与西方的关系

在访问伦敦并参加1965年英联邦会议期间,6月23日尼雷尔总统应邀在国际记者俱乐部举行的午宴上发表了这篇演讲。

我很荣幸有这个机会重申一到两件事情。这些事情,虽然对于我们来说已经是显而易见的,但对其他人却不同样明显!

第一件事情是发生在坦桑尼亚的民族主义运动仍然只是一场民族主义运动,它的性质和目的都没有改变。这场运动现在所处的地位和在1954年坦盟成立之时所处的地位的不同之处在于,我们现在有这个机会和责任尝试着实现这些目标了。

我们现在支持民主,就像11年前我们所做的那样。根据我们新的一党制宪法,我们正在尝试着在不破坏我国最伟大的发展资产——团结的前提下,让民主在我们每一位国民之中成为现实。就像坦盟成立之初我们所做的那样,我们支持平等,长久以来破坏我国形象的歧视现在已比以往明显地减少了,在某些方面它已经全部消失了。

我们支持非洲团结。我们尤其期盼成立东非联邦。如果姆齐·肯雅塔(Mzee Kenyatta)今天宣布他已经准备好了,那我们明天就可以结盟。我们坚持尊重国家自由的信念。我们认为如果邻国继续在殖民统治之下,我们自己国家的自由也不可保全。

我们支持人民经济与社会生活改善。五年发展规划和人民为实施此规划所做出的努力,都是我们在这方面决心和努力的有力证据。

我不得不提及这些事情,是因为在国外仍然存有一些由于我国独立政府所做的决定而引起的固有观念。直到去年年底独立后的坦桑尼亚邀请了7位中国技术人员训练我国改组后的军队如何使用从中国进口的武器以来,我国与中国之间的国家领导人互访已经开始。我在北京群众集会上发表了演说,周恩来总理在达累斯萨拉姆也发表了公开演讲。同时,我很荣幸地宣布,中国已经给予我国100万美元的援助,并且为我们提供了总计超过1000万美元的贷款。

自从这些事情发生以来,大部分西方媒体和一些政治家,已经开始通过显微镜来观察我们,看我们能否——用他们的话来说——被这些接触所毒害。我猜测甚至是我身上穿的这身衣服都会被认为是有害的中国影响的证据!

诚实地讲,我认为这种对于坦桑尼亚健康发展的担心有时是可笑的,令人恼怒的,并且是奇怪的。

当1961年12月坦噶尼喀刚刚独立之后,我在联合国大会上发言,明确指出,我们的外交政策是以不结盟为基础的。我说过我们愿在国家平等和相互尊重主权的基础上与任何国家成为朋友。直到那个时候,坦噶尼喀还不是不结盟的状态,它还是由英国统治的,因此很明显是西方集团的一部分。我们也仍旧是西方集团的一部分。世界上没有其他国际组织能比英联邦所受西方国家影响更大的了。

如果我们想要成为不结盟国家,我们必须要与东方集团的国家成为朋友。因为我们在独立之前与他们没有接触。我们认识英国、美国、德国,还有许多其他西方国家的人民,并且独立后和他们也很友好,他们也曾经访问过我们国家,向我们国家派遣过传教士、商人等。但是来自东方集团国家的人民对于我们却是陌生的。他们没有访问过我们,我们也没有去过他们国家。他们和我们没有贸易往来,我们关于他们的所有消息都是来自和他们思想理论完全相反的人们的。

因此,我们和这些社会主义国家接触又有什么奇怪的呢?难道因为我们和英国、美国有贸易上的往来,我们就是资本主义国家吗?难道因为我们国家大部分的海外专家都来自西方国家,我们就是资本主义国家吗?如果不是这样,当我们开始和中国、苏联做生意,引进他们的专家的时候,我们为什么要成为社会主义国家呢?有时我在想西方国家对于东方集团国家,尤其是中国,是否在慢慢产生一种自卑情结。

但是无论如何,即便我们坦桑尼亚国内来自社会主义国家的人们的数量和来自西方国家的人们的数量一样多,西方国家就应该如此关心我国的"独立"吗?在过去的几年里我们一直提醒着世界,三分之一的非洲国家并没有真正地独立或民主,坦白地讲,我认为这个现实好像并没有使西方媒体或政治家太过担忧,反而却使我们很担心。

在葡萄牙殖民地,在南罗得西亚和南非,这些地方殖民主义和种族主义延续的每一天都是对我们所信奉的民主、平等、国家自由和非洲团结所有这些信仰的冒犯和侮辱,并且这才应该是西方国家真正担心的事情。因为这些事情会真正影响到西方和非洲国家的关系,这种影响不是几个军事技术人员和少数几家由社会主义专家经营的工厂和农场所能消除得了的。因为坦桑尼亚人民和所有非洲人民都认定殖民主义将会一去不复返。希特勒的军队应该被赶出荷兰、比利时、法国和所有其他战时被占领的国家,在这一点上我们和英国人民是同样坚定的。我们对于非洲大陆持续被占领的恼怒之情和被德国占领的那些国家民众的恼怒之情是一样的。不要让我们现在的柔弱欺骗了你们,否则你们在这个问题上会犯一个大错误的。

就我们国家而言,现在只有一个问题还没有解决——非洲其他国家的自由会通过哪种方式获得,和平还是暴力?莫桑比克、南罗得西亚的人们,是通过合作式的权力交接获取自由,还是不得不与帝国主义相抗争,流血战斗?这个问题必须要由西方国家来回答,并且这个答案也是将来非洲与西方国家关系的基础所在。

主席先生,我已在多个场合陈述过这个观点,我可以确保我并不是因为喜欢发表演说才这样做的。并且我认为像坦桑尼亚这样的穷国可以威胁得了西方国家的想法是荒谬的。既然说到这里,我再向大家简单陈述另外一个明显的事实。

非洲的南部地区现在由自称是西方集团成员的力量所统治,并且得到了他们同盟国的同意,将其作为"自由世界"的一部分。这是不可否认的。而我们很坚定地认为非洲应该由非洲人民来统治,这个也是不可否认的。因此,如果西方力量接受他们所维护的民主,那他们所有人都必须接受非洲的立场,不仅作为一个事实,而且要当作一个正义的事业来考虑。那样的话,他们除了帮助非洲以最小的混乱局面和平地实现其目标之外别无其他选择。

如果西方国家不愿意这么做,那么他们将会与非洲国家为敌,因为对于他们来说中立是很困难的。如果你们因为葡萄牙是北约成员就继续售卖武器和别的经济方面的利器给它,则你们很难保持中立。这样,葡萄牙就可以利用它的武器装备和经济优势企图控制它的殖民地。这样的政策会被非洲各国和其他任何客观中立的观察国认为是对非洲怀有敌意的。我们则不得不靠自己获得武器。既然我们自己不能制造武器,我们只能从愿意向我们提供武器的国家购买,这些国家则是社会主义国家。

不久以后将会有足够的事例表明世界上将会发生什么事情。西方国家将会"发现"葡萄牙正在进行一场"反社会主义的战争",然后本着改革者的精神帮助葡萄牙进行战争。后果则是非洲的民族主义力量会向西方国家宣战。并不是我们想要这样做,而是因为我们想要自由,而西方国家反对那种自由或没有采取必要的措施帮助非洲国家和平地实现自由。

最后,我认为我刚刚概述的那些担心不会发生,因为别的西方国家并不能影响葡萄牙和他们所关注的其他国家的决定。他们可能会稍稍动摇他们一点,而不会是全部。难道真有人会相信衰落的葡萄牙、南罗得西亚的少数党政府和南非会站出来反对其他西方国家集团施加的强大压力?我担心的是西方国家的不作为会使这些事情成为现实。因为,他们可能会花大量时间去思考,非洲的领导人如何情愿将他们的独立交予东方国家。这样则导致他们没有时间意识到非洲国家领导人仍旧愿意努力从西方国家获取非洲独立。

4 坦桑尼亚受到不公正的指控

在1965年7月15日达累斯萨拉姆东非公共事务组织大楼的奠基仪式上，尼雷尔总统以回顾建设这个大楼的决策过程开始了他的演说，以感谢不同的个人和团体所做的工作为结尾，其中，他尤其提到了以下文字：

……这个项目已经运行接近五年了，它能够使共同事务组织在坦桑尼亚更有效地管理运行起来。

关于这个项目我已经向大家简要介绍了一下历史，目的就是想要消除这些天在东非国家流传的一些流言蜚语。现在看来除了忍受破坏东非团结的指责，我们似乎什么都做不了，不管我们的行动是多么地合理和合乎逻辑。现在流言到处传播，污蔑达累斯萨拉姆大楼的建造预示着东非公共服务团体的瓦解。

乌干达能够请求解散东非大学，在东非我们所听到的是有关这件事情最温和的评论。肯尼亚可以单方面地改变共同事务组织的决定，没有任何一个国家在任何地方提及此事。坦桑尼亚一直坚持耐心辩解，并且这么多年来只要我们没有结成同盟，东非组织就不可避免地使用不同的货币，对共同市场的运行做出某些调整。这激怒了东非各国一个个愚蠢的人们，他们恬不知耻，指责坦桑尼亚服从中国的指挥，威胁东非团结。

我经常查看指责我们的国家名单。有一点给我留下了深刻的印象，名单中并不包含现在或曾经对东非团结特别关注的人们。它主要包括外国人和机会主义者。这些人今天可能支持联邦政府，也许明天就会反对它。他们的喜好完全取决于他们自己的利益而不是整个东非的利益。

借这个机会我想重申一下坦桑尼亚的立场。就像我们以往一贯的作风一样，我们现在仍旧支持联邦政府。不管发生什么事情都不能动摇我们捍卫东非团结的坚定信念。我仍旧坚信对于东非民众和知识分子而言，没有任何东西会比他们希望东非团结的欲望对东非更有益的了。因此,如果东非国家不能结成联邦,这就是一件很丢脸的事情。因此,我在此重申,我们更愿意结成联邦。但是,如果我们的邻国在共同市场和共同事务组织的形式上更喜欢一个较为松散的合作模式,我许诺坦桑尼亚会全心全意与其合作保证共同市场和共同事务组织的运行的。在合作过程中,我国也会发展成长,学习如何接受这种邻国之间合作的优势与麻烦。

尤其我们必须学会检验我们现在和将来合作的每一个领域本身的实质情况。我们必须长大成熟,不再使用这种敲诈勒索的方式,说什么"如果你们怎么做,我们就如何做"——而不考虑这件事的价值。敲诈勒索从来都不是合作健康的基础。东非合作脆弱的种子必须靠我们所有人来培育。

我认为我所陈述的以上这些是非常有必要的,因为我给东非各国持续的合作赋予了很大的重要性。合作的重要意义惠及的并不仅仅是东非各国本身……

5 应对麻风病

1965年7月26日,总统先生在姆特瓦拉地区为姆文纳(Mwena)麻风病医院举办了开业仪式。借这个机会,他向大家解释了这种疾病治疗的可能性,同时向来自海外的人道主义行为表示感谢。

……不久之前,曾经有一段时间,人们认为只要得了麻风病就一定会面临死亡,会被整个社会所遗弃。虽然我们国家的每一个部落都有自己对待这种病的患者的方式,但我们所有人对这种病还是非常恐惧的,并且对这种病的患者也非常排斥。

现在,感谢医学的进步,也感谢致力于这一领域研究的人们,麻风病不再那么可怕。麻风病可以被治愈了。除此以外,如果能得到早期的诊断和治疗,过去令病人痛不欲生的可怕的毁容也可被避免了。并且在很多情况下病人可以在家里,由他们的家人陪伴接受治疗。

但是,虽然这种疾病治疗方法的所有进步需要一个长期的过程,居家治疗至少在这一阶段是非常必要的。而且,在像坦桑尼亚这样的不发达国家里,许多患者仍没有得到足够早的治疗。对于他们来说这意味着在自己的社区快乐地生活仍旧是很难的,毕竟在我国也并不是所有人都了解治疗麻风病的新发现。

由于上述原因,这家新的麻风病治疗中心的开业是大受欢迎的。很长一段时间以来,这个地区已经有了一家收治麻风病人的中心,是丽阿修女(Sister Lia Schwartzmueller),为治疗麻风病所设立的。丽阿修女是1952年来到这里的,12年来她一直和病人们在一起,力所能及地为病人们提供便利条件。在那12年中丽阿修女从来没有离开过,一直忘我地工作,直到去年她突患中风和心脏病。她对治疗事业做出了奉献,是我国每一位公民的榜样,我很高兴她今天仍然和我们在一起。

这个新的治疗中心可以容纳接近 700 名住院病人；医院可以为 105 位患者提供他们所需的治疗；除此以外，还有一所小学、一个娱乐中心和可以用来上夜校的地方。最后还有一块大约 350 亩的农田，患者们可以在上面参与种植他们自己的食物，以此保持自尊。

这些大楼的建造经费不得不通过融资。到目前为止已经花费了超过 325 万先令的资金。这其中没有一先令是我们国家提供的。今天我们所看到的所有这些大楼的建设资金都是我们从德国麻风病协会借贷来的，其总部是在联邦德国的维尔茨堡（Wuerzburg）。

请允许我代表这里的病人和我们国家的所有人民向这个协会和所有为此治疗中心贡献力量的德国人民表达我们深深的谢意。我们坦桑尼亚人民能够意识到这种需求，却无法实现它。这是一个人道主义的善举，我们欣然接受，还希望所有对今天盛典做出贡献的人们都能感受到我们的谢意。

我们所要感谢的不仅仅只是那些为大楼建设做出贡献的人们，现在要保证这家麻风病诊疗机构正常运行，每年大约需要 22 万先令的花费。政府只支出了其中非常小的一部分，几乎所有的花费都是由圣本笃修会修士的天主教协会和西方世界的其他慈善机构支付的。

女士们，先生们，我希望在座的帮助中心运行的组织和个人的代表能够将我们的感激之情传达给各位的负责人。与这份友善的礼物相比，感谢确实微不足道。但是我相信那些捐献者在从事这份事业时会得到最大的满足的。

虽然这是一家基督教的教会，但麻风病治疗中心却不只是为基督教徒治病。大多数的病人事实上是穆斯林。我认为双方都没有错。相反，我认为不管我们关于上帝和先知的信仰是什么，我们都应该和谐地生活在一起，工作在一起，并且为他服务。

6 东非合作问题

包括三个东非国家议会代表的中央立法大会，轮流在三个国家的首都召开。这种会议的举行一般是先由一个国家元首发出信息，将由三位总统集体协商决定。1964年三个国家之间所面临的一系列困难使得经济合作体系将要面临解散的谣言广泛传播，因此在1965年8月10日达累斯萨拉姆召开的中央立法大会的开幕式上，尼雷尔总统阐述了此问题。此次会议后不久，三位领导人在蒙巴萨会面并且决定成立菲利普委员会，责令其负责研制出合作的新体制。

我很荣幸中央立法大会能在达累斯萨拉姆举行，并对此表示欢迎。我希望你们的坦桑尼亚首都之旅会是一次愉悦的旅行，也希望你们的工作能对将来加强东非各国的手足情谊与统一做出贡献。

令人遗憾的是，自从上一次大会结束之后，还没有举行过一次东非各国的官方会议。因此对于这次大会我无法代表其他三位东非领导人与你们交流任何官方信息和决议。

我意识到，这一令人遗憾的报告会成为指控东非合作体无序混乱，很有可能会解散的一个有力支撑。我希望大会成员要反对和抵制这种言论，因为我坚信这是不真实的。肯尼亚、坦桑尼亚和乌干达会像以前一样为了共同的目标而团结，并且会坚定地为了东非各国人民的利益而团结合作。

当然，在最近几个月我们三个主权国家在有些观点上是有一些不同意见，如果没有不同意见，反倒会让人惊奇了。但是因此认为东非合作体将要解散是没有任何根据的。我们会以强大的无法阻挡的决心保持它的团结，我们不会让现存的问题打倒我们。就像马克·吐温曾经说过："有关我死亡的报道都是夸张的。"这一句话对于东非合作体也是一样。

尽管如此，我仍然建议今天如实地陈述一些我们的困难，因为仅仅依靠我们的意愿,而无视我们现在正在面临的实际困难维持和扩大合作体是不够的。这种自满是非常危险的。因为虽然团结合作的精神是组织机构非常有效的润滑剂,但它本身并不能替代组织机构实体。缺少机油,没有一台机器可以空转。一台质量不好的机器会耗尽且浪费大量的机油,并且会因为经常坏掉而最终被抛弃。对于我们像一部机器一样的东非共同体来说,重要的事情是从麻烦的端倪中吸取教训,并且采取适当的行动去避免。

这就是我们现在不得不做的事情。我们对团结合作充满渴望,并且对非洲团结的优势心知肚明。有关这一点,我们三个国家的知识分子和民众要团结起来,并且没有一位政客现在敢站出来反对东非团结,但是如果听之任之,我们就会很危险。

事实上,我们东非并没有联合体,并且现在很明显,团结合作也不会像我们曾经希望和期盼的那样实现。我们现在所拥有的只是主权国家之间的经济一体化,缺乏有效的政策制定机构,其摩擦是不可避免的。除此之外,在各国的民族独立运动中我们的历史联系是如此地紧密,以至于我们想当然地认为对方的理解是理所当然的。结果,我们东非各国的政党之间的接触比我们与距离远得多、相同利益少得多的国家的接触还要少。如果我们仅仅满足于保持1961年之前的经济现状,那么这些事情就无关紧要了,就不那么重要了。但是事实上,我们中的每一个国家都致力于和献身于快速的经济、社会与政治发展,每一方面的发展都会在我们整个区域产生反响。

事实上,当然,肯尼亚、坦桑尼亚和乌干达之间的经济合作不是没有困难,它们各自声称在合作中处于不利地位。现在的困难虽然并不是东非国家首次遇到的,但比起前面的困难,当今的困难发生在不同的政治环境下。

在过去,有一个顶级的权力机构,它有权力可以解决三个主权国家之间的争论,也有能力不管所做的决定是什么,都能强力执行下去。在殖民时期,我们的国家像现在一样是单独的,但他们还有一个共同的主导者。任何事情都会有一个决议,并且即使是不赞成这个决议的国家也不得不接受。这种情形一直持续到1961年12月坦噶尼喀独立。

自从我们三个国家各自独立,唯一的最高权威已不复存在。每个国家殖民统治的最高权威被国民政府所代替,在东非事务上没有一个东非国家领导人能够代替英国白厅的最高统治。相反,最高的权威已变成东非各国政府的三足鼎立,并且主权国家之间的绝对一致性必须建立在对有关共同服务和共同市场事务的决定完全一致的基础上才行。

弄清楚这意味着什么很重要。如果三位领导人对一项决议不能做到一致通过,则根本不可能采取行动去实现它,除非我们中有人单方面地破坏了作为我们合作基石的协议和约定。换句话说,如果我们的讨论不能形成决议或达到三方都可以接受的妥协,那么我们三国中的每一个国家都可以对其他两国的某些发展行使否决权。这种否决权,虽可以在无法满足本国要求时使用,也可以在一国与其他两国相左时使用,但可以被忽略的是,权力当局是不可以强化否决权的效力的。但是当存在破坏我们整个经济合作体的危险时,否决权是可以发挥效力的。

即使我们合作的愿望很强烈,达到全体一致的必要条件并不容易达到。我们三个国家之中的任何一个都是对人民负责任的国家。任何一个国家都会被东非地区某一区域的迫切需要所困扰。因此,在官方会议和所有联合会议上,只要和他本国眼前的基本需要不相冲突,每一个成员国都会把东非的利益看作一个整体。作为民主政府的领导人,我们成员国必须平衡合作的长期需要和我们行动的眼前需要,就像我们平衡国内大量资本投资的长期需要和紧迫的社会需要。最终,事实上我们并不是东非人民的领导人,而是东非国家的领导人。而且在国家的责任面前,地区的忠诚有时就要屈居第二位了。

共同的贫困和历史关联使得东非各国在未来的道路上有广泛的一致之处,在实际的合作中也有大量的一致之处。当我们过度地担心最近公开的困难时,我们最好停下来考虑一下进行得没有任何矛盾的事情。这些事情并没有得到公众的注意。但是我们也需要提及一下,这些有潜在分歧的领域。

我们三个国家共同的贫困状况还有很多不同之处。一方面,城市的失业率是一个最紧迫的问题,另一方面是经济发展中几乎完全缺失的工业部分。我们各自从殖民时期继承下来的教育设施和行政机器的数量和质量也各不相同。所有这些,和不同的殖民历史所导致的其他细节性的不同一起,意味着我们每一个政府在行动上要有不同的优先权,并且在某种程度上,采取不同的方法解决问题。因此很明显,在任何时候都会有利益的真实碰撞。一个国家感觉采取行动会产生很积极的结果,其他的国家则不以为然。一般来说,只要有耐心和妥协,协议还是可以达成的。但是有时在协议达成之前,耐心可能就已耗尽。

有时孤立的一个矛盾就会使相互的协议成为泡影。

请允许我通过诠释与共同市场有关的坦桑尼亚的问题（因为这些问题是我比较了解的）来解释我的观点。欧洲在东非各国殖民地的模式，和其他偶然的环境因素，意味着内罗毕现在已经发展成整个区域的工业和商业中心。那里公司已经建立起来，并且将他们的销售领域扩大至整个东非。坦桑尼亚最终并没有自己的工业，反而只是培养了一些初级商品的有规模的出口能力。同时它的一些作物——例如小麦——被禁止进入肯尼亚。这个禁令是由建立和保持工业产品生产的共同市场的殖民当局制定的，并且我被告知这个禁令现在仍在继续。

结果，1961年肯尼亚出口了价值890万英镑的货物给坦噶尼喀，但只从坦噶尼喀进口了价值180万英镑的货物。1964年坦桑尼亚从肯尼亚进口货物的价值升至1330万英镑，而它出口给肯尼亚的货物只值410万英镑。这意味着坦桑尼亚与肯尼亚之间的贸易赤字已经从710万英镑升至920万英镑。

换句话说，殖民经济模式使得坦噶尼喀成为肯尼亚的一个自由市场，它从和其他国家贸易中获得的盈余还不足以促进它自身的发展。另外，现在独立政府所借的用于基础设施发展的资金正在流失。相比承担着偿还贷款的国家投资的次要作用，市场作用的增加使得在共同市场中我们国家的合作者印象深刻。由于共同的关税设置和中东国家之间的自由的贸易，坦桑尼亚不能在海外市场上购买最便宜的货物，同时它也不能保护自己弱小的工业，以使其免受肯尼亚历史悠久、规模庞大的公司和乌干达程度稍缓的猛烈竞争。

这种状况并不是我们邻国政府和人民的邪恶阴谋造成的。它是一种由历史决定的现实，并且现在仍旧是个现实。但是就我国而言，这意味着我国自身发展的残缺。如果没有建立自己的工业基地，坦桑尼亚永远不可能达到一个稳定的经济模式或经济发展的制高点。如果现在的模式依然继续，而且很明显它是不可能自我修正的，坦桑尼亚就永远不能保证对本国人民正当需求的基本社会和公共服务的经费的支出。

对于坦桑尼亚来说，这是一个很基本也很紧急的问题，我国政府要以实现对人民负责的心态来处理它。但是很明显，现在纠正这个立场的任何行动都会对肯尼亚解决其国家严峻的失业问题的努力造成短期的不利影响。因此这对于东非各国来说是一件困难的事情。不过，很显然不能立即指望坦桑尼亚联邦政府接受东非国家行动计划。1964年3月，在坎帕拉召开的会议的确就矫正的行动原则达成了一致意见。不幸的是，这一意见还未得到我国政府的批准。

在过去意见未被批准的几个月里，坦桑尼亚感觉到它别无选择只能独自采取行动，即使行动与在坎帕拉会议上达到的原则相一致。从肯尼亚进口的特定商品因此被临时规定了限额，唯一的目的只是为了在当地推销他们的产品。相比1964年贸易赤字920万英镑，受到配额限制的进口总量只有200万英镑。这表明坦桑尼亚只是采取了很小很小的一小步行动，而且也只有在对国家自身发展特别关键时才会采取行动。而且在1964年贸易数据的基础上，即使这些决定使得从肯尼亚进口的贸易总额减少200万英镑——一般来说是不可能的，在这个世界上坦桑尼亚仍旧是肯尼亚货物的最大进口国家，认识到这一点很重要。

首先我们很高兴继续上面的话题，但是下面这个事实对于我们来说也是非常有用的，坦桑尼亚在它仍旧贫穷的状况下是不可能成为任何国家大的贸易伙伴的。我们发展本国经济的努力就是为了使得共同市场成为一个更加有利润的市场。如果我们能够成功，我们的贸易伙伴和我们自己都会获利。并且20世纪国际贸易经验很清楚地表明如果国家之间富有程度和发展程度相当，那么他们之间的贸易增长最快；如果一个国家是工业国家，而另外一个则是初级商品生产国，他们之间的贸易则不会这样。像我们国家这样作为不发达国家反而多年来还要在世界贸易会议上提及这一点，这该是多么具有讽刺意味啊。

请让我再重申一次，坦桑尼亚理解邻国的经济问题，并且对因为其本身的需求而造成的邻国的暂时困境表示深深的歉意。我们已经努力去避免它了。虽然在我们独立之前问题就很明显，我们直到1964年才采取行动解决，因为我们曾经希望这些问题能够在东部非洲联盟的框架里解决。曾经有一段时间，我们愿意并且能够接受这个现状，并且把所有的不利条件都看作是东非团结的必要代价。但是在缺乏对早期联盟任何努力和希望的情况下，我们别无选择，只有在共同市场的有利条件和不利条件之间主动地寻找平衡点。只有当我们的努力不能给东部非洲带来实际的一致协议，我们才会很不情愿地采取我们自己的行动。

我已经详尽阐述了坦桑尼亚的问题，但是如果给大家留下印象只有我们这一个国家在东非联盟中遇到困难，或者自己采取行动，这是错误的。最近同意泛美航空公司临时降落内罗毕的决议与东部非洲管理局的两个单独的一致通过的决定是相违背的。但是很清楚的是，肯尼亚最终认为它不愿承担失去决定带来的有利条件的后果，尽管我们两国都担心这个降落权会给我们联合拥有的东非航空公司的繁荣发展带来影响。

有关三方管理机构现在还不能处理得令大家满意的经济问题我还能举出很多。但是我的目的并不是引起大家对某些问题的讨论，我希望这次大会不再一次又一次地重复这一理由。这些事例只是用来解释现在东非内部团结的缺失给东非国家合作带来的困难。

当然，麻烦是这一类型的每一个困难都会耗尽我们情感上的大团结。对于坦桑尼亚限制肯尼亚的货物自由进入坦桑尼亚市场，肯尼亚肯定感觉非常痛苦。而就坦桑尼亚来说，它认为如果东部非洲各国不结成同盟，则肯定要努力地去接受这种失败所带来的不可避免的后果。相似地，坦桑尼亚认为降落权的事件会削弱三国共同拥有的航空公司，这一点令坦桑尼亚很失望，而肯尼亚则认为我国没有意识到与泛美航空公司合作中他们国家的需求。

不幸的是，一旦这种相互的怨恨产生，就会有大量的人因为过于担心而只强调我们之间的不同与困难，并且扩大它们直至产生怀疑与敌意。像刚才我所引用的那些真正的困难对于这些人来说就像是天赐之物，并且我们有证据表明这些困难会被用在离间东非各国的用途上。同样地，我们外交政策中表述和强调的任何不同都会被用来扩大我们之间的误会。谁没有听说过坦桑尼亚正在受到中国的影响，或肯尼亚正在受到美国的影响？（到目前为止，乌干达已经不再受这些观点困扰。确信一次只做一件事的原理！很明显有一天乌干达的时代将会到来。）现在在肯尼亚有一种说法，说坦桑尼亚正准备把原来从肯尼亚进口的货物改为从中国进口。而且在我国也有一种说法，就是肯尼亚故意在海外恶化坦桑尼亚的不结盟形象，以便在经济上获取有利条件。孤立地来讲这些说法会广泛传播、无法控制，但是当我们真正的问题上升至摩擦和误会时，最终我们双方都要思考为什么这些说法有传播的基础，这不是很自然吗？

现在我们都很清楚我们各自国内的问题所带来的压力，这种压力使得我们比起几年前来更容易相信中伤诽谤者对我们相互之间的污蔑。这是最大的危险，因为如果我们走上那条道路，不仅东部非洲联盟，还有经济合作，甚至是我们想要非洲大陆统一的雄心都将不复存在。

我们正确地分析我们现在所处的位置，不被外界宣传所困惑是至关重要的。我们不得不面对这样的现实,我们国内现在的困难与其他国家成为西方或东方世界的傀儡没有任何关系。它们是由我国经济事务独特的组成方式、责任和决策机构的不团结造成的。这样,我们就必须解决这个等式的一边或另一边,直到它平衡为止。

  坦桑尼亚坚信必须要为保持经济和共同事务团结做出努力。我们各自国家真正的安全和真正的发展,整个地区的安全与发展都需要东非团结作为基础,这也是整个非洲大陆团结的基础。正是由于这个原因,我们渴望建立一个具有主权的东非联邦。只有通过这样的主权交接才能建立起一个能够决定所有东非国家所关注的事务的权力机构。我们在国际社会上应该发出一致的声音,只有这样,挑拨我们相互对抗才会困难得多。在东非联邦中短期的经济利益冲突可以由一个对整个地区民族负责的机构来解决,并且这个联邦国家同样可以确保我们各国贫穷的问题可以通过合作来解决,同时我们的联合资源也可以被用来解决对我们所有人都很普通的基本的潜在问题。

  然而,现在很清楚联邦国家今年或明年都不可能实现。我们对此感到很遗憾,但是我们必须勇于正视这一点。并且我们必须决定我们应该怎么做才能弥补,因为我们不能待在原地不动。有一件事我们所有人都同意,那就是我们的贫穷只能通过经济计划来克服。因此我们必须处于这样一个位置上,要么有一个联邦国家的发展计划,要么每一个单独的国家都有权利和责任制定和实施国家内部的发展计划。

  正是这个需求导致坦桑尼亚带头要求建立每个国家单独的货币体系。我们发现当货币和贷款等不受我们自己控制的时候,想要控制我们的经济发展和达到经济发展最大化是不可能的。金融控制对于经济计划来说是必须的,这一点并不是突发的认识。这是对我们1961年所做的决定——仍旧在现在实行的货币领域里发展经济是基于一个错误的前提——的承认,这个错误的前提是当其他两个国家独立的时候,就可以在联邦国家的基础上控制他们。

  事实上,整个现行的东非合作的机制是建立在联邦国家快速发展的基础之上的。它被认为是当时的坦噶尼喀政府的一个临时的安排,并且我认为这也是受肯尼亚和乌干达民族主义运动所推动的。它取决于我们人民和领导人的善意和兄弟般的情谊。它对偶尔困扰我们的相冲突的责任没有任何规定条款。尽管如此,它为我们服务得很好,并且我们在它的框架下取得了很多进步。

但是如果继续只依赖于现行的安排,我们只能继续处理各自国家的问题,并且有很大的危险——我们会为对我们或其他国家来说非常紧急的事情而争吵。这意味着我们现在的合作正在被置于危险的境地,并且由于我们关系的恶化,联邦国家本身也会离我们越来越远。要改变这种状况我们必须意识到我们现在所面临的困难是什么,对我们现在实行的安排的缺陷有一个初步的诊断。然后我们必须为合作与联合行动制定出现实的行动安排。这个行动安排不包括联邦国家的建立,我们承认我们现在各国之间的分离以及我们分离的主权和发展计划所导致的现实需求。

当然,合作与联合行动的任何条约都会降低各个国家决策的权力并且意味着国家部分日常的主权权力的自愿的放弃。关于以上这点我们必须接受。我以前曾经指出过如果三个人能够合作建造一艘船,那么他们每一个人都可以扩大他们的自由安全地行驶在海上,并且捕捞更多的鱼。但是同时他们对于船只的共同拥有权限制了他们单方面使用船只的自由。这一点当然会被每一个人所接受。如果不接受,那么谈论东非合作则是完全没有意义的。

我相信这个事实在东非各国不会受到挑战,每一个国家都会很乐意接受它的内涵。我们所需要的只是规范船只使用的更好的系统,以便每一位拥有者都能得到最大化和公平的回报。我相信这个是可以实现的,并且很有信心地认为如果我们的体系正确,我们东非国家之间合作的领域就会扩大。甚至当再次回顾合作的现实问题时,我们将能够做出有关实现联邦国家的最新方法。

但是,我们现在能够也必须给我们国家之间的关系车轮加加油,以便在未来的测试年中切断任何摩擦的可能性。如果,在测试之后,我们感觉我们的国家计划需要我们对各国之间的部分关系放松一点,并且我们还没有做好准备对国家的主权进行选择性的放弃,那么接受那个事实将会更好一些。我们决不允许自己不知不觉陷入让我们精神上的团结被相互怀疑的境地。

议长先生,我呼吁议会能够帮助东部非洲。我们只有依靠自己来促进我们所属的非洲大陆的团结和发展。议员们,在你的会议上,或回到各自家中,议会在推动团结上可以发挥非常重要的作用。因为这不仅仅是政府的问题,我们所有的人都包含在内。放任相互的指责和辱骂是不合适的。我们应该一起向前,处理基本问题。如果使用一句坦桑尼亚的口号给这次东非各国的聚会,我会说:"这是可以实现的,尽自己的一份力量。"

7 失业不是问题

1965年8月16日，尼雷尔总统在莫希(Moshi)为基博火柴厂举行了奠基仪式，在对这家工厂发起人的积极性，尤其是他们对于工厂地点的选择表示欢迎之后，总统先生针对这个地区的失业问题发表了演说。

……请允许我，此时此刻，发表一些警告之语。尽管资金投入有12.5万英镑，这家工厂每一班次也只能雇佣40名工人。因此，光靠它自己是不能解决"失业问题"的。但是就我自己而言，我不相信我们坦桑尼亚现在被失业这个问题所困扰。我们将来会有越来越多的小学毕业的人无法就业，但这并不意味着他们没有能够做的工作。

过去，在年轻人中，有些甚至是他们的父母中间会有这样一种倾向，认为只要接受了教育就意味着离开土地，得到大量的工作机会。更有甚者，他们期望学业水平只要达到八级及以上都应该在办公室中工作。不幸的是，我国公民中现在仍有很多这种观点。现在是时候放弃这种想法了，并且应该意识到我国现在已经是一个独立的国家，国民头脑中不应再有殖民主义的观点。

为什么在像美国、英国和德国这样高度发达的国家，你可以发现大学毕业生仍旧在从事农场的工作？这是因为他们意识到教育可以使一个人更好地适应每一项重要和合适的工作，无论是对他自己还是他的国家来说。像德国这样的国家，繁荣是以这样的现实为基础的——受过教育的人们可以在任何领域工作，人们知道他们所接受的教育可以用在田野、工厂和办公室任何一个地方。但是我们有时从现实社会中看到的则是殖民地公务员受过教育，他们则可以在办公室工作。我们会把这一现象当作全部的真相，而没有意识到它只是反映了英国经济组织中的一小部分。事实上，我们国家过去和未来也都会有上过大学的农业官员。在肯尼亚，许多欧洲的定居者都是具有高度学术素养的，而且我认为我们应该意识到这就是肯尼亚的农业发展比坦桑尼亚的要先进得多的原因之一。

我们应该意识到我们国家的年轻人从学校毕业后是具备了从事农业活动资格的,这一点很必要。他们可以成为更好的农民和更好的公民。在我们国家,人们更应该明白繁荣兴旺是来自对农业的精细照料。如果说我们国家缺少土地,那肯定不是真实的。

主席先生,我刚才的演讲已经偏离了主题,但是我认为你也会同意这家工厂在某种程度上会和我们的社会和谐相处,因此我最后的这个观点也并不是真的和这次演讲的主题格格不入。

8 广播竞选

>总统选举以及大陆议会选举将会在 1965 年 9 月,在新的一党制宪法下举行。尼雷尔总统并没有在全国各地参与竞选活动,而是在 9 月 10 日通过广播发表全国讲话。

在 9 月 21 号、23 号、26 号,也就是 9 月末之前,坦桑尼亚人民将会拥有第一次选举他们心目中的联合共和国总统的机会。我之所以直到现在还是我们国家的总统,是因为当时坦噶尼喀和桑给巴尔岛联盟一致同意在 1962 年被选为坦噶尼喀总统的人将同时出任联盟的首领。现在坦桑尼亚人民和桑给巴尔岛的人民同心协力,将会共同决定他们是否希望我继续担任我们国家的总统。

在总统选举进行的同时,坦桑尼亚人民将会有机会在两位通过坦盟呈现给他们的候选人中选取一位作为议会成员。

今晚我想要谈论这两个选举,但是在我这么做之前我想要强调一下这两个选举对我们所有人的重要性。在一个独立国家中的自由选举赋予了独立以真正的意义,因为只有这样做我们才能自我统治,才能决定我们想把自己的国家塑造成什么样子。当我们选举总统以及联合共和国的议会时,我们也在决定我们国家的法律是什么,我们将要纳多少税以得到公共和社会服务,谁将会代表我们与其他国家谈判,以及其他很多事。

当我们为独立而发起运动时,我们也在为自己索取这些东西。我们说我们有权根据自己的意愿来管理我们的国家,并且没有人有权利去统治另一个人。我们为自己赢得了这项权利,选举便是我们实践这项权利的场所。这是我们现在进行选择以及以后向那些有责任制定法律和领导我们的人追究责任的手段。没有其他的方法能够让我们自由地统治我们自己,因为正如我们自己清楚知道的那样,任何团体的生活都会同时带来权利和义务。我们不能都只做自己喜的事。因此真正的自由意味着在平等和绝对自由的前提下，一个人有权利与他的同僚们一起决定公民的权利和义务，以及为了未来的利益，我们的时间和财富应该按何种比例奉献给公共活动等。

在规模较小的社会中，比如一个村庄，这种自我管理可以通过社区讨论生效。在这个讨论中，村庄里的每个成年人都会参加，一直讨论到大家达成一致意见为止。然后每个人都知道他已经参加了管理，知道最终的决定是什么以及决定是如何产生的。

显然，当面临一个大型社区的时候，这种方法就行不通了。人们必须找到另外一些方法让每个人都能自由表达自己的观点，然后再做出决定。在像坦桑尼亚这样的民主国家里，有很多方法可以达成此目标。其中一个对我们来说最重要的方式是通过成为坦盟或非裔斯瓦希里人党的成员，并参加党派集会的自由讨论。但是也有许多其他方式。我们也可以通过参加村庄发展委员会的讨论，成为坦桑尼亚全国工会、合作社和坦桑尼亚妇女联合会的活跃分子，以及给议会成员或报社写信的方式达成目标。

通过所有这些方式，我们国家的每一个公民都可以确保自己的想法能够被聆听、被理解。但是除了这些运用民主权利的方式，公民也有选择议会代表和总统的基本公民权利。这种做法定期地在实现，我们下一次机会就是这个月将要举行的选举。

让选举合法并且投票者不注册是对公民自由的浪费。投票者注册后，你就会有一张投票卡，而且事实上在选举当天不去投票地点记录你的投票是很愚蠢的行为。

我们这个月的选举将会是一种新的方式，与以往的方式都不同。所有议会席位的候选人都是坦盟的候选人，由国家执政党支持。总统候选人必须同时是坦盟和非裔斯瓦希里人党的候选人，他们将在两党的联席会议中选举出来。

这对于以往的选举来说是非常重要的改变。在过去，当人们选举的时候，他们必须在坦盟和另一个政党之间，或坦盟和另一个反对坦盟的个人之间做选择。一而再再而三地，人民都选择坦盟，而且投票给由坦盟执行委员会选出来的候选人。但是这就意味着人们不能真正地选择一个能够代表他们的人。制度如此运作，相当于选择了他们想要的政策，也就是坦盟政策，那么其实在这种政策的背景条件下，他们并没有选择能代表他们说话的人的自由。

只有在一种情况下人们会下定决心选举那些人,那就是他们都掌控着坦盟执行委员会,并且两个候选人同时支持同一个坦盟政策。但是通常情况下,即使人们不喜欢选举的那个人,他们还是会选他,因为他们支持他所在的政党。

在我们新的一党执政宪法下,这个问题已经不复存在了。作为一个国家我们已经接受了坦盟的原则和政策,这也是我们未来国家发展的基石。因此,现在让人们在其所在区域的个人之间做选择是有可能的。人们可以自己决定哪两个人在性格和能力方面素养最高,能在我们的全国委员会中代表他们。每个选区都有一场竞赛,比如在坦噶尼喀是107个人中选101个候选人,候选人都是在党内一致同意的,他们必须同时严格遵守坦盟的基本原则和坦盟的信条。因此无论是见面会,广播讲话还是其他的竞选活动,目的都是给你们提供一个机会来判断这个人,他们的诚挚,他们的服务精神以及他们做事的能力。

总统选举也是一样,尽管出于对人民的考虑,总统选举中坦盟和非裔斯瓦希里人党只能提名一个候选人。这并不意味着即使人们认为有一个新的总统会对国家更好,他们也不能拒绝让我接任下一任总统。那些不想让我在接下来五年中担任坦桑尼亚总统的人只要在选票中下面"哈帕纳"的地方,也就是阴影下方打钩就行。如果参加选举的大多数人都这么做了,那么两党需要再次会面,挑选另一个人的名字让你们选。当你们选了接替我的那个人之后马上就会举行另一场总统选举。我解释这一点并不是因为我想让人们拒绝坦盟和非裔斯瓦希里人党的再次提名让我继任下一届总统。我希望大多数人都能够支持党内推选结果,因为这是一件非常重要的事,也是我们两大党派各自做出的最重要的选择。因此,如果党派没有按照你们的意愿选择候选人,他们就会与人民失去联系,这将是很糟糕的事情。但是每个人都应该知道这个国家的总统是人民的总统,是由人民选举出来的,他的一言一行都对他们负责,这一点很重要。因此,人民有,而且必须有绝对的自由来选举或者反对两党提名的候选人。选举必须是秘密进行的,这样选民就能自由做出选择,不被恐惧或任何其他事情影响,只是根据他自己的判断进行选择。

但是每个公民都应该利用他的投票机会。任何一位担任坦桑尼亚总统的人都代表人民行事,只有当人民全心全意支持他并且把这种支持表现出来的时候,他才能真正履行他的职责。因此,作为选民,如果你们觉得我应该继任总统,那么我希望你们能够去投票的地方在总统选举票"恩迪尧"①这个词下面,也就是黑点下面打钩。越多的人这样做,我就能在我的工作中受到更多的帮助,对从其他国家来的人来讲我代表坦桑尼亚,我成为总统与坦桑尼亚人民的意愿一致这一点就更明显。但是如果你不认为我是总统的料,那么你就有责任选择"哈帕纳"②,并要求党派另外提名一个人。你一定不能假设这样做没必要。事实上,你的选票很重要。

我说的所有这些你们大多数人都已经知道的事是因为我作为你们的总统有义务维护这个国家的宪法。如果你们反对我担任总统,我很乐意接受你们的决定。如果你们赞同党内的选择,就像我希望你们做的那样,那么我也会再次接受总统的沉重的责任。

如果你们选我,那么我将会再次尽我最大的努力为我的国家服务,带领坦桑尼亚人民艰苦卓绝地对抗贫穷、愚昧和疾病。我将会努力地与你们一起使这个国家摆脱外邦势力的控制,保持绝对的独立。我将会维护宪法和法律,以及人民的主权。同时我将会继续为非洲的联合与自由效力,为坦桑尼亚与周边邻国的进一步合作而效力。

此外我想我不必再重申我的候选人资格了。你们有很多机会听到我关于许多不同主题的演讲。你们知道我的观点和态度。我想我们彼此了解。我希望你们认真考虑我是否为一个好总统,以及在未来我是否能继续做得很好这个问题。如果你们问心无愧继续选择我,那么请你们在总统选举日选择"恩迪尧"。

在说完将在整个坦桑尼亚进行的总统选举之后,现在让我简单地阐述一下正在大陆上进行的普选。在这次选举中选民将选出接下来五年中担任他们议员的人。议员的工作是做什么呢?

首先,他是人民在国民大会中的代表。当新的法律被考虑制定时,他必须站在人民的利益角度说话;他必须把人民的问题带给政府,让政府考虑解决方案;当他相信政府的行为是正确的时候,他必须与他的同僚一起支持政府;当他

---

① Ndiyo,斯瓦希里语,意为"是"。——译校注
② Hapana,斯瓦希里语,意为"不"。——译校注

认为,出于国家的利益,政府应该做得更多的时候,他应该站出来批评政府。另外,除了把人民的观点带给政府,议员也应该在他的选区内向人民解释政府正在做什么,以及为什么这么做。

议员是从每个选区选出来的,所以他对当地的人民有特殊的责任。但是比如说莫希地区的议员,他不仅是莫希的一员,他也是国民大会的一员,所以他必须同时考虑整个国家的利益以及他自己地区的特殊需求。他能够,也应该叙述他自己地区的特殊需求,但是无论在议会还是议会之外,他都应该作为我们整个国家的代表和发言人。因此,如果想要成为一个好议员需要哪些条件呢?根据宪法,每个候选人必须是共和国的公民,坦盟的忠实成员,心智健全,21岁以上。每一个想要得到你们支持的候选人都符合这些条件。但是你们也要考虑其他的东西。

一个真正起作用的议员必须能把人民的观点清清楚楚地传达给政府,也能够向你们解释政府所做的努力以及面临的问题。但是他也不能仅仅是一个称职的发言人,更为重要的是他必须能够理解我们国家的问题,以及能够考虑解决这些问题的各种各样的建议。另外,我想说这种理解力并不仅仅是教育的问题,教育能起一定的作用,但是更为重要的是性格、智慧、诚实以及学习的意愿。

另外,我再补充一件关于此次选举的事。选举符号的唯一目的是为了那些不识字的选民能不向投票站工作人员寻求帮助而记录自己的投票——当然如果他们寻求帮助的话,投票站的工作人员会很乐意帮忙。符号仅仅是用来识别和区分的手段。一个特定的候选人被分到老房子或者非洲鼓作为候选符号这都是很偶然的事,选民们选的是人而不是符号。

另外还有一件事我希望每个人都能记住。所有的候选人都是坦盟的候选人,并且我们国家的统一不能被这些选举所削弱。候选人之间以及他们各自的支持者之间没有理由不能成为好朋友;你可能很喜欢一个人,你高度赞扬他,但是你可能仍然不同意他是议员的最好人选。在选举时以及之后,必须杜绝争吵和对骂。一旦人们开始选举,每个人都要在不同的岗位一起协作。因为尽管被选为议员是光荣的,但是参加竞选落选了这也不是丢脸的事情。落选并不说明参加竞选是错误的,恰恰通过竞选他能让人们选择以及表达他们的意愿。

正是由于国家统一的重要性,选举制度禁止在活动过程中使用部落制度和种族主义,禁止任何候选人以宗教和性别拉拢选民。然而,许多聪明但是无耻的人用这种隐蔽的方式拉拢选民。我坚信我们的人民如此珍惜国家统一,他们会强烈地对抗任何制造这些事端的人。

最后,让我赞扬一下那些离家在外,与候选人到每个地区游说以确保选举能够公平合法地举行的选举监管者们。这些监管者所做的工作对我们这个民主国家至关重要;我希望无论在哪儿他们都能够得到尊重,相反他们也能严厉执行规章制度。我希望监管者能够确保人民能够理解他们在普选以及总统选举中的自由,他们也能理解他们应该记录他们的愿望的方式。

在坦桑尼亚,我们有许多工作摆在我们面前。通过这些选举我们选择谁能领导我们,谁将成为我们的总统,谁能够成为接下来五年里的大陆议员。请深思熟虑后再投出神圣的一票,而不是放弃此次投票。谢谢。为自由而奋斗!

9 非洲历史大会

1965年9月26日,尼雷尔总统在非洲历史国际会议上致开幕辞。他强调了非洲历史研究的重要意义,并对此领域表现出浓厚的兴趣。

我谨代表坦桑尼亚政府,以及我个人,热烈欢迎你们来参加此次非洲历史会议。我希望你们能怀着快乐的心情在我们的达累斯萨拉姆大学学院里参加这场会议,并且希望其设施将帮助你们有一场成功的会议。

虽然你们将在这座小山上度过大部分的时间,但是我希望你们在我们国家的这段时间里,无论是校园里的美景,还是与你们同事的讨论都不会阻挡你们看到达累斯萨拉姆,甚至是整个坦桑尼亚的一些事物。如果你想要一场短途旅行,你甚至可以为此找一个借口。

今天是我们联合共和国首次一党制选举的最后投票日。几天之后,假设坦噶尼喀非洲民族联盟候选人得到绝大多数的赞成票,新的内阁就职,那么随着总统宣誓就职,我们将着手我国政治的进一步阶段。这些大事按学术的说法在现阶段可能被归结为"政治学",但是几年之后你们会发现它们已经成了你们需要书写和教学的历史了。

事实上,我不是开玩笑式地说会议代表们会对这些坦桑尼亚发展过程中的划时代事件感兴趣,我也不是试图把你们从工作中诱惑走,抑或暗示如果对这门学科缺乏兴趣你们就会在这儿被人议论,我只是想说过去和现在是一体的,对两者都有很好的了解是每个时期的专家必须做的事情。对于生活和社会的任何学生来说,过去和现在都只是单一事物的两个方面。尽管改革者们有时很希望不是这样,革命者们甚至硬是不承认,但是虽然命运流转,世事变迁,生命依然延续。尽管现代非洲人的生活与我们祖父们的生活迥然不同,但是我们与我们的祖辈却不可分割地联系在一起。如果不参照50年前的经济、社会结构、宗教等社会基础,我们今天的态度和行为就很可能不被理解。这对于过去所有的时段都是一样的。但是同样地,对于今日的非洲的抱负以及态度的理解也能够让我们对非洲最近的过去,甚至过去的过去都能有更好的理解。

我说这些不是暗示我们不需要历史专家或者不同时期、不同分支的历史,我只是简单地提醒一下生命是单一的整体,如果我们仅仅把它当作珍贵的个人财产一样不愿与别人分享,那么我们就不能够获得知识。知识必须像鹅卵石一样被丢入智慧之池,任那些软物质和参差不齐的边缘历经消逝和磨损,最终只剩下坚而不摧的真理。它是所有这些真理的衍生物,由于不同时间不同学科形成成千上万不同的来源。这也为更加长远的视野造就了一个平台,最终增强了我们对一个人以及他为自己创造的未来的现象的理解。在这一点上,没有任何一方面的知识是不与其他知识相关联的,过去和现在是融合的,虽然它们属于不同的学科,但是它们都是一个整体的碎片。

因此这次会议将会获益良多,因为在场的各位来自世界各地,有着应对非洲历史这个学科各种不同的专长和方式方法。因为你们不是从头开始。由于之前已经完成的工作,有一点此次会议不再予以讨论——那就是非洲没有历史这个争论。这个被睿智的男男女女争论不下的那些日子已经过去。你们在此次会议上会遇到的问题更有可能来自于证据本身不协调甚至有时不规整的特性,或者来自于近年来发表的各种与此相关的书籍和文章。

我们拥有历史,并且我们对此有相当量的研究,这个新的意识并不限于非洲。在过去 20 年中,独立的非洲国家的出现已经意味着世界上其他国家觉得需要从一个殖民主义期间并不必要的方式去理解这块大陆。作为新殖民主义的一个方面,这个问题不应该被忽略,相反,这是我们非洲与那些世界不敢忽视的力量相平等的一个认可。因为我们与世界息息相关,并且渴望在其委员会中得到我们充分的席位,所以我们必须欢迎这种兴趣,并且与之合作。

事实上,人们对我们过去的浓厚兴趣可以使我们获益。世界各地的许多机构的人都开始从事重新发现我们的历史这一事实意味着各种各样的经验和技术可以被用在调查过程中。我们不再被一个大学或一个国家的传统研究方法所限制,我们也不用自己从头再来,我们也不用仅靠我们自己完成所有的工作。

同时,非洲新的大学和机构应该从现在开始主导此项工作,这是自然和正确的。第一手资料在非洲,在我们这儿,并且首要的兴趣其实不是别人渴望了解我们，而是我们自己有想要了解自己以及我们的社会的欲望，只有这样我们才能将我们的未来建立在一个牢固的基础之上。

我说过，我们历史的第一手资料在这儿，在非洲，我一定要强调这一点。这并不意味着我忽视了大量只能在别的国家的档案馆里才能看到的文字资料。这也不意味着我相信在这块大陆上会有无穷无尽的文字资料会被提供，只待被发现和研究。我真正想指出来的是那些大量的局部化非文字历史知识，那些有待被寻找、被搜集、被核实，然后被写成一个完整的故事的历史知识。

这是一项十分有难度的，非常花时间的任务。它需要各种不同的证据反复核实。很有可能许多历史研究的新的工具以及许多不同的方法需要被利用，这一点你将来会知道是不是这样。但是我希望此次会议能够做的一件事是发现不同学术专家的贡献可以被很好地协调并且有效应用于历史研究目的的方法。

但是无论这个方法是什么，最重要的一点是我们需要发掘一个真实的非洲历史。迄今为止世界上关于这块大陆的知识，甚至是现代非洲的知识都被外界单一地描绘着。世界上许多在教育机构学习我们历史的人依然在学奴隶贸易，欧洲入侵，并且分析他们入侵的经济动机及其影响。但是事实上，仅仅在最近这几年间这些持续不断改变的非洲生活模式以及其对这些外部事件模式的影响才刚开始被意识到。只有从非洲向外看这些事，非洲历史才能发展。这项任务最近才开始，我相信此次会议将会对其起到提升和帮助作用。

另外，你们对近几年来历史著作和历史研究的看法将为现在需要做什么，以什么为重点这个观点的有价值的表达提供了基础。我相信在这个具有前瞻性的讨论中，你们之中的非洲人会有一种非常特殊的责任感。因为他们就是这块大陆上的人，他们与这块大陆的过去和未来都关系密切。非洲人应该能指出我们对历史知识的需求到底在哪点上使我们背上了沉重的负担。

但是如果非洲人在这个领域有特殊的而非排他性的理解的话，那么这些问题就需要被整齐规划了。那些问问题的方法也需要每个人的经验和知识的交融。

所有这些都意味着此次会议需要考虑许多基础性的问题。对于过往，非洲的观念是什么？在传统社会中，历史上的哪些客观价值是一代一代传承下来的？它是如何被最精确化地对照的？根据口头证据，近期以来的人工产品的历史价值是什么，反过来也是么？欧洲对非洲的研究中曾极度否定过非洲的伊斯兰文明,那么对于它的历史写作又有什么样的价值呢?

这些是所有关于非洲的问题中最基础也最有趣的。然而我承认,在坦桑尼亚,我们对有可能将文字和口头相结合的方法更感兴趣。因为这似乎与重新发现我们自己的历史有重大的关联。伊斯兰斯瓦希里时代与我们不识字部落的传统相结合的话,很可能可以给出过去的具体的证据,而我们现在却只能凭借一半的知识揣测。

然而,事实的积累只是问题的某一部分。理解这些事实也是必要的,那就是,我们需要试图用一个假设来解释它们的意义。正是由于这一点,我认为会议最容易落入争论,除非非洲的需要、非洲的历史继续被高度强调。我不是说非洲的不结盟政策可以完全应用于你们讨论的主题。但是我要求那些坚持马克思历史哲学以及那些坚持各式西方哲学的人都应该怀着诚实的态度审查他们应对我们问题的方式的严格责任。他们先入为主的看法的交流将会浪费大把的好机会。这里需要的是不同派别学者在非洲历史证据背景下,关于他们自己的方式在何种程度上证明有效和有用的一场讨论和深入的思考。如果这能被开诚布公,那么非洲历史研究和理解的未来发展方向将从中获益匪浅。

然而,在此次会议上许多会被提及的关于未来工作的问题不应该掩饰那些曾经遗失却在近几年被重新获得的历史知识的数量。你们此次估量迄今为止获得的学术成就的会议无疑是十分吸引人的,而且会组成一个有价值的人才交流。但是我希望他们也会对教师们,将会参加你们傍晚的讲座的公众成员们,以及在你们会议成员中的非洲教育家们有用。

这就是我最后的论点。尽管你们关于技术的讨论十分重要,尽管你们各自都会就目前获得的成果信息进行交流,但是你们的工作重要性有限,除非这些成果可以被广泛传播。现在以及将来的非洲以及世界公民必须获得非洲历史的知识可以为他们带来的(对世界的)理解。新的知识,正如它所需要的那样,必须以一种有用的、可理解的形式冲出我们的学校和大学。这些知识内部有缝隙,这些缝隙由于缺乏足够的证据而充斥着臆测的事实不再成为大问题。它可以成为人数不断增长的非洲学生的兴趣以及未来工作的刺激物。只有当此事发生之时,非洲的态度、洞察力,以及质问才会开始促进非洲历史研究和著作的发展。

女士们,先生们,此次会议由非洲文化学会发起,由达累斯萨拉姆大学学院以及我国政府通力合作组织而成，在联合国教科文组织的慷慨帮助下，由坦桑尼亚政府支付所有费用。大量的相关人员出席了此次会议，我们对帮助促成此次会议的所有人员表示感谢。

然而，也许我应该解释一件事情。我们坦桑尼亚的人民为组织这次大会也奉献了许多个人时间和精力。我们这样做只是为了一个理由：因为我们相信了解并且理解非洲历史对于这块土地的崛起非常重要。我们并没有邀请来自世界各地的贵宾，希望他们发表一个支持我们会议结论和决议的宣言。我们已经请他们来帮助我们探寻知识，厘清恰当的问题，以及校对现有经验。

我谨代表政府（请让我稍微整理一下我的帽子），作为大学学院的访问者，感谢你们接受我们的邀请来到此地。祝愿本次大会圆满成功。

谢谢。

10 新国民大会开幕

1965年10月12日,尼雷尔总统在新国民大会的首届会议上发表演说,本届新国民大会包括了新当选的107名议员,加上10名总统指定代表,桑给巴尔指定人员,以及地方专员作为代表。

议长先生,尊敬的各位议员:

首先请允许我,议长先生,恭喜您因高度负责的服务而当选。众议院投票给您证明您的能力以及您在上一届国民大会中友好、坚定和公正无私的领导能力。

第二,我想恭喜在座的所有众议院的议员们,你们都是在最近的选举中,由人民自行选择出的人员。荣誉和责任都赋予了你们。在今后的日子里,你们需要证明人们对你们的信任是正确的,我确信你们会为此而尽最大努力。

同时,我认为,代表政府和人民,我们也应该特别感谢那些近期在大陆参选而失败的人。尽管他们没有当选议员,但这并不意味着这些失败者没有为坦桑尼亚的发展做出贡献。我们的国家和新兴产业仍有许多的工作要做,从事任何光荣或令人满足的工作都是为国家服务。重要的是,每个人都应该了解,在自由选举中失败不是什么羞耻的事,当两个人竞争一个席位时,其中一个不可避免地会遭到失败。应当说每一个候选人都在为民主而工作,只有那些因为没有为国家忠诚地工作,没有全心接受人民意愿,而在依法进行的选举中失败的人才应该感到羞耻。我不相信有人会做出这种违背民主原则的行为来。

在进入今天的主题之前,我想要恭喜和感谢另外两组人,选举的监管人在各个位置上发挥了重要的作用,他们一丝不苟的工作确保了所有的候选人有平等的机会向公众展示自己,使选举进行得更有尊严。在这种经历下,我们可以确定地说,监管制度在选举的环境中表现出众。我们亏欠于执行这项艰巨而责任重大的任务的人们。他们的努力有地方层面的领导加以辅助。数以千计的党政官员和积极分子努力地工作,使这次民主选举得以成功。我认为每个人都会和我一样相信那些努力是值得的。

但是,选举后的真正重担,落在了您——议长先生,您的办公处,尤其是国民大会的两位书记员的身上。议员在工作中短时的深思熟虑,哪怕是众议院涉及的一个简单的决定,也许对他们来说都是一件好事。两届选举全部的选民人数为3359714人次,有208位本土议会候选人,由坦桑尼亚国家行政赞同,有101个竞争的席位。此外,联合共和国也有总统的选举。

议长先生,您的工作从委派——国家不同地区321名选举的监督者开始,包括他们工作选区的变动,交通安排,住房和生活津贴。但是,这只是一个开始。需要打印700万张选票,并且将其送至正确的地方。300万议会选举的告示——101种不同种类——需要编辑、核对,并分发到相关的选区。需要有人管理和组建7,400个投票站点,需要准备和分发1万个选票盒,要是没有生产足够的选票盒,就不能使全部的选举在同一天进行。

所有的工作都被出色地完成,不可避免地有少数的问题。做得这么好是因为数以千计的人们将所有精力都投注于印刷、交通、管理、警卫和接待上。没有人磨时间,而是将精力奉献在有需要的地方。我代表全体人民,向那些工作人员表示真心实意的感谢。

此次活动的全部目的在于把坦桑尼亚建设成一个真正的民主国家。西奥多·帕克对民主的定义是"为了人民,全民对所有人民进行的管理"。我们声称并证明,这个国家的政府在独立以前就代表着人民的期望。但是我们必须意识到,他们之中直到现在,没有一个人能根据全体人民的自由与平等进行选择。

我们刚刚举办的是在这片土地上的第五次选举。它从根本上与之前所发生的所有选举都不同,其结果只能按照事实而被理解。

在1958年和1959年,我们在坦噶尼喀举行了第一次选举,每年涉及半个国家。说得婉转一点,选举权是有限制的:注册并投票者少于6万人。实际上,那些登记的投票者中,仅有一小部分人有机会进行选择。坦盟有着压倒性的支持率,在1958年坦盟支持的候选人意味着在第二年那些反对坦盟的人认为没有必要再争席位了。因此,两年加起来,只有2.4万人真正参与了第一次"全民"选举。

当选举权适当放宽一点时,同样的情况在 1960 年又发生了。大约 90 万人登记参与投票,但是只有 11 个选区一个席位有超过一个的候选人。所以少于 10 万人次真正去投票来表达他们的选择。

在 1962 年,当第一位坦噶尼喀的总统被选举出时,我们第一次有了基于成人选举权上的选举。尽管自那以后,人民投票的数量仍然相对较少,180 万人登记,只有 64%的人去投了票。因此,少于 120 万人真正参与并选出了他们的总统。

在我们刚刚完成的本次选举中,有 226.6 万人参加了对于议会成员的选举,261.2 万人投票以表达他们对总统候选人的支持或反对。现在我可以着实地说,我们的议会和总统都是由全体人民选择出来的。

但是,仅凭数字我们无法断定我们更加民主。首先在过去的选举中,有些特定的席位是被少数种族的集团囊括的,会有特定的个体代表"欧洲人"或"亚洲人"。我们必须承认,在那个体系下,我们有许多优秀的议会成员。我很高兴他们其中的一些人现在依旧和我们一起工作。但是这次,他们和其他的候选人一样,以坦桑尼亚公民的身份来竞争这些席位。这是我们遵守公平原则的最根本的改变。我想,以前那些被从前的机构单独分离出来的群体应该对此感到非常高兴。

然而,为了使这次选举对人民有意义,另一种因素在坦桑尼亚现下的境遇上更为重要。从某种意义上可以说,在 1958 年和 1960 年的选举中,人民没有真正的选举权。他们只有两个选择,与坦盟联合进行独立的斗争,或反对爱国主义和人类平等。就像让一个人选择自由或被奴役——答案如此明显,根本不用选择。人们在刚开始时就明确了他们的态度。在此之后继续重复这个问题显然毫无意义。

可是,这个基本的问题一直被重复,政党没有发生改变,而是由一党主政。如果人民投了票,他们就被逼着选择或不选择投票给坦盟。他们实际上不知道坦盟中哪些人代表着他们。他们通常只能通过表达反对坦盟来反对第一个人。这种情况在近期的选举中有所改变。人们可以进行对个体的判断,不用陷入是否忠诚于坦盟的危难境遇。他们面前的选择变成了真正的选择。

选择能力的重要性是不可小觑的。这意味着议会的成员得时刻记住权力掌握在人民手中。这再也不仅仅是一个理论了。再也没有人可以躲在政党的后面以求庇护。他们会因他们的行为和人们对他们态度与性格的评定而受到评判。

在先前议员中受害率很大，包括过去为争取自由的运动做出杰出贡献的人们。颂赞将归于他们，我谨代表人民，对他们为了实现自由而做出的贡献表示感谢。我相信在座的各位也会参与颂扬之中。那些坦盟建设者和那些为了自由而在斗争中受苦的人们，他们所赢得的荣誉永垂不朽。我相信人民也赞扬这些荣誉。

但是选举并不只是感谢。选举那些在过去工作成绩突出的候选人并不是一个好做法。选举选择的是未来的人才。无论现在手头的工作做得有多好，那些已经当选的人们将不会持续五年时间都一直需要感谢。他们将会为他们以行为负责，来显示人民没有错付他们以信任。但是他们又将重新需要信任投票。

这将意味着议会、政府成员，甚至总统都没有个人安全。政治必须被视为一个服务的领域，而不仅仅是为了存活。当一个人这样为国家服务时，他需要足够的薪水来生活，更好地工作。一个议员是否能连任完全由他所服务的选民决定。

非常重要的是我们所有人——人民和政治家一样——都需要明白这个道理。人民的选择无可抱怨。可能有些人把票投给了那些名气大却败北的候选人，其他人也感觉到人民在一些地方做出了错误的选择。让我更详细地说明。如果人们确实犯错了，这是他们的权利。他们自己选择议会中的代表。有人认为他们选择代表，会比人民自己选择代表来得更好——任何人这么想都是傲慢的。没有恐惧和压力的自由选择是民主的精髓，包括自由选择在任何组织、历史，或上帝眼里错误的选择。

但是，在我们的系统中，议会选举完全自由是不够的。如果我们国家想要民主，那么党必须是民主的。坦盟和非裔斯瓦希里人党毫无疑问是我们政体的中心。全国性会议和全国执委会最终选择的提名候选人应被替换成人民的选择。正是这些党政机构落实了国家政策的基本原则。

因此，根本的重要性在于坦桑尼亚愿意接受党的目标和宗旨的那些公民，正如党章第二条，应能加入党并被鼓励这么做。如果党成为了优秀的组织，并给予创始人和其他人特权，那么坦桑尼亚的民主就消亡了。党内和全国性机构的成员必须拥有绝对的自由选择最高职务的代表,而且他们必须能直接或通过代表表达他们的观点和基本的政策问题。

在接下来几个月中,这些事情将被特别关注。坦盟长期在国家政府中担任关键角色,但我认为党的领导和成员对角色的要求确实是不确定的。在(坦桑尼亚)新宪法之下,坦盟和政府机关避免重叠的更密切合作和发展成为可能。我们最终用新的系统证明了坦盟和政府行政机关之间的,以及坦盟和中央政府机构间一直存在的矛盾成为了历史。引起这些矛盾的坦桑尼亚殖民主义消亡了。现在我们可以对其态度置之不理,专注于用自己的意愿建设我们的国家。

如果我们能够正确地吸取他们的教训,那么我们刚刚举办过的全国大选就可以教会我们许多人民的意愿,以及他们渴望在他们的领导人中看到的态度。我们必须客观地检验结果,看看我们是否能够找到理由,然后我们要看看,如果我们的政策和行为中有任何能够调整的重点的话,我们需要调整什么。

但是我想我们可以从结果中看到两样东西。首先,坦桑尼亚人民反对种族主义。党的成员和非成员都已经在实践中接受了坦盟的誓言——我们信仰人类普遍的兄弟情谊。他们已经证明了,我们关于过去在我们国家践行的,现在在南非和南罗得西亚少数派政府的政策中被搁置的种族平等的原则的合理性。进一步来说,我们必须学习到,无论公务员是任何肤色任何血统,他们都必须是好公务员,必须是高效率的、有能力的。在当今世界,这是坦桑尼亚可以引以为傲的事。在这个国家,公民能够成为公民,这就够了。让我们永远不要忘记这个事实,并且我们之中不会再有任何人因为阶层不同而背弃人民。

选举的第二个很明显的教训是,我们还没有需要与人民保持联系的实用性意识。我们之中有太多的人假设我们自己就是人民,所以我们必需知道人民需要什么。我们并没有努力从自己家中走到人民群众中间去发现他们在转型中的问题。在帮助他们了解现在正在做什么以及为什么这样做这一块,我们做得还太少。事实上我们已经说了人民才是最高统治者,但是我们并没有像他们的仆人一样服务他们,而是不断回来解释我们的行为并听取他们的意见。

这届新的议会成员必须吸取这个教训。他们必须听取人民的意见,与他们对话。这不仅仅是一个举行公共会议并进行华丽的演讲的问题。它意味着在自助计划中与人民一起工作,参与教育活动,不断游历,讨论国家、地区以及村庄大事。

我完全知道，要想让议员每隔几个星期就去接触选民那是不可能的。让部长以及其他政府工作人员保持密切联系甚至更难。但是人民并不愚蠢，他们知道在一个大的选区，他们不能期盼一个人能够一直见到他们的议员，他们也知道部长的行为代表整个国家。但是他们恰恰需要他们的代表能够工作，而不是在下院会议结束之后就在家里休息。

事实上，与人民不断接触是议员们的重要功能之一。如果一个议员能够在选区中努力工作，他就能够成为人民和政府之间思想传递的桥梁，无论是人民传达给政府还是政府传达给人民。他能够向人们解释政府正在努力想要实现什么，以及他们如何运用建立机构来帮助国家发展以及使人民生活变得更好。他也能够向政府解释新的措施是如何运作的，以及人们能够多好地被帮助去自助，或什么让他们感到焦虑。

现实中，议员的工作有三点：他们得扮演政府和人民之间桥梁的角色，他们需要共同研究新的立法，他们需要通过充满智慧的批判使政府积极为人民的利益服务。

最后一点至关重要。只要在他们的权限内，议员在任何方面都有权利质询部长，并要求得到答复。回答并且解释整个政府以及他所负责的部门的政策是部长职责的一部分。他也必须能够解释他所在部门内公务员所有的行为。只有当部长在这些事中履行了他的职责，他才能够向选民解释所有的事情。通过他们的问题，就像在辩论中一样，议员可以帮助政府确保人民被恰当地服务着，他们的自由能够得到确保，以及他们想要为国家发展所做的奋斗得到了提升。

然而，问题并不一定是在下院中被提出来或回答的。议员们有权利写信给部长要求他们过问一些事情，在某些工作中要求合作，或者只是简单地询问信息。但是议员们应该意识到他们的问题必须基于精准的信息，他们寻求的合作只有在正常的部门运作不能帮忙解决时才能转给部长，他们需要的信息不能由其他手段提供。在议员向部长寻求帮助之前，他们有义务自己调查课题，研究出版的文件以及理解可能性。最重要的是，议员在任何情况下都不能在下院攻击任何一个公务员。如果他们认为一个公务员行为不当，并且必然会导致不公平，那么议员必须要求部长说明情况。然后部长才进行调查，如果必要的话，可以启用惩戒程序来处理政府公务员。

同样的考虑也应用到提交给国会的立法考虑中。议员们必须研究立法提议及其理由。他们必须设法理解提案是否能够达到表达的目的,这个目的是否从自身来讲就是好的。只有当议员们进行了认真的研究,他们才能合理地完成这份工作。

但是在立法过程中合理的想法和周密的论证也非常重要。下院中没有鞭策者。政府将会提交议案让你考虑,并做出通过或拒绝的决定。有时在主要的争论点上,比如说预算就是一个明显的例子,政府就会通知议员们政府正在致力于这一提案,并且如果国会拒绝,政府将会呼吁人民反对。人民、国会、全国执行委员会,以及政府都是政治领域的参与者,在他们特殊的领域里履行责任,维护利益。因此,有时在一条具体的立法上有意见的分歧也是可能的。在这种情况下,假设双方都是诚实的,并且都能提出论据支持自己的观点,那么重新考虑提案将会比一个自动赞成投票对人民更有利。

然而这种可能性会使得议员研究自身的责任、审视自己过去及在其他国家的经历变得更加重要。六位国会常务委员会的成员在各自负责的领域内承担具体的责任。但是所有的成员都应该清楚地知道,专门研究特定领域的利益,比努力知道每个领域但一无所成要重要得多。如果能做到这一点,那么议会和政府就能够一起对我们国家的发展做出巨大的贡献。

在我继续谈论我们政府的成就以及我们在未来几年内的政策之前,我想先说另外两点。

我们议会新成员的责任,就像我已经概述的那样,意味着他们将会经受巨大的诱惑。家庭、朋友以及认识的人都会让这些新成员发挥影响力以让他们得到一个好工作,得到又一个贷款等。有时候人们会送礼,或者给予信贷,希望将议员们置于他们的道德义务之下。但是无论议员最后有没有收这笔钱,这都属于行贿。它妨碍了公正,并且如果任其蔓延的话,会摧毁我们整个国家。

因此,根据宪法以及我的责任,我坚持任何形式的行贿都要暴露在人们的眼皮底下。在适当的情况下可以进行检举。我建议下院,以及政府的成员们不要受贿,并且在某种程度上引导自己绝对不会受贿。

以下是我要说的另一点。满足人民的愿望不意味着要修读最受欢迎的课程。有些事尽管不受欢迎,我们也得做,并且有时候,尽管不受欢迎,但做这些事是对的。议会成员必须有勇气在基本问题上遵循自己的良心,尽管他们知道做这些事会使人民不高兴,会导致他在下次选举中被击败。当然,政治家们感觉很强烈之时，他们总是努力转变他人。如果一个人总是站在不受欢迎的立场上，他必须时刻做好解释和争辩的准备。但是如果他不能说服别人他是对的，或者说服自己他的观点是错的，那么他对人民的责任就是要牺牲个人的舒适生活以及个人的地位来坚持他的观点是对的。议员不是委员，他们是代表。他们的一生都应该奉献给人民，但是唯一一个他们必须不能牺牲的就是他们的自尊。它必须与他们对于自己认为是对的东西的追求相结合。这是我在组建新政府以及为议院提名成员时一直奉行的政策。下面我来详细说明一下。

我们已经进行过该议院成员的一次普选。人们有权去选择他们的代表，任何人都无权忽视、规避、践踏他们的选举权。就总统个人而言，除了来自桑给巴尔岛的成员，他拥有宪法赋予的任命10名议员的权利。曾经，我提名过一个成员，但他在选举中失利了，我便让他担任部长一职。

我希望大家清楚这一点：我做出这样一个任命并不是指责东姆万扎的选民；我既没有说他们错了，也不是在向他们挑战。他们选择他们的代表，我欢迎他来与其他新成员一起共事。正如我之前所言，我们无权过问这个决定。事实上维护选民选举权是我的职责所在，但组建坦桑尼亚政府同样是我的职责。总体而言，我曾经，也将继续，从被选举的议员中任命部长。但总统拥有宪法权任命10名议员。倘若他认为必要，他还可以依法从提名的成员中任命10个部长。事实上在过去，有3位副部长是提名的议员。选民有权拒绝部长身份的人作为他们的代表是一回事，但他们选举的人成为部长则是另外一回事。在我看来，哪里可以让一个人在履行国家义务方面起到模范带头作用，哪里在不久的将来急需他的特殊贡献，我便有责任将他放到那样一个位置去继续服务国家，总而言之，哪里需要他，啥时候需要他，我就把他放在那样一个位置。然而，我也理解那些对于制度的批评言论——我已经任命保罗·博马尼担任经济和发展规划部长。他现在和政府内的其他成员享有同等资格。

我要提名的其他人员将依据该政策。照例，我不会任命一个在选举中失利的人。若我没有看到一些熟悉的面孔出现在政府部门中，我感到抱歉。

关于新政府我只有两点要强调。第一，经济和发展规划部门已再次变成一个独立的部。1964年人们没有充分了解它的功能和重要性，因此它依附于总统府。这是不对的。现在的调整变化并非暗示着该项工作的重要性开始降低。相反，我期待自己主持内阁经济委员会。并且我希望委员会比以往要更积极活跃。我相信在现阶段这种由组织到单独部门的方式将是效率最高的一种操作模式。

第二,区域管理责任分开,党秘书长、部长的任命主要是为了提高运作效率。这也的确促进了政党和政府管理之间更大程度的团结协作。它是政党在我们政府新格局中核心重要性的又一体现。

这两个变化,换言之,是组织问题。主要设计用来使我们作为一个国家整体去追求我们基本的目标。这些都是坦桑尼亚人民生活、经济和社会改革的结果,同人们的良好祝愿相一致,与他们的充分和自由的合作是分不开的。

事实上,政府的基本政策并没有发生变化。只是人员稍微有些调整,不同成员的职责有些变化而已。但它同选举前一样,依然是坦盟政府。

立法的两个主要条款将在近期(尽管不是在这次会议上)提交国会。这两个条款在某种意义上都不完善。它们在被写入法案之前其法律含义都必须经过严格缜密的审核。

现阶段正制定计划做出一些变化,这些变化对于使当地政府的体制符合联邦政府一党执政宪法很有必要。同时,不再举行当地政府选举。为了准备该法案,政府正积极从我们最近的民主选举中汲取经验,以确保在当地政府管理范畴内贯彻同样的体制条例。政府意欲地方选举像过去的普选一样对人们有意义,同时确保地方当局的高效管理。

另一个宪法机构(所有提议因其要提交议会)同咨询常设委员会相关,后者的建立必须依据坦桑尼亚临时宪法的第六章。我已表明我欲任命埃拉斯托·曼恩亚(Erasto Mang'enya)酋长担任该重要委员会的主席。但议会到目前为止不得不规定该委员会的职责和职能,因为这些内容在宪法上还没有列出。我相信,当该法案递交议会时,所有成员都会认真对待它,并寻求政府帮助使委员会具备效力。我们都知道一些人在自己负责的职位上滥用权力的例子屡见不鲜。我们势必都清楚:长此以往,该种现象会导致我们的人民无法生活在充分自由和公正的环境中,这种充分自由和公正是他们同我们共同期待已久的。我相信,通过该委员会的运作,滥用权力的事件会减少;倘若一些地方确实存在这种状况,犯罪者也会被发现并受到训诫,受害人会得到释放。若我们能成功达到这个目的,我们将会建立人民自由更深层次的保障,消除不称职官员阻碍我们国家团结和发展的一切可能。

除了这些政治问题,政府和议会最重要的工作将是与我们的经济发展相连。我们必须进一步提高发展速度,并且要审视我们已做的一切是否是为了人民的利益。市场某些方面的管理显然需要监督。合作社的运作并不总是得到监管以至于它们寻求自己要服务的客户的支持。在这种情况下,声讨私人贸易商和资本家是不够的;我们也必须审查我们自己的制度。因为合作原则显然是很好的,并且与我们对于生产者商业网点的直接所有权相关政策是一致的。然而光制度本身正确还不够。首先农民要求对他们的农作物进行有效的标记,而且他们能够卖出好价钱。这种事不是经常发生。这对于我们的顾客合作组织也是一样。在两种情况下,我们必须知道要提高管理需要做什么。在这点上议员之间的合作对政府有极大的价值。

与我们发展计划推行有关的一个非常重要而且突出的事情就是采纳工资政策。关于这方面的政府提案将会在议会的一次会议上提交。计划已经准备好了,但是并不容易实施。计划需要设计得非常周详,使得坦桑尼亚的工薪阶层和农民能够得到一份公平的财富份额,并且也能够在我们辛苦工作获得的进步中公平地获益。

另外还有一个在我们的发展中需要给予越来越多的关注的方面。我们需要并且努力获得某些大规模现代工厂和现代工业。但是到目前为止,我们一直在开拓那些小型企业或者本地工业企业需要的小规模资金和管理技术能够很容易获得的可能性。我们政府正在打算进一步考虑发展这种低水平工业企业的可能性。因为从国家的层面上看每个领域在某点上的生产并不是至关重要的。我们也没有必要总是使用世界现代化设备。用牛拉的犁会比用一根挖掘的棍棒要好。当无法使用机械,并且农场是中等大小的话,用这样一个犁比花钱雇一台拖拉机要好。这对工业也是一样。在国民发展合作中我们使用一个可以帮助这种企业成立的工具也是恰当的。

尽管这种实践性的建议不需要太多的海外资金,但是五年计划里的其他项目却会需要很多。在此次议会召开期间,部长们将给议员们一些指示,如我们目前承诺过的帮助、实际得到的帮助等。我建议你们注意这些数字,它们与公众理解的不太相符。必要时,部长们将会为我们的发展计划继续寻找外部资本和技术帮助。特别是,代表东非政府,我们应该核查所有可能出现的能够使我们在卢萨卡和达累斯萨拉姆之间建造铁路相连的雄心壮志取得快速高效进步的所有可能性。

然而，在我们寻求海外帮助之时，我们在任何时候都不会在国际争端中向那些不考虑我们国家独立和不结盟政策的势力低头。从哲学上讲，我们既不是资本主义者，也不是共产主义者；我们不是东盟的成员，也不是欧盟的成员。我们是坦桑尼亚，是非洲的一部分。

扩大与邻国的合作领域将是此届政府持续并且积极的政策。我们将继续寻求更广领域的非洲统一。我们希望继续将我们的国家地位融入到东非联邦之中，但是我们也是现实主义者，在东非联邦缺失的情况下，我们也将继续采取必要的措施来确保联盟自身的发展。

事实上，我们的外交政策并没有因为政府的改变而发生完全的变化。特别是，我们依然像过去一样是联合国的坚定支持者。这个组织代表了世界上最大的和平的希望。坦桑尼亚将会在所有的国际政策中继续坚持自身的原则和裁定。我们都非常清楚联合国的缺陷，对于它通常要做的事情而言，它的权力太小了。但是这不是摒弃它的理由，这是要让它变得更强大的理由，在这个方向上，坦桑尼亚将尽其所能帮助联合国。

特别是，我们相信，当中华人民共和国在联合国的合法席位被恢复之后，联合国将会变得更加强大。如果我们假设一个拥有6.5亿人口的共和国政府不存在，并且这6.5亿人口在世界国际理事会上的权利被一个仅有1100万人口的台湾当局所取代，这显然是愚蠢的。因此，坦桑尼亚继续积极工作，促使中国能够早日进入联合国。

另外，坦桑尼亚还加入了另一个国际组织，并且承诺了它的原则。在竞选活动中我曾经说过，如果英国在没有坚持少数服从多数的原则下默许罗得西亚独立，那么坦桑尼亚将会退出英联邦。这个承诺依然有效，但是要做出这个承诺并不轻松也不容易。这不是对英国的威胁，因为英国并不拥有整个英联邦。这个承诺既不是对英国的威胁，也不是对加纳、印度和加拿大的威胁。它只是一个我们国家的人民对我们信仰的原则的坚持的一个测试。并且如果我们不重视自己在英联邦中的成员身份，这将是一个微弱无力的测试。

在独立之前坚持少数服从多数的原则就不会产生妥协。但是我们对英国政府在独立之前就坚持要实现多数人统治的做法并不满意。我想表明我个人重视做事的原则甚于做事的时间。用正确的方法来完成一件事比用快速的方法来完成一件事更加重要。无疑,相比于让所有罗得西亚人民陷入战争的恐惧中,我更喜欢用和平的方法解决此事。由于历史原因,罗得西亚的局势非常困难,我们在这里花时间讨论导致这一现状的人人平等原则的背叛则相对容易,但是这将是徒劳无功的。现在重要的是这种局势需要被校正。

因为我相信我们需要抓住身边的每一个机会。我已经通知英国首相,只要不打破原则,坦桑尼亚将会尽其所能确保在少数服从多数原则和最终的独立的转变过程中通力合作。就我看来,有三件事能够促进少数服从多数原则和平达成。

首先,我们必须意识到我之前所说的事实,那就是正确的解决方法比快速的解决方法更重要。

其次,罗得西亚人民的进步将会因为那块殖民地上民族主义力量的统一而大力推动。两大非洲政治党派在存在的危险面前相互对抗,实在是一种耻辱。

最后,如果这些民族主义领导人没有被关在监狱或者拘留所里,并且在宪法允许的情况下他们用宪法来斗争的话,我相信,在罗得西亚实现少数服从多数原则和平转型的可能性将会大大提高。我不认为这是什么大问题。整个非洲都更喜欢用宪法的方式来解决政治发展问题。只有当宪法的方式被压制了,人民才会考虑运用其他的方法。我们知道除非在少数服从多数原则下取得独立,否则任何宪法的进步都不能使这些民主主义力量满意。只要最终的目标依然是开放的,那么我们就没有采取权宜之计的任何理由。

我并不是在忽略南罗得西亚的兄弟们正面临的困难的情况下说这些话的。但是我认为,如果宪法的道路哪怕在最小的程度上开放,我们也应该利用它。坦盟一直在最终目标没有被殖民力量完全公开接受的情况下斗争了好几年,但是我们坚持下来了。不管它们有多么远低于我们的要求,只要这些宪法进展被提出来,我们就可以接受它们,并且在工作中运用它们。

如果这三点都能被接受,那么我们坦桑尼亚相信,南罗得西亚取得进步是可能的。必须弄清楚的是,任何向我们寻求在那块非洲土地上深化自由和平等方面帮助的要求,我们都会给予同情的考虑。

让我在这个主题上再增加一点。在过去的几天中,英国首相和南得罗西亚首相之前的谈话以失败告终。尽管英国内部政治情况糟糕,但是它依然拒绝向殖民少数派政府妥协。我们对英国的立场表示欢迎,并祝贺威尔逊先生和他的同事们所显示的政治勇气。尽管英国拒绝用这些词,但是我希望这将是一个"独立必须确立在多数人统治之后"这个原则的指示。

单边宣布独立是非常危险的。我希望在伦敦的谈话能够让罗得西亚当局再次考虑这件事,并且能够意识到所有罗得西亚人民,包括黑人和白人,能够因为接受民主独立原则和执行一个计划周详的方案而获益。如果罗得西亚白人能够接受这些原则,我不认为非洲人民对他们毫无根据的恐惧而不表示同情。没有一个非洲社会主义会用一种种族歧视替代另一种种族歧视。就像我们在坦桑尼亚展示的那样,我们希望整个非洲都能够实现自由,所有非洲人民,无论他的肤色或者种族,都能够享受人格尊严上的平等。

在这点上,我想向现在在达累斯萨拉姆的罗得西亚人民领导人表明我们的态度,并且我希望这些领导人们能够记录下我说的内容。我们希望在我们国家的民主主义力量的成员们能够行动,能够负责任地对话,能够意识到人类的愿望。

有时当他们谈话时,他们听起来十分焦急,就像罗得西亚很快就会有一场战争一样。而我们在非洲的其他人却都在极其努力地工作,竭尽所能保卫我们支持的原则,并避免暴力斗争。我们可能会失败,可能战争最终不可避免,我们希望事实不是如此,但是如果战争爆发了,那么我想十分清楚地表明:这场战争将会在罗得西亚爆发,由罗得西亚领导,在罗得西亚结束。想让达累斯萨拉姆在这场残酷的战争中完好无损是荒谬的。这些领导人正确的做法是与约书亚·恩科莫,恩达班宁基·西托莱和罗得西亚的其他许多领导人团结起来。

议长先生,我还没有谈论将会向议会提交的立法计划的细节,也没有谈论我们作为一个国家应该遵循的道路。由于部长们将会带着他们的提议来到下院,所以前一个被省略的部分能够得到调整,后者由于我们已经谈论过多次,所以这次故意省略不讲了。今天我主要的目的是欢迎下院的新成员,在我们修正后的临时宪法的指导下,对议会成员与坦桑尼亚政府成员之间的关系做一些指导。

因此,请让我做出总结,我需要重复我们的人民希望议会成员能够代表他们行动,能够重新审视政府的目的和管理,能够与我们社会中的其他机构合作,以确保我们人民的自由和进步。最重要的是:坦桑尼亚人民需要下院的议员们能够为人民、为联合共和国、为整个非洲的利益而服务,并且他们要确保政府也是如此。

谢谢你们,愿你们在工作中有上帝与你们同在。

11 农业是发展的基础

1965年11月18日,尼雷尔总统在莫罗戈罗农业学院奠定永久性建筑的基石之时,研究已经在那儿开始。在演讲中,尼雷尔总统赞颂了那些贡献海外资本和技术帮助,使得工作得以如此快速开展的人。

……农业的进步是坦桑尼亚发展的基石。

人们对这个事实如此心知肚明以至于他们自己都忘记了。他们几乎不想听了。这句话能营造氛围,但是不再有影响力。讨论农业的重要性就像播放一张我们已经听了太多次的唱片一样。

但是这依然是句真话。事实上,农业的进步是坦桑尼亚发展的基础,也是坦桑尼亚人民能够拥有更高生活标准的基础。

我们需要做的是改变告知这个事实的方式。我们需要让人们理解这个事实,并且让他们觉得很有意义。我们现在只有一种方式。我们需要用行动呈现更好的农业技术措施是可能实现的,并且这也意味着更高的生活标准。我们用事实说话,我们用行动践行。

这就是这个学院的重要性。

在这个国家中,我们需要的是更多熟知现代农业生产的人才,以及那些具备实力,能够着手与提高农业输出相关的高难度工作的人才。这所学院打算传授技术知识给那些急于用他们高智商的努力的工作为我们国家效力的人。我相信它能出色地完成这项任务。

这个职务并不适合那些怯懦者。如果你只是想要一份容易或者能够用来炫耀的工作,那么就不要来这所学院学习了。这所学院不是为他们量身打造的,而是为那些铁骨铮铮的真汉子,那些关心我们国家以及我国人民的人才,以及那些准备好面对在这个世界上只有通过耐心的努力工作才能获得进步这个事实的人量身打造的。

那些优秀的学生将能够在学业结束时获得一个农业文凭。这是他们未来意向的一个象征。因为如果不结合实践,这个文凭根本一文不值。我国大多数人口是农民,他们不会仅仅因为一个有文凭的人告诉他们改变是好事,他们就改变了自己的传统方法。农民感兴趣的不是那一纸文凭,而是他们自己的生活方式和这个国家的进步。如果我们国家大多数的农民都向这所学院的毕业生学习,那么他们肯定是因为相信这个毕业生的能力才学的。他们通过用双眼仔细观察这个毕业生所做的工作来得到信心。

最有效的教室就是高效的农场,最有效的教师就是那些高效的农民。这所学院的学生一旦毕业,就会由他们实践性的成果来被社会判断个人能力。这是符合社会规则的。一个农民不应该有一双干净、细软的手。他一定是一个实践性的人,他用手和大脑来工作。

越来越多的农作物被我们的农民通过不懈的努力和全身的汗水生产出来。辛勤的努力和汗水依然会延续下去。但是通过运用在这所学院中获得的知识,我们就有可能进一步增多这片土地上的农产品,并且逐渐为坦桑尼亚人民带来一个得体而安全的生活标准。这必然是这所学院的目标。

早前我说现在还不是说话的好时机。我也不建议今天说得太多。我对这所学院怀着殷切的期望。它是我们国家正在成长的最重要的机构之一。我自己十分相信这里的学生将会用他们的实力证明他们能够肩负起社会给予的责任,并且会实现我们对这所学院的期望。虽然他们现在住在临时房屋,忍受着许多不便之处,但是当我听说这里的学生已经认为他们与周围地区的人没有什么不同时,我感到很开心。让那些有机会来到高等教育机构的学生通过教授读写能力和其他的东西来帮助他们的同胞,这是正确的,也是一件好事。我希望此类活动能够继续发展,并且更多地发展。然后我们的国家将会进步,我们国家的声誉也会因为它的教育机构而得到提升。

12 阅读的重要性与乐趣

1965年11月29日，坦桑尼亚政府在阿鲁沙这个位于坦桑尼亚北部梅鲁（Meru）山脚下的宜人小镇开办了一家印刷工厂和图书仓库。在这篇演讲中，尼雷尔总统强调了大量小规模投资的价值。他说道：

……从社会以及经济的角度来讲，如果我们的工业发展可以在整个联合共和国内分散开来，对我们更加有利。目前来说，如果我们面临着一个选择，让许许多多的小型工厂在我们不同的城镇中运作起来，还是仅仅让一家大型工厂在大城市运作，我们会义无反顾地选择前者。这种分散意味着我们规避了任意一个城市中过快发展导致所有我们传统社会组织随之解体带来的许多社会问题；它也通过给当地市场提供工薪族和通信中心促进了我们国家不同地区的农业；同时它也传播了一种理解，对可能性的熟悉度，以及对现代生活和工作的要求。

但是尽管我并没有雄心想要看着我们的省会城市或者其他城镇成为一个庞大而无情的大块头，在那里人们相互隔离却又与他们的同胞拥挤在一起，只有一个方法可以避免这个问题，那就是让新工业企业分散在全国各地。

现在让我坦白一下自己的一份特殊的乐趣，这是我们今天在坦桑尼亚开办的一个书店和书籍印刷工厂。书籍的印刷在经济上对我们至关重要。我们在教育上花了很多钱。那些可以在我们国家被印刷和出版的必要的书本数量越多，在人们中间投资的短期损耗就会越少。如果我们的学校所需要的书籍都可以在这儿被印刷出来，那么我们将节约一大笔外汇。当我们为这些书籍付款时，我们也是发工资给我们自己国家的人，因此它可以促进我国而不是外国的深入发展。用柯蒂斯先生的话来说，如果不是经过精心策划，政府不会丢给印刷公司某些广泛的提示来鼓励他们扩展在这个国家的公司规模。

同时我也必须承认，一想到我们国家也可以大量印刷书籍，我就会无比开心。书籍中积累的是人们和地球的知识,以及不同文明的文学。我希望我们自己的非洲传统故事和文化也能够以这种形式被充分地展现。我很高兴听莫希先生谈论这个课题,新的书籍正在被鼓励创作出来。但是同时,那些我们可以接触到的书籍可以教育我们,可以激励我们,或者通过很好地阐述一个故事,让我们乐在其中,继而更新我们的思想。书籍可以破除我们各自生活的隔阂,也可以在任何时候为我们提供一个知心朋友。

我认为我们应该在坦桑尼亚努力培养我们的年轻人以及刚刚掌握知识的公民阅读的好习惯。我们必须承认的一个事实是:在应对现代世界的过程中,欧洲的孩子相比于我们的孩子有两大优点,一是他们对机械的东西十分熟悉,另一个也许更重要的是他们对书籍十分熟悉。在我们国家,如果一个人坐下来看书,他就会被指责太懒或者是不善交际,这是很常见的现象。我们必须改变这种态度。当我们达到这样一个境界:丈夫和妻子傍晚坐在一起各自阅读或者互相为对方阅读,他们的孩子在放学之后被鼓励继续看书学习,而这些书可以很方便地得到,那么我们的发展已经有了重大的突破。

13 司法与人民

1965年12月7日，尼雷尔总统在达累斯萨拉姆召开的法官与地方治安官会议的开幕仪式上演讲。

首席法官先生，先生们：

首先我想要向大家致歉，由于索马里总统今天上午会到达坦桑尼亚进行国事访问，我们需要热烈欢迎，所以我们的开幕仪式时间会缩短。

然而我依然有充足的时间表示我对举办这次会议的决定有多么支持。我们的国民生计变化得如此迅速，所有有责任感的人民公务员都应该清楚他们在国家迅速发展情况下服务的责任与机遇，这是十分重要的。更进一步，我相信也不用我特别指出来，我们国民生计与管理的许多方面都应该保持平衡。当社会中所有其他事物都发生了变化，想要让殖民地传统的司法体系继续运作是不可能的。相反，让我们的司法系统的基本宗旨为人民所理解，由此这些基本宗旨的执行进程可以适应新的社会，基本原则也能因此保留下来，这些才是必要的。

同时你们也需要考虑许多实践性并且迫切性的事情。我非常高兴你们能谈论司法管理以及在某种程度上确保相似犯罪刑罚的统一性的一些问题。因为无论司法系统在一个国家如何操作，在理论上它有如何完美，在一天天的回信、准备文件以及发薪等工作的消磨中，司法系统会日渐崩溃，不公正也因此产生。如果犯罪的成本完全取决于犯罪的地点或者是法官接手案件的运气，那么在这个国度，公正是无法盛行开来的。显然，如果每个特殊的案件都需要制定详尽的处罚条款的话也会有许多不利之处。它会阻止公平的实现，就像它会阻止人们考虑犯罪情况一样。我希望你们的讨论能够导向一种正在被制定的常见的方法，使得处罚程度的差异不至于如此之大以至于都成了类型的差异。

因此，我希望法官们以及地方治安官们多多表达自己的想法，并且希望至少在近期实践性问题上你们能够用非洲的观念不断讨论并最终达成一致。我们坦桑尼亚需要你们以坦诚的态度参加此次会议。我们想让你们通过首席大法官提出你们同事以及政府的顾虑，你们在许多事上的观点将与你们工作的有效性紧密相连。

这点十分重要。因为在这个国度，司法工作的践行与遵守法律一样必要。法官必须成为支持人民正义的后盾，而这一正义正是人们为争取民族独立战斗时所追求的。你不能控制立法，但是你的行为，以及那些警察，能够促使立法有效或者失效。除非你已经完成了自己的工作，否则我们民主社会的目标可能一个都不会实现。

公平需要许多东西。它要求无辜的人能够确保自身的人身安全，犯罪的人能够被惩罚；它要求公平存在于每个公民之间，法律面前人人平等；它需要人民的司法机构以及司法机构工作人员的理解，因为如果没有这种共同的理解，人民相互之间对公正的基本观念会被他们创造的用来实现公平的工具凌辱。

我不知道此次会议有没有充足的时间全面讨论这些事情。可能其中一些只能被一笔带过，有些出于更多的考虑需要被推迟讨论。在这项工作中，许多不同方面相对的成功与失败将决定讨论的优先次序。在那种情况下，我明确说明一点，我希望你们讨论失败之处，以及对于这些失败我们能做什么，而不是浪费时间庆祝成功。

并且，当你们讨论困难或者失败的时候，我希望，如果必要的话，你们能够准备好挖掘事物的根源问题。你们应该考虑怎样校正事物，这些问题的解决需要完整修改我们司法系统吗，或者它们能被此次会议和随后的会议解决吗？例如，以一个外行人的角度，我们现在的刑事法院在假设被告清白直至被证明犯罪的基础上运作，而证明的过程却完全是律师的事，当事人并不做任何事，也不说任何话。我们就是这样寻找真相的吗？还是我所熟悉的像法国那样的国家的调查技术更适合我们的情况？抑或我们的司法系统需要改变了？

有没有可能我们能够对司法系统进行修复，以避免富人利用聪明并且昂贵的律师在大多数立法中找到技术漏洞，或者说这种修复为法治拉开了一道危险的口子，那就是我们都需要接受这些东西就像一个基础性的音响系统会无可避免地有瑕疵。

我并没有假装像这样回答问题，我也没有必要问大多数基础性的问题。至少我想要暗示的是，在坦桑尼亚运行的司法系统中不可避免存在一些漏洞。专家们，我只是简单地想让你们考虑一下基础性以及日常性的问题。我想说的是，不要害怕任何暗藏的问题。我这样做是因为人民的公平是政府极为关注的一件事，你们就是那些应该建议我们如何最好地保卫它的人。

我们所有人都应该谨记我们活动的整个目的是要服务人民。这对法官们、审判长们，以及其他任何公务员都适用。它呈现了特殊的挑战。

之前我说过法官不是立法者。这是真的。但是在实践中你经常想要解释法律，这也是事实。又因为一致性在全国范围内的重要性，你有时会需要决定法律是应该满足这个目的还是另一个目的。然后你的决定将会一直发挥作用，直到议会决定通过关于此事的新立法。

指出这点，我并不是批评各位法官，也不是暗示他们用某种方式越权了。如果法律在任何时候接受两个或更多的解释，并且你必须对一个案件做出裁决，那么你别无他法，只能做出抉择。

但是这个事实使得司法系统能够在人民的渴望中得到识别非常重要。一些人曾经说，当法官来自不同的社会或地方，那么相比于早前的那些法官来说，他们能够更加有效地管理司法公正。这不是一个愚蠢的说法。但是当它一方面强调法官的责任时，它忽略了其他同样重要的人。

因此一个没有被当地人士的权力和矛盾影响的，对当地人一无所知的中立的法官能够不受对比利益、热情的影响，也可能发现在他进行司法管理的时候更加容易中立。他不感谢任何人，因此当这些当地人士牵涉到刑事起诉或者民事案件，并以他们的重要性和财富相要挟的时候，他可以忽略他们。这就是法官必须来自外地，并且依然置身事外这个提议的潜在道理。

可是事实上，这种中立不需要建立在这样的基础上。因为它必须最终建立在判决人的正直以及他对"公正是每个人的权利"这句话的信念上。在实践中我们确实通过将法官们从强权政治中独立出来来帮助他们。司法机关有单独的层次结构和指挥系统，并且一旦有人被任命，想要代替他就极其困难。这些事都帮助确保法官能够保持中立。

但是他们必须做得更多。他们不应该形成法官在社会基本问题上能够也应该保持中立的想法。事实上法官解释法律这一行为至关重要，这就意味着他们是社会的一部分,而这个社会依旧由法律统治。他们必须根据他们所在社会的设想和渴望做出解释。否则他们的解释对于社会来说可能很荒谬,并且可能导致他们所持有的整个法律理念被人民所蔑视。

在类似坦桑尼亚这样的一党制国家中,让人民认同一些问题比那些内部更加分裂或者政治制度强调多元化而不是团结一致的国家更加容易。但是由于我们的法律培训和传统来源于多党制,所以我们并不总能充分利用国家团结为我们提供的机会。在一个被劳动党、保守党和自由党分裂的国家里,法官需要避免加入这些政治党派以及避免参加他们的活动也是可理解的。然而既然我们是一党制,为什么我们还需要采纳这种态度呢?

毫无疑问,如果党内权力纷争存在的话,法官必须避免涉入其中。同样毫无疑问的是,法官们是不能角逐党内政治职务或者政府政治职务的。但是为什么他们不能与其他人一样平等地参与我们国民运动基本政策的讨论呢?为什么他们不能在工作之余与其他成员一起参加国家建设活动呢?

只有当司法成为我们社会中积极的一部分时,它才能全力发挥它在我们社会建设中的作用。法治的基本原则和党派集会或是党派活动,哪一个更应该被言传身教?国家的团结让我们能够利用这个契机让人们理解司法公正的要求,他们在讨论公正的时候,能够了解它们的意思。

当然,现在我们司法机关的许多成员不是坦桑尼亚的公民。我意识到这使得做到完全参与是不可能的。但是首席法官自己以及许多其他的公务员已经证明,公务员仅仅通过表达想要参与到人民中的愿望就可以更好地加入人民群众的队伍。你们必须使你们的活动有用,使人们理解你们的欲望,并对此欲望一清二楚。然后,机会迟早会来临。

首席法官先生,我已经说得比我预期的还要多了。我养了许多"野兔"让你们的法官和审判官们去追逐。我希望我没有造成你们讨论会中困扰的起因。因为我们都希望这次会议取得巨大成功。也就是说,我们希望它对于参会的人都有用,然后就会对政府和坦桑尼亚的人民有用。

14 非洲的荣誉

几年来,尼雷尔总统一直积极关注罗得西亚局势,并试图通过外交途径让当时的英国政府承诺接受少数服从多数的原则。但即使是私下里,英政府也拒绝做出此承诺。于是,在1965年6月,尼雷尔总统撇清了同英联邦会议公报中关于罗得西亚部分的关系。

以罗得西亚总理为首的史密斯政权发表单方面独立宣言之后,非洲统一组织首脑在埃塞俄比亚首都亚的斯亚贝巴召开会议。随后,在1965年12月2日,会议通过一项决议称,若英国在12月5日还无法采取具体措施反对史密斯政权,那么会议将号召所有非洲国家同英国断绝外交关系。1965年12月14日,星期二,下午5时,尼雷尔总统在国民大会上发表关于此主题的演讲。于是第二天,两国外交关系走向终结。

我今天的目的是阐述南罗得西亚种族主义少数党政府发表非法独立宣言一个月后,坦桑尼亚政府的政策和态度。

非洲的目标

一直以来,坦桑尼亚和非洲对南罗得西亚的政策都有一个目标,也只有一个目标,那就是在少数服从多数的原则下,确保其快速实现国家独立。这一目标从过去一直延续至今。所以,我们所做的关于这一主题的每一次行动和每一场演讲,都旨在进一步实现这一目标,绝无他想。

无论是当时的英政府,还是随后接任的历届英政府,他们对其殖民地公开发表的政策都是一致的。我们过去与英国产生分歧,是不满其在某个特殊时期及特殊地点的一些表现,而不是不满其提出的构想。一直以来,我们两个国家之间,以及非洲与英国之间的基本友谊都基于我们的同一个信念,即当下一切潜在的分歧都只是暂时的,而我们的目标都是相似的,我们的目标是使所有的殖民地走向民主独立,包括那些被白种少数民族统治的殖民地。

对英国的控告

那么现在为什么非洲对英国如此不满,以至于非洲声称,若到了12月5日——也就是明天,英国还不有所作为,非洲诸国则将断绝与其外交关系呢?非洲的敌人是南罗得西亚的史密斯政权,而英国也称自己是史密斯政权的敌人,那为什么非洲还要断绝与英国的外交关系呢?

原因很简单。在井然有序的社会里,当一个人被冤枉犯了违法行为,他不会,也不应该自行执法,以牙还牙。他应该诉诸法律,寻求那些实施法律或处理申告的机构来进行平反。他希望能够有一些措施来使自己摆脱因被指控此违法行为而蒙受的不公正。一个国家只有依赖这些程序,才能保持其和平与公正。国与国之间亦是如此。因其作为或不作为而被其他国家误解的国家,应该要求那个真正负有责任的国家来为其平反,或者寻求联合国的帮助以对抗真正负有责任的那个国家。

如果持续遭受非法行为冤枉的个人发现法律与秩序无法捍卫其权益,那么他该怎么做呢?更甚者是,如果这些理应捍卫其权益的法律机关反倒帮助真正的犯罪者,那他又该如何应对呢?他会说,也有权说,"够了;除非你表明,也直到你表明你打算采取有效措施来对抗那些一直冤枉我的人,否则,你我以后各行其道,互不干扰。"

同理,在亚的斯亚贝巴召开的非洲统一组织外交部长会议上通过的那项决议就是这个含义。非洲正在向英国说:"这就够了。"

议长先生,一个国家若对另一个国家说出这样的话,是很严重的。而当36个国家通过一个它们自身建立起来的以团结为目标的组织而说出这样的话时,事情就变得更加严重了。非洲人民以及英国民众有权要求得到一个合理的解释。他们需要理解非洲对英政府说出"这就够了"这句话的缘由。对于如此严肃的一个事件,在非洲人民拥护自己的领导人之前,他们必须在法律上确保英国就是那个使非洲遭遇不公的责任国,因此英国必须承担起为非洲平反的责任。他们也应该明白,一切失败的原因都是规划不当,而不仅仅是执行无效。

我坚信,考虑到南罗得西亚发生的一些事件,我们对英国提出这两项控告是有必要的,也是有证据的。我更坚信,提出这些控告,并根据证据采取相应的措施是非洲不可避免的职责。

请允许我明确阐明这些指控。非洲主张,南罗得西亚目前是英国的殖民地,因此,在南罗得西亚发生的事件的最终责任属于位于伦敦的英国政府。如果英政府愿意,它可以委派下放责任,但不能逃脱责任;如果它将对南罗得西亚的责任交付于他人,则其必须对那些接管责任的人的行为负责。如果英政府对其赐予权力的人的行为不满,那么它需要替换掉那些人。如果那些人掌握了本没有被赋予的权力,那么英政府必须重塑权威,并且除去那些篡权的人。

所以,第一项控告是英国应该进行责任调整,重塑权威。第二项控告是英国既没有表现出坚定的决心,没有除去在南罗得西亚篡夺英国权力的人,也没有依靠人民代表去取代那些篡权的人。所以,非洲抱怨的并不是罗得西亚的独立,而是种族主义者少数派政府的独立。

那么可以支撑这两项控诉的证据有哪些呢?

英国的责任

南罗得西亚是英属殖民地;其宪法受制于英国议会的意志支配。若是作为一个国际实体,南罗得西亚并不存在。在国际间,无论是从法律角度看还是从风俗角度看,存在的就只有英国及其殖民地。

自 1923 年起,南罗得西亚就一直是自治殖民地。43 年间,位于索尔兹伯里的政府被赋予了越来越多的实际权力。但是,政府实施的宪法仍为在伦敦的英国政府和议会保有某些权力。虽然事实上,历届英国政府都没有运用其权力来阻止与非洲人民利益相悖的法案,但这并没有改变这些"预留权力"的存在这一事实,也没有改变英国政府对南罗得西亚政府的行为负有最终责任这一事实。

说这些的时候,我们没必要去争辩法律上的抽象案例。英国接受对南罗得西亚的责任。不仅如此,它还宣称对其负责。英国声称自己可以独自决定对南罗得西亚采取何种行动。英国在联合国唯一一次投出反对票的时候,是当加纳提出一项决议,这项决议会封锁南罗得西亚政府空军的转移路线,而这个空军是由已解体的罗得西亚和尼亚萨兰联邦所建立的。在 1964 和 1965 年的国家联邦会议上,英国政府仍坚持其立场,于是其他联邦最终妥协——包括非洲的成员国。仅在一个多星期之前,也就是 1965 年 12 月 6 日,报道称英国首相威尔逊再一次声明,"罗得西亚是英国的责任"。

因此,关于英国的责任问题,英国与非洲之间并不存在分歧。那么,长期以来直到当前,这个令人惊恐的责任到底是什么呢?

英国的记录

我不打算回顾1964年10月之前英国的记录。因为那个日期之前都是屈辱的历史;无数次,多数非洲人的利益受制于少数移居者自私贪婪的权力欲望。甚至在1947年之后,当非洲其他殖民地最终开始感受到一丝自由的希望时,南罗得西亚的定居者却仍竭力扩大其统治范围。作为让步权力及口头赞同"合作关系"理论的回报,他们得以保卫了其在罗得西亚同一些现在被称作赞比亚和马拉维的国家的联邦里的统治地位。1961年,即使是随着猛烈的反对思潮来袭,他们尽力拯救自己的联邦时,他们仍成功保全了南罗得西亚的宪法,这部宪法看上去似乎是对非洲人口做出了很大的让步,但实则是保证了少数人的权力。1963年,在联邦分裂的当口,他们又成功夺取各种权力的工具——航空飞机,器械装备以及部队和空军的管理权。

南罗得西亚移民者政府对这一切仍不满足。1963年,甚至直到1964年,他们开始争取自身的独立。

这就谈到了1964年的局势。这一年的处境对于任何人来说都是极难应对的。一个人犯的错误、过失和罪恶的影响不会因为他后悔而消散;他们会构建自己的障碍物从而减小其可能扩散的范围。在1964年10月,人们开始理解对南罗得西亚承担责任的人所面临的问题。非洲理解。坦桑尼亚也理解,我们越来越理解,因为我们意识到当前的形势中出现了一个新元素,而且我们希望长期以来的背叛会由此结束,并能够由某些保证人类公正的原则所替代。

现在已经出现了一个良好的开端。1964年10月27日,英国首相对一个英属殖民地的首相史密斯公开声明,发表"单方面独立宣言是公开挑衅和反叛的行为,采取措施实施这一宣言更是对国家的不忠"。这些强有力的话语表明,尽管发表此宣言可能受到经济制裁,但非洲人民仍然士气高涨。

然而,在11月份,史密斯政府根据1961宪法举行了一次全民公投,以支持南罗得西亚独立。他收到了5.8万份支持票。我要求议院特别关注一下选票的数额,这个数额甚至少于坦桑尼亚达累斯萨拉姆南部选区的总选民数。即使这些选票是在史密斯表明他并不是为了支持非法独立宣言而举行的态度之后才获得的!

尽管如此,非法行为的威胁仍来自于索尔兹伯里,但是除了警示这些宣言付诸实践后可能产生的后果,英国并没有采取任何措施来制裁那些制造这些威胁的人。在年末之前,伦敦政府的确有迹象表明,即使没有少数服从多数的原则,也可能准予其独立。据报道,英联邦秘书博顿利如是说:"对整个民族来讲,准予其独立的条件是可以接受的。对这一点我们感到十分满意。"很明显,这一声明故意说得含糊不清,且它成功达到了其目标之一。非洲以为这只是个策略上的举动,为的是在英国准备好应对史密斯之前,尽力避免激怒史密斯。

我没必要详述今年前十个月间英国与史密斯长达数月的谈判、威胁以及反威胁。我们只要记住史密斯访问过伦敦一次,威尔逊访问过索尔兹伯里一次,另外还有从大都会首都到殖民地的两次部长级访问,这就足够了。对于这些谈判,非洲毫无异议;相反,它热切地欢迎英国前来进行磋商和谈判,以显示出威尔逊是带着诚恳的期望来避免单方面宣告独立的行为,而且他不会表现得妄自尊大,使问题复杂化。

但是当非洲接受了英国谈判的意愿,随之而来的便是其对谈判内容越来越多的担心。造成这种不安的原因有二:其中一个原因已经被证明是合法的,另一个原因的地位也日益增强。

尽管单方面宣告独立被认为是一种反叛行为,但英国大臣们却尽力避免发出"不惜利用一切必要方式,包括武力方式来击败这一反叛行为"的声明。史密斯集团从未设想过此类预期。英国大臣们曾在一些场合说过,"我们不愿使用武力手段强制让罗得西亚实行宪法解决方案"。他们再没有继续行动。所以非洲焦虑不安,苦苦等待。

英国在关于磋商和反对单方面宣告独立的最终目标的问题上,故意发表含糊言论,这个做法或许使非洲各国感到更加危急。

少数服从多数原则

非洲不反对单方面宣告独立,是因为它希望南罗得西亚永远都是英国的殖民地。而且它必定认为维护或重申 1961 宪法这一目标是不可以接受的。非洲的目标是通过少数服从多数的原则,使南罗得西亚获得独立。它反对单方面独立的原因是,和平、合理而快速地获取少数服从多数原则的目标因一个国家的篡权行为受到了损害,而这个国家至少在一般原则上是应该致力于实现那个目标的。所以如果南罗得西亚在获得少数服从多数原则之前获得独立,非洲同样可能会反对其独立,即便这个独立是通过合法准允获得的。

然而,在英政府准允其独立之前,其必须满足的英国的"五条原则"中并没有详细说明少数服从多数原则的存在。相反,他们却明确表明,若将某些"安全条例"载入文件,他们则将不会坚持少数服从多数原则。只有原则五中出现过一次模棱两可的陈述,很多真诚的人,包括非洲领导人,都相信这一陈述提供了一种保障。原则五规定,"一切关于实现独立的提议必须为全体罗得西亚人民所接受"。我们的很多朋友说,没有少数服从多数原则,那个殖民地的人民就不可能在独立这一问题上取得一致意见。所以,只要这一原则还在,如果不抱有和平进程的希望,罗得西亚就无法完全成为第二个南非。

坦桑尼亚就不那么乐观了。因此,我在国家联邦会议上要求将"在少数服从多数原则的基础上实现独立"写进最终公报。但他们仍未将其写入公报;结果坦桑尼亚与公报中关于南罗得西亚的部分撇清了关系。我们的朋友认为我们这是不必要的多疑的表现。但是我们相当清楚地明白,英政府想要的是在少数决定多数的原则上才准允独立。

现在,罗得西亚少数党政府已经夺权一个多月了。很明显,再也不存在"使谈判复杂化"或"允许英国逐步参与探讨"的问题了。但是我们现在具有坦桑尼亚在六月份寻求的保证吗?答案是否定的。1961宪法仍然存在,伦敦政府的某些少数派力量重返,而造成英国强迫接受这一力量重返的正是史密斯政权!1965年11月23日,即反叛活动发生后的第12天,英国首相威尔逊在伦敦下议院曾这样说,请允许我引述他的话。(据英国泰晤士报称)他说:

"尽管我们有能力废除或修订1961宪法,但我们也曾说过,我们目前并无计划从整体上废除它,而且我眼下也看不到将来有能促使我们这样做的情况。"

接着,威尔逊先生继续讨论这部宪法在他所称之为"再安置时期"里的作用。他说:

"当地方官员能够报告说罗得西亚人民愿意而且能够遵循宪法工作生活时,我们便准备好了与他们的领导人一起齐心协力,创造新的开始。我们保留1961宪法的目的就是基于此的,尽管议院将会意识到有必要做一些修正来防止宪法被曲解和误用,就比如说防止出现前两周的那些情况。同样,这些修正案也会使议院中所有党派签署的五条原则生效。"

议长先生,的确是这样的,威尔逊先生在这个演讲的最后说:

"我们单方面已经说得很明白——我们在谈判中已经做了该做的一切,尽管少数服从多数原则是我们所有人的政策,其进程也已成定局,畅通无阻,但我们并不能保证可以立马实现这项政策……不过我们承诺会根据罗得西亚人民为自己未来做主的表现,来试图尽早实现这一政策目标。"

议长先生,我在最后一段陈述中注意到,这并不是对支持实现少数服从多数原则的保障;相反,它是对反对实现这一原则的保障,所以仍然没有一则陈述表明会根据少数服从多数原则来实现独立。

上周末,英国广播公司新闻报道称,威尔逊先生表明,当英国权威再次在南罗得西亚建立时,南罗得西亚可能会遭受一段被来自任何种族的统治者和谋士直接领导的经历。尽管我曾有一刻希望这会是1961宪法的终结,但我们仍得卷土重来。然而,报道继续称,威尔逊先生强调,在很长一段时间内是不会实现少数服从多数原则的——而且现在也仍没有迹象表明在这一原则最终实现之前,独立的事宜会受到耽搁。

让人们理解一件事情是很重要的,所以我花了很长时间来思考这个问题。从这一目标看,造成非洲懊恼的原因并不是时机问题,但我们会争论时机问题。我们生气和多疑,是因为即使到了现在——1965年12月14日,英国也不承诺坚持"仅仅在少数服从多数原则的基础之上实现独立"。

然而,我现在必须要谈到另一个问题:英国是否有坚定的决心来摆脱那些在南罗得西亚篡夺英国权力的人呢?非洲坚持称英国并没有这样的决心。

现在,请允许我来说清一件事。非洲并不希望战争,造成血流成河。我们并不是要求英国士兵为此而战死在南罗得西亚;我们也不是要求史密斯的兵力阵亡。如果这件事可以和平解决,没有人会比非洲更加高兴。但是这一切必须解决。而且,这一切必须尽早解决。伟大的原则正岌岌可危。但这并不是全部。非洲的安全,特别是赞比亚的安全现在也正处于危险当中。因此,非洲会配合一切有效而坚决的尝试,在不造成杀戮的情况下对抗史密斯政权;我们愿意支持一切能使战斗的危险降到最小的提议。但是我们不能默许装模做样的行为,我们也不能默许不作为。非洲争论称,这些都是自11月11日之后我们从英国身上学到的。英国几乎无所作为,它抛下一个非洲国家,一个一直友待英国的国家,使其存在遭到来自反抗者的威胁。

那么自11月11日起,英国都做了些什么呢?

那一天,威尔逊先生说了一些强硬的话:他说,"这是非法行为,在法律上是无效的;这是对王权的反叛,对依法建立的宪法的背叛"。但是他又接着命令南罗得西亚的行政人员,让他们"各安职守,不要协助任何非法行动"。他无法解释这些行政人员在参与非法行动时如何做到不协助非法行动。

当谈及武装力量的使用问题时,尽管当前形势发生了变化,但威尔逊先生仍重复着他以往的那套说辞。他说,英国不会动用武装力量去强行修宪,但是英国政府会"充分考虑地方长官提出的一切诉求以帮助恢复法律和秩序"。威尔逊先生不去解释在发生了篡权或者叛国事件之后,人民还能怎么亵渎法律。他之后也不去解释当地方官员被没收了电话及办公室的家具,被撤离了职员,被调遣了交通工具之后,他们是如何传达他们的诉求的。

相反,威尔逊先生得到了英国议会让他利用经济手段来制裁史密斯政权的允许。于是,英国禁止了对南罗得西亚的资本输出;实行了外汇管制;中止了国家联邦特惠关税;而且还明令禁止英国进口罗得西亚的烟草和食糖。他们还派英国外交大臣到联合国,以获得国际支持来实施这些制裁行动。

联合国对这一切极其不满,它要求实施更多制裁行动。最终,在11月20日,英国接受了安理会的决议。决议"呼吁所有国家尽其所能,中断与南罗得西亚的关系,禁止石油和石油产品贸易"。首先对此决议做出回应的是美国,接着是德意志联邦共和国,它们退回了来自罗得西亚的食糖货船,以执行该国1965年的限额。

宣称对罗得西亚负责的那个国家的回应则迥然不同。11月23日,威尔逊先生在众议院进行演讲,他说,"我们要考虑到贸易和石油的各个方面……我们不单要实行贸易禁运和石油禁运"。对此,他解释道,仍然存在着很多困难,而且"还要考虑到赞比亚的立场"!曾经支持过此决议的赞比亚现在似乎与英国首相变得冷漠了,很明显,英国首相认为他自己比卡翁达总统更了解那个独立的非洲国家的事情。在12月1日,威尔逊先生再次说道,"我们不会马上考虑石油禁运的事情"。

在英国的坚持下,这个徒劳无功的联合国决议已不是一个为了击败史密斯而发出的稳固而有约束力的宣言了，人们觉得非洲会怎么想这件事呢？

然而，在12月1日，威尔逊先生宣布了新的而且更加严厉的经济手段来对抗罗得西亚。随后，英国封锁了罗得西亚向英国95%的出口，其实施的财政手段也可能对那个殖民地的经济造成相当迅速和严重的影响。但是，据昨天的报道称，罗得西亚的史密斯先生说，这些制裁都太晚了，所以它们不会对罗得西亚的经济造成影响。我相信他没有说谎。

他已经进行了长达数周的准备以应对这些制裁。但是我要批评的不只是时机。我已经说过，只要允许南非与反叛的殖民地进行自由贸易，那么对罗得西亚的经济制裁就不会有效果。而且，援引联合国宪章第七章，违反了进行必要制裁的正是英国。

对赞比亚的承诺

现在我要谈谈我对英国采取的措施的最主要的批评。有些举措虽然并不严厉，但它却让赞比亚付出了沉重的代价。

如果他们能实行有效而必要的经济手段，能合理而快速地击垮史密斯政权，并且能在少数服从多数原则的基础之上，在通往独立的道路创造一个新的开始，那么基于此，我愿意支持他们，但有一个条件。条件是：不能让赞比亚独自承担因此而产生的后果。

没有哪个非洲国家比赞比亚更希望史密斯政权被击败。没有哪个非洲总统不关心能否在不流血，不发生种族或意识之战的情况下结束这一切。我们坦桑尼亚也有同样的希冀。但是赞比亚的铜带省的电源供应如今正握在反叛者的手中；卡里巴大坝的发电厂已经被反叛者的军队所占领。日益增大的经济压力使反叛军变得绝望，在这个时候，难道卡翁达要静坐不动、袖手旁观，直到最后反叛军用自己的电力来干预他的电源供应吗？那么与此同时，卡翁达的经济状况和和平局势又会变成什么样呢？

在11月份，也就是单方面宣告独立后的一个星期，卡翁达请求英国军队保卫卡里巴大坝。一名英国代表被派往赞比亚首都卢萨卡来商讨这一提议。随后，国家联邦大臣也被派往卢萨卡。这是为何？英国只会在一定条件之下才会派遣军队——而这些条件对罗得西亚而言，多得就像赞比亚要防御的反叛军的攻击数量一样。

因为南罗得西亚和南非的飞机降落在自己国家的领土上，有必要对其做出回应，所以卡翁达接见了皇家空军代表团。但是面对巨大压力，他拒绝在英国强制的规定下接见陆军部队。

但事实仍然是，相较于利用赞比亚的困境作为其采取行动的理由，英政府更愿意将其作为它不行动的借口。11月11日之前的很长一段时间，赞比亚、英国及其盟国以及坦桑尼亚之间进行了一场关于"权变计划"的讨论。我曾在10月份召开议会时说过，坦桑尼亚"将会对一切向我们提出的推动自由与平等事业发展的请求给予同情的考虑"。

如果不是为了保护赞比亚免受任何对抗非法的南罗得西亚政权的活动的影响，那这么做的目的是什么呢？为什么没有这样做呢？

请允许我在此说清楚。无论我们与英国之间发生了什么，我们对赞比亚的承诺是不会变的。无论赞比亚所需的货物或人员来自何方，我们都愿意允许将其运至赞比亚，以使其在维护自身利益的同时，继续同史密斯政权作斗争。

没有人能搬弄是非、挑起赞比亚和坦桑尼亚之间的不和；也没有人可以在他们试图逃避责任的时候，以赞比亚作为盾牌。

议长先生，以上便是我对英国控诉的概述。我可以说得更久以详述这些控诉，但我认为没有这个必要。我相信我已经表明，非洲有理由采取行动，也有理由谴责英国政府没有坚决地表明其要摆脱那些在南罗得西亚篡权的决心，及依靠人民代表替代那些人的决心。我相信我已经进一步说明，虽然英国采取的行动从长远上来看，会对史密斯政权造成困难，但是它没能保护好那个频繁受到史密斯政权威胁的独立的非洲国家的利益。

它没能尽到它所宣称的责任，而且由于其未能及时推翻反叛政权，所以它也没能保护好，或者让别人保护好，那个受到威胁的独立国家。

亚的斯亚贝巴决议

出于以上原因，我可以说非洲针对英国采取的行动是必要而合理的。非洲有权对这个负有责任的权威说："现在立马采取措施，或者让别人采取措施，或者你自己承担相应的后果。"

这也正是亚的斯亚贝巴决议的主旨。如若英国在12月15日之前还未对史密斯政权采取对抗措施，则非洲各国将断绝与英国的外交关系。

现在让我转到对决议的看法,以及以后对非洲的责任。决议的措辞可能会——实际上已经受到批判。决议要求在 12 月 15 日之前击垮史密斯政权。我们听说这一目标在 13 天内就可能实现,或许这个说法是正确的。但是非洲诸国并不是某些人眼中所以为的白痴。举个略极端的例子,若英国军队在 15 号之前向罗得西亚进军,非洲便断绝与英国的外交关系,那么很明显非洲这样做是很荒谬的。显然,非洲是不会做出这么愚蠢的事情的。即使是出现了比这个更甚的情况,非洲也没必要这样做。如果英国在 15 号之前表明它最终要履行自己的职责,如果选择一个较慢的方式来对抗史密斯政权,那它便会承担起保护其他人时所付出的代价,但即使是这样,非洲采取行动与英国对抗也是很荒谬的。

请允许我建议两件英国可以表明其决心的事情。我理解英国偏爱采取经济制裁手段,我甚至也喜欢这样。但我已经说过,如若其想抓住此次时机,那它与此同时也必须要保护赞比亚。它必须以经济手段来进行施压,而且当这些手段产生作用时,它必须得通过占领卡里巴大坝和发电站来保障赞比亚的电力供应。坦桑尼亚会将此视为英国愿意对抗史密斯政权的表现,我相信每一个非洲国家也都会这么认为。

我已经进一步表明,只要保障了卡里巴大坝的安全,那么这一行动是否是英国采取的便都不重要了。就让它呼吁联合国去应对史密斯政权问题吧。比如,可以让它向联合国提出请求,援引联合国宪章的第七章,强制使用所有成员国的经济力量或是武装力量来应对这个问题。这一做法将为英国赢取进行经济制裁的时间;同时,也会给予非洲各国以许诺,如果有必要,英国不排除采取武装力量以解决争端。

以上便是我对亚的斯亚贝巴决议的理解。我相信这也是非洲各国对其的理解。我没有理由相信,任何其他非洲国家会以更加僵化的视角来解读这份决议。我们真正所要求的仅仅是英国能够认可我们的利益,对我们表明它会击败史密斯反叛政权的决心,并且再一次让南罗得西亚走上民主独立的轨道。

到目前为止,英国的回应一直都不令人鼓舞。我们听说英国不会任人摆布。一则新闻报道称,如果史密斯政权切断赞比亚的电力供应,英国"不会袖手旁观",而这仍意味着"不流血地和平解决"。最糟的是,这不仅仅是口头说说而已,而是实打实的行动。一艘由英国政府控股 51% 的公司租用的油轮,又被英国政府允许,继续向罗得西亚运送两周的石油供应。

非洲能不执行决议吗?

非洲对非洲的责任

非洲各国庄严举行秘密会议是不是为了制造声势? 或者说,他们能说话算话吗? 这项决议是为了表明非洲需要英国采取行动对抗史密斯;那么如果英国没有采取行动,难道我们真的就耸耸肩,不去表明非洲至少明白它的话所承载的意义就悄悄离去吗? 我们非洲诸国真能问心无愧地不去采取任何执行决议的行动吗? 如果我们不去执行此决议,那是不是就意味着我们也同英国一样,只会说大话,而实质上却什么也不做呢? 如果是这样的话,那我们的确是什么也不做。因为英国至少还在做出承诺之后施行了经济制裁。如果我们不去执行我们的决议,那我们就真的是什么都没做,简直就是无所作为。

如果我们无视自己做出的决议,那么罗得西亚、莫桑比亚、安哥拉、南非、西南非洲①的受难同胞,非洲的广大群众,以及联合国机构的非非洲成员国,他们还能够信任非洲领导人去履行其做出的任何庄严承诺吗? 这样一来,史密斯会高兴,维沃尔德会高兴,萨拉查会高兴。到那个时候,羞愧的我们估计都恨不得找个地缝钻进去。

亚的斯亚贝巴决议只解决了一件事,这件事是阿克拉国家元首会议的遗留问题。在阿克拉会议上,我们决定了一系列在一定形势下所要采取的措施。在亚的斯亚贝巴会议上,这些国家的外交部长在这些措施中,挑选出了一项措施,并且给其注明了一个具体实施时间。我们中有谁能说自己不会致力于这项措施的实施呢?

事实上,非洲有两个国家,如果它们愿意,它们就可以不受这个承诺的约束。一个是马拉维,还有一个在非洲中东部以外。在阿克拉会议上,或者在亚的斯亚贝巴会议上,或者在两个会议上,这两个国家都曾提出过要保留意见。还有一个国家,没有一个正常人敢要求它执行此措施。这个国家是赞比亚。在实现非洲奋斗目标的过程中,赞比亚承载了太多;我们不能够要求它再承载更多了,非洲应对英国和史密斯政权问题时,必须态度坚决,以尽量减少当下赞比

---

① 今纳米比亚。——译者注

亚的麻烦。

我不会虚伪地说执行这项决议是一件容易的事情。对非洲几个国家而言，这或许只是一个形式问题。但是对其他很多国家来说，这意味着巨额的经济损耗。我们无法准确地知道这一数额。但是，如果我们自身也没有做好为赞比亚的自由解放而付出代价以示我们决心的准备，那么我们怎么能在批评英国不愿意为解放南罗得西亚付出代价的同时又帮助赞比亚呢？呼吁别人做出牺牲是很容易的。那些自身没有做好牺牲的准备却呼吁英国牺牲的国家，应该为自己的虚伪程度感到内疚。目前，在非洲就存在着不同程度的虚伪。

有人说牺牲是没有意义的，因为这不起作用。牺牲不会使我们获得想要的结果。议长先生，我认为英国政府是不会同意的。在当前这个历史时期，没有国家愿意与非洲决裂，与自由的非洲决裂。他们跟我们一样明白，若团结一致，我们在联合国便有力量，若分裂，我们便无容身之地。如果我们想要利用自身的力量，那么我们必须团结一致。

为了非洲的荣誉

然而，事实上，并不是每一个非洲国家都愿意执行这个决议，所以在这样的情况下执行这个决议是没有意义的。因为这是整个非洲的承诺，而不仅仅是某一两个国家，或十来个国家的承诺。

议长先生，我不明白现在是在争论什么。非洲统一组织已经有两次通过决议。每一个独立的非洲国家都是该组织的成员国，都是一个自愿组成并参与该组织以推动和发展非洲统一的主权独立的成员。他们各自保持主权独立，非洲还没有实现统一。因此，他们进行了36次单独行动，各自去实施这决议，而不是团结起来一致行动。但是，我们任何一个人怎么能够争论说因为某个主权国家没有履行其义务，那我们也不？正是作为个体的我们才应该履行这个义务；正是作为个体的我们才负有责任。去参加非洲统一组织首脑会议，解释未能履行职责的人是我们自己。因为这是我们应尽的义务，而不是可以任我们选择的条件。非洲统一组织决议并没说如果这一部分非洲国家签署了这一协议，协议便立即生效。人们可以争论说，或许协议应该立即生效；但事实上它的确没有生效。除了我刚才提到的那几个国家，剩下的每一个非洲国家都自己承诺说要采取行动。如果我们能表现出对国际职责的丝毫尊重，我们怎么可能不去遵守自己提出的决议呢？如果非洲统一组织对我们而言有任何意义的话，我们怎么可能无视它的决议呢？

在此之前，我批判英国接受了联合国决议但却没有履行这个决议。英国辩护称，它对自己采取行动是没有意义的，我不会接受这个辩护，非洲也不会接受。那么，我们自己又怎么能够利用这一辩词来对我们宣称是其忠实成员国的国际组织进行辩护呢？

坦桑尼亚参与了阿克拉会议上的决议和亚的斯亚贝巴会议上的决议。我们也致力于执行此决议。我们只对我们国家的行动负责。而且对那些行动，我们独自承担责任。

政府认为坦桑尼亚没有什么体面的选择，如若条件没有得到满足，那它只能遵守这个决议。剩下的时间不多了。我没打算在我们别无选择、必须这样做的前一分钟，来代表这个国家按照决议内容采取行动。没人建议我们同英国断绝外交关系，这也符合我们的愿望；只有当我们必须为了自己的荣誉，为了非洲的荣誉，必须将其作为展示我们在对抗这块大陆上种族主义政权的决心时，我们才愿意这样做。

决议与英联邦

或许我该补充说明一下，同英国政府断绝外交关系在目前来看，并不意味着坦桑尼亚将会退出英联邦。英联邦是一个多国家组织，出于历史原因，尽管英国在英联邦中仍有其特殊地位，但它已不再是不列颠联邦，而是所有自由国家的联邦。我们认识到，由于英国在此联邦中的特殊地位，任何成员国与英国断绝外交关系都会给联邦带来巨大压力。我们希望英联邦可以禁得住压力，守得住原则。

但是，如果没有对非洲统一组织的忠诚，那么对英联邦的忠诚及对其准则的拥护也是不可能存在的。

这是个简单而无法逃避的事实，那些现在正要求我们思考同英国断交后对英联邦影响的非洲国家应该意识到这一点。对一个自身国家也是其成员国之一的国际组织的不忠折射出了其对所有其他国际组织的不信任。如若我们都不忠于非洲统一组织，那就此而言，别人还怎么能够相信我们对英联邦、对联合国是忠心耿耿的？

一个曾经对某个国际组织效忠的国家,随后又无视自己做出的承诺,那别的国际组织还会尊重这个国家吗?它们会尊重它们自己吗?如果某些成员国无视它们做出的国际承诺,而其他成员却遵守这一承诺时,英联邦还能称得上是一个公正的组织吗?

让非洲各国考虑其与英国关系的破裂对国家联邦造成的影响的最佳时机是在阿克拉决议通过之前——或者至少是在亚的斯亚贝巴决议通过之前,而不是现在。如果英联邦的非洲成员国是忠于非洲统一组织的,由于其成员国会尊重彼此意见,那么英联邦仍有幸存的可能。否则,英联邦将会面临被淘汰的危险,而那些英联邦中自尊自重的国家首脑也只会在他们认为联邦会议是一种消遣的形式时,才会去参加这些英联邦会议。

为了英联邦,也为了非洲统一组织,我再次重申,非洲必须信守承诺。

我们反对种族主义

议长先生,我还想说明一件事情,这件事同其他部分同等重要。我要求议会的每位议员各尽其职,以确保我将要说的话得到更好的理解和执行。

如果我们有必要同英国断绝外交关系,那么为了拥护我们国家所坚持的准则,我们愿意这样做。这包括反殖民主义和维护非洲统一的原则、对履行国际职责的承诺,以及非种族主义原则。我们对抗史密斯,不是因为他是白种人;我们提议采取行动对抗英政府,也并不是因为它是白人政府。我们对抗史密斯是因为他是种族主义者。在我们当中,哪怕只有一个人利用此时机作为肆意进行种族主义、对抗定居在此的白人的借口,那便是对我们国家以及我们为之奋斗的事业的背叛。我们坦桑尼亚政府会严肃处置这种背叛行为。

在最近的一次选举中,这个国家的人民抗议说,他们关心的是人本身,而不是他们的种族或宗教信仰。这是对那个原则更深远、更艰难的一次考验。我深信坦桑尼亚人民会再次跃身而起,迎接挑战。

我还想再谈谈英国臣民——在此的所有白人绝不都是英国臣民,或英国本土居民。我们的确有一部分来自英国的人,一直以来,他们或从事公共服务,或进行商业运行。对于此次事件,他们当中的很多人,其实我猜想应该是他们中的大多数人,都对其政府高度不满。我相信,即使两国之间的外交关系破裂了,他们中的大多数仍愿意继续呆在坦桑尼亚,同我们一起工作生活。我已经表明,我们坦桑尼亚人民希望他们留下来。如果发展计划的执行会因关系破裂而复杂化,那我们甚至会更加需要他们。我意识到,如果两国关系真的破裂了,那么这些外籍人员可能会遭遇财政困难;我们愿意尽自己所能帮助有这些困难的人,目前,对此事宜的思索迫在眉睫。然而,我又意识到,对绝大多数人而言,更加重要的是他们自己及其家人工作和生活的环境。我已经告知了他们坦桑尼亚政府的承诺,即使英国高级专员公署的职员离开了,他们仍可以继续留在坦桑尼亚,坦桑尼亚政府会保障他们的人身安全不受侵害。此外,我现在要求我们的人民尽量让那些留下来的人感受到,我们理解两国政府之间的分歧给他们造成的苦闷,毕竟他们跟双方政府都有牵连;我们也非常感谢他们能够留下来为坦桑尼亚效力。那些想要离开的人,如果有想要离开的人的话,我们也会让他们平安地离开。这是两个政府之间的矛盾,不能牵连人民群众。

尊敬的议长先生,尊敬的各位议员,我不想再在国民大会上发表此类演讲了。如果必须演讲的话,我想请求议院领袖帮我给大家捎话。但是,我会一如既往地要求大家继续对这一严肃的问题进行讨论,以充分了解大家话语的重要性。你们是我们国家的领导者;对于这项决定的含义、这个政府的承诺,你们有权利,或者更准确地说,你们有义务从部长们那里得到更进一步的细节。你们有权批判政府做出此承诺。但我希望你们不会——以整体的身份,要求政府去放弃它的承诺。因为如果一个政府随意放弃自己所做的承诺,这个政府将不复存在。但是,比如说,如果一个党派议会,或者个人想要随意摒弃自己的承诺,那么为了更好地维护我们的目标,请大家措辞谨慎。

我们的目标是促进这片土地上人类的公正与和平,不论种族,不论部族,不论宗教信仰。

议长先生,我请求得到议会的支持,同时感谢大家的聆听。

15 新的贸易模式

1966年2月,匈牙利人民共和国部长会议主席久洛·卡拉伊先生带着一项贸易任务来到坦桑尼亚。1966年2月11日,为了表示对主席一行的敬意,尼雷尔总统举办了一场国宴。期间,他向卡拉伊一行以及匈牙利人民举杯敬酒。

主席先生,各位来宾,女士们,先生们:

我从来不相信,坦桑尼亚邀请尊贵的客人享用国宴,然后对他们进行长时间的演讲是善意的象征。因此我提议今天傍晚我们用适当的方式对我们的贵客表达欢迎之情即可。

主席先生,你作为匈牙利人民共和国贸易代表团的团长来到坦桑尼亚。我们非常欢迎您,尤其是以那样的目的。因为我们十分渴望扩展我们国际贸易的数量,我们也想拓宽自我国独立之时便一脉相承下来的贸易格局。因此无论是哪个国家,只要它能使用我们生产的商品,并且可以为我们提供我们需要的其他东西,我们都很开心并且愿意跟它在贸易扩展计划中合作。我相信我们会在许多方面发现匈牙利和坦桑尼亚的利益交互点,因此我们两国增进贸易合作是互惠互利的。

主席先生,我们如此焦急寻找新的渠道出口我们的产品只为一个原因。这个原因来源于我们国家的整个目的就是让人民幸福这个事实。我们立志让所有坦桑尼亚人民都能够获得自由,即使我们正因贫困而备受折磨。通过与全世界各国在公正和平等的基础上进行贸易,我们相信我们为更好的生活标准而努力的时候,我们可以取得进步,就像匈牙利人民可以在购买我们国家的商品并且把他们的商品卖给我们的过程中受益一样。

这种贸易扩展不仅仅是靠自身便能实现的。政府有责任主导经济改善的工作,做出那些符合人民利益的安排,并且在他们努力想要进步的过程中给予指导。我相信如果人类自由的其他方面能够被有效践行的话,这份责任将备受尊崇,因此人民就能够迫使政府关心人民。

当然,在我们能够开始对我们的成就感到满意之前,坦桑尼亚还有很长一段路要走。但是我们有一个很好的开始,并且如果此次合作能够促进匈牙利和坦桑尼亚进一步共同进步的话,我们也会非常高兴。我们重视老交情和旧的贸易格局,但是同时我们也十分焦急想要结交新的朋友,建立新的贸易途径。

因为这个原因,主席先生,我愉快地向您,匈牙利政府的代表,致以诚挚的欢迎,同时我也愉快地向您和你们国家所有的人民举杯敬酒。

16 领导人绝非老爷

1966年2月,在又一次出访期间,尼雷尔总统在马菲亚岛停留数日。在离开马菲亚岛之前,他用斯瓦希里语作了一场即席的公共演讲。在接见选民时,总统经常作类似的讲话。这篇文章是根据演讲录音的译文。

……我是打算与你们告别的。但在此之前我想借此机会告诉你们一些事情,将来你们会从这些事情中受益匪浅。此次游览马菲亚岛,我试图走遍岛屿的每一个角落。我之前来过这里,但我却从来未像这次这样游览了岛屿的这么多地方。1959年出访桑给巴尔岛时,我曾来过这里。然而如今的桑给巴尔岛却与1959年我所看到的桑给巴尔岛有很大差别。桑给巴尔岛已经变了样,并且在当地居民的努力下有了很大改善。1959年的桑给巴尔没有学校,但昨天我却在那里看到了好几所学校。桑给巴尔的公路和1959年时一样糟糕。我不清楚这到底是政府还是当地居民的错。除此之外,我在这里还看到了一个大型种植水稻的农场。这个农场现在还很一般,但一段时间之后它就会变得很好,因为所有的事情开头并不完美,但只要付出时间,就都会变得完美。桑给巴尔的居民已经将这个农场整理好并种上了水稻,这些水稻长得很好。

我们一行人还参观了马菲亚岛的其他农场,它们发展得相当好。我希望这些农场继续发展下去并且变得越来越好。我从来不在我所参观的地方进行演讲。相反,我鼓励人们向我提问或者告诉我他们的问题。这就意味着本次是我到达马菲亚岛以来的首次演讲。甚至今天早晨在办公室同坦盟和政府部门的领导们会面时我都没有发表讲话。我让他们向我提问有关政府和发展的问题。从这些领导们提出的问题中我学会了很多东西,其中一个问题是关于乌贾马的。一位女士要我向她解释乌贾马的意思,因为尽管她曾经也偶尔使用过这个词语并且看过别人使用这个词语,但她并不理解乌贾马所表达的意思。我努力回答她的问题,并且我希望可以在此重复我的回答。

我是第一个使用乌贾马这一词语的人。我这样做是为了对一种生活进行解释,这种生活是我们想要在自己的国土上过的生活。乌贾马一词指的是一个男人和他的家庭成员所过的一种生活,即父亲、母亲、孩子和他们近亲的生活。我们的非洲在被外来者入侵和控制之前是个贫穷的国家。在非洲没有富人,也没有人拥有土地的所有权。土地是所有人的财产,那些使用土地的人们不会将土地归为自己所有,因为土地是他们的共同财产。他们使用土地是因为他们需要它,他们有责任小心翼翼地使用土地并让它保持良好的状态以供后代使用。生活很容易,一个男人和他的妻子、孩子及近亲们生活在一起是可以实现的。财富归一个家庭所共有,家庭的每一个成员都有权利使用家庭的财产。没有人用财富来控制其他人。我希望所有的国民可以像一家人一样生活在一起。

这是社会主义的基础。我说过我们需要社会主义,并且我希望建设一个社会主义国家。我的意思是什么呢?我这句话表达了两个意思。第一,我们还没有我们所寻找的东西。第二,我们坚信我们想要的是好的。如果你认为一件事是不好的,你就不会花费时间去得到它。这样的观念对你无益。这就意味着如果我们需要社会主义,并且志在用社会主义的准则去发展我们的国家,那是因为我们相信社会主义是好的事物。

首先让我解释一下,有很多国家不是社会主义国家。世界上有很多国家想要成为社会主义国家,不同的人对社会主义这一概念有不同的称呼。我曾经说过我选择乌贾马这一词去解释社会主义。我现在就来解释一下我为什么选择乌贾马这个词。

一个国家通常分为两个部分。一部分人被称作"主人",另一部分人则被称作"仆人"。我们对于将人们分为"主人"和"仆人"这一划分方法表示接受。有些时候我们很满意接受这些划分方式。一位老人曾告诉过我一个例子,现在我把这个例子讲给你们听。在德国殖民统治期间,一组人受令去完成一个任务。他们没有完成,之后德国管理员将他们召集开会并让他们将自己划分为"主人"和"仆人"。一些仆人加入到了主人的队伍中,希望自己可以在仆人们受罚时免受惩罚。分完组之后,德国领导人让仆人们回家,但他们却立即对主人们施以鞭刑,因为这些所谓的主人们太懒了,而且他们教唆的仆人们也变懒了。那些加入主人一组的奴隶们对自己的决定感到后悔。

……但是，尽管在那些没有主人（不会像羊羔那样被买卖）和仆人（像羊羔一样被买卖）的区分的国家，人们也会被划分成不同阶级。哪怕那个国家没有奴隶，这种区分还是会存在。这种情况下，主人们习惯了被其他人服侍。主人们的妻子不需要工作，她们不用做饭、洗衣和铺床，因为这些事情都有别人去做。主人们有汽车，但他们并不自己驾驶汽车而是让别人驾驶。主人们可以在不工作的情况下有饭吃，尽管除非生病、腿瘸、是个小孩子或是疯子，人们通常为了吃饭而工作。主人们所能做的就是给他们的仆人们下达指示。但是有些时候他们却雇佣其他人来给他们的仆人下达指示。主人不需要做任何事，别人会每个月向他进行汇报。他们会向主人报告他农场的丰收情况和销售粮食所得的收入情况。尽管这些主人们并不工作，但他们却过着舒适的生活。

但这并不意味着所有的主人都是平等的。一共有两种主人，大主人和小主人。还有一群受主人们压迫的工人和仆人。我们的目标就是消除主人们和仆人们之间的区分，并且使每一个人都成为主人，但他不是一个会压迫别人的主人，而是一个自力更生的主人。一个自力更生的人才是一个真正的主人。他没有烦扰，他不仅对自己有信心也对自己的所作所为有信心。他不喜欢被其他人推搡着，被别人告知自己该做什么。为什么一个是自己主人的人要被别人推着去做对自己无益的事情呢？

为了解释我的话，下面我们回到我之前提到的事。我说过在此之前参观这座岛屿时，我从未在它的任何地方作过演讲。相反，我让我所接见的人民向我提问或者告诉我他们在日常生活中所碰到的问题。让这些人向我提问是件难事。他们害怕讲话，也许他们是担心自己会受到惩罚。他们为什么会受到惩罚？因为在过去的岁月里，我们受殖民者的胁迫和侵扰。那时如果你在殖民者头领面前提问的话，他的下级就会惩罚你，问你为什么要说话、为什么要问问题。这种惯例使得恐惧根植于人民的脑海。这些人并不敬重他们的上级只不过是惧怕他们而已。这种惯例并没有消除，这就是在我让人民告诉我他们的问题时他们却不那样做的原因。他们不说并非是他们没有问题而是他们害怕将问题讲出来。

这个习惯不好。这是你们的国家。我每天都会告诉你们这个国家是属于你们的，你们拥有说话的权利。如果你们不承担起对这个国家所应付的责任，我将宣称自己对这个国家的所有权。任何国家都必须由它的国民管理。如果你们不喜欢这份管理国家的责任,我就找几个聪明的人然后将其划为我们的财产。如果别人问起,我们就说你们并不想拥有它。但是逃避责任的习惯就会这样遗传下去。我们被迫将人们分为主人和奴隶。有时你会听到一些人说他们只不过是简简单单的普通人,他们认为自己的领导对所有事情都了如指掌。当你和他们交谈并向他们解释问题时,他们就会说:"我们能说些什么呢?你们领导人什么都知道啊。"

这是个坏习惯。你们的成长过程已经够痛苦了。我们被当成是奴隶但俨然我们已经接受了这个社会地位。这很糟糕。领导意味着什么?当人民选择你去领导他们时,并不是意味着你比他们知道得要多,更不意味着你比他们(尤其是那些长者)聪明。有时我的母亲会给我打电话并给我提一些意见。她会告诉我什么不能做。她甚至会在有关政府的事情上给我一些建议。为什么她不能给我建议?她是家长,家长并不害怕他们的孩子。即使她从未正式接受过学校教育但她还是会给我提意见。为什么?难道没有上过学的人就愚蠢吗?教育意味着什么?每一个从未接受过教育的人都有一颗上帝赐予他的大脑。难道一个未接受过教育的人会因此而变成一只山羊吗?不会。这样的人了解他孩子的本质,他知道何时他的孩子会误入歧途。我是受过教育,但怎么证明我就比我母亲聪明呢?

现在我的目标就是将恐惧从你们的脑海中移除。这是个本可以在早些时候就可以被移除的恐惧。葡萄牙人、德国人、阿拉伯人和英国人将恐惧植入我们的脑海。他们告诉我们,我们没有能力做一些事并且我们也接受了这一结论。我们甚至无法确定去哪里居住,因为我们害怕做决定。这就是为什么有些人认为我知道得要比他们多,让我去帮他们做决定。这样做是错误的。你们不应该害怕你们的领导人。我们领导人的目的就是将责任移交给人民让他们自己做决定。领导人并非天生,他们是人民选举出来的。因为没有领导人是天生的,所以我们必须选择我们的领导人。我们并不需要世袭的领导人。

如果你的儿子是个地方的长官而并非行政区的长官。如果他做起事来像个行政区的长官,我们就会罢免他。他不能像个行政理事那样做事。如果他那样做,那就是犯错。我们并不想让一个黑人行政理事来代替白人行政理事。区域理事是人民的公仆。他的责任就是倾听人民的问题,向我们汇报这些问题或者是解决问题的方法。我将继续劝告坦桑尼亚的人民不要惧怕他们的领导人。

如果我们不清除人们内部的恐惧，不废除社会中存在的主人与仆人之间的不同阶级，我们社会中的聪明人就会出现并取代欧洲人、印第安人和阿拉伯人的地位。这些聪明之士会为了自身的利益继续发掘我们的恐惧。领导人可以成为聪明人。如果领导人渴望坐到殖民者那样的地位并拥有那样的特权，我们的国家就不会在人人平等的基础上得到发展。相反，我们将国家置于危险中。这意味着我们用于清除殖民主义工作的资金会被用于让其他聪明的非洲人比起压迫殖民者更加压迫自己国家的人民。

如果你们不清除自己脑海中的恐惧，这样的事情就会发生。你们的财产就会被更聪明的人夺走。你会立即发现一个区域理事竟然会拥有一个面积达3000英亩的农场。你会惊讶地得知就连朱利叶斯都有一个面积为3000英亩的农场。对于朱利叶斯和区域行政长官是如何得到农场你也会感到惊讶。不久之后你会听说区行政长官基顿杜有3000英亩的土地，这会让你更加吃惊。这些农场的面积不可能一样大，因为领导人的个人地位不同。

我不希望这样的事情继续发生。我们禁止坦盟和其他组织的领导们拥有自己的土地。一旦发现他们拥有自己的土地，我们就会问他们一些问题。曾经的我们都很贫穷。一旦我们听说你有个大农场，我们就会问你是如何得到它的。一个人拥有一个面积达3000英亩的农场之后，他就一定会想成为一个"主人"。除此之外，有一个面积达3000英亩的农场的区域理事会没有时间去有效地履行他的责任。一个区域理事拥有这么大的农场之后，就会雇佣工人在自己的农场工作并支付工人工资。他去哪里找工人？他拿什么支付工人？尽管钱和工人都有了，哪里会有足够的土地让每一个人都拥有一个3000英亩的农场？我承认坦桑尼亚是个地广人稀的国家，但是它能让我们每个人都有3000英亩的土地吗？答案是否定的。当并非每个人都能拥有3000英亩的土地但一些人却能拥有时，这就表明那些没有土地的人成为了那些土地拥有者的仆人。难道我们在这样做的同时，不是将人们分为了主人和仆人吗？我们这样做并非是在建立社会主义。如果一个人从我们这里得到了3000英亩的土地而另一个却没有得到，那么我们的行为就使前者成为了主人，使后者成了仆人。我们为什么要这么做？如果一个人说他想去你的农场工作，那他为什么不在自己的农场里劳作？难道他需要在你的农场为你打工？那并非社会主义。我要教会所有人成为他们自己的主人。如果你们中的一员从我们手里得到了一个大农场，他将从哪儿找到仆人去为他的农场劳作?

社会主义指的是没有人利用自己的财富去剥削其他人,就像一个父亲不会利用他在家中的地位去控制他的妻子、孩子和近亲一样。因此,在一个国家,领导人和富人都不应该利用他们的地位或财富去剥削普通人。在一个小家庭中,父亲是受人敬重的,家人并不惧怕他。因此,在一个国家,尊敬领导人比害怕他们要好很多。然而尊敬是双向的。两个或两个以上的人可以尊敬彼此。一旦其中一人不再尊敬另一个人,对方对他的尊敬也会荡然无存。

除此之外,社会主义需要所有的人都进行劳作。过上社会主义生活之后,人们的劳动果实就会在平等的基础上被人们共享。但是每一个人都必须劳动。懒惰是一种耻辱,懒惰的人也会被其他人鄙视。这意味着如果一个人不愿帮助他的伙伴们,那么他也休想从他们那里得到帮助。当然,人们必须努力劳作以得到粮食。规则就是,工作就有饭吃,不工作就没饭吃。哪怕是貌似不需要工作就有饭吃的老父亲也没有剥削他的家人,因为他在自己年轻时曾努力工作。他现在不需要工作是因为现在轮到他休息了,并且年轻的一代因为老父亲年轻时的付出而对他尊敬有加。

17 南部非洲背景下的罗得西亚

> 这篇文章曾发表在1966年4月美国评论季刊《外交评论》上,现在经由对外关系委员会允许而再版。

非洲人民对于罗得西亚问题感到深刻而强烈的愤怒。然而,罗得西亚问题还没有十分明了的结果,所以在非洲自由国家以及西方国家之间已经存在的相互怀疑正面临着恶化的危机。

在1965年11月11日之前,非洲国家,无论是以个体形式还是集体形式,都纷纷表达过对南罗得西亚地位的担忧。但是随着史密斯政权单方面宣布独立,这种担忧也变成了焦躁不安的愤怒。导致这种态度转变的催化剂就是反对英国主权的叛乱。这并不是因为非洲想让罗得西亚南部继续成为殖民地;非洲在以前已经做出过要求结束殖民主义的具体行动。也不是因为在反对殖民主义斗争中对于违法行为有着根深蒂固的反对。事实上,非洲更喜欢在斗争过程中用符合宪法、法律的,和平的方式来争取国家自由,但是如果这些和平的方式失败了,而其他方式成功了,比如阿尔及利亚流亡政府在法国承认北非国家独立之前就已经被许多非洲国家认可了它的独立主权国家地位。现在由赫尔顿·罗伯特领导的流亡政府已经被非洲联盟承认为安哥拉的合法政权,尽管事实上葡萄牙才是继续支配这个地区的合法势力。非洲人民是反对南罗得西亚政权的特例,而不是一般的违法行为。否则这将是虚伪的假装。

围绕在史密斯政权宣布独立事件周围的敌意是建立在理性解释这个行为的目的和对于整个非洲合法目标的影响上的。因为此次叛乱不是人民的起义,而是企图扩张领土,增加对非洲的控制,这对整个非洲未来的自由是有害的。它是南非种族主义、法西斯主义和殖民主义这些力量发展扩张的结果。

对于非洲的独立国家而言,这不是像特遣部队那样的发展进步。我们站在与这些势力的矛盾的前沿,为了我们自己的未来,需要打败他们。逐渐地,殖民主义和种族主义被排挤出了北非和中非,过程十分艰辛痛苦。但是当它们依然存在于这块大陆上的时候,我们之中没有任何人能够真正自由地、和平地、有尊严地生活,我们也不能集中注意力发展经济,这曾经是我们政治革命很大一部分的原因。史密斯政权宣布独立代表着这些势力的反扑,在这样的背景下,我们才做出反应,要求打败它。

这应该不难理解。当年在法国、比利时、荷兰纷纷解放之后,同盟国与希特勒讲和也是有可能的。他们只是不想这么做。德国以外的犹太人也愿意接受让他们的同胞处在纳粹政权掌控之下的任何妥协条件,只要不实施种族灭绝政策。所有的国家以及那些被认为是劣等民族的人们都意识到只有纳粹主义在欧洲政治领域消失,战争才会真正地停止。

两者的道理是一样的。在非洲单独的自由运动是同一个解放进程的不同分支。1957年恩克鲁玛说直到整个非洲都独立了,加纳才能取得完全的独立。他说的是事实,这个事实对我们所有人都是金玉良言。在最终的胜利到来之前,我们将继续斗争;在任何后殖民独立国家感到安全之前,殖民主义必须被横扫出非洲。在非洲没有任何人,无论是白人还是黑人,能够在别的非洲同胞自出生以来便遭受歧视和耻辱的同时还能够有自尊地、舒舒服服地生活。

但是现在安哥拉、莫桑比克,以及南非、西南非和罗得西亚的葡萄牙殖民地已经占到了这块大陆差不多七分之一的面积。有大约12%的非洲人口居住在这些地区。而且每个地区都在种族不平等和少数民族统治的原则下用不同的方式被管理着。

葡萄牙把它的非洲殖民地都归为欧洲的一部分,而且它公开摒弃种族主义。它主张从这些地区的非洲居民里培养欧洲绅士,并且对同化民平等政策十分自豪。但是非洲人不是欧洲人,不能成为欧洲人,也不想成为欧洲人。他们需要的是成为属于非洲的非洲人,他们能够决定自己在文化、经济和政治方面的未来发展方向。而这种权利是葡萄牙人拒绝给予的。殖民地的居民当然可以成为非洲人,但是如果他们想要做非洲人,那么他们就要经受特殊法律、特殊的税款和劳动程度;他们无法加入他们自己的政府发挥作用。

在南非,甚至已经不再有不同种族的公民在法律面前平等,在社会或经济方面的权利和义务平等的借口。1964年在美国被否决的"独立而平等"的观念在南非也同样被否决了。但是在非洲内部,是平等自身的内容被遗弃了。通过给不同种族的人民提供独立的设施,法官规定独立的学校、房子、等候室等都不需要同样的标准;它们是独立的,这就足够了。非洲人是人类的亚种。现在没有法律的或者政治的约束能够阻止南非联邦的白种人少数族裔政府实施的严厉政策,非洲大多数人都将面临着歧视。成为非洲人就是要经由允许才能住在或者离开自己的"国家";就是要经由允许才能在一个特定的地方工作,从事某项特定的事业;就是无论在白天还是晚上都带上通行证,并且任何时候都要接受任意逮捕。他们没有任何法律途径来决定你自己的工资、就业环境、住所和生活条件——在参与管理自己的"国家"这件事上政治权利越来越小。成为一个南非的非洲人就是经由允许才能说"是的,老板",甚至要用南非公用荷兰语说。就是要准许被任何白种人,包括男人、女人和孩子所羞辱,仅仅因为他们是白种人。

自由的非洲下决心对抗的就是这种情况和态度。尽管对于一些特定的非洲独立国家有一些合理的批评,但是根据人类所有的基本原则,消除南部这些国家中的殖民主义和种族歧视这个事实是毋庸置疑的。每一条国家自由或个人自由的原则,每一条人类平等、公正、人道的原则都决定了结束少数民族统治是势在必行的。因为在他们自己的纠纷中,他们既是法官、陪审团、公诉律师,也是法律的制定者。现在争论中的问题是在可预见的未来,罗得西亚是否应该成为一个在人类不平等的基础上被统治的国家,或者在现存的,或许已经被稍微改良过的种族歧视的基础上被统治,还是应该被进步的,通向人类公正、平等的制度所代替。

南部非洲政治形势

在非洲决心使整个南部非洲获得自由前不会停止斗争的情况下,它也承认斗争中的战略和战术都按照三个不同地区,如果西南非洲另算一个的话,就是四个不同地区的具体情况而定。南部非洲的"非自由国度"之怪物有三个头,尽管他们每一个都从他人那里汲取力量和生存物资,但是对于世界自由力量的坚定攻击,他们有各自的弱点。

在南部非洲三头中,装备最精良,在许多方面最不利的是南非联邦。在南非联邦中,种族主义已经成为了一个为自存需要自我辩白的宗教,这个宗教通过变得更加冷酷来保护它的信徒，对抗种族主义自身引发的仇恨。从创立之初开始，优越性这一教义就被灌输到白人社会脑中；也是从差不多创立之初，次等这一教条统治非白种人的一生。如果它不这么做，说服所有南非人世界上只有白人和非白人，种族统治就岌岌可危了。如果它不成功，那么终有一天南非人民就会接受"白种人占南非人口不到五分之一，这也能说明白种人的势力不足为惧"这一事实。但是因为这个种族主义宗教已经给人们带来了如此多的羞辱和苦难，除非奇迹到来才能带来和平和真正的兄弟友谊的希望。因为它已经制造了仇恨和恐惧。现在看来，似乎一场势不可挡的南非内部动荡不可避免，整个种族隔离现状也大厦将倾。我们只能祈祷接下来不会是种族统治卷土重来，因为这样会符合南非政府所传播的教条逻辑。

但是如果南非内部和平解决无望，南非联邦是一个工业国家，是国际贸易中不可或缺的一部分，这依然是事实。南非政府遭受着世界上每一个大国政治组织明确表达出来的对其的反对，这也是事实。然而，这种反对只是口头的，没有实际行动。这大部分是因为资本世界（即与非洲种族隔离相关的国际业务）的国际经济联系日益紧密。这种经济上无法采取行动的背后是南非是一个合法的，国际社会承认的主权国家这一事实。正是由于害怕联合国等外部势力的介入，南非也避免了许多西方民主国家或反殖民主义国家以合法性为由策划的颠覆种族隔离政策的阴谋。南非宣称无论这个国家多么应该被斥责，外部势力也不应该介入一个主权国家的内政。合法性将国家主权置于道德之上。所以，南非联邦的未来必然是持久的苦难、暴力和痛苦。因为在自由最终胜利之前，斗争将一直持续。

安哥拉、莫桑比克、葡萄牙属圭亚那相对应的地位是不同的，这是典型的殖民情况。问题是葡萄牙拒绝迈入 20 世纪；它坚信殖民主义可以持续，甚至在欧洲最穷最落后的国家里也可以继续实行殖民主义。因此，在这种情况下，如何警醒葡萄牙当今世界的政治情况才是问题所在。

当然，葡萄牙的欧洲和美洲同盟国可以对其施加影响——特别是在葡萄牙殖民地上出现叛乱初期，葡萄牙用自己和同盟国的军事力量镇压反叛，进行防卫，这一情况出现时，同盟国可以否认葡萄牙的权利。同盟国甚至可以通过重振葡萄牙国内经济的方式实现葡萄牙的转型，让它进入 20 世纪。但是如果这些西方自由国家不尝试这么做，或者尝试失败，那么非洲只好自己或者连同它能找到的同盟国一起来赢得这场战役了。我们自己的弱点意味着我们只有一种方式赢得胜利,那就是在葡萄牙经历苦难和毁灭终于警醒意识到现实之前我们一直支持游击队战争。

在 1965 年 11 月 11 日之前,我们都怀着一丝希望:南罗得西亚可以避免通过这种致命的方式得到自由。当然实际上政府是支持种族主义的,它是由种族主义构成的少数民族政府。独立的教育机构、卫生机构和其他公共设施机构,与其他种族隔离限制了非洲人选择住所、工作地点的自由使得非洲人一直维持现有的卑微地位。但是罗得西亚是英国殖民地,这是至关重要的不同点;英国势力向当地少数民族投降是一个悲惨的事实,但是它缺乏法律上的让渡。这就意味着英国尽管面临着执行方面的困难,但它依然对罗得西亚的未来负有责任。英国宣布所属殖民地在保护其人民不受任何地区镇压的情况下都是民主的独立的,这个事实让非洲感到欣慰。

因此,英国的法律力量和责任意味着非洲也期望经过逐渐的宪法的发展最终通向民主或多数主政原则。表面上看来,我们需要使英国意识到南罗得西亚成为南非前哨这一情况的严重性,但是实际上南非以英国的名义履行英国的责任这才是真正严重的地方。只有意识到非洲的期望,英国最终才会采取措施对付那些盗用公共权力的白种人居民。

非洲对南罗得西亚的要求

换句话说,非洲就南罗得西亚事件向英国要求的是白种人少数民族统治变成多数人统治,只有这点实现,殖民地才能得到自由。这是殖民地中的民主主义力量寻求的地位,也是所有非洲领导人所寻求的地位。现在的争论点不是这个转变的时机——不是完成这个转变需要多长时间,或者需要采取多少措施,而是完成这个转变的原则。

非洲就是从这点出发来看待南罗得西亚的少数民族政府单方面宣布独立的事情。正是由于这些合理的、正常的期望,史密斯的举动才会变得如此重要。实际上,白人政权公开表明过对少数民族的法律限制是不可容忍的。由于英国在并没有要求史密斯政府做出多数人统治原则统领未来发展的承诺的情况下便否认了它的独立,因此史密斯政府便擅自宣布独立了。所以他们的领导人改述《美国独立宣言》来影射罗得西亚的独立是冒失的行为。

伊恩·史密斯先生将他夺取的政权合法化了,并且通过引述《美国独立宣言》来宣布自己的行为是反殖民主义,他的政府是文明标准的守护者——而不是种族主义者。他争辩道:北部几个黑人占大多数人口的国家都被承认独立了,没有理由罗得西亚在43年的自我统治之后仍然是一个殖民地。

事实并不支持史密斯先生的观点。事实上,只有将白人社会考虑在内的时候,南罗得西亚才算得上是井井有条的自我管理,而这个社会的每一个层面都是基于损害非洲社会的种族差异的基础上的。事实再次证明,任何通过选举建立的政府都要对选民负责,而且只对选民的要求负责;即使政府的部长想考虑到非选民的利益,他们也没有实权做一些有影响力的事情。

最近,史密斯先生在《拳击》这本书中写道:我们的议会对所有种族开放;我们的公务员对所有种族提供党内高级职务;我们的大学对所有种族开放;我们的选民名单对任何种族开放。优点是唯一的标准。

事实上,在议会的65个席位中,50个是由"A"名单选出的,15个是由"B"名单选出的。想要在"A"名单上,必须每年有792英镑以上的收入,或者330英镑收入外加四年中学教育。想要在"B"名单上,指标要求就会低一些:每年264英镑的收入,或者连续30年每年132英镑的收入外加小学教育。所以,在所有注册的选民中,在"A"名单上的有94080人,其中白人就占了89278人;非洲人占了"B"名单的大多数,在"B"名单上有超过10000人,其中只有1000人不是非洲人。但是由于民族主义组织呼吁联合抵制选举,所以这些真实的数据也不能完全披露真情。人口数据显示在罗得西亚有大约400万非洲人,其中不到25万人是欧洲血统。

因此罗得西亚政府牢牢控制了白人选民,而且想要继续保持这个状态。按宪法规定,"B"名单的席位连实行否决权需要的席位都不够。更不用说非洲人能担任公务员中的高级职位了。如果确实有,现存的立法将会迫使非洲人住在事先安排好的"非洲人区",无论他们工资如何。在这些责任和优点的背后,就是完全的隔离和教育的不平等。

非非裔孩子接受义务教育的年龄是7岁到15岁之间,1963年,在总共53000个欧洲学校注册名额中就有19898个欧洲孩子就读初中。而同一年只有7045个非洲孩子上了中学,而且只有其中81人上了六年级,这是通往大学之路的唯一途径。要争辩这些初中就读率的不同归咎于天赋不同,比如每个欧洲孩子先天就比非洲孩子在金融方面强10倍。事实上，非洲孩子根本就没有白人小孩那样接受教育的机会。非洲孩子上完五年级后，只有其中50%能找到上六年级的地方。就算他们能跨过这个障碍，三年后也只有25%的孩子能够上初中。

我的目的不是否认现在非洲教育扩展过程中困难重重，坦桑尼亚就是活生生的例子。但是当种族差异已经在教育机会上存在，那么谈论那些基于教育公平或收入资格的机会公平就是大大的谎言了。要期望那些选民（比如在上层社会，已经为他们自己的孩子保留了教育机会的人）打破这些保持他们先行的特权地位就更加不现实了。

近些年南罗得西亚的历史就可以印证这种无望。从1957年以来，就持续有面向那些明明白白阻止种族融合的，并且表现最暴躁的政治党派和政治团体的选举运动。罗得西亚阵线，也就是现在史密斯政权执政党的前身，反对联合联邦党关于修改《土地分配法案》（即37%的非洲领土归欧洲所有）的提议而获选。在宣言中，罗得西亚阵线也宣布将会当场修改法律，提前带来非洲人自主统治。该宣言也承认了政府给不同种族提供独立设施的权利。

事实上，从选举成功之后，罗得西亚阵线政府就集中注意力应付政治问题，尤其是独立的问题。在通往独立的过程中，他们得到并且动用了一个极权国家所有的权力。所有非洲民族主义党派都被禁止；这些党派的领导人不是被关押，就是被拘留；党派会议被禁止；游行也被警察暴力所镇压。新闻审查制度被强加到所有大众媒体上，并且不服从这个少数民族不法政府的命令就要罚以巨款。事实上，这个政权一直在按照自己制定的道路不断前进。这条道路在南非操纵，在短时间内笔直地通向罗得西亚南部无耻的种族隔离政策。

许多基础工作在单方面宣告独立之前就已经完成了。独立仅仅代表着符合逻辑的未来阶段。独立必须是合法的，否则会遭遇逆转。因此，在现任少数政权的掌控下，独立仅仅意味着卢比孔河已经被穿越了。如果这种独立继续下去，那么多数人统治的原则及和平发展的希望就破灭了。现在我们唯一的希望就是叛乱被合法力量打败，在通往和平的道路上有一个新的开始。

单方面宣告独立的国际影响

单方面宣告独立这件事不能被高估。南罗得西亚的少数民族政府做出的成功的独立宣言代表着种族主义和法西斯主义在非洲的扩张,也意味着寻求非洲和平之路又大大退了一步。现在它就像是1966年美国南部的一个州,成功地扩大并加强了它司法权范围内的种族隔离和种族歧视。联邦当局和民事权利组织的反应可想而知。他们知道他们的未来岌岌可危,战争最终会在1861年的萨姆特堡爆发。非洲也一样。

相似之处不止于此。就像美国那样,在非洲南罗得西亚少数民族将会增强大陆其他地区的反动力量。南非和葡萄牙当然希望史密斯反叛胜利。他们的利益是意识形态的同情和地理方面的因素。非洲的版图显示了他们希望白人政权在罗得西亚牢固确立——就像赞比亚和贝专纳兰①这些国家的特殊利益暗示他们不希望反叛胜利。

但是尽管南非希望白人政权在罗得西亚牢固确立,现实情况的不合法性使他们甚为尴尬。在他们确定反叛胜利之前,他们不能积极干涉罗得西亚。因为支持不合法政权,他们就是在拿他们自己未来的胜利做赌注。

南非对抗国际社会对它的政策的批评最强的一点就是它政府的合法性,它被他国所承认的国家主权以及联合国和其他国际官方机构都不能干涉他国内政这一信条。如果它公开支持另一个国家中与法定权威对抗的叛乱,那么它自己阻止国际势力干涉内政就会变得十分困难。所以,维沃尔德政府在主权权威(即英国)与实际政权(即史密斯政权)的矛盾中保持中立态度。

现在,由于每个独立国家进行经济制裁是支援行为,所以一个国家保持官方中立的行为成为可能。通过拒绝参加这些制裁,南非没有打破任何国际承诺,也没有侵害任何国内或国际法律。这种情况直到联合国采纳《宪章》第七章,甚至只是其中第41篇,即对任何成员均实施强制制裁之后才能改变。到时候,南非要么乖乖合作,要么就在它一直处心积虑想要避免的国际行动面前挺直胸膛。也就是说,它要么停止与罗得西亚南部的一些贸易行为,要么准备好回答它出口的物资的最终目的地,否则它将会被划入制裁地区。

南非政府十分了解自己现有地位的影响。他们解释了为什么不能给予史密斯政权想要的所有的支持。但是在南非内部白人民意至少是愿意做政府害怕做的某些事情的——政府不会干涉。罗得西亚石油运动基于宣传南非的成

---

① 1966年国家独立后,改称博茨瓦纳。——译校注

功,因此才能广为人知。然而,民间仍有怀疑:与南非公司和公民所做的个人生意将会使国际制裁的刀刃变钝。通过这些途径,南非能够不通过拿自己的地位冒险的方式帮助南罗得西亚的白人政权生存下来。

葡萄牙也正被现任南罗得西亚的不合法地位拉后腿。葡萄牙也是根据法律细节来阻止西方势力联合起来反对它占领莫桑比克、安哥拉和葡萄牙属圭亚那地区。因此,它不能在一个主要欧洲同盟的领土上维护和帮助叛乱。但是至少它暗地里给罗得西亚帮助是极有可能的。正如埃德加·怀特海德,南罗得西亚前总统,1月28日在《旁观者》中说的那样:如果非洲民主主义政府接管了罗得西亚,莫桑比克将无法生存,并且如果罗得西亚经济崩溃,莫桑比克也将最终毁灭。埃德加先生继续提到在洛伦索—马贵斯的石油精炼厂,尽管无法把原油给乌姆塔利精炼厂,葡萄牙也能悄悄地给予史密斯政权以帮助。由于与南罗得西亚的交易没有国际不合法性,这种尴尬的境地再次出现了。只有联合国采纳《宪章》第七章,这种情况才能改变。因为在那种情况下,葡萄牙(甚至远超出整个非洲)迫于自身的需求将会停止给予史密斯政权任何积极的资助。

然后南非和葡萄牙就不能再公开支持史密斯政权,因为他们也是依靠宣称合法性来保护自己的地位的。这个南部非洲种族主义前线的弱点可以被公正的力量挖掘出来。事实上,也正是合法性这个问题使得英国和西方国家普遍有必要利用这个弱点来打败史密斯和白人在南罗得西亚的统治。

取得胜利的西方国家已经宣布了对种族隔离的敌意,以及他们对种族平等原则的坚持。他们总是经常利用与南非政策相对抗的势力口头宣布他们的同情。他们已经为自己不能用实际行动支持他们的宣言找了借口,那就是南非的国家主权。非洲已经展示了大量关于这个结论的怀疑,他们相信这样粉饰了当白人特权涉及其中时,这些国家十分不愿意从公正的方面进行干涉。现在,南罗得西亚的情况是:合法性归于干涉。西方将会怎么做呢?它会印证非洲的怀疑呢,还是混淆这种怀疑呢?

到目前为止,西方已经通过逐渐增强的经济制裁显示了他们的意向;通过对所有联合国成员实行强制性的经济制裁来挑战南非和葡萄牙对史密斯政权的支持的建议被否决。责任当局曾反复强调:除非法律或秩序崩溃(当然不包括非法夺取权势),否则不会用到军队。如果对史密斯政权进行经济制裁的方式失败,会发生什么依然不清楚。因此,仍有建议说:除了合法性和对人类平等信仰的对抗,白人少数民族统治黑人对西方来说依然是可接受的。

在南罗得西亚,非洲到底在求什么?

对于西方国家诚心的怀疑只能通过打败史密斯政权才能真正消除,这是在独立之前通往多数人统治原则的政治道路上一个新的开始。如果只是史密斯辞去职务,然后另一个宣扬自己"更加自由的"白人统治独立政府合法成立,这是不够的。如果英国和它的同盟国,在非洲的支持下打败史密斯政权,那么在罗得西亚重建英国事实上的统治的要求就会重提,然后一个承担着将殖民地过渡为多数人统治政府的中间政府就会建立。这样就无可避免地需要英国公务员和英国军队——或者更高级别的,联合国管理者和联合国军队的配合。当涉及向多数人统治原则转变这件事时,在南非以及南罗得西亚的经验告诉我们期望非洲相信罗得西亚白种人(即使在名义上的英国主权之下)是十分荒谬的。

有一份关于南罗得西亚意图的公开宣言也是十分重要的。我们需要清楚地明白我们需要在确保人权的前提下快速行动,确立多数人统治制度,然后,也只有在这样的前提下,这片殖民地才能独立。这份公开宣言是至关重要的。正是由于缺乏这份公开宣言,引起了英国和非洲主要的外交困难,因为没有公开宣言表明罗得西亚依然有折回单方面宣布独立的可能性。

事实上,南非和葡萄牙将会反对这份公开宣言,罗得西亚白种人也会满怀敌意。但是这就是现在我们所面临的危机:南罗得西亚将会成为一个公民人人平等的国家还是一个白种人种族主义的前哨?南罗得西亚少数派对英国做出的许多反叛结束后过渡时期里的保证的恐惧已经处理妥善。现在是时候考虑非洲大多数人的恐惧了,包括南非内部的以及这块大陆上任何一个地方。换句话说,现在是时候让英国和美国说清楚他们是否真的信仰他们宣告支持的原则,或者他们的政策是否被他们所考虑的朋友和亲属的特权所左右。

通过单方面宣布独立,南罗得西亚在非洲公开支持种族主义。其他非洲国家出于对自己国家的未来考虑默许了这一行为。但是这一情况也意味着南罗得西亚的行动是对英国和西方国家的挑衅。他们与非洲未来的关系以及非洲对西方国家的未来态度都取决于此次挑衅是否能被有效解决。现在整个世界都是支持西方国家面对这个挑战的,因为曾经"冷战"的并发症和"国际共产主义"的恐吓都没有真正成为它所困扰的问题。但是如果西方国家不能扳倒史密斯，或者打败史密斯政权，未能建立独立之前所需的多数人统治原则的条件，那么非洲将不得不面临此次挑战了。在这种情况下，南罗得西亚转变为多数人统治就会无望。非洲的经济和军事弱点意味着它需要找到同盟国。如果这种情况发生的话，我们是否还能说冷战没有真正成为问题，或者"共产主义幽灵"只是荒谬的红鲱鱼，这是我们需要考虑的问题。

非洲承认对这件事的合法的担忧是至关重要的。因为每一个非洲主权国家为了独立都要战胜种族主义的力量。对我们来说，这就是根本的荣誉。我们不能对种族主义屈服，或者让它继续在非洲大陆上肆虐。我们自己的未来与种族主义息息相关。

但是美国、英国，以及世界上其他国家都牵涉在种族主义问题中。史密斯向整个世界提出挑战，尤其是对那些西方大国。他代表整个南部非洲提出挑战。现在，自由非洲正不耐烦地等待着，看西方国家是否真正打算站在人类平等和自由的一边。

18 坦桑尼亚经济

1966年6月13日,尼雷尔总统在预算会议开幕时,对议会进行了此次演讲。总统解释道,他准备对坦桑尼亚实现五年发展计划过程中所取得的进步和遭遇的挫折做出综合评价。随后,发展规划部部长发表相关演说,会议第三天,财政部部长也就预算进行说明。在尼雷尔总统的演讲中,他概述了坦桑尼亚谋求自力更生发展经济的原因和必要性。

……诸位将会为即将到来的财政年度审议联合政府财政预算草案提议,换而言之,诸位将要考虑从选民口袋中拿出多少资金供联合政府开支花费,又是通过哪种方式分配这类资金。没人会质疑这一工作的重要程度,我相信坦桑尼亚的选民也渴望看到他们的代表是如何关心他们利益的。

然而,我自己并不认为坦桑尼亚国民只对不用缴税感兴趣。我认为他们也对坦桑尼亚的发展很感兴趣,他们希望坦桑尼亚的发展速度越快越好。因此,在议会的支持下,联合政府的任务就是向国民解释其制定的所有计划,并让国民相信这些计划是合乎情理的。

我们的计划看起来必须是在我们国家能力范围之内的,诸如此类。国民会以最小的代价、最快的速度来实现我国的目标。因为预算案表现了联合政府提议将五年发展计划中某一特定阶段付诸具体行动的方式,因此,本届议会议员应该了解我国目前的经济地位和我们目前为止所取得的进步,这一点很重要。只有这样,他们才能在预算案发表日认真地听取财政部长的提案,并对提案做出正确评估。

……对坦桑尼亚来说,1965年是艰难的一年。我们遭遇了两大困难——大范围干旱导致某些重要的经济作物减产,以及我国某些主要出口商品的国际市场价格大幅下跌。这两大原因拖累了我们为国民创造更好的经济条件的进程。

然而，这些困难并没有阻止我们发展，这一点很重要。因为我们的国民付出了比以往更多的努力，所以我们才能克服干旱和降价的双重打击，没有引发任何灾难，也没有寻求其他国家的特别援助。这是值得我们国民庆贺的事，是他们可以完全引以为豪的事。我之后还会提到这点。

这些困难是我们无法掌控的。联合政府无法掌控天气，同样遗憾的是，政府也无法掌控国际价格——尽管我们一直努力要求为初级产品建立价格稳定的国际体系。类似于我国的经济结构与其他国家经济合作安排这些问题，尽管是我们联合政府的职责，但是也会极大地影响到我们国民付出的努力能否取得成功。毫无疑问，在这些问题上，去年我们取得了一定的改善，或者说为明年取得进步做好了准备。

因此，比如，议员们会意识到联合政府认可的这种想法，即我国现有的与东非其他国家的合作安排，是不利于坦桑尼亚正常发展的。这种想法，过去没有，现在也不会暗示我国没有与肯尼亚或乌干达兄弟合作的意愿，也不会暗示我们没有意识到只有通过联合行动，整个非洲才会真正取得进步。但是既然非洲各国主权独立，那么每一国的政府都对该国国民负有专有的职责。因此，必须强调，合作不仅仅会为非洲整个地区带来利益，也会给每个国家带来利益。出于这一原因，坦桑尼亚竭力争取要求对共同市场的部署和1961年签署的共同服务约定做出修改。我们不可能继续无限期地为我们邻国的产品提供越来越大的市场，而不为我国自己的产品争取一个类似的东非市场。事实上，坦桑尼亚对肯尼亚的贸易逆差仍在不断扩大，去年甚至超过了2亿先令。而对整个东非市场来说，我们的贸易逆差更是超过了22500万先令。

诸位议员知道，肯尼亚政府和乌干达政府了解我国的处境，因此我们共同委任凯尔·菲利普（Kjeld Philip）主席成立专门委员会来调查这一情况，并提出相应建议。目前，三国政府都已经收到这份调查报告，并立马开始了审议。本月末，肯雅塔总统①、奥博特总统②和我将在首脑会议上商讨报告中的这些建议及其他一些尚未解决的事项。

---

① President Kenyatta，肯尼亚总统。——译者注
② Obote President，乌干达总统。——译者注

请允许我强调一点，在这些商讨中，坦桑尼亚的目标是最大限度取得与其他非洲国家合作的机会，这些合作机会要与我们国家发展的目标保持一致。我们的目标不是为了打破现存的体制，而是为了公平合理地分享他们的利益。我们不认为每年这些"公平分配"都会保持平衡，某些阶段某个国家在国际合作中会比其他国家获利更多，这种情况是无法避免的。但是我们相信，保护每个国家的正当利益是可能的，没有哪一个国家会永远比其他国家占有优势的安排也是可能的。正是秉持着这种合作调解的精神，你们的联合政府会与肯尼亚政府、乌干达政府共同商讨菲利普提交的报告。

自然也会有内部协议，协议何时达成，这需要联合政府进一步的关注。五年计划开始实施后的先前这几个月，我们清楚地意识到必须重新检验发展规划的结构和实施这一问题。因此，我们邀请了英国专家团队来对这一问题进行详细深入的调查，这些专家由东英吉利亚大学罗斯（Ross）教授带队。内阁经济委员会已经开始一章一章仔细地审阅他们的调查报告，报告中提到的许多管理性建议也得以实施——或是依据报告，对规程做出了适当修改，随着时间的推移，这些修改后的规程会帮助我们取得我们想要的发展。联合政府不会公布这一详细而又极有价值的文件。

然而，与议会有着更为直接利益关联的是总统委员会有关合作运动和坦盟的调查报告。合作委员会已经向联合政府提交了报告：这份文件非常直率，一针见血，总结得非常到位。当这份报告翻译成斯瓦希里语后，联合政府会在适当的时候向议会提交这份报告。我相信诸位议员的意见对于联合政府仔细考虑委员会的建议起着重要作用。坦盟报告提交后，也会按照同样的流程提交给议会审议。

回顾去年

那么我们在1965年取得了哪些进展呢？首先，从货币的角度而言，我们必须接受我们的国民收入还没有取得大幅增长这一事实，主要是由于干旱和国际价格这两方面的原因。在国民们付出辛勤的努力之后，却只得到了这样的结果，这是很令人失望的，但这不应该成为我们沮丧泄气的原因。如果我们总体的经济标准由于这些无法掌控的因素而下跌的话，那么相对而言，这还是可以接受的，更何况我们目前的状况还不算太坏。更重要的是，事实上我们改善了我们的境遇。我们大部分物品的总产量有了大幅增长,因此尽管按现行价格来说,我们的国内生产总值与1964年保持不变,但是按可比价格来说,1965年,我们的国民收入增长了近两个百分点。1965年的增长比1960年要高出16%,比1961年高出20%,1961年我们国家遭受了更为严重的气候灾害。

这些数据意味着什么?国内生产总值是指一年内国家生产的所有产品和提供的服务的总值,是可以分配给国民、可以用于将来投资的所有财富,它不包括任何国外的补助或借贷。因此,按可比价格来说,我们的国内生产总值(或国民收入)增加了,这就意味着我们增加了可支配产品的数量。而按现行价格来说,我们的国内生产总值保持不变意味着我们外销国际市场的产品均价比前年要低,结果导致我们能从国外购买到的产品总数相应下降了,即使我们产品数量增加也创造了一定的价值。

因此,我们国家就如同一条独木舟,连续两年在同样的两个港口之间滑行。第一年,全体船员努力工作,10小时内就滑到了另一港口。第二年他们更加努力,因为他们想要更快到达另一港口,但是风和海浪却突然阻挡了他们,因此,尽管他们付出了更多的努力,他们仍然花了10小时才到达目的地。可是他们付出更多努力也是有意义的,恶劣的天气和汹涌的海浪并没有花费他们更多的时间,他们也没有让独木舟浸水或是翻船。

对于我们国民在1965年所付出的辛勤劳动,我们不应有所质疑。这些努力保证了我们国家的正常运转,尽管由于干旱,玉米、水稻、剑麻以及其他一两种作物的产量有所减少,但是我们的棉花产量比1964年高出了20%,茶叶产量高出了18%,除虫菊产量高出了52%,烟草产量更是翻了一番多。这些作物的增产,部分是由于使用了肥料和优良的种子,部分纯粹是因为国民的体力劳动和汗水。毫无疑问,坦桑尼亚农民付出了他们的努力,他们值得联合政府和议会向他们表示祝贺。我对他们充满了信心,在未来一年里,他们会进一步提高作物产量,尤其是通过采用更好的耕作方式,扩大肥料使用范围。

1965年,矿产品的产量和销售也增长了,钻石产量增加了25%,矿盐产量增加了19%。但是不幸的是,尽管矿物质含量较高的矿层已经得到了完全开发,但是开发这些矿山的额外成本意味着:通过矿产品增加的经济总值只得到了小幅增长,尽管锡和云母的价格比往年要高。

尤其鼓舞人心的是,工业产品产量得到大幅增长。去年制造业产出的总价值达到了1000万英镑（相当于2亿先令），从价值上来说，比1964年增长了16％，从数量上来说，增长了10％。这点很重要，因为尽管工业产值仍然只占我们整个国民产值的5.7％，但是这一比例一直在增长中，而且如果我们想要实现我们五年计划的目标的话，工业产值的比例必须得以增加。去年投入生产或开始修建动工的新工厂数量让我们看到了这一比例继续增长或者更快的可能性。我认为我们应该利用这个机会向那些私人投资者表示庆贺，因为是他们让我们有机会记录这些成就的。他们在帮助自己发展的同时，也是在帮助我们国家发展。

此外，请允许我提一下国家发展公司的工作。这一国家机构于1965年1月1日才刚刚成立，即便如此，去年他们的投资额就超过了75万英镑（相当于1500万先令），他们更是声称与130万英镑（相当于2600万先令）的实际私人投资有直接关系。目前，联合政府已经指示该发展公司要更加关注直接公共投资，那么我国经济中的公有成分就能和私有成分共同增长了。但这并不代表我们不满意国家发展公司所取得的成就，也不代表我们不愿意与私有企业开展合作的意向。我们仅仅是告诉国家发展公司转移其关注重点，但是我们需要记住，国家发展公司只能通过其获得的资本尽可能快地扩大国有成分，也就是说，全国上下通过严格约束日常开支，尽可能快地筹集到用于新投资建设的资金。

因此，几乎在所有的生产行业中，坦桑尼亚的国民有权为他们在1965年一年中付出的努力感到自豪和欣慰。作为我们最大的单项出口商品的剑麻，克服其国际价格下跌35％带来的困难绝非微不足道的成就。同年，由于气候影响，水稻产量近乎减半，玉米产量不足，在没有寻求任何其他国家或国际机构的帮助而自己解决这一危机的情况下，我们艰难地熬过了这一年，对于我们而言，这项成就更加突出。因为这一次，我们完全依靠自己顺利渡过了难关。我们进口水稻和玉米，但是我们会自己支付这些费用。尽管这一危机的确没有1961年那么严重，但却足以迫使我们像过去的几年那样寻求外界帮助了。我们国民的辛勤劳作帮助我们克服了这一困境。显然，一定程度上我们的处境要求我们应该自力更生，建立储备仓，以防国内灾害或在饥荒时期提供给其他国家的民众。

在这些方面，我们都可以向自己表示庆祝。但是无论是我们满意的程度还是我们发展的进度，我们都还有很长的路要走。因为过去的一年也向我们传递出了一些其他的信息。城镇职工的生活成本上涨，尽管平均而言，较低收入人员的工资上涨的幅度超过了他们生活成本上涨的幅度,但这并不适用于所有人。坦桑尼亚仍然有许多工人工资偏低,他们无法正常地供养自己或家人。我们还有许多国民居住在棚舍里,即便有空的房源,他们也负担不起租用一个得体的房子。我们必须处理好这个问题。最低工资必须得到进一步的上调。

我们应该清楚,我们这么说也意味着每位工人也必须增加其所创造的产品数量。如果一位工人每月生产10件衬衫,工资是100先令,那么其工资的上涨只能意味着衬衫价格的上涨,除非,与此同时,他增加一个月里生产衬衫的数量。如果衬衫的价格上涨,那么农民就不得不从以下两个选项做出选择了:农民可以生产出售更多的作物,从而购买到与先前一样数量的衬衫,那就意味着实际收入的再次分配,这一分配有助于工薪阶层,而不利于农民;或者农民可以减少购买衬衫的数量,那样的话雇佣生产衬衫的员工数量就会减小。正如我们一直所说的货币本身并不是财富。货币只有在代表商品的时候才有价值。财富是实实在在的货物,而不是货币。尽管产品的数量保持不变,但是某一部分人持有的货币增加的话,就意味着那些人占有着财富的较大份额,而其他人所占有的份额则较小。

事实上,那就是坦桑尼亚1965年所发生的事情。加上口粮作物的产值,以及经济作物的产值,农民(整体)1965年获得的财富比1964年有所下降,这是因为玉米和水稻歉收而造成的,然而农民想要购买物品的价格却上涨了。因此,尽管我们国家整体在1965年的经济状况与1964年一样,但是总的看来,农民这一年过得并不容易。

但是并非所有农民都有这问题。那些没有受到干旱影响的农民,尤其是那些种植棉花的农民,他们在1965年获得的收入比以往更多。这是因为他们棉花的产量所创造的价值比他们每磅棉花收入减少的数额要大,因此,他们的总收入才会比以往更多。种植烟草的农民也是这种情况,尽管每磅烟草的平均价格比1964年要低,但是由于烟草的产量比1964年多,因此他们的收入也比之前更多。这些案例表明我们坦桑尼亚必须接受这种观点,即尽管我们无法控制国际价格,无法控制气候条件,但是我们可以通过付出更多的努力,寻找机智的办法来增加我们的总产量。产量和价格两者共同决定了年底我们所能得到的开支的实际金额。因此,我们国家的出路是要继续扩大我们的产量。

然而,我们现在意识到,有关农民收入需要议会和联合政府给予更多关注的,那就是各种扣除额。

农民出售作物时,会发现许多组织机构削减其得到的收入,因此农民实际上拿到的收益要比理论上出售作物得到的要少得多。那些扣除额有的用于研究,有的用于教育,有的用于地方政府,有的用于合作社和合作协会等。有些甚至扣除了农民一半的收入。这些扣除额只要是合理的,农民就必须得接受。服务也需要支付相关的费用。但是有证据显示,过去,在某些地区,如果遇到财政困难,那么很容易就会随便采取增加地方作物的税收这一做法。如果现在也发生了这种情况,那么国民和他们的政府相关机构的代表们就有责任把这一错误行为纠正过来。这在将来应该会比较容易做到的,因为正如我之前所言,我们刚刚收到的委员会报告就涵盖了合作运动相关的问题,联合政府之后会与议会就这一报告进行沟通。有关地方政府的问题,与不久之后提交给议会的有关新的地方政府选举提案有关,这一新提案应该会进一步增进地方政府机构与他们本应服务的国民之间的亲密度。

集资与外援

如果我们想要谋求国家或地区发展,我们最终总是会回到资本需求的问题上来。没有资本,我们什么也做不了——这是对国家所有财力的一种要求。事实上,我们越是希望将来能获得更多的财富,我们目前能用于食物、住房、娱乐的现有的财富就越少。在这一问题上,国家就像是一位在某一季节开始种植某种作物的农民,他需要决定来年有多少作物供自己食用,有多少作物售出从而购买衣物和其他东西,有多少用来留种等待来年继续播种。不论他现在是多么需要衣物,或者是自己的口粮,农民必须记住还要为下一个季节储备种子。只有在极度可怕的情况下,他才会吃储备的种子。如果农民明年想要种植两英亩,那么他必须为这两英亩储备好足够多的种子。

坦桑尼亚决定要以尽可能快的速度发展本国,这就意味着(从农民的角度而言)他想要继续增加每年种植的土地范围。换而言之,国家决定尽可能多地把现有财富投资于从长远角度来看会产生巨大财富的东西。比如通过建造工厂、学校、道路、电话、写字楼、住房等,而不是增加国民目前的衣物的数量,或是啤酒的数量,或是香烟的数量,更不是食物的数量。每年,为了能建造上述项目,国家会对自己征税,或者是国民通过把钱存入邮政储蓄或银行来攒钱,或——如果部分国民相当富有的话——他们会建造工厂等。通过这些发展征税和储蓄，国民失去了现在购买东西的机会，却为将来的投资储备了大量资本。

考虑到我们较低的国民收入，在这一方面，我们已经做得非常出色了。仅仅是征税这一块，过去两年我们得到了300万英镑（相当于6000万先令）用于开发建设工作。这一过程很艰辛，但是未来我们就会知道，这一切都是值得的。我们必须继续沿着这一道路走下去。

只有一种办法能使国家或农民既能够为将来做出投资，又能够不抑制消费掉其现有的所有收入，那就是通过接受别人的给予或是贷款。如果能够获得别人的帮助，那么就不需要牺牲现在来为将来做投资了。

在过去一年，坦桑尼亚确实获得了国外的资金援助，由于技术原因现在无法具体准确说明这一数额，但是这些建立在官方或政府之间基础上的现金、贷款或补助加起来总额应该价值5万英镑左右。这无疑帮了我们的大忙，为此我们也很感激，但是我们应该明白这实际上所代表的意义，与我们的所需相比所代表的意义。因为事实是，外部资本援助的总额比由于国际价格的下降而造成我们剑麻收入跌损的总额要少，也就是说，外部援助并没有让我们能够用于投资的总资本数额比前年有所增加，事实上，外部援助资金甚至没能补足我们整个购买力，而这是由于我们主要出口商品剑麻价格下跌造成的。如果我们商品的价格没有遭遇大幅下跌，那么即便我们没有国外援助，我们的境遇也会好很多。

此外，我们最近协商要扩大我国的贷款额度，因此尽管我们可能会期待国外援助的数额有所增加，但是经验告诉我们，如果一直依赖于这种援助，那么我们就太过愚蠢了。且不说那些令人无法接受的政治条件，潜在的援助国一直企图在向我们实施经济援助时附加上政治条件，这些政治条件使得我们最终得到的援助比预期要少，我们需要考虑真正意义上我们能够得到的国际援助的数量这一现实问题。因为事实上，1961年以来，世界上发达国家给予发展中国家的资金援助总额并没有任何增加，但是他们自己却不断提高被援助国的标准，援助金额甚至都没有增长到能够跟上不断上涨的发展成本的程度。1965年给予世界欠发达国家的援助总额所能购买的物品数量还不如1961年的。从购买商品的角度而言，国外援助数额下降了——也没有迹象表明这种趋势会突然改变。

我们别无他选。我们感激任何国家或组织给予我国的援助,但是我们绝不应该依赖这一援助。我们唯一可以依靠的只有我们自己。因此,我们不得不勇敢地面对这个问题:我们的国民收入中,有多少是可以用于购买现在我们想要的东西的,又有多少可以用于将来投资,从而创建更加美好的生活?

目前为止,坦桑尼亚表现得非常出色。我们的国民付出了他们的努力,为将来的投资也牺牲了现在的需求。1965年,我们投入了相当于我们19%的货币总收入资金,用于资本形成总额。换而言之,去年,我们生产出售获得的财富总额的五分之一被用来投资那些从长远角度来说会带来收益的东西,而非即时收益。这一比例比以往任何时候都大,我相信我们的国民会得到他们子子孙孙的感激,感激我们留下了独立自主的机会。

我今天还想提及我们国家发展的另一方面问题,因为这一问题与我们今后取得的进步息息相关。这就是外汇问题。外汇问题对我们国家而言很重要,就相当于钱对于我们农民来说那么重要。只有极其低层的农民才会满足于温饱型农业,从来都没有想要钱。但是如果他们想要农场拥有好的农具,如果他们想要房子有个牢固的房顶等,那么他们就需要钱了。为了挣到钱,他们需要出售一些作物,无论他们能争取到的作物价格如何。没有国际兑换,坦桑尼亚自身也能运转,但是是以非常低的水平进行运转。然而目前,我们无法修筑现代化的道路,无法建造现代化的学校,无法获得农活所需的金属器具或是现代工业生产所需的机器,也无法开展许多基础发展工作,而如果我们想要获得更好的居住环境的话,这些基础工作都是我们所必需的。为了获得这些东西,我们把我们的产品远销海外,从而获得我们购买这些东西所需的外汇。我们向海外出售得越多,我们能购买的海外产品数量就越多。

但是我们又再一次面临着选择的问题。有了这些外币,我们就能购买我们现在想吃想穿的东西,或者购买"投资品",如机器。比如,在为总统购买另一辆新车和为玉米农场购买一台拖拉机之间,我们必须进行选择。我们用于购买享受的产品越多,那么我们用于购买将来产生财富的产品就越少。但是我们的境况只有在我们购买自己未来能够制造和增长我们自己的消费品时才会改善。如果我们坚持把资金花在进口商品上,即使坦桑尼亚国内就有类似的产品,那么由于这一行为,我们就减少了海外资金的数额,而这些资金本可以用于购买我们国内没有的产品。上周开始的"支持购买坦桑尼亚国货"运动就说明了这一重要性。我们已经开始购买一些本国产业的产品，鉴于我们这一活动才刚刚起步，上周报纸增刊报道的这一数量和种类之多，令人惊讶。通过购买他们的产品，我们帮助这些企业获得成功，为我们自己的国民提供就业机会，与此同时，我们就能把更多的资金花在我们国家发展所需的物品上。

去年，由于我们产品价格的下跌，我们的国际收支平衡状况比1964年还要差。也就是说，1964年我国得到的海外资金比我们开支所需多得多，而1965年我国获得的海外资金比我们开支所需的仅仅多出了一点。但是，这点很重要，因为既然1966年我们开始发行自己的货币，我们目前的外汇兑换仍能保持顺差，坦桑尼亚与其他国家的有形贸易也能保持顺差。在资本账户方面，我国的情况依旧保持良好。自从去年开始实施外汇管制以来，从东非以外其他国家获得的资本账户的入超净额达到了400万英镑左右（相当于8000万先令）。

然而，将来我们会想要购买更多的机械和其他东西来促进我国的发展。因此，我们应该尽可能地减少外汇需求，尤其是对消费品的需求，这一点十分重要。我们选择发展道路的方向是正确的。构建炼油厂意味着我们减少了从国外购买石油和柴油的需求。水泥厂的运营也意味着我们国内能够提供任何建设项目所需的材料。纺织厂预计明年也会开始正式投产等，但是我们必须做得更多。如果我们国家仍然应该从国外进口食物，那么这未免太荒谬了，但是去年我们光是花在购买坦桑尼亚境外食品上的支出就超过了300万英镑（相当于6000万先令）。

自力更生

去年的经验告诉我们两件事。首先，我们不能依赖于国外援助。国外援助比我们所预期得到的时间要晚——在达成具体项目协议之前，报纸公告贷款和信贷常常需要花费数月，有时甚至数年，而真正收到现款却是在协议达成很久之后。得到的援助也并不总会以我们想要的形式提供给我们。我们可能会觉得我们想要X国的某一特定机器，但是却只能得到Y国家提供的不同的机器。而且突然由于某些因素，这些东西就变成了"无法得到"的，而这些因素与我国发展的经济情况完全无关。

其次，去年的经验告诉我们，我们为谋求自身发展所付出的努力要比我们之前所认为的可能更多。去年坦桑尼亚人进行的投资，不管是直接投资还是通过联合政府和其他机构进行的间接投资,要比任何人所合理预测的都要高。我们没能达成五年计划中的许多目标,主要是因为我们得到的国外援助比我们估测的要少,还因为我们一心急于发展的速度,而这一速度是因为五年计划要求我们发展实体建设,从而为开展一些主要的投资项目做好充分准备。

(在此,请允许我讲清楚,我并不是把那一声明作为政治借口,我的声明是建立在理性评估我们所取得的成就和遭受失败的基础之上的。1965年我们的国内贡献和1966年合理预期的贡献让许多侨居国外的经济学家向我们表示祝贺,他们一直建议我们其实可以做得更多。)

但是目前我们不能停止付出我们的努力,相反,我们应该增加我们所付出的努力。当你推着满载的小车刚刚开始爬坡时,休息是没用的,你需要继续往上推,否则,小车就可能退回到原点——甚至撞到行进中的人群。

作为一个民族,如果我们想要这些为发展付出的努力最终获得成功的话,我们就需要在某一方面采取一些纠正行动,而这一过程并不容易,也不会招人喜欢。我们需要削减联合政府在某些领域的重复性服务的开支,并将其用于其他领域。五年发展计划提议,某些重复性服务的年增长——即联合政府运转成本的增加——与提议的投资率,应该在国家的资本范围内。而事实上,我们的运行开支比我们所计划的增长得更快。现在,我们必须选择要么减少提供服务数量,要么更为节俭地提供服务。联合政府和政府机构内必须有更多的财政纪律。我认为,我们可以说去年在这方面我们有所改善,但是我们仍然拟定了今后这方面进一步发展的提案。此外,我们要把我们的开支用于那些更能提供直接效益的领域,我们必须提高行政效率,提高我们每一位政府职员的工作效率——无论他是修剪草坪的职员还是高级办公室的职员。无论有多么困难,任何部长都不能带着追加概算来寻求议会帮助,除非他能表明他们部门投票实行另一个相等的或更大的节省措施。

减少政府开支的问题相当严重,人人都应该意识到这一点。因为做到这一点,需要的不仅仅是严格遵守相关法律。人们必须了解这些经济法规的动机,必须支持这一做法。人人都应该这么做,尤其是政客和公务员。但是大家却并不会一直这么做,去年我宣布实行两项比较小的节俭措施——在招待和政府用车两方面。但是我注意到,偶尔会用昂贵的葡萄酒取代我所禁止的白酒,汽车的某些部件会被定为"备件",那么其价格就在我所设定限制范围内了。

今年我不会再提议建立新的节俭措施了，即使我希望去年的那些节俭措施应该继续实行。但是我会指导财政部和其他部门仔细监控两个领域：一是声誉项目，二是代表团。

我们国家不会把钱财浪费在别人所说的有利于增加国家声誉的东西上，因此我们理所应当获得了较好的名声。但是我们需要更加节省。我们的代表团队伍庞大，数量众多，因此我们需要缩小代表团的规模，我们需要常常权衡下某一访问的价值。即便邀请方支付了车旅费和其他费用，我们也不应该不经思索就接受邀请。因为如果我们接受了这种邀请，那么我们的自由无疑就受到了限制，无论如何我们也无法做好日常工作——结果工作就被懈怠了。我们承受不起。

当然，这并不意味着部长和官员就不能进行国外访问了。尤其是经济部长们需要常常出访，从而更好地履行他们的职责，出访比一系列的信件和电话能更快、更节俭地解决外交事务。与我们的邻国开展合作也需要许多访问。正是由于这些原因，随意限制人员出访的次数就不明智了，但是总体来说我们需要意识到，这些出访受到我们资金的限制。

明年规划

正是本着越来越多地依靠自力更生，坦桑尼亚必须面对即将到来的财政年度。这并不意味着我们应该采取孤立主义，这意味着我们必须以高效科学的方式做出决定和执行决定。我们要选择合适的人员完成我们的工作，无论是选择让职位空缺或是选择有能力胜任的侨居者来填补这一岗位，都要比让一位会影响他人工作的能力不足的人员担任重要岗位要强。把国民的税金付给无所事事的人员没有任何意义。

最重要的是，我们必须按照我们的经济发展计划办事，过去两年的经验让我们对这一计划做出了修改和新的解读。我们必须选择聪明的方式努力工作。

联合政府近期面临的一项重要任务是，与桑给巴尔政府一起权衡桑给巴尔经济发展草案，不久前侨胞专家刚刚向我们提交了这份草案。很明显，我今天不应该对这一草案进行评论，部长们还没有足够的时间仔细审阅，更不用说开展讨论了。但是我想说的是，我认为草案是比较务实的，随着联合共和国的两个成员国之间的经济更为密切地联系在一起，草案展现了促进我们两国繁荣的真实前景。事实上，如果随后能付诸具体的、有纪律的努力的话，那么这一计划就充分展现了非洲民族统一所能获得的真正优势。

因为这一计划涉及岛国的发展，所以桑给巴尔政府对详细审阅这一计划负有主要责任。另一方面，无论桑给巴尔政府做出什么修改，只有联合共和国和桑给巴尔政府联合行动才能实施这一计划，这一点大家都应该清楚。因此，在适当的时候，我们会公布桑给巴尔计划，并提交给国民大会进行审议。

我们的经济发展事务中发生了另一个重大改变，而这一改变会影响到我们发展的整个未来。明天我国将会首次发行坦桑尼亚纸币，八月份时我们会发行坦桑尼亚硬币。这些货币会慢慢取代东非货币，而东非货币是我国目前的交易手段。我们将平价发行坦桑尼亚货币——也就是说任何人拿着东非货币去银行兑换都会得到等价金额的坦桑尼亚货币。

这一变动并不是因为声誉的原因，而是因为如果规划人员——也就是联合政府，无法掌控货币和信贷，那么就不可能正确地规划经济发展。如果东非联邦成立，那么就会继续使用东非的货币。事实上，如果将来确实成立了东非联邦，那么成员国的货币就需要重新合并了。但是目前来说，我们需要坦桑尼亚货币。

然而，发行我国自己的货币并不意味着只要联合政府缺乏资金就可以随意印刷钞票，我相信诸位议员现在也清楚这一点。坦桑尼亚货币——正如我们现在所使用的货币一样——只有我们意识到它代表的是产品，那么才对我们是有价值的。因此，当产品数量增加时，我们可以增加发行货币的数量，而不是反过来。

在政府成立的坦桑尼亚中央银行的帮助下，坦桑尼亚政府会通过采取确保货币有足够的支持以及在经济发展中严格执行财务纪律来保障新发行货币的价值。没人需要向之前担心我们现在在流通的货币那样担心我们新发行的货币安全。目前我国经济的现状，以及不断增长的国际收支顺差，意味着我们新发行的货币是建立在非常有力的基础之上的。此外，正如央行行长所宣称的，当坦桑尼亚境内所有的东非货币得到兑换之后，银行的外汇资产将至少达到2300万至2400万英镑之间。因此，无论是用于国外还是国内，我们都应该对坦桑尼亚先令充满信心。

为了让中央银行尽可能快地全面运行，联合政府要求议会诸位议员鼓励他们的选民在今后几周内兑换自己手里持有的所有东非货币。我们知道,尽管有人反对,但是我们有些国民仍然贮藏货币,而不是存入银行或邮局。必须要告诉他们把这些货币带到银行兑换成新发行的货币。如果他们能很快完成兑换,那么他们无疑就是在帮助我们国家;但是如果他们不兑换货币,那么一年时间左右,他们就会发现自己的储蓄已经完全没有了价值,因为那时发行东非货币的东非货币委员会(East African Currency Board)也不存在了。

正如我之前说的,我们新发行的货币得到了强健的支持,因为我们新建的银行从货币发行局继承的资产,因为我国的经济非常健康。然而,从长远角度来看,任何货币都依赖于该国经济发展的声誉。我们现在应该通过我们自己的行动来决定我国货币的力量,我国的国际收支额、生产水平、社会稳定以及统一局面,决定了外国人和坦桑尼亚人是否会在十年时间内真正接受我们的货币,充分相信我们的货币是有价值的——这些货币实际上代表了财富的存在。

我相信,今后联合政府和坦桑尼亚国民会像过去那样一起努力,继续为我国的经济增长做出贡献。自从赢得国家独立以来,我们遭遇过挫折,我们碰到过没有预想到的困难,我们也犯过错误,但是我们也的确取得了许多进步。居住在这里的人们并不一定会注意到我们所做出的改变,正如种植芒果树的人并不会在一两周内注意到树苗的成长。但是那些离开国家的人们,以及那些隔了很久后回来的访客,他们看到了我国发生的许多变化、许多改进。他们总是对我们国家的发展速度感到惊讶,我们这个曾经被称为"安静闭塞落后的地方"现在正不断往前发展着。

明年我们必须维持,甚至是增加这一发展速度。看起来似乎我们出口产品的价格仍旧不高,甚至可能会下跌得更多。我们无法保证雨水会在合适的时间出现在合适的地方,但是我们可以决定把发展计划前两年吸取到的经验教训用于今后一年的发展。我们可以决定继续努力工作,为将来奋斗。我们可以接受尽管外部事件会影响我们的成果,但是只有我们自己能够决定自己付出的努力这一事实。我们可以依靠自身,我们会取得哪些成就最终取决于这一点,而不是其他因素。对于瞄准目标射击的人来说,正是由他本人才能决定是否射中目标。如果某一方向刮着大风,那么他必须也把这一因素考虑进去。如果目标在移动,那么他就需要相应地调整他的角度。他总是瞄准得要比目标本身更高一些,因为他知道,只有这样,他才会真正射中目标。

让"自力更生"成为我们明年的口号,本着那种精神,追寻改善我们国家和全体国民的经济状况这一目标。

议长先生,在今后我们国家发展面临的任务中,我期待与议会诸位议员开展全心全意的合作。

19 坦桑尼亚银行落成典礼

1966年6月14日,星期四,尼雷尔总统出席了新中央银行开业典礼。坦桑尼亚银行从成立之初便是完全国有的,在开业典礼那天它发行了新的坦桑尼亚货币。总统先生利用此次机会强调了政府接下来将会采取的货币政策。

……在某种程度上,今天早上来参加这个简短的仪式让我百感交集。对于中央银行不为联邦所有这个事实我感到有些遗憾和失落。如果今天是一个联邦总统在主持一个联邦中央银行的开业典礼的话,这将多么令人称心。而且我可以很坦率地说我已经准备好了并且怀着更加快乐的心情坐在观众席里看着这一幕的发生。另一方面,就坦桑尼亚而言,我很高兴最终我们在货币和财政方面设计出了一个工具能够有效促进我们国家的发展,同时避免由于三个国家的政治和经济政策不协调导致的不必要的障碍。然而,我想借此机会重申我们政府在过去已经提到过的关于东非合作的提议。如果未来任何时候旧东非货币委员会中的任何我们的伙伴想要在政治上与我们合并为一个联邦,那么中央银行以及我们今天发行的货币将会基于联邦的需要进行重组。坦桑尼亚银行的员工不应该对这个提议感到惊慌失措。他们应该都被吸收到一个联邦中央银行中来,因为无论坦桑尼亚还是联邦都需要一个中央银行和统一的货币。

在坦桑尼亚银行正式运作之前,我也应该说我们深受东非货币委员会的恩惠,尽管委员会有重重阻碍和限制,它依然为我们提供了很好的服务。据我所知,委员会已经调整政策以适应东非的需要和情况。也正是因为这些调整,坦桑尼亚银行的成立并不是完全地另辟蹊径。在接下来的几个月中,委员会的员工们将会忙于清算的复杂事项中,我想代表我自己以及坦桑尼亚感谢委员会一路看着我们成长,直到我们在财政和货币安排方面取得今日的成就。

我也应该就此机会说明委员会以及坦桑尼亚银行的员工们正在从事一项

重要的工作。他们将会看到我们能够得到日常所需以及用以发展所需的钱,他们也将看到我们的钱管理得如此完善,以至于它将会促进经济实质的增长并且保持货币的国际价值。我坚信这将成为事实。在银行追求这些目标的过程中,政府以及人民将给予全力支持。我们将在一个坚实的基础上开始银行的运行。

为了支持我们的货币,我们储备了一些国外资产。这些资产与我国贸易的比例要比许多货币可以在全世界流通的国家的比例要大得多。另外,我们有一个基本上很强大的经济,它每年都在持续增长。我们的人民知道增加我们国家的财富是他们的责任,并且只有通过生产更多的商品才能达到这个目标。我们不应该犯想象我们的问题能够通过一个印刷机来解决这样的错误;我们知道真正的财富是商品不是钱。基于这个共识,中央银行、政府,以及人民将携手共进。

我们这样做是因为我们知道这是为国效力的途径。但是这样做我们正在或者将来会利用外国的专业技术在技术方面帮助我们。州长告诉我中央银行的管理层中就有6个外国移民,包括总经理在内。我想说的是我们高度重视这些专家的服务。我知道过去财政部长曾公开对那些资助他们的机构表达过谢意,在这里我想再次对他们表达坦桑尼亚的感谢。我非常高兴地注意到,正是由于他们的帮助,我们在去年6月做出的"国家货币将会在一年内投入使用"这个承诺才能如期兑现。现在中央银行成立了,我希望达到经济发展的其他目标会变得更容易,央行行长的专业技术也会在国家基础上迅速利用起来。

关于坦桑尼亚货币的第一代银行票据问题,我想呼吁那些手里有旧票据的人站出来,尽快将票据兑换。这不仅证明了我们对政府成立中央银行这个决定的支持,也能让中央银行正常运行。因为当新票据发行之后,旧的票据被拿到银行来兑换的时候,银行将会把它们寄给东非货币委员会。作为回报,我们的银行将会收到那些对银行运作至关重要的英镑资产。我也认为把旧的货币转换成新货币的必要性会让那些存着旧票据的人主动站出来进行兑换,因为如果不这么做,他们贮藏着的旧票据就会变得一文不值。

然而,我希望那些将自己收藏的钱拿出来交换新票据的人不要再把钱贮存起来了。在银行或者邮局开一个存款户口会更好。这样做能让存款者获得本金产生的利息,而且也不用冒小偷闯入家中偷走所有的钱,或者是忘记了把钱放在哪儿,或者钱跟房子一起意外着火被烧了的危险。

我应该强调一下贮藏财富这个问题。我们坦桑尼亚人不能走遍世界到处乞讨,我们会继续在我们的枕头下面、壶里、盒子里把闲置的钱藏起来。事实上,如今某些我们从国外借来的钱都被人们贮藏起来了,而不是存在银行系统中准备借给那些需要钱的人。这是非常糟糕的,而且会阻碍经济的发展。我正在要求坦桑尼亚银行从今天开始务必要让这个国家里的每一个人都意识到把他们的钱,无论数量多少,放进银行或邮局的巨大好处,并且宣传藏钱的恶果和不利之处。

现在我知道我们正临近业务开展的时刻!对于一个像中央银行那样的重要机构没有在一个它自己的建筑物里开展业务,我感到有些失落。然而,由于坦桑尼亚现在一切都十分匆忙,我们不能浪费时间等待新的建筑物建成再开展业务。我希望新建筑物的计划能够早日完成,这样中央银行就能搬进去。同时,尽管有这个阻碍,我相信对于这个新的重要的企业的兴奋和热情将会继续鼓励所有的员工努力工作,完成中央银行需要的任务。

20 大学的角色

世界大学服务组织于 1966 年 6 月底在坦桑尼亚首都达累斯萨拉姆大学学院召开了大会。尼雷尔总统在 6 月 27 日发表了题为"大学在新兴国家发展中的作用"的开幕辞。

我很荣幸欢迎来自世界大学服务组织的所有代表和客人来到达累斯萨拉姆参加这个会议。我被告知大约有 50 个国家,甚至有更多的大学和学校的代表出席这个会议。我也很高兴我们大学和学院教学楼的改善使得我们可以承办这次会议,我们希望你们在这里可以感到高兴与舒适。

每一次当我来到这个校园——我经常来这里——我都会思考我们将学校建在这里和修建教学楼的决定。有时我会考虑我们的决定是否正确,虽然我知道现在来回答这个问题还为时过早。这个问题的答案取决于这所大学学院在将来会培养什么样的毕业生,以及他们的行为在多大程度上受到多于 5000 万先令开销的影响。换句话说,答案取决于将来,并且包含着不可计量的因素。

然而问题本身就很重要,它包含着一所大学在一个发展中的社会里能够和应该做的一切。因为我相信在社会中追求单纯的学习是一件奢侈的事情,不管它是否依赖于所处社会的状况。也许我在一个大学的集会上发表这样的言论是鲁莽的,但是我还是要重复一下。当人们因为现存的知识没有被应用而处于临终时,当最基本的社会和公共服务没有被全社会的所有成员享用时,如果这个社会还在纯粹为了自身的原因追求单纯的学习,那么它就是滥用它的资源。

如果这次集会中有哲学专业的学生,我怀疑他们对我所说的术语已经在做出一个思想上的解释:什么是"单纯的学习"和"纯粹为了自身原因"。如果我对于在发展中的社会中大学的功能还持有保留意见,那我自己为什么还对任职东非大学的名誉校长和这所大学学院的访问学者那么自豪呢?

这些是对于我相当有刺激性的陈述的有效回答。因为大学非常重要的传统的功能之一就是对那些存在的事物、发生的事情等纯粹知识的追求,为了挖掘出更多有关它们的东西。确实人类生存许多的进步依赖于大学所做的工作的基础,这些基础与人们的生活没有明显的关系。我相信科学家把他们的研究分为两类——纯知识和应用型的,前者通常在大学中进行研究,而后者也可以在工业和农业中进行研究。就我所知,经济学家并不做如此正式的区分,但是通过阅读一些经济学家关于不可计量因素的理论测算的研究文章时,我们发现实际上相同的区分仍旧存在。想要解决科学和社会中特殊问题的人们有时会使用和发展这种明显无用的知识,结果在处理个人和团体非常紧急的问题时会产生大的进步。

因此,我毫无疑问地认为,大学扩张知识边界的功能对于人类是非常重要的。我进一步认为大学在发展中国家一定也会从这个方向为知识世界的发展做出它们的贡献。我们绝不能在我们新建立的国家中把高等教育机构建成为一个仅仅接受的机构,它们也必须给予。

但是在所有事情中都是有优先权的,我们必须要考虑到最近的将来和目前的情况,并且决定下来现在我们这样的社会大学能够给予我们所在的世界什么。并且我坚信大学在像坦桑尼亚这样的国家里还有其他紧急的任务要完成,以便能够尽力检测它们的人力资源和物质资源。我不相信在这个阶段它们既能追求"纯粹的研究"和"纯粹的知识",还能不忽略此时此刻更为重要的其他功能。

在我向你们解释我所相信的其他功能是什么之前,请允许我先说清楚一件事。在任何好的大学,最优秀的人应该生活在一起。好的大脑是不能开开关关的,一个思考工作的人在他的时代后期,或者当学生在度假的时候也不会停止思考。如果因为性情,他发现调查一件很明显毫无相关的事情是一种放松或令人兴奋的事,当然他应该被鼓励这样做,并且允许他使用可以使用的东西。如果随后他能够写出一篇论文解释某件事情,比如说,为什么某种鱼类脱离水时会改变颜色,那么他就值得我们的鼓励和祝贺。我的原话并不是说单纯的学习是无用的,它只是在某种特定的状况下是一种奢侈的事情。一个将业余时间花在这件奢侈事情上的人,比起其他将业余时间同样花在奢侈但不如学习有建设性的事情上的人更有资格获得我们的感谢。

我对于优先权的评价不应被认为是我们仅仅希望我们的大学来传播已经确定的事实。不管是在发展中国家还是别的其他地方,如果一所大学不能促进思维,那它就不能称之为一所大学。但是我们特殊和紧急的问题必须能够影响到大学所思考的主题,并且也要影响到思考这些主题的方法。不管是关于建设、提升大学本身所需的研究,还是教学大纲所需要的研究,我们国家的需求必须是其决定因素。

那么在相关学科中我们所面临的问题是什么呢?阻碍我们特定国家目标实现的障碍是什么呢?我们怎样才能克服这些障碍呢?是否有特殊的政策能够促进社会基本目标的实现?这些问题是大学能够而且应该引起注意的问题。在这些领域大学的教职员工和学生们应该与政府和人民合作共同研究。

毫无疑问会有一些人挑战大学应该与政府合作这种假设。他们会说大学的任务就是追求真理,对别的责任应该忽视,把大学置身于社会实践之外,然而这就是说大学能够并且应该与社会脱离。它也意味着大学与政府有一种必然的矛盾,政府不关心真理。我认为这种态度是基于半真半假的陈词,并且不管是对整个社会还是对大学本身都有很大的危害性。

大学的任务是追求真理,大学的教师、学生们应该按照他们所看到的那样陈述真理而不应顾及对他们本人所造成的后果,对此我是完全赞同的。但是你们会注意到"对他们本人"这个词,我不认为他们应该这样做而不顾及整个社会。一个试图将它的教授和学生们置于社会闪光灯下的大学既不会为知识也不会为它所在的社会的利益服务。但是尝试着客观地处理一个特殊问题和用一种科学的方式去分析和描述它是一回事。这一点和"结果是不相关"的假设完全不同。我们既希望我们的大学在追求真理的过程中完全客观,也希望它能恪守对社会的承诺——服务于社会。我们对这两件事情是同等的期盼。而且我不相信这两个责任——客观和服务——是无法实现的。关于这一点我在达累斯萨拉姆大学学院第一届校长会议上普拉特(R. C. Pratt)教授的演讲中找到了证据。当校园开放的时候他是这么说的:

"我们必须自觉地和有意识地努力奋斗,以确保学院的生活和工作能够与我们政府国家政策所强调的中心积极的目标和谐相处。东非大学必须是一个忠诚坚定的机构,主动地把我们的工作与它所服务的社会团体结合起来。这一点与一所大学'客观追求知识和尊重真理'的本质特征绝不相反或矛盾。忠诚和客观并不相反,也不矛盾。获得最高奖学金的反而经常是最忠于社会发展的产品。"

我相信,假装一个以虚假谎言为基础的社会还能够进步,或者认为真理是如此地不重要以至于可以被埋葬于大部头的书里,而这些书是由与努力工作使自己生活状况发生彻底变化的民族没有关系的知识分子所编写的。这就是问题所在。

事实上,一个发展中社会的大学必须将其工作的重点放在所在国家的即时发展上;并且它必须坚定地站在那个国家的人民和他们的人文主义的目标一边。这一点对它的存在是主要的,并且正是这一事实证明了国民生活和发展中资源的严重消耗。大学的研究,尤其是其教职工的精力,必须免费地贡献给社会,并且必须与社会相关。

然而,应用性的研究,只是大学工作的一个方面。把知识传播给大学生或者社会上的其他成员是一样重要的。但这并不是简单的教授事实。必须帮助学生科学地思考,教会他们客观地分析问题,使用他们已经学到的,或者他们知道存在的事实去解决他们将来面对的问题。因为当一个社会处于快速变革时期,快速变革意味着我们的社会是一个发展的社会,光给学生们现今社会问题的答案是没有用的。而把这些问题作为一个训练的主题则是有用的。当人们不得不处理他们以前从未见过的问题时,大学教育真正的价值就会在稍后显示出来。

然而再一次,我们社会真正的问题是不同的。因为全世界的大学都有任务去教育和扩展他们学生的思维。发展中国家的大学还有另外一个、在某些方面更加困难的问题。这是承诺的问题,并且它使我回到了我开始提出的那个问题——这些好的教学楼对于我们新的大学来说是否构成了正确的教学环境。

组成我们校园的图书馆、宿舍楼、教室等都被设计得使学生能够在这里好好学习,把他们的精力集中于学习和思考。因为我们需要年轻人这样做,我们开设了大学学院,并且投入了相当的国家收入来维持它的运转。但是当人们从校园走到附近的村庄,或者进行全国旅行——可能是到多多马或者帕莱(Pare)山——就会察觉到这里和我国大多数民众所居住的状况是不一样的。成立大学的目的就是使我们有可能改变这些非常贫穷的生活状况。我们在校园里没有建设摩天大楼是为了使极少数的幸运者能够发展他们的思维并且生活舒适，智力上的激励使得他们的工作和业余时间都变得很充实。我们用人民的税收只建立了这些地方就是为了使年轻人成为人民更高效率的服务者。除此以外没有其他正当的理由可以解释我们附加在贫苦的农民身上的重担了。

这种责任的现实怎样才能一直提醒着居住在这里的学生呢？我们怎样才能确保他们一直或者变得积极关注于改变我国贫穷现状的任务，以至于他们把这里作为自己生活的一个过渡时期，而不是他们理应得到的呢？

我们的大学所取得的成就并不只是这些楼房，而是设计用来提高工作效率的周边环境。真正的问题在于它会促进、加强和挑战那些对我们社会进步有益的社会态度。因为，就像我刚才已经说过的，如果一所大学真能够促进我们民族的发展，处于贫穷社会中的我们也只能够证明它的花费是恰当的，不管什么类型的花费。而建筑物可能成为把大学生和送他们到这里来的群众分割开来的进一步相关因素。但事实上它们并没有这样的作用。真正能够决定大学生们仍旧是无阶级社会不可分割的一部分，还是成为外国精英社会的成员的因素要微妙得多，也更加难以应付处理。

在我们传统社会中，每一位成员都充分意识到他在这个社会中的成员资格，也就是他对于同伴们的责任和同伴们对他的责任。所有的人们的生活类型都是一样的，生活很艰苦以至于相互合作是必不可少的。我们的社会制度本身也鼓励这种相互依赖的心理，而且这也是我们儿童成长环境的一部分。然而现在我们选取了部分儿童，给他们上中学的机会，这种机会并不是每一个人都能得到的，使他们和其他的孩子不一样。随后我们从中选择更加少量的孩子，把他们送入大学。与此同时，我们从社团中选拔一些人，鼓励他们努力学习，并许诺只要他们努力我们就给他们晋升的机会。作为个人，他被看重；他独自学习阅读以获得进步的机会。这是必然的，我们所有人的大脑都是不同的，并且现代社会复杂性也要求许多不同种类的技巧，这些技巧需要不同的单独训练才能获得。

但是当我们强调他们的个人责任的时候，我们同时怎样才能保证他们不会傲慢自大？他们会把自己看作是特殊的人，有权向社会提出大量需求的人，作为他赐予我们社会大量需要的他掌握的技能的回报？特别是，一所大学应该做些什么才能保证它的学生们把自己看作是正在接受培训的社会的仆人？

这个是发展中国家大学最至关重要，也是最困难的功能之一。对某些学生来说，这种"训导"几乎是不需要的。他们认为和同胞们一起为国家服兵役，独自在一个内地职位上工作是理所应当的。但是不幸的是，这种想法并不是所有人都有的，并且作为一个团体总有一种诱惑让学生们认为他们自己是一群只享受权利而不用承担责任的人。我们已经见过有多少学生要求更好的学习环境，更大的津贴限额。当产生服兵役的问题时他们要求被不同对待，不是为了给予得更多，而是为了付出得更少。而且所有问题中最困难的一个就是，他们把自己和世界上富裕国家的大学生和毕业生相比，不管是作为一个整体还是个人。如果他们的条件较差，或者收入较低，他们就会不满、怨恨，而我国国民一直都是靠每年每人平均 20 英镑的收入生活的。

像坦桑尼亚这样的国家的大学不得不处理这个问题。它必须要面对这样的挑战——"内科医生，先治愈你自己。"因为如果大家认为只有一致努力谋求发展才能使世界上的不发达国家转型，那么大家也必须知道，那些国家的大学、它们的员工和学生，在国家发展过程中也必须和社会其他成员团结起来。并且这一点只有在大学员工和学生们认为他们的身份和他们同胞的身份，包括那些从来没有上过学的同胞身份一致时才能实现。这一点也只有在大学生们毕业后回到他们上大学之前所在的社区，并且真正融入进去时才能实现。

为了加强和重建大学生和他们所在社会其他成员的关系，我们已经采取了许多措施。劳动夏令营、假期工作、服兵役、自愿国家建设等都是能够帮助解决这个问题的有价值的办法。然而，除非一所大学整体的氛围就是从它所有的成员和学生中提供服务、期待服务，换句话说，除非现今流行的态度是社会责任之一，那么它仍旧是一个问题。这绝对不是"给穷人援助"。那种傲慢态度在坦桑尼亚无论如何已经没有地位了。它是一种想要工作的态度，什么工作都可以做，不管是在所在社区的边缘还是在其他地方，直到最后一位大学毕业生与一个未受过教育的人的区别，和一个木匠与一个制砖工的区别一样微小。大学毕业生和未受过教育的人们会慢慢接受自己的工作是和他人不同的，并且可以向他们提出不同的要求，但是不论在哪种情况下，他们都是整个社会的一部分。

主席先生，发展中社会里大学有多方面的责任，我刚刚只是提及了很少的一部分。我难免地从坦桑尼亚的经验中谈及需要和问题。但是我也想说我们政府对于你们这星期所讨论的主题非常感兴趣，这样我们之间的距离便会拉近一些。因为我们相信我们的大学学院在国家的发展过程中可以起到非常非常重要的作用。尽管我前面提到了一些问题,但我们仍没有理由动摇我们对大学能发挥重要作用的信心。我们已经从大学教师那里获得了珍贵的服务,已经有年轻的法律专业毕业生在我们政府办公室任职。并且我可以向你们保证坦桑尼亚政府还是很渴望能得到来自学院或者任何其他科研机构的建设性的建议和批评的。

以上就是我所要说的。发展中国家大学的作用就是贡献,为人类平等、人类尊严和人类发展提供主意、人力和服务。

21 原则与发展

1966年第二季度,当地报界以及其他一些地方流传着这样的说法,大致认为坦桑尼亚联合共和国(以下简称"坦桑尼亚")过于重视遵循某些原则,以至于出现了以其经济发展为代价的局面。同时,也有说法认为,坦桑尼亚不知不觉地陷入了"反西方"立场,而没有真正奉行"不结盟"政策。

尽管这些看法并没有完全扩散开来,但是尼雷尔总统还是决定将这一问题提上议事日程。因此,在1966年6月举行的坦盟全国执行委员会会议上,尼雷尔总统准备了下述简报内容。

在报界,一些极端虔诚的爱国者们认为,如今的坦桑尼亚联合共和国过于关心某些原则——尤其是在涉及外交事务方面——以至于危及到了我国的经济发展,我国的经济已然遭受到了一些不必要的阻碍。这个事件相当严重,因为如果我国的经济发展的确是由于遵守了其他一些原则而被迫放慢进程的话,那么我们的国民必须要了解导致这一现象产生的原因以及可供替代的其他选择方案有哪些;如果这一断言并不属实,那么面对这样的指控,我们的国民必须具备一定的能力去进行反驳。

事实上,有关这一事件的答案并不简单,也不可能简单。我们需要考虑三个最为明显突出的问题。第一,关于经济事实的问题。我们的联合共和国政府在涉及外交事务和一些其他事务方面所开展的行动,是否确实阻碍了我国的发展?如果确实阻碍了,那阻碍的程度又如何?虽然现在我无法给出具体的先令数额来进行衡量,但是本次报告结尾部分列出了一些由于某种政策而造成的经济影响的评估,这些政策都是依据一定的原则而被采纳实施的。第二个问题是,坦桑尼亚联合政府的原则包括哪些,其中哪些原则已经影响到了我国经济的发展,或者是可能会影响到日后经济发展的?第三个问题是,这些原则本身是否非常有价值，以至于即使它们会导致经济发展缓慢，但如若从国民幸福角度来考虑，也有着它们存在的其他合乎情理的缘由。

原则出现冲突

首先，我们必须意识到，现代世界的问题繁复杂乱，只涉及某一原则或是只影响国民生计的某一方面，这种情况是极少的。同样，如果仅用短期眼光来考虑这些问题，那么也是十分不明智的。重要的不仅仅是在未来的两三年内我国的经济能够得到多大发展，而且更为重要的是我们的国民在更为遥远的未来会过上何种生活，比如说在1980年及之后。我们也得意识到，在追寻我们目标的同时，我们必须考虑到世界上其他势力的存在——无论是友善的力量还是邪恶的力量，因为如今世界上任何一个国家都不可能与其他国家隔离开来而单独存在。

这就意味着我们必须认清目标，然后去评判实现这些目标的最佳方法。这就意味着，有时候我们需要埋头一路向前奔跑，努力克服道路上的一切障碍；而有时候，我们要运筹帷幄，找到更好、更简单的方法来实现我们的目标。尽管如果过分夸大这个类比是错误的，但我们不妨暂且把我们的联合政府比作是一名足球运动员，这名足球运动员的目标是要确保自己的队伍获得比赛的胜利。带着这个目标，有时候这名球员在球场上远距离瞄准球门就开始射门，但更多时候他并没有这么做。如果对方实力强大，在球场上又十分活跃，那么他可能会选择运球，直到他占据有利位置才会射门；但他也有可能把球往回踢，以此来确保足球掌控在自己的团队脚下，等待其他队友可能占据有利地位之后进行射门得分。但他尽量避免的一件事情就是让对方选手有机会截球射门得分；如果其他的什么都做不了了，他必须想尽一切办法阻止对方获得胜利。因此，在比赛接近尾声时，如果对方暂时领先，那么他想要把比赛追成平局或是获胜就存在很大风险了，好的足球运动员在比赛一开始就踢得很认真。他会权衡自己所踢的每一步，评估双方队伍中不同球员的优缺点，那么当球传到自己脚下并引来对方众多球员关注的时候，他就知道自己可以依靠哪个队友来智胜比赛。

同样地，以追求反殖民主义原则为例，并不一定意味着我们国家必须像球员那样在球场上盲目地进行射门，不管周边其他的势力如何。有时候，如果这是唯一能阻止灾难发生的途径的话，那么在人力可及范围内我们就必须这么做。但是如果一个遵循着这样原则的国家由于尝试做了力不能及的一些事情，而破坏了本国的经济，并且牺牲了国民发展进步的愿望，那么就未免太过愚昧了。但是，与此同时，如果说这一原则意味着一切，那么选择做出一些牺牲就在所难免了。于是我们的问题就变成了能否在不造成灾难的情况下做出一些牺牲，牺牲后可能获得的利益——无论是直接利益还是间接利益——是否足够庞大以至于值得去冒这个风险，牺牲也有价值。

坦桑尼亚奉行的一些原则

我们联合共和国政府的首要职责，也是其首要原则，就是维护坦桑尼亚的独立自主，及其自主决定国内外政策的自由。事实上，这真的不过是在新形势下，我们为自由而战的延续而已。但是这一原则却已经导致我们失去了西德的援助，毫无疑问，也影响了我们获得其他援助的数量。

当我们的国民通过坦盟团结在一起赢得独立的时候，他们感兴趣的并不只是拥有了一面新国旗而已，而是那面新国旗背后所象征的东西，即国民自主决定选择过哪种生活的能力。他们想要拥有一个对他们负责的政府，这个政府能够关注他们的利益，而不是关注千里之外有着其他政府的民众的利益。

实际上，这意味着什么呢？这一原则最容易受到公开质问的场合是在涉及承认东德相关的事务方面。坦噶尼喀共和国和桑给巴尔人民共和国联合统一的时候，那时世界格局的情况意味着坦桑尼亚只能与一个德国政权建立外交关系，尽管直到那时候坦噶尼喀只承认德意志联邦共和国（即西德），而桑给巴尔只承认德意志民主共和国（即东德）。因此，我们需要做出一些实际的妥协，避免对这新成立的联盟双方的需求造成损失。这一讨论持续了数月之久，如何才能解决这一棘手的问题，在不触犯东德和西德基本原则的前提下，让坦桑尼亚获得最大利益。最终，坦桑尼亚联合共和国政府找到了一个最佳方案，在这一方案中，我们只承认德意志联邦共和国政府，但东德可以在坦桑尼亚首都设立总领事馆。开罗采用的就是这一方案，并且那里的东德和西德势力都接受了这一方案。

但是，在我国这个事件中，西德提出了更多要求，对我们的联合政府施加了更大压力。出于联盟整体利益的考虑，坦桑尼亚并没有因为外交压力而做出妥协，因此，西德政府单方面，并且毫无事先通知，打破了为期五年的有关新空军部队训练和援助的协议,突然撤走了西德在坦桑尼亚的所有技术人员。他们更是变本加厉,威胁称,如果我们继续坚持我们已经声明的政策的话,他们便会切断他们所提供的一切援助。

摆在坦桑尼亚面前的选择十分清晰:我们或是听从西德的命令,继续接受其经济援助,直到下次我们提议做些他们不喜欢的事情的时候;或是坚持自己的政策,但却立即失去了西德的援助。因此,事实上,我们面临的选择就变成了我们是否想要成为德国的傀儡国,以换取它愿意提供给我们的施舍。

坦桑尼亚联合共和国政府过去认为,现在依旧也这么认为,即如若我们同意西德的要求,那么我们便失去了真正的独立自主。因此,尽管决定遵守我们十分合理的公开的意向意味着我们会失去许多急需的经济援助,但是联合政府认为坦桑尼亚国民的切身利益使得他们别无他选。

但是,有人却认为我们的联合政府犯了错误,主动要求德国人撤除所有援助,而不是等待德国人自己提出这一要求。但即便就这一点而言,如果想要继续捍卫我们作为独立国家的尊严的话,联合政府也别无他选。因为,毫无疑问,如果我们仅仅维护我们的政策,等待德国人随时以撤出援助来回应我们的行为,那么他们就可能误认为经济压力最终会迫使我们改变主意,就会有更多企图破坏我们国家统一的阴谋诡计。同样,只有像这样表明强硬鲜明的立场才能让德国人和世界上其他国家的人清楚地认识到我们维护独立主权的决心。事实上,与我们往来的其他国家并没有完全忘记这个教训。当我们说我们想要获得援助,但这一援助不应带有政治或经济政策方面的附加条件时,再也不会有人误解我们这一说法的严肃程度。

但是我们所有的政策在一定程度上确实影响了其他国家对我们的态度,因而影响到我们可能获得外界援助的数量,这一事实无可否认。比如,美国国会在商讨《对外援助拨款资金预算》时,可能会受到国会某些不喜欢我们政策的势力团体的影响,比如在越南事件方面。这是美国民主体制固有的特征,并不在美国政府的掌控管理范围之内;美国总统即使有心,也无法忽视这些势力团体。于是问题就变成,我们的联合政府在决定自己基本政策的时候,是应该考虑别国立法者的愿求,还是应该考虑我们坦桑尼亚国民的需求、原则和想法。

这并不意味着坦桑尼亚必须,或者应该想尽办法去评论那些与其无关的国际事务。如果某两个国家之间发生争执,但这一争执又不涉及我们的利益,那么我们就没必要因为评判谁对谁错而惹怒任意一方。但困难的是,这些国家通常需要支持——而不仅仅是我们保持中立的态度。如果我们认为他们是有过错的一方,他们当然就不会提供给我国的支持了。越南事件就是一个例子。这件事情由来已久,问题也较为复杂,事情起源于战后世界反殖民主义的斗争,甚至在坦盟成立之前就存在了。即使那里(所有其他事情现在也被包括在越南问题中了)的反殖民主义问题并没有必然要求我们采取行动,因为于我们而言,我们优先考虑的必然是非洲的利益。但是美国却要求我们支持其各个方面的政策。我们拒绝此种做法,因而导致了1965年6月英联邦会议上,当英国政府提议派遣越南和平特别使团时,我们与他们发生了争执。此外,我们拒绝支持这一行动也招来了美国对我们的抨击。

我们在冷战阵营间奉行的不结盟政策,以及处理那些并不涉及我们利益的争执所采用的政策,给坦桑尼亚带来了其他国际事务难题,并且间接影响了其他国家在经济发展方面与我们开展合作的意愿。人们更愿意向那些他们自认为是他们"可靠的盟友"(不遗余力地支持他们)的人们提供帮助,而不是向那些提供令人生疑的支持的人们给予帮助,这是人类的本性使然,同时也是国际行动所遵循的不二守则,我们必须充分理解这一点。那么,我们应该如何应对呢?

摆在我们面前的选择就是:或是在平等的前提下,向所有国家表示我们诚挚的友好,或是成为某些大国集团"可靠的盟友"而因此对其他国家持有敌意。(如果我们出于经济原因而选择第二种政策,我们肯定应该选择对西方民主资本主义国家表示更多的友好,因为这些国家比东方的共产主义国家历史更为悠久,经济更为富裕。)但是对于我们来说,选择拥护某一势力阵营是明智之举吗?即便是从经济的角度考虑。

我们公开声明,我们希望在国民人人平等的基础上发展我们的经济,尤其反对建立等级体系的观念,即某一特殊群体垄断生产资料,从而获得个人利益,让别的群体为自己工作。我们并不阻止民营企业的发展,我们希望国民能够开展自己的生产事业和商业事业。但是我们说过,我们的经济重心应该是,国民通过自己的制度体系获得经济所有权。因此,我们努力尝试建立一个"混合制经济",包括国营企业和民营企业——其中以国营企业为主——从而获得最快速、最富有收益的经济发展。

坦桑尼亚意识到世界格局两极化严重,一方世界将近乎完全基于生产资料公有制的经济体系与严重剥夺个人自由的政治体系相结合,而另一方将个人自由程度较高的以私有制为主体的经济体系与一定程度上的经济不平等相结合,而这经济不平等是我们所不能接受的。因此,坦桑尼亚的目标意味着它想要借鉴双方部分合理的体制,以满足自己的发展需求。毫无疑问,坦桑尼亚需要与这分化的两方势力都建立友好的关系才能最好地达成自己的目标。事实上,除非我们与东方和西方都建立良好的关系,并从中吸引双方的经济投资,否则我们是不可能实施好我们的经济政策的,因为指望西方的私有企业制度能够理解坦桑尼亚国有企业存在的必要性,就像指望东方的公有制在坦桑尼亚建立民营企业一样不切实际。

因此,鉴于我们期望努力创建一个基于人格尊严和人人平等的社会这一事实,仅仅依据经济原因,我们就应该选择支持不结盟政策。但事实上,并不只是因为这种影响导致我们奉行不结盟政策。因为不结盟归根结底关系到我们国家自由的问题。如果我们选择依赖某一争夺权力的势力阵营,而对另一势力阵营充满敌意,那么我们必须依据该势力阵营的利益来制定我们所有的政策,而不是依据坦桑尼亚的特殊利益来制定我们的政策。以下这种做法是十分不合逻辑的,比如,我们因为某一阵营所拥有的财富或所能为我们提供的保护而与其结成联盟,但是我们的行动却又违背该阵营的利益——即使这不可避免地几乎是由该阵营内较为强大的国家独断决定。所以,如果我们选择这么做的话,我们就不得不放弃自由决定我国政策的自主权了。

有人声称,坦桑尼亚并非"不结盟",而是站在"反西方"的立场上,毫无疑问,这种观点已经影响到了一些西方国家对我们所持的态度。但事实究竟是怎样的呢?

从历史的观点来看,坦桑尼亚曾经属于西方阵营,其中部分原因是因为我们沦为了英国的殖民地,对此我们无能为力。但从某一阵营转变为不结盟意味着远离了该阵营,而问题的关键在于你是立马转移到了另一对立阵营还是转变为保持独立自主的地位。阵营的转变无可避免,事实上正是因为这一转变导致我们与西方世界之间产生了许多误解。因为一直到我们赢得独立之前,西方国家从来都不需要去考虑坦桑尼亚——不言而喻,因为坦桑尼亚就是"站在他们立场"的。现在西方国家发现他们无法保证我们与他们立场保持一致——这也就导致出现了我们变得"不友好"的这种毫无道理的观点。他们还没有习惯我们已经获得独立这一现实,也不适应尽管我们之间的友谊是真挚的,但是我们却能够自主决定自己的想法这一情况。

为支持坦桑尼亚反西方这一断言,有人更是声称我们的政治领袖,以及我们政党的报刊,总是攻击西方国家,却从不攻击东方阵营的国家。确实,这是公众演讲中我们一直强调的重心所在。原因有两点——其中一点主要展现了西方世界没能真正理解我们独立的意义的一面。因为这反映出我们自身没能摒弃我们自己在殖民地时期形成的观点。从而因为我们自身不得不与西方帝国主义作斗争,我们对帝国主义十分警觉,也处处提防帝国主义的死灰复燃。但是我们却没有意识到帝国主义的其他形式,结果导致我们的部分国民在某一方面过于敏感和多疑,认为只要他们反对英国人、美国人所做的一切,他们就是在保卫自己的国家。我们必须与这种观点作斗争,因为我们只有摒弃这种观点才能真正成为一个成熟的国家。

与此同时,我们必须意识到坦桑尼亚关注国际事务主要是出于自身以及非洲大陆发展的需要。毋庸置疑,在我们赢得独立前后,西方国家在非洲比在东方国家更为积极干涉我们的内政——既有善意的干涉,也有恶意的干涉。非洲不仅从西方世界获得了更多的经济支持、技术援助,而且还得到了斯坦利维尔、莫伊兹·冲伯①以及对亨德里克·维沃尔德②的实际支持。如果我们谈论了第一点——我们应该讨论——那么我们也必须讨论第二点。

不可否认,西方世界存在的政治自由——只要我们不同的形势允许,我们希望尽可能地能够效仿这种自由——意味着国家间的争论不可避免地要比拥有完全不同的政治体系的东方世界更为公开化。在西方国家,报纸可以刊登任何它们想要报道的文章——不论文章的真实性如何——有时候甚至达到了让他们的政府陷入窘境的程度。一些西方议会的议员们更有可能公开征询问题,而那些问题的回答也就产生了西方政府的态度。我们自己的态度必须是同样地公开化,人人都可以看见争执与分歧,两国的民众都能够参与进来。

共产主义国家内受掌控的媒介和不同的政治体系意味着只有相关政府愿意让公众看到意见出现了分歧的情况下,公众才能看到。争论——毫无疑问,

---

① 刚果政治家,非洲分离主义国家加丹加总统,刚果共和国原总理。——译者注
② 南非总理,南非种族隔离的支持者。——译者注

由于非洲共产主义"存在"的势力范围较小,因而争议程度也较小——也仅存在于外交层面,除非双方公然打破两国关系断交。即使非洲国家公开挑明意见出现分歧,也无法确保别国的民众知道这一情况。事实上,由于东方国家并不习惯判定在非洲会发生的事情,因此即使我们以他们不喜欢的方式决定某一事情,他们也不怎么可能表示抗议。显然,前殖民国家仍然决定把非洲,包括独立的非洲国家,列入西方世界的势力影响范围之内。

因此,任何有关坦桑尼亚奉行"不结盟"的外交政策的实质讨论都应该建立在审视我们所作所为的基础之上,而不是公共言论所说的内容。毫无疑问,联合政府采取的国际行动应该由我们的国家利益、非洲统一和自由的原则决定。

对于坦桑尼亚国民来说,统一和自由这两大原则并不需要过多的解释辩护。我们知道,只有保证自由,只有让国民的实体经济繁荣起来,只有当如今众多的小国家被一个具有国际影响力的主权组织所替代时,非洲才会得到真正的安全。我们也知道,除非整个非洲能够免于种族主义少数派的统治,以及国外的殖民统治,否则的话,我们非洲大陆上没有哪个地方——无论统一与否——是能免于这些势力的威胁的。

然而,正是这两大原则和另一原则导致我们中断了与英国之间的外交关系——而直到现在,英国都一直比其他国家给予我们更多的经济援助。我们要求英国政府发表官方声明,他们在南罗得西亚的目的是保证基于少数服从多数原则上的独立自主。我们并没有要求他们在时间上做出保证——而仅仅是保证原则而已。但是直到现在我们都没有获得这一保证。之后,在罗得西亚单方面宣告独立后,坦桑尼亚——以及其他非洲国家——严厉批判英国政府,因为在我们看来,英国政府在罗得西亚殖民地对抗反叛的白人种族主义势力斗争中是缺乏战斗力的。1965年12月,非洲统一组织通过一项决议,号召所有的非洲国家断绝与英国的外交关系,如果到某一期限史密斯反动政权还没有被打倒的话。我们参与了该项决议。

因此,此次事件涉及了三项不同的外交政策原则,使得我们实际上并没有剩下多少选择余地。反殖民主义原则——当白人种族主义少数派企图永久掌控400万民众时,我们准备心甘情愿地不采取任何行动吗?非洲统一原则——我们建立非洲统一的体制这一事实要求我们采取特殊的行动。坦桑尼亚曾经明确表示支持这一项决议(通过代表给出过自己的承诺),继而产生的问题就是我们的国际承诺是否有价值——比如,国民是否能够真正信赖我们去遵守那些我们自愿签订的条约。如果我们没有坚持在亚的斯亚贝巴所做决定的宗旨,那么在处理这些事情上,坦桑尼亚要想再次受到重视就很困难了。事实上,我们清楚地表明了我们的立场:我们愿意在言辞上做出适当的让步,如果我们在获得独立前就得到少数服从多数原则的保证,或是在打倒史密斯反动政权的最后期限前采取新的措施的话,我们声明过,我们愿意接受这一切,以此作为我们的原则被接受的证据。但是,上述事情却一件都没有发生。

有人认为,由于非洲的一些其他国家并没有遵守他们的决议,因此,坦桑尼亚也没必要遵守。但是我们只对我们自己负责。尽管非洲国家各自主权独立,每个国家都要决定自己是否会遵守诺言,是否会支持这个我们共同建立起来的组织。因为只有少数国家确实遵守了非洲统一组织的决议,非洲统一组织本身还没有——也不能——被世界上其他国家所摒弃,就像是一个只有虚张声势的空谈俱乐部一样被丢弃。尽管该组织确实存有一些弱点,但是非洲统一事业发展的基础仍然存在。

非洲社会主义及其发展

但是并不仅仅是因为在国际事务中维护了我们的原则,从而导致有人认为我们的联合政府阻碍了经济发展。我们公开声明的建立非洲社会主义的目的也被指责说妨碍了经济发展的进程。

有人认为,如果坦桑尼亚能够采用资本主义经济发展的政策,那么我国经济发展的进程就会加快。尤其是我们的累进税制,以及我们不断强调企业的需要,挫败了私人资本家,也导致了我们在国际制度需求方面缺乏兴趣。

首先,我们很有必要认清一些事实。事实上,我们不仅通过协商谈判来为各行各业吸引私人投资,同时,我们也加紧立法,不断完善法律体系——比如我们的《投资保障法案》——通过这些法案来消除国外投资者将资金引入坦桑尼亚的一些合理的顾虑。我们现在拥有一些大型民营企业和许多小型民营企业,这些企业都是由国内外商人开办经营的——其中最大的实例就是炼油厂。随着时间的推移,这些投资的安全性和收益率必然会引起那些较为胆小的资本家越来越多的关注,而这些企业最终会成为我们与国外资本家们之间的最佳的"公关人员"。

但是，基于富人应该比穷人支付更多这一原则的税收政策很有可能吓退一些潜在的投资者。显然，正如处理其他事件一样，在这件事情上，我们也必须维持适度的平衡。但是，我们想要私人投资（无论是外资还是内资）是为了达到一定的目的的，只有当这笔资金能够帮助我们达成这一目的时，我们才会欢迎它的入驻。

我们希望在坦桑尼亚能有资本投资，以便增加坦桑尼亚所能创造的财富总量，我们的国民在今后的生活中也能够更为富足。但是由于我们现在国家比较穷困——这是因为我们国民所付出的努力还无法创造许多财富——所以，我们无法投入巨资来改善我们今后的生产能力。换言之，我们只能把我们现在所能创造的大部分财富用于国民的衣食住行等日常生活所需，但是我们剩余的财富却无法满足工厂、道路、农田水利和其他项目的修筑，而这些是我们想要在今后创造出更多财富所必需的。因此，如果我们能从国外引入资金建设这些基础设施，或者是从国内极少数十分富裕的人们手中得到建设资金，那么之后——随着投资开始产生额外的效益——我们不仅能偿还那些为这些基础设施做出投资的投资者们，而且我们自身也能开始富足起来。或者，如果这些投资者愿意的话，我们可以支付他们一定的利息，或者是他们在这里投资所获得的利润，即便这样，我们也要比没有这些投资来得更为富有。但是如果我们——作为一个国家——最终也没能富裕起来，那么我们就不希望投资者把金钱浪费在我国。同样地，如果投资者们没有得到他们资金的利息或者是他们投资所获得的利润，那么他们一开始就不会愿意在坦桑尼亚进行投资。

因此，我们需要给双方评估外商投资所带来的收益——因为私人投资者或国外投资者和我们自身都参与其中。于我们而言，收益主要有两种形式：我们的国民在工厂或是农场所挣得的更多的工资，以及我们的联合政府通过征税获得的额外税收——这些税收可用于诸如教育、医院等公共服务。因此，尽管我们的税收制度不得不允许国外投资者能够获得较为丰厚的利润（并且，如果投资者想要把所获得的利润调资回国的话，我们也得同意），还得确保我们的国民整体能够从这投资中获益，而不仅仅是投资者一人获益。

但是，像我们这种乌贾马社会主义的问题存在另一方面。像我们这样的国家，发展主要依赖于我们国民的努力和辛勤劳作，以及他们认为个人和国家都会从自己的努力中获益的这种热情和信念。如果国民大众看到这个社会中只有少数个体过着非常富裕舒适的生活，而绝大多数人却似乎永远都只能过着贫穷卑微的生活，那么那种热情和努力劳作的精神又从何而来？如果国民没有理由相信他们联合政府的目标是要实现整个国民生活的富足，那么我们又怎能期待国民配合联合政府所开展的一系列活动呢？

在非洲社会，这一点尤其重要。过去，我们以家族为生活单位，在平等的基础上，个体之间互相扶持、互相帮助，我们意识到我们每个人都在这个群体中占有一席之地，这一席之地让我们有权利用我们所拥有的一切才能和精力去换取可以得到的食物和住所。老人、病人，以及那些因为自然灾害而歉收的人，并不会被放任不管。其他成员会与他们共享自己的东西，不会认为这是较为富足的成员提供的"施舍"，也不会认为损伤了那些需要帮助的人们（自身并无过错）的人格尊严。当然，优秀的猎人或是农民在群体中得到更多的尊重，并且通常会因为他们较多的贡献而给予一定的特权待遇。但是群体是一个完整的单位，在这个单位中，每一个个体成员都很重要，那些可以得到的东西也会得到较为均衡的分配。

基本上，这种观点就是我们所说的，传统意义上而言，非洲社会是社会主义社会。我们说坦桑尼亚以建立"非洲社会主义"为目标，意思是指我们打算在这个单一民族的独立国家这种新形势下采用相同的观点，如今这个国家越来越多地依靠现代技术来发展其经济。较大的国民社会生产力也比较高，而在这种社会实现工作量和报酬的平均分配是较为困难的。这种社会需要一定的体系制度和人们的理解，而这在每个成员都互相认识的家族群体中是完全不需要的，让这一切顺利运转起来需要一定的时间和经验。但是我们的目的与传统社会保持一致，那就是，在社会需求的大背景下，实现每一位社会成员的幸福。正是为了构造这样的社会我们才想要独立；而构造一个只有少数人富裕、多数人极度贫穷的社会则辜负了国民的期望。这一点是真实的，即使一个体制与我们完全不同的社会，其所拥有的财富总量要比我们更多。因为我们的目标不是为了自己创造财富，不是为了炫耀财富，也不是为了"国家威望"，而是为了全体国民的利益。

如果我们想要追寻这一目标的决心惹怒了那些可能协助我们经济发展的人们，那么我们又该何去何从？难道是舍弃我们的目标吗？

以经济发展为我们的目标之一

这句话意味着,尽管我们急需寻求经济发展,但这并不是我们的国民和国家唯一所需要的。我们确实需要发展经济。这是因为我们只有增加坦桑尼亚的财富总量,我们的国民才会过上较为体面的生活,免受饥饿的侵袭,远离愚昧无知或是疾病。但同时,我们也需要其他的东西。我们国民之间需要和谐共处;我们需要捍卫我们的社会,我们需要尊重自己,并且赢得他人的尊重。这些事情都同样重要。"人不能只靠面包活着。"

因此,无论我们联合政府的行动是否值得国民的支持,都需要从其对经济发展和我们社会发展、政治发展等方方面面造成的影响进行考虑权衡。重要的是,我们的国民是否会被无理地要求牺牲经济发展的机会。或者是否因为过于强调非经济因素,从而导致我们国民为改善自己生活水平而做出的努力白白浪费?

联合政府认为,这些问题的答案都是否定的。政府相信,我们的国民能够意识到经济发展任重而道远,国民在捍卫无论什么情况下都能选择自己认为正确事情的权利的时候,也必须肩负起这一重任。联合政府明白我们的国民并不会这么认为:做一个富有的奴隶要比一个贫穷的自由人好。与此同时,联合政府认为自己所捍卫的自由,以及坚持的原则,从长远角度来看,一定会给我们的国民带来经济效益和社会效益。

某些政策和决定所带来的经济效应

想要把我们联合政府的所有行动,包括那些由于国家原则而决定开展的行动,以及通过某种方式可能对发展产生一定影响的行动,都考虑进来是不太可能的。因此,我们在这里只讨论那些重大的决定,或者是那些引起广泛争议的决定。

1. 抵制南非商品,威胁脱离英联邦,如若南非仍是英联邦成员国之一

对南非商品实施抵制这一行为导致坦桑尼亚减少了一些年收入,这些年收入来自于那些在先前政府合同下去南非工作或者是自己前往南非工作的劳务者的国外汇款。

这一抵制行为也意味着我们的出口商品失去了部分市场,我们也不得不从

比较昂贵的渠道进口某些商品。收入损失总额是难以估计的，一定程度上可以通过坦桑尼亚劳务者现在在国内创造的商品价值所弥补，这些劳务者现在不再需要到有种族歧视的国家去务工了。无论如何，在1961年正式对南非实施抵制行动前，我们过去与南非之间的贸易数量从来就不怎么样，那些数据显露出了坦桑尼亚每年的贸易逆差。那些我们转移去购买或是出口货物的国家，大多数都是我们与其有着贸易顺差的国家。因此，我们难以轻易下结论，一旦实现了那些必要调整，国民经济是否会遭受到实质的损失，但是事实上即便真的遭受到了损失，应该也只是非常轻微的。

但是，我们必须接受南非是非洲最发达的工业国家这一事实。由于我们到南非的运输成本比到其他工业国家要少，因此与南非开展合作能为我国带来巨大的经济效益。在前面提到的经济发展可能获得的增长中，由于我们对南非实施的政策，我们做出了一些牺牲。

如果坦噶尼喀拒绝加入英联邦这种状况发生，那么无论怎样，都会造成巨大的经济损失，包括丧失贸易优惠特权，从英国或者很有可能从加拿大获得的开发贷款和援助的机会将大大减少，等等。幸运的是，自从南非脱离英联邦以来，这种状况并没有发生。

2. 与葡萄牙断交

在我们赢得独立后，拒绝与葡萄牙建立外交关系，或是拒绝与葡萄牙进行贸易往来，并没有给坦桑尼亚带来任何重大的经济影响。我们与葡萄牙之间的贸易本来就微不足道，甚至与莫桑比克[①]之间几乎都没有过交易。

但是，如果对葡萄牙实施另外一种政策，那么坦桑尼亚就可从中有所收获。如果我们两国开展合作的话，那么在国际会议或者其他地方，当我们商讨诸如剑麻、腰果这些商品的价格时，我们就有可能采取一致的立场。这有可能增强这些产品的价格，而这对于我国的经济来说是很重要的，莫桑比克也盛产这些东西。我们也必须认清事实，如果对葡萄牙采取不同的政策，那么在开发鲁伍马河及其流域这一项目上，我们可能会开展合作。毫无疑问，这一项目也会引来国际支持。

---

① 时为葡萄牙的殖民地。——译校注

3. 我们支持非洲的解放运动

毋庸置疑,尽管这是影响整个西方世界对坦桑尼亚态度转变的因素之一,但是先前这也没有那么重要,直到现在,唯一一个还是英国殖民地的就是罗得西亚。但是西方国家与葡萄牙及南非之间的实际联盟意味着这确实是一大影响因素。这其中唯一可衡量的损失就是坦桑尼亚在非洲统一组织解放委员会的捐款。每年的捐款数额大约为16000英镑左右。但是也存在着许多不可衡量的损失。如果我们改变这一政策,随着时间的流逝,我们便会发现我们越来越支持西方政府。

4. 与德国之争

东德希望在外交上得到坦桑尼亚的认可,而西德希望我们忽略德意志民主共和国的存在,假装德国的东半部分并没有这样的政府存在。事实上,我们拒绝承认东德政府,只接受其名义下的一个非正式的总领事馆(这一方案已经被非洲的另外一个国家所接受)。由于我们的决定,西德撤走了一些援助(单方面打破了为期五年的空军训练协议),并宣称如果坦桑尼亚还不改变政策的话,那么其他援助也会受到威胁。坦桑尼亚拒绝改变自己的政策,要求西德撤走他们所有的联邦政府援助。这一行为确实减少了坦桑尼亚联合政府可支配资金的数量,但最大的影响并不是承诺提供的资金被撤走,而是终止了任何得到五年计划援助的可能——那时有关这五年计划已经在商讨进行中了。在那个时候,我们完全有理由认为德国的援助变得非常重要,因为他们已经接受了我们想要参与基隆贝罗河流域开发工作的要求,无论他们最终的决定如何,这都牵涉到数百万英镑的价值。但是由于我们选择的立场问题,我们失去了这笔预期的援助。

5. 与美国之争

我们与美国政府发生过两次争论冲突,一次是因为我们认为其参与了针对我国的阴谋策划,另一次是由于两名美国官员行为不当,我们要求其离开坦桑尼亚。后来这两件事情都通过协议得以解决了,而且现存的援助协议都没有受到任何一次事件的影响。但是意见出现分歧必然导致我们与美国政府之间出现了不合作冷淡的局面,问题悬而未决,最终严重延缓了进一步援助商讨的进行。通过比较美国对于坦桑尼亚实施的援助与其对于其他非洲国家的援助,我们不难发现,不管怎样,我们所有的政策使得我们实际得到的援助要比放弃这些政策来得少。

6. 与英国政府之争

我们曾与英国政府在很多问题上发生过争执,比如,1965 年 6 月,我们拒绝参与英联邦就罗得西亚事件发表的公告;我们拒绝支持派遣英联邦和平使团赶赴越南这一提议,因为这不切实际,也不真诚;在修筑赞比亚铁路这一项目上,当我们还在讨论英国和美国在这一项目上是否会给我们提供援助时,我们却已经收到了中国愿意给予我们一定援助的提议。英国人没能明白我们想要在拒绝这些不同的援助提议之前,对比它们各自优势的愿望。事实上,这些争议都没有导致已经商定好的援助的减少,但是却无可逆转地在一定程度上影响到了英国日后所提供给我们的援助。然而,值得注意的是,到目前为止,坦桑尼亚从英国获得的援助要比其他任何一个国家都多。

7. 与英国断绝外交关系

为拥护非洲统一组织有关罗得西亚做出的决定,坦桑尼亚所采取的行动意味着,两国政府已达成协议,却还没有真正签署的那 750 万英镑无息贷款,现在实际上是"冻结"了。因此,我们没法得到这笔资金来支付五年计划头两年的发展工作。这次"断交"也会对五年计划剩余的三年内的进一步援助造成不利影响。

失去援助或是延缓援助对整个发展计划都会造成一定影响。比如,尽管大多数项目都得到了英国答应给予的援助,但是现在却停止了,其中一些项目已经处于后期收尾阶段或者是已经融入其他项目了,为了完成这些项目,不得不从国内寻找资金资助。但是,采取断交这一政策,意味着本来可用于坦桑尼亚捐赠的国内资金现在被用来填补没能得到英国资金的空缺,而这只能弥补进口的损失,所以我们不得不拒绝其他的援助。

8. 不结盟政策

坦桑尼亚公然拒绝为从国外政府得到资金援助而承诺给予他们支持的这一行为——无论是通体支持这个国家还是就某一国际政治问题给予单独支持——这种行为肯定导致我们失去了一些资金。但是,这些资金的数额,以及因此带来的不结盟的代价,都是无法猜测的。一个从不参加拍卖的人无法知道人们愿意出价多少,除非他之前参与过。但是他肯定能够得到一些好处!我们决意放弃这种做法。

9. 与中国建立友好关系

我们决定和任何与我国表示友好的国家建立友善关系这一政策的实施,比如与中国建立友好关系,被人认为坦桑尼亚走向了共产主义。在这一点上,周恩来总理的坦桑尼亚访问以及尼雷尔总统的北京访问经常被人引证,这一普遍却错误的观念可能影响到了一些西方国家或组织对于我国的态度。尼雷尔总统的美国访问和英国访问似乎并没有抵消掉这一不利影响。我们非共产主义的友谊和意识形态对于东方国家造成的影响愈加难以估测;如果说完全没有造成任何影响的话,这也太奇怪了。

10. 坦桑尼亚种族隔离的结束

毫无疑问,坦桑尼亚采取强而有力的行动来阻止种族歧视以及学校、医院等种族隔离的结束,减少了行政开支,确保了更为合理的资源配置,从而节省了大量资金。尽管一些不能适应这一政策的非非洲人选择离开了坦桑尼亚,但是这一政策让我们吸引了国外优秀的临时技术人员,有必要的话,我们也能雇佣一些合格的有一定资质的非非洲公民。事实上,严格遵守这一原则无疑会给我们带来经济优势。

11. 接管达累斯萨拉姆俱乐部

这是少数外籍官员辞职的原因之一,也可能因此导致达累斯萨拉姆的一些行政管理工作出现紊乱。但是与此相比,这一行动为达累斯萨拉姆民众提供了一个集会地点,无论他们的专业职称或者政治地位如何,只要他们能够每月支付5先令,他们就能参与这种非正式的聚会,同时又能比较不破费地招待官方友人或者是私交好友。总而言之,这一行为无疑也会带来一定的经济效益。

12. 废除完全保有地产权

这一立法并没有对国家产生不利影响,阻止了土地投机者阶层的壮大,这些土地投机者可能在今后的发展中会要挟到公共机构和普通公民。之后那些没能达到发展条款的租赁协议的撤销,确实导致在某些领域出现了一些误解以及民众信心的丢失,尤其是在一系列撤销行为所犯的错误之后。本次事件中,是这些错误导致我们付出了经济代价,而不是原则本身,因此我们现在已经开始调整这一制度,以防未来这种偶然发生的失误再次发生。

在另一方面,这一法律的实施对当地政府造成了一定的损失;那是因为依照法律取消租赁协议前,却还没有其他可替代的方法。这意味着直到依据新的发展条款重新分配土地前,资费不再是按一定期限进行支付了。

13. 非洲社会主义的承诺

这个词本身就可能吓跑一些比较敏感的私人投资者,但是大多数真正考虑要投资的人会看到我们的投资保障立法以及那些建立起来帮助他们的体系制度。没有迹象能够表明我们这一对人类平等做出的承诺,对于外来私人投资会付出什么样的代价,但这有可能吓跑一些富有的商人,也可能影响像世界银行这种机构对我们的兴趣,世界银行高度重视私人投资,以区别于公共投资。

14. 民主一党制

没有证据表明我们决定建立一党制国家会对坦桑尼亚国外的经济援助造成任何负面影响。另一方面,国际上对于坦桑尼亚选举及当时国家稳定迹象的宣传无疑吸引了外国政府和投资者的有力关注,他们对长远发展感兴趣,而不是对"迅速致富"的经济活动感兴趣。事实上,国民对于自己政府开展的活动的参与以及对于共和政体的目标是为了实现普通公民幸福这一新的领悟,给予我国公民开展经济活动新的动力。

22 泛非主义者的困境

1966年7月13日赞比亚大学成立时,卡翁达总统成为它的第一任校长。作为东非大学的校长,尼雷尔总统被邀请参加落成典礼并且在集会上发表了演讲。他借这个机会讨论了非洲民族主义和泛非主义之间可能发生的冲突。

对我而言,今天能参加这个象征着又一个非洲梦想成为现实的仪式是一件非常非常荣幸的事情。这是一个大喜的场合;是一个我们必须感谢那些努力工作使得梦想成为现实的人们的场合;是一个我们应再次致力于实现其他梦想、愿景等的场合。

阁下,我们近年来在非洲已经取得了许多成就,可以回过头来颇为自豪地回顾我们曾经走过的路。但是距离最初设定的目标我们还有很长的路要走,并且我相信有一种危险可能会使我们自愿放弃我们最伟大的梦想。

作为非洲人,我们梦想着自由,我们关心整个非洲的自由。我们真正的雄心壮志是自由的非洲国家的政府。我们一个地区一个地区的斗争只是因战术上的必要性。我们成立了人民大会党、坦噶尼喀非洲民族联盟、民族联合独立党等,仅仅是因为我们不得不分别对待每一个地方殖民主义政府。

我们现在不得不回答的问题是非洲是否因为我们战胜殖民主义而仍要保持这种内部的分离状态,还是我们先前的骄傲自夸——我是一个非洲人——可以成为现实。它现在还不是一个现实。现实是现在非洲有36个不同的自由民族,每一个民族都是一个独立的国家——更不必说那些仍旧在殖民主义或外国统治下的地区。每一个国家都和其他国家不同,每一个都是主权国家。这意味着每一个国家都有一个对自己本地区人民负责任的政府,而且只对自己地区人民负责。它一定会为他们的幸福努力工作。否则,在本国内部就会引起混乱。

泛非主义的视野能够挽救这些现实吗?非洲的团结能建立在这个已经存

在并且不断增长的民族主义的基础上吗?

我不相信答案会很简单。我相信泛非主义者面临着一个真正的困境。一方面,泛非主义要求非洲意识和非洲忠诚,这是事实。另一方面,每一个泛非主义者也必须关注自己与非洲国家的自由和发展,这也是个事实。这些事情可能会发生冲突。我们必须如实地承认它们已经互相冲突了。

当然,从某种意义上说,非洲部分国家的发展能帮助非洲结成一体。达累斯萨拉姆大学学院和卢萨卡大学的成立意味着非洲2.5亿人民额外拥有了两个高等教育中心。每一家医院都意味着非洲有更多的卫生健康设施,每一条道路、铁路或电话线都意味着非洲联系得更加紧密。谁又能怀疑,我们决心要修建的从赞比亚到坦桑尼亚的铁路将会为非洲团结和我们两国的直接利益做出贡献呢?

然而不幸的是这并非故事的全部。学校和大学是我们国家教育系统的一部分。他们推动,并且必须在学生中推动国家的民族观。教授的课程要有坦桑尼亚或赞比亚的政府、地理和历史,还要对国家宪法的忠诚、对民选领导人的忠诚和对国家地位的忠诚,所有这些事情都是被鼓励的。

这些不仅是不可避免的,也是正确的。没有一个非洲的国家是"自然"的单元。我们现在的边界,就像人们多次说过的,是在殖民主义争夺非洲的时候欧洲国家决定的结果。它们是毫无意义的,它们人为分割种族集团,不顾自然的物理分区,最终会导致一个国家内部充斥着许多不同的语言群体。如果现在的状态不上崩瓦解,那么必须采取深思熟虑的措施以培养一种国家地位的感觉,这一点是至关重要的。否则的话,我们现在数量众多的小国可能会分裂成更小的单位,有可能是以部落为单位的,因为几乎我们所有的国家都太小了以至于无法维持自给自足的现代经济。这样的话一个新阶段的外国统治则是不可避免的了。我们最近的斗争会得不偿失。

请允许我再说一遍,为了避免内部冲突和进一步的分裂,每一个国家都被迫促进其自身的国家意识。这不仅包括对特定的成员和特定的国旗传授忠诚度,虽然这也很重要,也包括从经济、社会和宪法等方面将非洲的一部分特意组织起来,以服务于非洲那部分地区人民的所有利益,而不是(在有冲突的情况下)其他地区人民或整个非洲人民的利益。

因此,非洲的每一个国家都会为自己设计一个最适合自己历史和自身问题的宪法和政治结构。例如在坦桑尼亚，对我们民族运动势不可挡的支持，没有竞争对手的存在，意味着从一开始独立我们实际上就是一党制国家。但是假设两党制国家这样一种政治结构的持续存在意味着我们还不能够驾驭政党组织和我们人民的积极性，完成与贫困作斗争的新任务。也有一些危险，政党领导人可能会与他们领导的人民脱节，因为在政党保护伞下他们能够掩饰他们个人的缺点。因此我们制定出一部新的能够承认一个政党的存在唯一性的宪法，并且在它的框架下可以保证人民对政府的民族控制。这是一个新的安排，到目前为止运行良好。但是，这是我的观点，它标志着坦桑尼亚和非洲其他国家，包括与我们邻国之间在政治组织上的进一步分化，并且在联合共和国中越多的人民参与到这个系统中，就会有越多其他非洲国家的人民参与到他们自己制定的系统中，这样我们之间的分裂就会更大。

在经济领域也一样，同样的道理也适用。非洲每一个国家的政府都必须为自己国家的发展和国民经济的扩张努力工作。它必须这样做。它不能满足于中非或东非的发展；它必须为赞比亚或坦桑尼亚的发展努力。在某些情况下，结果不仅未能共同成长，还有可能减少统一。例如，每一个东非国家现在都在使用自己的货币而不是使用共同货币。在没有联邦政府的情况下，如果每一个政府为了自己的人民履行责任，这是必要的。但是毫无疑问这是趋向民族主义而远离非洲超民族主义的举动。再或者，每一个非洲政府都必须为其国内工业化而努力。如果在另一行业或一些其他的发展因素上有明显和清晰的补偿优势，它也只能同意把一些共同的超民族工业安放在这个行业。

我们的民族主义可能会相互竞争，在国际事务中也会彼此疏远。非洲所有的国家都需要从外部吸引资金，我们所有人都希望向国外销售更多我们的产品，所以我们36个小国家都会花钱派遣代表团到富裕的国家，和它们的代表进行贸易谈判。这些国家代表中的每一个都被要求证明为什么应该给他的国家而不是其他国家投资，被要求展示本国的优势以证明这些富裕的国家向他国购买商品会比向非洲其他国家购买好。而结果呢？不仅我们中每一个国家在援助和贸易上有更糟的条款，还会在相互之间有一种恐惧，一种邻国会为了自身利益利用我们任何弱点的怀疑。而我的观点是，邻国那样做，它也是别无选择。不管它是多么同情我们的困难，只有在极少数情况下这个"合一"才能够超越其自身经济需要的艰巨必要性。

我一直在说，所有这一切非洲国家现在的组织不可避免地意味着非洲在分裂，除非采取明确和经过深思熟虑的反作用。为了履行带领人民走向自由的责任，每一个民族政府必须发展本国的经济、组织和机构，以及其自身统治性的民族主义。不同的国家领导人不管多么投身于非洲团结的事业，这一点都是千真万确的。从长远来看对整个非洲，它的所有民族，团结将是最好的，它也同样如此。因为凯恩斯勋爵曾经说过"从长远来看我们都死了"。非洲人民愿意为未来做出牺牲，这一点是毫无疑问的。我们不同国家的发展计划证明了这一点。但是这个大陆的人民已经遭受贫困的影响太长时间了。他们需要看到一些对付贫困的立即的措施。他们不能够，也不愿意在我们追求团结的目标时同意停止或倒退。

而事实是，当我们每个人发展他自己的国家时，我们在彼此之间设立了越来越多的障碍。我们确立了从殖民时期继承来的差异，并形成了新的差异。最重要的是，我们形成了一种民族的骄傲，这对整个非洲骄傲的发展很不利。这是现在非洲泛非主义者的困境。因为虽然民族骄傲并不能自动阻止非洲骄傲的发展，但它很容易被扭曲到具有这种效果。并且它会被那些急于让非洲因分裂而疲弱，或那些急于让非洲保持分裂的人所操纵。因为比起在一个大地方做不那么重要的人，他们情愿在小地方成为重要的人。肯尼亚和赞比亚人民会被告知，事实上，他们已经被告知，坦桑尼亚是社会主义国家，并且在中国的控制之下；或者说，它如此软弱，在不情愿或无意之中充当了中国颠覆的基地。在另一方面，坦桑尼亚人民会被告知肯尼亚是在美国的控制之下，赞比亚之所以对它敌视是因为它对罗得西亚的政策，等等。散布怀疑和不团结的所有事情都会被做，所有的话都会被讲，直到最后我们的人民和领导人说"让我们继续独自一人，让我们忘记整个非洲团结和自由的幻想"。然后，在随后的 150 年，非洲仍旧会是现在的拉丁美洲，而不是被美国所喜欢的拥有实力和经济福祉的国家。

但是，还有另外一个会在我们单独的民族主义发展中和发展后损害泛非主义前进的因素。好的理由也罢，坏的理由也罢，有些非洲国家现在或是将来会比其他国家更富有和更强大。这有可能是因为一些矿藏存在于一个地方而不在另外的地方，也有可能是因为在一个国家有和平发展的历史，而在另一个国家则是内部的分裂和困难。或者更简单的是因为一些非洲国家在规模上是适合经济发展的，而其他一些国家除去生存的最低标准永远不会剩余太多。但是最终结果将会是一个国家会比另外的国家更加成功。然后谁来推动团结的行动？如果是更大更富有的国家，会有人认为是帝国主义想要接管小的国家。如果是小的国家，会有人说成是背叛，缺乏爱国主义。那么那些领导人怎样才能克服他们的禁忌，甚至于提到联盟的想法？谁能够拒绝其中的风险？在人类平等的基础上他们有关真正团结的独立愿望越真实，就越难使其中一方做出举动。

然而如果发展我们各自独立的国家就是使我们团结的梦想慢慢消逝，我们还有什么别的办法？

很清楚我们必须首先接受我所概述的事实。把梦想转化为现实而假装事情并不是它们现在这个样子，这是没有作用的。相反我们必须利用我们现在的状况去服务我们和达到我们的目标。我们必须面对存在的危险，并通过一种手段或其他方法克服这些危险。

通过民族主义达到非洲团结不是不可能，就像对于各种各样的部落联盟或以部落为基础的政党加入到一场民族运动中不是不可能一样。这件事很困难，但只要决心在，还是可以实现的。因此对非洲来说，第一件事就是决定它可以完成。但是陈词滥调是不够的，在非洲统一组织宪章上的签字也是不够的。它们都有助于非洲团结，因为它们保持了团结的气氛和机构。但是它们必须和一种现实联结起来，团结很难实现和保持，这需要国家和人民双方的牺牲。谈到团结，就好像它是所有疾病的灵丹妙药，就是赤裸地走进了饥饿狮子的窝里。在早期，团结带来了困难，很有可能比它处理的困难还要多。它是在较长时间内，在 15 或 20 年之后，其压倒性的优势才开始显现出来。团结会来到的决心必须以我们接受其需求的心理为前提。非洲国家，尤其是非洲领导人，必须忠于对方。不可避免的是，一些领导人会有自己的喜好和对其他特定领导人的钦佩。同样不可避免的是，他们也会不喜欢、不赞成别人的。我不会想象坦桑尼亚所有的区域专员会互相喜欢和钦佩。我希望他们这样，但我不能保证！但是不管他们私底下怎么争论，他们不会在公共场合相互攻击。他们会认为是某个人带来了麻烦，但是如果麻烦来了他们也不会高兴。他们同心协力，尝试着把麻烦带给国家的影响降到最低。非洲领导人也会为非洲这样做。如果我们没有一个共同的上级组织，这样做会更加困难，但它仍旧是可以完成的。

这并不意味着所有的非洲国家有可能有，或确实应该有完全相同的内部或对外政策。虽然我们是独立的,我们在非洲不同的地方能够考虑到不同的环境。以坦桑尼亚和赞比亚一些政策之间存在的不同为例。我们两国政府都对国民经济的安全控制很关心,使其服务于人民大众。但是对坦桑尼亚适合的手段措施对赞比亚不一定适用。坦桑尼亚几乎从零开始,没有遗留下来的工业或矿业。而赞比亚必须保证它的铜产量并在其经济转型期大力利用其工业。

然后还有罗得西亚的问题。事实上,坦桑尼亚,不包括赞比亚,在这场争端中已经破坏了与英国的外交关系。自然地,我们的一些对手竭力表明,这反映出坦盟和联合民族独立党政府之间根深蒂固的分歧。我们任何一方的信念都会把非洲的事业损害到不可估量的程度。但这不是真的,幸运的是我们双方都知道这不是真的。我们两国政府有一个目的,同样献身于它。这个目的就是终结非法的史密斯政权,取而代之以多数人的统治,然后使津巴布韦独立。

但是赞比亚是一个内陆国家,继承的贸易和交通网使其无法立即完全抵制罗得西亚的商品。坦桑尼亚有港口,与北方交往,事实上从未与罗得西亚有太多贸易往来。这样不同的状况要求我们对南罗得西亚的时间要有相同的反应吗?要求赞比亚像坦桑尼亚那样做,或者要求坦桑尼亚像赞比亚那样都是荒谬的。我们两个国家必须共同努力,带着最亲密的合作与理解。尤其是坦桑尼亚有责任给赞比亚以人道主义援助,帮助它从遗留下来的与南方绑在一起的格局中解放出来。也许我可以借助这个机会来说明有了全体坦桑尼亚人民全心全意的支持,这一切正在进行,并且将会实现。

可是这对于非洲国家合作起来处理特别问题是不够的。我们必须有意识地向团结前进。尽最大的可能在我们的经济发展、贸易和经济机构中相互合作。我们必须做这些,尽管我们都是独立的主权国家,虽然我们都不得不意识到没有政治团结经济融合的可能性是有限的。当意识到那一点时,我们要么停滞不前,从而损害我们对非洲的真正希望,或者,我们将不得不冒险尝试国际主权合并。

在非洲政治结盟的某些方面是有可能在完全经济一体化之前实现的。我坚信非洲国家应该创造这样的机会或无论何时这些机会出现时抓住它们。困难仍旧存在,联盟宪法不会取消几十年或数个世纪形成的行政和政治上的分离。但是一个对整个地区负责任的政府能够对付困难和分离主义的要素,发展新的团结因素的同时公平对待所有的人。如果对差别放任不管,那么它们不会消失，反而就像我前面提到的，它们会增长。举例来说，坦桑尼亚联合共和国的两个组成部分还没有完全地融合，这是事实。但是，比起两个独立的政府仅仅尝试着去合作，它们已经要融合得多了，这一点毋庸置疑。我们所有人民从这一联合中得到的好处同样是毋庸置疑的。在坦桑尼亚当然没有人对此有任何疑问。我们现在是一个整体，我们共同成长。

然而，邻国之间的政治联盟则并不是总有立即或可能的答案，并且经济合作在短期内经常受到缺乏交流或其他因素的限制。然而我们仍旧能够决定是向前一步与其团结，还是向后退与其分裂。例如，是否要举行非洲国家内部的讨论，这是整个非洲的决定。我们独立的国家可能会被其他地方的事情所误导，或者可能会感到受到挑衅，但是我们自己决定在这样的状况下做什么，是非洲自己决定是否在不团结的场合设置不清晰的边界，或是他们是否会通过调解或法律来解决。要由非洲自己决定是否放弃现行的基本国界，这是殖民时代的边界，是国际政治的玩物。如果愿意的话，非洲本身可以用同样的方式，选择遵循"睦邻"政策，并且用行动显示非洲统一的对话是有意义的。

国家之间有关合作和睦邻关系的对话，为了防备争论而诉诸法庭或仲裁，听起来不是很令人兴奋。心脏会在听到"联合政府"这样的词时跳动，而不是那些需要耐心、自律和顽强的拼搏的其他事情时跳动。但是如果一件事情是不可能的，就像所有的非洲国家都没有准备好将自己的主权屈从于一个新的机构，那么这就是我们能够向前迈进，而不是退后的唯一途径。正是在对这些现实的认识中，非洲统一组织1963年陈述它的第一个目的是"推进非洲国家的统一和团结"。这对事实和目标都是现实性地接受。但是我们必须意识到陈述本身并不能带来我们需要的结果。只有非洲统一组织特意地支持和加强，并且它的章程被积极的行动所承诺，我们才能开始漫长的前进道路。

它可能是一条漫长的道路，有多漫长是由我们的勇气和决心决定的。当然，在过去的几年中，非洲合作的伟大事业取得了一些重要的进展。但是也有许多挫折，其中一些还威胁到了非洲统一组织的存在。其中最令人伤心的，也是最危险的，是威胁非洲统一组织的新趋势和泛非主义所有的对话，事实上，构建国家的重大事务仍在继续。这对于非洲来说是致命的。因为只有通过团结统一非洲才能实现其潜力，实现其应有的命运。

校长先生，那些愿意全心全意拥护国家利益的人，和那些为了非洲自由和统一而要求牺牲所有国家利益的人，都有一条简单的路来走。人们可以诉求于"现实主义"和"实用主义"，并且似乎是致力于人民的实际利益。另外一种人可抓住人们的心，表现出勇敢、自我牺牲和革命。但是他们都会把非洲带向灾难。第一种人会导致早期的停滞和外来经济统治，另一种人则会带来混乱和已经存在的组织的解体。不，我们必须在一种新的、艰辛的道路向前向上。我们必须避免那种绕着山脉和通向沼泽土地的道路。我们也必须避免爬上岩壁带来的刺激，因为那些道路是不能和我们要走的道路相妥协的。相反，我们的任务是切断从山脉到高原的道路，并且足够温和地切断它为我们所有的人民去旅行，即便有困难，也帮助人民越过险峻的部分。在更加现实的语境中，可能这对于前面的任务更加合适，我们必须把团结统一的目标一直摆在面前。我们必须意识到没有积极的行动我们就不会从危险中转移出来，我们必须在每一个可能的地方采取积极的行动。因为非洲团结统一不是一个梦想，它是一个激励着我们的愿景。是否是这样，取决于我们。

校长先生，我并不是不顾场合地谈论泛非主义者所面对的困境。我特意选择了这个主题，是因为我相信这所大学和非洲其他大学的成员们在这个问题上有一种责任。我们非洲的现任领导人正在致力于我们自己国内迫切和严重的问题，并且我们还要对付外界的危险。可供我们认真思考泛非主义前进道路的时间极其有限。当我们在这个方面切实采取步骤时，我们一直在抨击"会议上浪费钱"或者在建设连接我们国家之间的公路或铁路的问题上我们"不现实"的决心。如果不是我们大学的员工和学生，谁又会在从民族主义到泛非主义的斗争中激励我们？如果不是那些有机会思考和学习而不用为每天的日常事务直接负责的人，谁又会有时间和能力去思考达到团结统一目标的现实问题？

大学本身不会往这个方向前进吗？每一所大学都必须为它自己的国家、自己的地区服务，但它不需要服务于非洲吗？我们为什么不能相互交换学生？让坦桑尼亚人在赞比亚获得学位，就像赞比亚人在坦桑尼亚获得学位一样。我们为什么不能分享在特殊领域的专业，分享特定的服务？我们为什么不能做一些能把我们智力生活牢不可破连接在一起的事情？这些不仅是政府制定出来的事情，让大学在我们政府之前提出建议，然后如果我们不同意，要求我们的政治家在非洲团结统一的基础上给出一个合理的答案。

校长先生，我在你工作范围的另一方面给你带来了麻烦！我敦促你的新的大学在这个领域活跃起来,就像我想要达累斯萨拉姆大学学院积极起来一样。但我这样做有信心。因为我知道你和我一样想要非洲团结统一。并且我知道你和我,赞比亚和坦桑尼亚,已经用这样的纽带把我们相互连接起来了。在你的国家,我可以以我的方式说我想说的话,就像你在坦桑尼亚也可以像在赞比亚一样说话。

因此,我很荣幸并且衷心地祝贺你,卡翁达总统,当选为大学的校长,也祝贺赞比亚大学选出了它的校长。希望赞比亚大学在你的领导下在对国家和非洲的服务中取得巨大的成功。

23 非洲不可内斗

当索马里总统奥斯曼1965年12月访问坦桑尼亚的时候,坦方为他和肯尼亚总统肯雅塔在阿鲁沙安排了一次会谈。不幸的是,这次会谈并没有解决存在于两国之间的分歧。尽管肯尼亚和索马里都出现在1966年3月的睦邻会议上,但尼雷尔总统1966年8月回访索马里的时候紧张依旧存在。

1966年8月23日在索马里首都摩加迪沙的宴会上,尼雷尔总统呼吁和平解决非洲争端。

坦桑尼亚和索马里都是贫穷的国家,都有它们自己特殊的问题,和特别的政治态度和组织。总统先生,你去年访问坦桑尼亚的唯一原因和我今年接受你友好邀请的原因,是因为我们都是非洲人,很近的邻居和朋友,没有别的原因,并且也没有必要有其他的原因!我们相互访问是因为我们唤醒了这样的事实,非洲的每一部分都与其他地方的幸福有关,非洲是一个整体。

我们还没有成功地在那个基础上组织我们自己;我们仍旧以独立主权国家的形式存在。但是以我的经验,这个大陆的民族在称呼自己是这个或那个国家"国民"之前仍旧认为他们自己是"非洲人"。这是我们将来最伟大的希望。事实上非洲的每一个部分都需要非洲作为一个整体,并且非洲成为一个整体需要这个大陆的每一个小的部分。

我们相互需要。我们每一个独立的国家都可能成为世界上强大的国家的小玩物。如果团结起来,我们就足够大,甚至巨人也不能把我们拎起和利用。如果分开,即使政治或经济灾难发生在大陆的另一边,我们也会胆颤心惊。如果团结统一,我们能够联合我们的资源以保持稳定,并取得进步。

非洲各国已经开始合作和联合行动的工作。非洲各国之间的争论被大肆宣扬了,争端也被我们自己过分强调,我们不该鼓励这种宣扬。因为事实是,真正让这个大陆的人民和他们的孩子关心的是我们在非洲发展中所取得的进步,以及为保持大陆自由对侵略和渗入的抵御。如想取得真正的进步,我们必须一起行动。分裂就没有救赎。

我们都听过这样的故事。一位老人通过一把树枝告诉他的儿子们团结的力量和分离的弱点。如果一把树枝绑在一起,它们就不容易被掰断;如果分开,则很容易被掰断。非洲各国必须永远不能忘记那个故事的教训。

我们的国家如果分离开来会失去自由,即使是它保留着独立的外部标志,像我们的国旗、议会、国歌和部长。只有我们团结起来才会安全并且真正地取得伟大的进步。非洲的软弱对于非洲的剥削者来说一直是一种诱惑和吸引,他们剥削非洲却不受惩罚。只有一个强大的非洲才能阻止这样。如果不团结统一就不会有强大的非洲和非洲的救赎。

总统先生和您的政府,就像坦桑尼亚的一样,通过理解"团结就是力量"的真谛,已经向非洲统一组织展示了它的成员资格。您的政府正在联合别国的政府尝试为整个东非和中非制定一项普遍的经济政策。您的政府在去年4月也参加了在内罗毕举行的政府间会议。这样索马里、坦桑尼亚或非洲其他地方的人民也许会说,这些会议并没有效,因为我们每人都感觉问题并没有被解决。

有时我想知道那些发表这些言论的人是否真的关心这些问题,或者他们是否没有真正地成为非非洲势力的玩物。可以取代非洲各国之间持续会议、对话和讨论的另外一种形式是什么呢?除此之外我们怎样才能获得我们都知道必需但还没有达到的团结统一呢?如果不是耐心地努力工作,以及两个正当的原理冲突时相互妥协,那么另外一种方式是什么呢?

所有的非洲国家都在非洲大陆上,我们不能为了远离邻国而搬到月球上去!我们必须住在一起,并且找到居住在一起的方式。争论只能通过坐下来谈判来解决,要么是争论双方,要么通过中间国的帮助。现在没有其他的方式。在过去我们不同的部落和宗族经常会为领土和牲畜而斗争。我仍然记得很清楚我父亲告诉过我部落的人民和邻部落的人民之间的斗争。通常这些战争不会很激烈,两方都会有少量年轻人被杀害,牲畜被偷或重新获得。确实,从讲述这些故事的方式,听起来更像艰苦生活中的一些令人兴奋的事情。虽然我们应该记得它们仍旧会引起许多痛苦和艰难。

但是今天的战争并不像那样。它们意味着广泛的痛苦,以及对包含在其中的所有民族生活的完全摧毁。无论如何,我们怎样与这些战争作斗争呢? 非洲没有一个独立自由的国家能够自己生产枪支、弹药和飞机。如果我们和别国发生战争,我们别无选择只能从外国进口这些东西,或者允许他们无偿提供给我们使用。当然我们可以接受这样的礼物。在我的经验中我们从大国比较容易获得的援助就是武器和军事训练!

但是我们所有人都必须明白为什么大国愿意提供武器,为什么他们尝试说服我们每一个国家、我们的邻国拥有大量武器威胁着我们。这是因为他们希望看到非洲内部的互相残杀。他们知道最终的结果只能是非洲的削弱。因为每一个国家都在消耗资源购买武器,而不是为新工厂购买机器。或者使用他们所给的武器毁灭非洲大陆另一部分所取得的进步。

事实上,非洲现在真正的危险不是我们的敌人直接地攻击我们。如果任何一个国家遇到这样的情况,我们肯定会团结起来支持它。危险是我们大陆秘密的敌人用阴谋诡计侵入我们的首都,激起我们的争论直至我们互相攻击。为了达到这个目的他们会奉承我们,说服我们某个特定的邻国是多么地邪恶,以及他们是多么愿意帮助我们保卫我们自己。

如果这些人自称是我们的朋友,愿意帮助我们,那么他们又是在与谁对立呢? 和我们的兄弟国家!

真的,如果非洲一旦陷入这个陷阱,我们必须召开安全会议或裁军会议,而不是召开非洲统一组织会议。因为我们是穷国,我们只有团结才有力量,如果我们花费巨资购买武器,我们甚至比那些花费成千上万的钱财购买武器,而把少量的钱用于阻止购买的谈判上的国家还要愚蠢。

当然我们非洲国家没有武器是不行的。我们每一个国家内部都需要有武器装备的警察力量维持法律和秩序。我们的许多公民确实需要武器与野兽斗争保护自己。不幸的是,对于整个非洲来说,来自仍旧处于殖民区域的袭击的可能性还不能被完全排除,这也是个事实。但是我们真正的安全和自由并不依赖于大型的国家军队。它依靠于经济进步,非洲团结统一,以及我们的外交团结。而且就这些来说我们需要友谊和好的睦邻关系作为团结行动和最终统一的序幕。

让我们不要犯错误。非洲与世界其他国家的关系实际上并不像看上去那么弱。只有当我们不同的国家相互分离时关系才会比较弱。谁会真正相信一个矗立在罗得西亚的统一的非洲会对英国政府和世界没有任何影响？即使是作为一个团结统一的力量，对于非洲来说，对史密斯政权采取军事行动也许是最快、痛苦最少的一种方式，但这也不是那么容易的。但是这次35位全职外交人员同一天返回伦敦不可能不提醒英国它的不作为的过错。它会被迫认识到它对曾经承诺过保护的原则的背叛引起了非洲的愤怒。它会被迫去行动或向世界承认它丧失了观点、权力和意愿。

但是非洲的意愿被分割开来，非洲对它自己不同主题决议的尊敬承诺也失败了，这些事情现在正在损害着非洲，而且威胁着我们的将来。我们正在削弱我们自己是因为我们不愿利用我们团结的力量，或面对这样的现实，团结统一的行动现在不会，将来也不会一直让每一个单独的国家都感到舒适。因为它意味着我们所有的国家将会在不同的时间被召唤为了共同的利益牺牲某些东西，为的是团结统一带给我们的利益。

然而我相信非洲人民已经为此准备好了。在我们传统社会中，每一个人都接受了他不可能随时能够得到他想要的这样的现实，相反地，他对社区的其他成员有一种忠诚。谁敢说非洲人民，不论是索马里、坦桑尼亚还是其他地方的人民，不愿意为了整个大陆的好处牺牲自己的即时利益？我不相信我们的民族如此愚蠢，以至于不论发生什么事，他们都不能预见他们的宗族、部落或国家的未来。我们所有人都打破了家族感情的旧的边界，把它扩大直至整个国家。虽然我们新的国家还不是这扩大化的手足情谊的合适的边界。当你坐着飞机旅行时你讲不出哪里是两个非洲国家的边界，你只能把非洲作为一个整体来辨识，哪里是它的河流、沙漠、森林、山脉和平原。非洲是一个整体。你和我都是非洲的公民。我们认为自己是非洲人，世界其他国家在区分我们是索马里人还是坦桑尼亚人之前也会认为我们是非洲人。我们国家间的划分必须依据它们是什么，根据行政管理的方式划分。我们禁止他们分割非洲，因为分割会带来虚弱和对我们所有人的毁灭。

让我们一起前进，让每一位公民和每一位领导人决定我们要在实现非洲统一中发挥作用。让我们一起加强我们要在世界上的正确位置作为自由和骄傲的人民的声明。总统先生，我相信非洲能够这样做，我们现在的困难对我们来说只是一个我们能够并且上帝也愿意帮助我们克服的挑战。

24 教师的力量

> 1966年8月27日,尼雷尔总统来到距达累斯萨拉姆120英里的莫罗戈罗师范学院。在这里,他称赞了志愿者协会的工作,然后讲述了社会中权力的配置。

……事实上,我们可以看到有差不多500万先令放在我们周围——500万看起来就是这样的!其中大部分已经或者将会被坦桑尼亚的纳税人捐献出来。尽管差不多由坦桑尼亚政府支付的350万先令是从过去的税收中来的,另外大部分却来自贷款,而这笔贷款需要由未来的税收来偿还。这也提醒了我们,下次有人问起他们上缴的税款都用到哪里了,我们要做好准备。

但是在这种情况下,坦桑尼亚已经收到了来自外国的珍贵的礼物以补充我们的捐款,我也希望利用此次机会对那些捐赠者表达我们的感激之情。德意志联邦共和国的人民已经通过米索尔向这所大学捐献了116万先令。这是一份大礼。但这并不是唯一的。澳大利亚人民寄给我们8万先令,荷兰的一个教师机构捐给我们6万先令。我谨代表坦桑尼亚感谢你们送给我们的礼物。

最后,但并非是不重要的,代表政府经营这所大学的志愿者协会也有一份捐赠。每次政府给那些在这所大学教书或工作的人员发完工资之后,很大一部分原本属于圣神会的钱已经被用来扩建或者提升这所大学。这些人以及他们所属的社会用两种方式为我们服务:首先是在这里教书或者工作,其次是把他们所挣的钱还给坦桑尼亚的纳税人。在我看来,这是一个让我称赞这个国家里各个地方的人民的绝佳场所,他们通过服务人民来服务上帝。

当然,圣神会,以及其他各地的这种工作者们,都作为基督教传教士来到我们国家,这是事实。因为他们是特定的宗教团体的成员,他们奉献自己来教育我们的孩子,治疗我们的疾病,并且捐赠他们的工资来为我们服务。但是对于我们来说,在独立的坦桑尼亚里,有比这个更重要的事情。志愿者协会现在已经接受"服务必须是坦桑尼亚所需要的服务"这一观点。

那些我们的人民必须选择接受基督教或者继续不接受教育的日子已经远去。我确信这对国家和所有的宗教都是好事。帮助那些需要帮助的人，只关注于他们的需要，而忽略他们的种族、部落和宗教，这样才能做好事。这种态度可能会被称作世俗，但是绝不是无宗教主义。它意味着在我们社会中，穆斯林、异教、印度教、新教和天主教都有一个平等的机会进驻像师范大学这样的机构，而且他们不用担心会有任何举动把他们从自己的信仰中诱惑走。莫罗戈罗师范学院现在就像达累斯萨拉姆师范学院一样对所有高等教育素养的公民开放，无论他们是何种宗教信仰。它是我们全国综合教育系统的一部分。

说这些的时候，从原则上讲，我并没有说新的东西。我只是简单地提醒人们事情的现状，我知道你们也想让我这么做。由于有时候旧的观念不像现实改变得那么快这个不幸的事实，我们所有的公民都意识到我们综合教育系统的影响是十分重要的。它不仅是人种的融合，代表着独立的人种教育系统的结束。它也代表着僵硬的宗教独立制度的结束。现在我们所有的公民都可以在相互尊重的基础上一起接受教育。

现在让我转入另一个主题，因为今天我真正想谈论的是教师所拥有的能量这个问题。我们听到的很多都是关于教师的责任，教师这份工作的重要性等，事实上我今天要讲的不是这些。我一直在疑惑为什么我们的年轻人在面对教师这份工作的重要性时，很少有人真的想要当教师。当然我不确定今天坐在我面前的学生中有多少是把申请教师培训作为职业首选的。如果这个志向占大部分的话，我自己也会感到很惊讶。我也十分疑惑为什么硬币的另一面却是真的——换句话说，为什么许多人认为进入政府机构做文职或者行政工作比当教师的成就更大？这种态度确实存在，并且我认为这种态度也解释了为什么大量年轻人不愿意把当教师作为他们事业首选这个问题。

在我看来，对这个问题的诚实的回答是：从权力的角度而言，公务员比教师更加重要。在一定程度上，公务员是那个告诉户主他应该或者不应该把房子建在某个特定地方的人。同样，在一定程度上，公务员是那个通知家长他的孩子已经或者没有被某所特定的学校或大学录取的人。此等事例比比皆是。公务员仅仅是执法或者执行部长的指示这个事实对普通人来说并不敏感。公务员似乎是全能的，有时候人们会假设他们是全能的。公务员自己知道他是由法律,政治命令,或者是政府的纯粹官僚主义所监管的,但是他不能解释他的地位所具有的限制。事实上,作为一个人而言,他通常不想这样。毕竟我们都喜欢自己的重要性被其他人承认,只有极少数的人当别人夸他很强大的时候不高兴。

教师不一样。他们不是社会法则的制定者,也不是那些法律制定者的代言人。他们不能决定谁有机会谁没有。所以社会假定他们有用但是无权,重要但是不值得奉承。教师们根据自己的地位接受了这个判定,或者由于他们觉得自己有能力行使权力,或正如他们所想的那样自己的权力被否决所做出的反应是好斗的或者不合作的,因此感到不高兴。

我的主张是所有对教师的态度以及教师自己的态度都是基于我们社会中一个最大的谬误。

我们的国家,以及其他任何国家,都是伟大的、舒适的、合适居住的地方,并且正如人民努力的方向那样在不断地进步。它的领导阶层也许是好的、坏的,或中立的,但是如果人民是觉醒的,并且他们自己意识到不久之后他们在社会中的态度将完全不具有代表性。事实上,教师比任何其他单一群体都更有权力决定这些态度,塑造整个国家的想法和愿望。这就是教师在现实中的权力——远远超过公务员对建一个房子或得到一个驾照说行或不行的权力。

当一个孩子在六七岁踏入学校之时,他已经有了一些性格特征,并且他已经通过家庭生活继承了一些想法。但他往往是第一次接触家庭以外的,与团体紧密相关的所有事情。在这种非家庭生活情况下,孩子对什么是好什么是坏的观念大多没有形成。他的思维极其活跃,可以拐入许多方向,形成参差不齐的观念。无论这个孩子天生聪慧还是天生愚钝,这都是确切存在的。在所有情况下,孩子就像是一棵小树,它可以长得矮,长得弯,或者不断吸收养分,长到自身无法承受的高度,或者可以枝丫丛生,也可以精心栽培,以期在成熟时可以长出数量很多的果实。那些有机会塑造这些孩子的人,也就是那些拥有该权力的人,就是学校的教师。

我不认为我还需要详细地解释这一点。我们之中多年前离开学校的人都已经忘记自己在学校里学习的东西了。但是我们之所以成为今天的自己,很大一部分是由于我们从教师那里吸收的态度和观念。在我们小时候,我们的人生价值观不断发展;我们看待同伴的方式,我们对事件的反应,我们相信是对的或错的事情,所有这些东西都是我们小时候从家里和学校里学到的。

显然,事实上家庭气氛和家长的态度很重要。它们不能被低估。但是直到现在我们反而都倾向于低估学校教育的重要性。我们一直都把教师作为传授知识,包括算数、阅读、写作等的人。当然,确实是这样,而且这是至关重要的一点。但是这不是孩子从教师身上学到的唯一的,或者是最重要的东西。教师在课堂上教给学生的知识很重要,这也是为什么政府在课程和教学大纲上花了如此多的心血。但是更重要的一点是教师们教学的方法。

在这点上我不是仅仅指传授知识的技巧,尽管这些技巧可以鼓励或抑制孩子学习技术的能力。我想表达的远远超出这一点。

当一个教师疲惫地,或者看起来疲惫地走进教室,对工作十分沮丧,毫无热情;当一个教师要求孩子们在他的监督下做完每一项体力劳动,或者教师把每个学生都当成讨厌鬼或笨蛋。在这些情况下孩子就会出现厌学,即使上学也就是想过及格线,将来要做人上人的想法。教师简单的教学方式就可以促使孩子们产生这些想法。相反,一个睿智,带着热情工作,并热情对待学生的教师会鼓励孩子们相互帮助,向学生们解释为什么他要做某些事情,以及为什么一些规则会存在,那么这样的教师将会在学生的脑海里塑造非常不同的,而且要有益得多的价值观。

教师们课间和课外的态度也是如此。如果教师奉承来访的官员,然后对待一个穷苦的农民就像对待一摊泥一样,那么孩子们在成长过程中就会认为在我们这个发展中的国家这是对待他人合适的方式。教师在公共课或其他地方说什么不重要;学生们学习的是教师做了什么。但是如果一个教师尊重每一个人,能够清楚地、理性地、礼貌地对待自己的工作,那么这个教师身上就潜藏着一种平等、友爱、相互尊重的品质。他会言传身教,这才是最有效的教学方式。

1962年,我写过一个叫"乌贾马"的小册子,里面第一句话就是:社会主义,和民主主义一样,都是一种思想方法。我仍然相信这是真的。规章制度在任何社会都是必要的,但是一个自由社会的真正基石是形成这个社会的每个自由人的思想方法。现在每一个受过教育的人都同意思想方法很大程度上在一个人小时候形成这一说法。人们可以在之后改变,但是过程会很艰难,并且早期性格形成是具有决定性的。因此,事实上那些有着教育孩子的责任感的人有一种决定我们社会未来发展的权力。这种权力由家长和教师一同分享。

这就是我之前提到的"教师没有权力"是我们这个社会最大的谬论之一。因为教师可以使我们的社会更加美好,也可以摧毁整个社会。作为一个团体,他们拥有至高无上的权利。这不是一个人拿着枪所拥有的权力,也不是庸人能看到的权力。这是一种能够决定整个坦桑尼亚在1990年及以后将被"为人民服务"还是"自私自利"所主宰的权力。

因为事实上,我们现在的成人都继承了混合的文化遗产,而且比任何其他一代人在做这个选择时都要多。从我们传统的非洲社会我们继承了平等、民主、社会主义以及经济落后等观念。从殖民时期我们继承了傲慢的个人主义、竞争思想,以及关于技术进步的知识。只有我们的教师拥有真正的力量决定坦桑尼亚是否能在经济现代化的同时还能成功地让每个人都能保留自尊,以及与同事和睦相处的时候能够得到他们的尊重。只有那些现在正在工作或者现在正穿梭在坦桑尼亚大学里的教师们才拥有塑造未来的坦桑尼亚的权力,远比我们这些宣布法律通过、制定规章、到处演讲的公务员要重要得多。

让我引用马克·吐温在1900年所说的两句话作为演讲的总结吧,这比我自己总结的语言要精妙得多:肥皂剧与教育并不像大屠杀般突如其来,但从长远来看更致命。

校长先生,同学们,教师的力量并不小,只是没有被承认而已。我谨代表我们所有人,请求你们能够好好使用这一力量。

25 外汇储备

1966年12月9日,尼雷尔总统于达累斯萨拉姆为坦桑尼亚银行大楼奠下第一块基石。在论及银行的功能和坦桑尼亚国家货币成功发行之后,他接着谈到了外汇储备的需求。

……在为银行大楼的建造做出象征性贡献之前,我还想再谈一个问题。我想将目光稍稍投向未来,因为我们政治家常常受到指责,说我们只在问题出现时才着手解决,却无法做到防患于未然。正是为此,也仅是为此,我想就我们需要有效管理我国外汇储备这一问题说上几句。我们眼下的境况非常好,外汇并不属于我们目前面对的难题。但是我们必须确保它不会变成一个问题,为此,我们需要加大出口量,促进出口货物多元化,以及有意识地推动进口替代产业的发展。与此同时,我们应该让外汇发挥最大效益,不可挥霍浪费。

以上所述具体是什么意思?在我们的发展计划中,有许多必需的材料是我们坦桑尼亚目前还无法自给自足的。比如,我们发展中的工业部门需要高度复杂的机器,建筑业需要钢铁,等等。这些需求在未来一定时期内只能通过进口来满足。我们得用外国货币来购买这些材料,换句话说,我们需要外汇。我们要将自己的产品卖给外国,这样才能换来他们的货币;我们销售得越多,得到的外币也就越多,我们就能用这些外币购买本国发展必不可少的重要材料。而我们越是将外币花在无关紧要的东西上——例如花在奢侈品,或是其他我们可以自行提供的物品上——我们在购置无法自己生产,但是迫切需要的材料时,就越是捉襟见肘。

在目前,以及在不远的未来,我们的外汇储备都是充足的,可以凭之购买我国发展不可或缺的材料,和其他一些物品。但是随着我国现行"五年计划"的推进,且考虑到下一个"五年计划",我们必将需要更多的资本输入。我们必须为将来做好准备。就像节俭的人会将钱存入银行作为将来造房子的"储备金"一样,如果我们能在现阶段尽可能地储备外币,建起一个"储备库",我们就能为未来做好充分准备。我们应该勤勉努力地生产产品,并把它们销往海外。此外,我们还应发展进口替代产业,逐步实现自给自足,而不必用外币进行购买。

政府将执行以上所有政策,并将加大政策力度。我国进口替代的明显例子是炼油厂和水泥厂。而在达累斯萨拉姆、阿鲁沙和姆万扎的工业区,越来越多的工厂正生产着我们曾一度只能仰赖进口的物品。

我们的出口量也在递增,尽管就这一块而言我们受世界价格浮动的影响仍然很大。眼下剑麻价格低迷,这对我们非常不利;但是作为应对,我们必须销售更多剑麻,同时凭借其他货物打入新兴市场。

最后,货币兑换条例旨在确保我们的钱不是白白流向海外,且让我们至少知道自己的外汇储备在购买进口商品上受到什么要求。《外汇管理条例》收效良好,我认为它没有为任何一位坦桑尼亚的好公民带来严重不便,并且它正在帮助政府规划我国的经济发展……

26 《阿鲁沙宣言》：社会主义和自力更生

坦桑尼亚人民一提到《阿鲁沙宣言》，指的往往是1967年1月29日于阿鲁沙召开的坦盟全国执行委员会上通过的整个宣言文件，而不仅仅是第五部分的《阿鲁沙宣言决议》。《宣言》用斯瓦希里语写作并出版。该版英语译文纠正了之前版本中存在的语意不清的问题。

《宣言》以尼雷尔总统提交给委员会的草案为蓝本，之后在几次特别会议上进行了修改。因此，该宣言是党内文件，并非总统一人所作。这里将宣言全文呈现出来，是因为1967年2月5日（即宣言发表的日子）之后发生的事情，如果不联系宣言很难解释。

《阿鲁沙宣言》是坦桑尼亚政治的转折点。它阐明了国家的意识形态，引入了"领导人素质"的概念，颁布了实行公有制的举措，从而引发了一系列社会主义政策。

第一部分：坦噶尼喀非洲民族联盟的信念

坦盟的方针是建立一个社会主义国家。坦盟章程对社会主义的原则作了如下规定：

鉴于坦盟相信：

1. 人人平等；
2. 任何个人都有保持尊严和受到尊重的权利；
3. 每一位公民都是国家不可分割的一部分，都有权参加县、省和中央各级政府的工作；
4. 每一位公民都有权在法律范围内享有言论、行动、宗教信仰和结社的自由；
5. 任何个人都有权得到社会对其生命和依法持有财产的保护；

6. 任何个人都有权从他付出的劳动中得到公正的报酬；

7. 全体公民受其子孙后代委托共同拥有国家的全部自然资源；

8. 为了保障经济方面的正义性，国家必须对主要生产资料实行有效的控制；

9. 国家有责任对国家的经济生活进行积极的干预，以保障全体公民的利益，防止人剥削人，一个集团剥削另一个集团，防止财富的积累达到与一个没有阶级的社会不相容的程度。

因此，坦盟的主要目标和宗旨是：

1. 巩固和维护国家的独立和人民的自由；
2. 根据《世界人权宣言》，维护个人应有的尊严；
3. 保证国家由民主的、社会主义的人民政府来治理；
4. 同致力于解放全非洲的所有政党合作；
5. 确保政府利用国家的一切资源以消除贫困、无知和疾病；
6. 确保政府积极帮助筹建和巩固合作社；
7. 确保政府尽可能直接参与国家的经济发展；
8. 确保政府给予所有男女以平等机会而不分种族、宗教信仰或社会地位；
9. 确保政府消除一切形式的剥削、恐吓、歧视、行贿和腐化现象；
10. 确保政府对主要生产资料实行有效的控制，执行有助于使本国资源为集体所有的政策；
11. 确保政府同非洲其他国家合作，实现非洲的统一；
12. 确保政府在联合国组织内为世界和平与安全进行不懈的努力。

第二部分：社会主义政策

1. 消除剥削

在一个真正的社会主义国家中，人民都是劳动者，没有资本主义，也没有封建主义。这个国家不存在两种阶级，即由自食其力的人组成的下层阶级和依赖别人劳动而生存的上层阶级。在真正的社会主义国家里，没有人剥削人，每一个有工作能力的人都工作，每个劳动者都从他付出的劳动中得到公正的报酬。从事不同工作的劳动者收入没有巨大差别。

在社会主义国家，依靠他人的劳动生活和有权依赖他人的人只有儿童、丧失劳动能力的老人、残疾人和国家一时无法提供就业机会的人。

坦桑尼亚是一个农民和工人的国家,但还不是一个社会主义社会。它还存在着封建主义和资本主义的因素以及它们的影响。这些封建主义和资本主义的影响还会蔓延和渗透。

2. 主要的生产资料和交换资料应由农民和工人来掌握

要建设和维护社会主义,必须要使本国所有主要生产资料和交换资料通过政府机构和合作社,掌握和控制在农民和工人手里。而执政党必须是农民和工人的党。

主要的生产资料和交换资料包括:土地、森林、矿藏、水源、石油和电力;新闻媒体、通讯;银行、保险、进出口贸易、批发业;钢铁、机床、武器、汽车、水泥、化肥和纺织工业以及所有可观的人赖以谋生的大工厂,或为其他工业提供重要部件的大工厂、大型种植园,尤其是那些为重要工业提供必不可少的原料的种植园。

上述生产资料和交换资料中的一部分已经掌握在坦桑尼亚人民政府手中。

3. 享有民主

一个生产资料和交换资料全部或大部分掌握或控制在政府手里的国家还不是社会主义国家。要成为社会主义国家,其政府必须是由农民和工人自己所选举和领导的。如果罗得西亚和南非(白人)少数政府掌握或控制了国家的整个经济,其结果只能是强化压迫力量,而不是建设社会主义。社会中没有民主,就不可能存在真正的社会主义。

4. 社会主义是一种信念

社会主义是一种生活方式,社会主义社会不会自然形成。社会主义社会必须由那些信仰社会主义原则,并付诸实际行动的人来建立。坦盟党员将成为社会主义者,别的社会主义者,即那些同他一样信仰社会主义的政治和经济制度的人,是在非洲和世界各地为农民和工人的权益奋斗的人们。坦盟党员,特别是坦盟领导人的首要职责是接受这些社会主义原则,并在生活中遵循这些原则。一个真正的坦盟领导人不应当依赖别人的劳动来生活,更不能从事封建主义或资本主义的活动。

要成功地实现这些社会主义目标,主要取决于领导人,因为社会主义是对一种特殊的生活体系的信念。如果领导人自己不接受这种信念,那他们就很难努力去推动这一体系的实现。

第三部分:自力更生政策

我们正在战斗。

坦盟正在为我国摆脱贫困和压迫而战斗。这场斗争的目的是为了使坦桑尼亚人民(以及整个非洲人民)摆脱贫困走向繁荣。

我们一直都饱受压迫、剥削和歧视。正是我们的软弱导致了这一切。现在我们需要一场革命——一场终结我们软弱的革命。从此,我们再也不会被剥削、被压迫、被侮辱。

穷人不能把金钱作为武器。

但是很明显,过去我们一直选错了斗争的武器,因为我们把金钱选作了武器。我们试图利用经济强国提供的武器——这些武器实际上不为我们所拥有——来克服我们经济上的软弱。我们的思想、言语和行动无一不在诉说:没有钱我们无法实现革命目标。好像我们的结论就是"钱是发展的基础。没有钱就没有发展可言"。

这就是我们目前的信念。坦盟领导人、政府领导人和各级官员都在大力强调钱,依赖钱。领导人和人民,无论是在坦盟、坦桑尼亚全国工会、议会、坦桑尼亚妇女联合会、合作社、坦噶尼喀非洲父母协会还是其他国家机构,想的、盼的、祈祷的都是"钱",好像我们都汇成了一个声音在说"如果我们有钱我们就能发展;没有钱就无法发展"。

我们的五年发展计划旨在收获更多粮食,让更多人接受教育,提高人民的健康水平。但是我们强调的武器却是钱,仿佛我们是在说,"在接下来的五年我们想要更多的粮食、更好的教育和更佳的健康。为了实现这些目标,我们要花费2.5亿英镑。"我们所想的、所说的,仿佛"钱"才是最重要、最可依赖的东西,其他在我们奋斗中所需要的东西都是无关紧要的。

当一位议员提出他的选区内缺水,请求政府处理这个问题,他实际上希望政府解决这个问题的方式是——给钱。

当另一位议员问政府如何解决他选区内缺少公路、学校或医院的问题,他也希望政府解决这些问题的方式是——给钱。

当一位坦桑尼亚全国工会的官员询问政府解决工人工资低和住房条件差

的计划时，他希望政府告诉他最低工资标准会提高，工人也会有更好的房子住，方法是——给钱。

当一位坦噶尼喀非洲父母协会的官员询问政府如何援助那些没有得到政府支援的坦噶尼喀非洲父母协会学校时，他希望政府表态，第二天早上，他就会收到所需的援助——钱。

当一名合作社的官员提出农民面临的问题时，他希望听到政府会用钱来解决这个问题。

一言以蔽之，我们国家面临的所有问题，每个人心目中的解决方案都是"钱"。

每年，政府的各个部门都会做开支的预算，即来年满足经常开支和发展开支所需要的钱。只有一位部长和他的部门做收入的预算。这位部长就是财政部长。每位部长都会提出非常好的发展计划。当部长提出预算时，问题来了。他认为国家有钱，但财政部长和财政部不肯拨钱。每年各个部门都会抱怨财政部长削减他们的开支预算。

同样，当议员们和其他领导人要求政府实施某项发展规划时，他们认定政府有很多钱可以花在这些项目上，但是政府却在充当绊脚石。部长们、议员们和其他领导人的这些想法都无法改变铁一般的事实，那就是——政府没钱。

如果说政府没钱，那么这意味着什么？这意味着坦桑尼亚人民的钱不够用。人民用微薄的积蓄纳税；政府用这些税款满足日常开支和发展开支。当我们要求政府把更多钱投在发展项目上时，我们是在要求政府花更多钱。如果政府没有钱了，唯一的办法就是通过额外的税收来增加收入。

如果一个人要求政府多花钱，事实上他是在让政府增加税收。让政府多投钱却不增加税收，无疑是要求政府创造奇迹。这相当于不给牛喂奶却要求牛多下奶。但是，我们不肯承认让政府多花钱，因为这等同于让政府多收税。这意味着我们充分认识到了增加税收的难度。我们认识到奶牛已经没有奶了——也就是说，人民付不起额外的税了。奶牛也希望多得到些奶，这样它的小牛能喝到奶，多余的奶也可以拿去卖，让它自己和小牛们过得更加舒适。即便如此，即使是有了牛奶就有了一切，也无法改变没有牛奶的事实！

什么是外援？

既然这种方法不可行，也就是——如果想要有更多的钱用于发展，就需要增加税收,那么我们的另一个方法就是从坦桑尼亚外部取得更多的资金。这些外部资金主要分为三类。

(1) 赠款:他国政府将一笔钱免费赠送给我们用于某项特别的发展项目。有时候也许是某个国家的一个机构给予我们政府或国家机构用于发展项目的经济援助。

(2) 贷款:我们从外部得到的大部分经济援助并不是以馈赠或慈善的方式,而是以贷款的方式。外国政府或机构,比如说银行,借给我们政府钱用于发展。这种贷款附带有偿还条件,包括偿还期限和利息。

(3) 私人投资:这种形式的比重也大于第一种。这是以个人或公司来我国投资为形式。私人投资者们在乎的是他们投资的企业能够带来效益,而且我国政府要允许他们汇回利润。他们更愿意在政策认同的国家投资,这样能够保护他们的经济利益。

以上是三种主要的外部资金的来源。坦桑尼亚有很多人在谈论从外部获取钱。我们的政府和领导人从未停止思考如何从国外获得经济援助。如果我们筹到了钱,或者对方给了我们承诺,我们的报纸、电台、领导人都会进行宣扬,这样每个人都能得知我们的救星来了,或者快要来了。我们收到了赠款会公布它,收到了贷款会公布它,建成了一家新工厂还是会公布它——而且是大张旗鼓地宣扬。同样,如果我们得到了对方的承诺,会给我们赠款、贷款或者新工厂,我们还是会不遗余力地宣扬出去。即使我们仅仅是刚刚开始和外国政府或机构讨论赠款、贷款或建新工厂的事宜,我们也会公布出来——尽管讨论结果还是未知数。为什么我们会这样做?因为我们想让人们知道,我们已经在谈能带给我们发展的事情。

发展不能依赖钱

虽然我们非常清楚,我们的国家很贫穷,但是,将金钱作为我们所依赖的发展手段是愚蠢的。对我们来说,幻想通过外国财政援助,而不是靠自己的财政资源使我们摆脱贫困,这种想法同样是愚蠢的,甚至更加愚蠢。原因有两个:

第一,我们得不到那么多钱。没错,有些国家能够,也愿意帮助我们。但是世界上没有哪个国家能够为我们提供赠款、贷款、建工厂,一直到我们实现所有的发展目标。世界上还有很多需要援助的国家。即使所有富裕国家都愿意帮助贫穷国家,他们的援助也无法满足我们发展的需求。而且发达国家并没有义务帮助世界战胜贫困。即使在他们国内,贫穷仍然存在,富人并不愿意捐钱给政府来帮助贫穷的同胞。

只有通过税收——无论人们情愿与否——我们才能从富人那里拿到钱去帮助群众。即使钱不够用。无论我们对坦桑尼亚的公民和生活在这里的外国人征多么重的税,财政收入都无法满足发展所需的开支。没有世界政府来征收富裕国家的税以此来帮助贫穷的国家;即使有也无法征收到足够的税来满足世界上全部的需求。富裕国家捐给贫穷国家的钱是自愿的,或者出于他们的善意,或者对他们自己有好处。所有这些意味着坦桑尼亚不可能从海外获得足够的钱来发展我们的经济。

赠款和贷款会危害我们的独立

第二,即使我们能从外部资源得到足够的钱满足我们的需求,这是我们真正想要的吗?独立意味着要自力更生。如果一个国家依赖从别国取得赠款和贷款以实现自己的发展,它不可能有真正的独立。即使某个国家或者某些国家愿意给我们发展所需的贷款,我们也要问一问自己,接受这笔援助会在多大程度上影响我们的独立和作为一个国家的存在。不假思考就接受是完全不当的。能够帮助我们努力,作为我们发展的助推剂的赠款有很大价值。但是削弱或扭曲我们自身努力的赠款在我们问自己一些问题之前,我们不能接受。

同样的情况也适用于贷款。没错,贷款比"免费"的赠款要好得多。贷款是帮助我们努力,让努力更加卓有成效。贷款的条件之一就是你能证明你有能力偿还。这意味着你要证明你要拿这些贷款来赚取利润,才能有能力偿还它。

但是即使贷款也有它的局限性。你要考虑偿还能力。当我们从别的国家借钱时,是坦桑尼亚来还这笔钱。正如我们前面所说的,坦桑尼亚还很穷。巨额贷款会给人民带来沉重的负担,偿还贷款也是超出他们能力范围的,这并不是在帮助他们,而是让他们生活得更加水深火热。尤其是要偿还的贷款并没有让大多数人而仅仅是小部分人受益时,情况就更加糟糕了。

那么外国投资者来建企业怎么样?我们确实需要企业。我们甚至通过了议会法案,保护来本国投资的企业。我们的目的是使外国投资者感觉到坦桑尼亚是一个适合投资的好地方,因为在这里投资安全,收益有保障。而且赚取的利润可以毫不费力地从本国转移出去。我们希望通过这种途径获取资金。但是这个方法行不通。即使我们能够说服国外投资者和外企承担我们发展经济所需的所有项目的建设,难道这一幕是我们真正想看到的吗?

如果我们真的能够从美国和欧洲招商引资,让他们来这里创办我们发展所需的企业,我们能毫无顾虑地这样做吗?我们能把整个国家的经济交到一群来这里搜刮利润的外国人手里吗?即使他们不把利润带走,而是决定将这些利润用于在坦桑尼亚进一步投资,我们真的能不假思索地接受,而不问问自己这样会给我们国家带来多大的弊端吗?这能允许我们建设我们的目标——社会主义吗?

我们怎么能在不危害独立的前提下依赖国外的赠款、贷款和投资呢?英国人有一句谚语:"谁出钱谁做主。"我们能在不给外国政府我们绝大部分自由的前提下依靠这些政府和公司吗?答案是不能。

让我们再重复一遍,我们把我们所缺少的金钱当作我国发展的重要手段是错误的。我们设想可以从其他国家得到钱,这也是错误的。第一,我们事实上不可能得到足够的钱发展我国经济。第二,即使我们能够得到我们需要的全部的钱,这种对他人的依赖将危害我们的独立,损害我们选择我们自己的政治方针的能力。

我们过于重视工业

由于过于强调钱,我们犯了另一个大的错误:过于重视工业。就像我们之前说的,"没有钱就没有发展可言。"我们也说过,"工业是发展的基础,没有工业就没有发展。"是的。当我们有很多钱的那天,我们就可以说我们是一个发达国家。我们就可以说,"在我们执行发展计划之初,我们并没有足够的钱,这一情况让我们很难实现快速发展。今天我们富裕了,我们有足够的钱了。"这意味着,我们的钱是发展带来的。同样,我们实现工业化的时候,我们就可以说我们是发达国家了。发展会为我们带来工业。我们现在犯的错误就是认为发展是从工业开始的。之所以这样想是错误的,是因为现阶段我们没有办法在我们国家建立很多现代化的工业。我们既没有必需的资金,也没有技术骨干。这并不足以说我们需要从其他国家引进资金和技术人才来创办工业。正确答案与我们刚才给出的答案相同,即我们无法得到足够的钱,也不能借调创办工业所需的技术人才。即使我们能够得到必需的支援,依赖这种支援也会影响我们的社会主义政策。邀请一批资本家来我们国家建立工业也许能成功,但是同时它也会妨碍社会主义建设,除非我们认为,如果不先建成资本主义,就无法建设社会主义。

让我们来关注农民

我们一直强调钱和工业,我们关注的一直是城市的发展。我们认识到我们并没有足够的钱把这种发展带到每一个村子,让每位农民受益。我们也知道,我们无法在每个村子里都建立工厂,从而通过这种方式提高人民的真正收入水平。出于这些原因,我们把大部分钱花在城市,把工业建立在城镇。

我们花在城镇里的很大一部分钱来自于贷款。无论是用于建学校、医院、住宅还是工厂等,这笔钱终究是要还的。但是很明显,不可能只依靠从城市和工业发展得到的钱来偿还贷款。为了偿还贷款,我们要使用外汇。外汇来自于出口商品的销售。但是现在我们没有在国外市场销售工业产品,事实上,我们的工业产品还要过很久才能出口。我们新工业的主要目标是"进口替代品"——即生产目前为止我们只能从国外进口的产品。

因此很明显,我们用于偿还城市发展贷款的外汇不可能来自于城镇或工业。那这笔钱我们应当从哪儿获得呢?我们应当从农村和农业中获得。这意味着什么?这意味着从发展中直接受益的人并不是偿还贷款的那部分人。贷款绝大部分将用于城市地区,但偿还绝大多数贷款靠的还是农民们的辛苦劳动。

这一情况必须牢记于心,因为有各种形式的剥削。我们不能忘记,城镇居民很有可能成为农民的剥削者。所有的大医院都在城里,只有少数坦桑尼亚人民受益。如果我们用来自坦桑尼亚外部的贷款建医院,则需要用农产品在海外销售的外汇偿还贷款。恰恰是那些没有得到医院益处的人们在承担还债重任。同样,柏油碎石公路主要在城里修建,对摩托车驾驶者极为有利。如果我们用贷款来修建这些公路,还是农民在用农产品为公路还贷。而且,用来买摩托车的外汇也是来自于农产品的出售。另外,电灯、水管、旅馆和其他现代化设施也主要在城里发展,大部分用的是贷款。尽管要用农产品销售的外汇来偿还这些贷款,农民却并未从中直接受益。这点我们要牢记于心。

尽管当我们谈到剥削时,我们通常想到的是资本家,我们也不应忘记海里什么样的鱼都有。他们互相捕食。大鱼吃小鱼,小鱼吃更小的鱼。有两种方式划分我们国家的人民。一种是把资本家和封建地主划在一边,农民和工人划在另一边;另一种是划分为城镇居民和农民。如果我们不够谨慎的话,坦桑尼亚也许会达到这样的境地。在这里,真正的剥削是城里人在剥削农民。

人民和农业

国家的发展是由人民而不是金钱促成的。钱以及它象征的财富是发展的结果而不是基础。发展有四个前提条件,分别是:人民、土地、好的政策和好的领导。我们国家有 1000 多万人口*,面积达 36.2 万平方英里。

农业是发展的基础

坦桑尼亚的大部分土地都很肥沃,降雨充沛。我国有能力生产各种作物用于家庭消费和出口。

我们可以生产粮食作物(如果产量高的话可以出口),比如玉米、大米、小麦、大豆、花生等。我们也可以生产经济作物像剑麻、棉花、咖啡、烟草、除虫菊、茶叶等。我们的土地也适合放牧牛、山羊、绵羊,还可以养鸡等。我们的河流、湖泊、海洋盛产鱼类。以上提到的所有粮食作物和经济作物我们的农民都可以生产两到三种,甚至更多。每位农民都能够增加产量,得到更多粮食,挣更多钱。因为发展的主要目标是多收粮食、多挣钱,以满足我们的其他需求,我们必须要增加农作物的产量。这是我们实现发展的唯一途径——换言之,只有通过增加这些东西的产量,我们才能为坦桑尼亚多收粮食、多挣钱。

发展的条件

1. 勤劳

每个人都想发展,但并不是每个人都理解和接受发展的基本要求。最大的要求就是勤劳。我们到农村,跟人民交谈后就会发现如果他们不勤劳根本维持不下去。

比如说,在城里,工薪阶层每天工作七个半或八个小时,每周工作六天或六天半。一年下来每周工作 45 个小时,再除去两到三周的假期,工薪阶层每年工作 48 或 50 周,每周工作 45 个小时。

对于我们这样的国家,这些工作时间太短了。在其他甚至比我们发达的国家,人们的工作时间每周也超过 45 个小时。对于一个年轻的国家来说,每周工作时间这么短并不常见。更常见的是一开始工作时间很长,随着国家逐步繁荣发展,工作时间也相应缩短。如果我们一开始工作时间就这么短,以后还要缩

---

* 1967 年人口普查的结果是 1230 万。

短,那么我们就是在照搬发达国家的做法。他们的工薪阶层每周工作45个小时,每年的假期不会超过4周。

我们应当问一问我们国家的农民,尤其是男性,他们每周工作几个小时,每年工作几周。很多人工作的时间甚至达不到工薪阶层的一半。事实上农村妇女非常勤劳。有时候她们每天要工作12到14个小时,甚至在周日和假期她们也会工作。农村妇女比坦桑尼亚其他任何人都要勤劳。但是农村的男性(以及城市里的一些女性)有一半的时间都在无所事事。成千上万农村男劳动力和城市妇女的精力都浪费在蜚短流长、跳舞喝酒上。这些精力本是一笔宝贵的财富,如果能够用在为我们国家的发展做出贡献上,要比我们从发达国家得到任何东西的贡献都会大。

如果我们去农村告诉我们的人民他们有这么大一笔宝贵的财富,要由他们将这笔财富用于为自己、为国家谋福利,那么我们就在做对国家有利的事情。

2. 智慧

发展的第二个条件是运用智慧。不假思考地辛勤劳动,结果一定不如智慧加勤奋。不用小锄头而用大锄头,不用普通的锄头而用畜力犁,使用化肥、除虫剂,知道什么季节什么土壤种什么作物,选优良的品种,知道播种、除草的恰当时机等,这些都是知识和智慧的运用。再加上辛勤劳动,结果才能更多、更好。我们花在传授农民知识上的金钱和时间,比我们用在所谓的"发展"上的金钱和时间利用得更好,更有利于我们国家。

这些事实我们都很清楚。五年发展计划中接近目标和超出目标的部分就是那些纯粹依赖人民自身努力的部分。过去三年间,棉花、咖啡、腰果、烟草和除虫菊的产量极大提高。这些靠的是人民的辛勤劳动和正确领导,而不是大笔大笔投入钱。而且人民通过自身劳动,再加上一些帮助和引导,已经完成了农村的很多发展项目。他们建成了学校、诊所、社区中心和公路。他们挖井、水沟、饮水槽、小型水坝,完成了其他各种发展项目。如果他们一味坐等着钱,现在他们也不可能用上这些东西。

勤劳是发展的根本

有一些项目因为有钱而运转良好,但是很多项目因为缺钱已经停工,还有的项目可能再也无法完成。我们谈论的话题还是离不开钱,我们对钱的需求不断增加,这几乎花去了我们所有的精力。对于我们真正需要的钱我们应当不遗余力去争取,但是我们更应该多花时间在农村,告诉人们怎样通过自身努力实现发展,而不是费尽周折去国外筹钱。这才是将发展带给我们国家每一个人的真正途径。

但这并不意味着,从现在起我们不需要钱,或者我们不再开发需要钱的工业或发展项目。而且,我并不是说我们不接受甚至不去寻求境外的发展资金。这并不是我们的想法。我们还要继续用钱。每年我们都要比前一年花更多钱在各种各样的发展项目上,因为这是发展的一个标志。

我这里说的是,从现在起,我们将懂得什么是基础,什么是发展的成果。在"钱"和"人民"两者之间,人民和人民的勤奋劳动是发展的基础,钱是他们勤奋劳动的成果之一。

从现在起,我们要挺起胸膛,阔步前进,而不是本末倒置。工业一定会有,钱也一定会有,但是基础是人民和勤奋劳动,尤其是农业。这就是自力更生的含义。因此,我们要强调以下几个方面:1. 土地和农业,2. 人民,3. 社会主义和自力更生的政策,4. 好的领导。

1. 土地

由于坦桑尼亚经济目前依靠,而且将来仍将依靠农业和畜牧业,坦桑尼亚人如果很好地利用土地,可以不依赖外援而安居乐业。土地是人类生活的基础,所有的坦桑尼亚人应当把土地当作未来发展的一项宝贵资本来加以利用。因为土地属于国家所有,政府要确保土地被用于为整个国家造福,而不是为个人或少数人谋利。

坦盟的职责是确保国家生产足够的粮食和供出口的经济作物。政府和合作社的职责是使我国人民在掌握现代农业生产方法时得到必要的工具、训练和指导。

2. 人民

为了准确地贯彻自力更生的方针,应当告诉人民自力更生的含义和做法。他们应当在食品、适时的衣着和良好的住房方面实现自给。

在我国,工作应当成为值得骄傲的事情。懒惰、酗酒和游手好闲应当成为可耻的事情。为了保卫我们的国家,我们要谨防内奸,他们可能被企图摧垮我国的外部敌人所利用。人民应当时刻准备着,一旦受到召唤就奋起保卫祖国。

3. 好的政策

我们自力更生政策的原则是和我们的社会主义政策紧密相联。为了防止剥削现象,人人都必须工作,要自食其力。为了公平合理地分配国家的财富,人人各尽所能地工作。任何人都不应当不工作,任何人都不得在城市或农村游手好闲,只有工作才能使他自谋生计而不剥削他的亲属。

坦盟认为,每一个热爱祖国的人都有责任为国家服务,同自己的同胞一起建设国家,为坦桑尼亚全体人民谋福利。为了维护我国的独立和人民的自由,我们应当想方设法实现自力更生,避免依赖别国的援助,如果每个人都做到自力更生,那"10户"小组也就能自力更生了;如果所有小组都做到自力更生,整个区也就能够自力更生了;各区自力更生了,整个县也就能自力更生了;各县自力更生了,整个省就能自力更生了;各省自力更生了,全国也就能自力更生了。这就是我们的目标。

4. 好的领导

坦盟认识到好的领导的迫切性和重要性,但我们还没有对我们的领导人进行系统的培训。现在,坦盟总部应当制定一项培训各级领导人,即从中央到10户小组一级的计划,使每个领导人都理解我们的政治和经济政策。领导人应当通过自己的生活和行动为他人树立好的榜样。

第四部分:坦盟党员

自从党成立以来,我们一直重视尽可能多地吸收党员。在独立斗争时期这项政策是正确的。但是现在,国家执行委员会感到当前我们应当把重点放在党的信念和社会主义政策上来。

应当遵循坦盟章程中有关吸收新党员的规定。如果发现申请入党者不接受党的信念、目标和各项规定,就不能吸收他入党。特别是不应当忘记坦盟是农民和工人的政党。

第五部分:阿鲁沙宣言决议

因此,1967年1月26~29日在阿鲁沙会议厅举行的全国执行委员会会议做出如下协议。

(一)领导人

1. 坦盟或政府的每一个领导人都必须是农民或工人,决不允许参与资本主义或封建主义活动。

2. 任何坦盟或政府领导人都不得在任何公司内拥有股份。

3. 任何坦盟或政府领导人都不得在私人企业中担任经理。

4. 任何坦盟或政府领导人都不得领取双份或多份薪金。

5. 任何坦盟或政府领导人都不得拥有用于出租的房屋。

6. 本决议中"领导人"一词应包括：坦盟全国执行委员会委员、各部部长、议会议员、坦盟下属各团体的高级官员、国营机构的高级官员、根据坦盟章程有关规定任命或选举的领导人、地方议会议员、政府中高级文官（此规定的"领导人"可为男性，或男子及其妻子；也可为女性，或女子及其丈夫）。

（二）政府和其他机构

1. 祝贺政府到目前为止在执行社会主义政策采取的措施上取得的好成绩。

2. 号召政府进一步采取措施，执行本文件第二部分所说的社会主义政策，无须等候就成立社会主义总统委员会。

3. 号召政府在准备发展计划时，重点考虑国家执行计划的能力，而不是像目前五年发展计划那样，依赖国外贷款和补贴。国家执行委员会也要决定修改计划，以适应自力更生政策。

4. 号召政府有计划地采取行动，确保私人企业工人的收入与公共单位工人的收入相差无几。

5. 号召政府重视如何提高农民和农村社区的生活水平。

6. 号召坦桑尼亚全国工会、合作社、坦噶尼喀非洲父母协会、坦桑尼亚妇女联合会、坦盟青年团和其他政府机构采取措施，执行社会主义和自力更生的政策。

（三）党籍

党员要彻底接受党的理念的教育，理解党的理念，时刻牢记按照党的原则要求自己的重要性。

27 坦桑尼亚的公有制

新公有制出台一周后，这篇文章便紧随其后，于1967年2月12日在《星期日新闻》上发表。它宣告：政府已经履行了《阿鲁沙宣言》中关于公有制部分，并将详细说明私有制企业未来的定位。

过去，坦桑尼亚强调致力于社会主义建设，但是我们并不清楚这句话的真正含义。我们鼓励私人资本投资于工业和农业，同时又多次表明自我掌控国家经济的决心。我们成立了国家发展公司，并称之为"社会主义发展的助推器"；我们给予了柯萨塔（Cosata）和英特拉塔（Intrata）贸易垄断权，但从未制定公有制企业和私有制企业的划分标准。相反，我们谈论的一般都是公有制和私有制各自的优点。我们常说，我们想要，也需要将国有企业和私有企业结合，但是这项特殊事业该在什么领域进行，我们却将决定权留给了个人。即使是1964年出台"五年计划"时，我们也没能阐述清楚。事实上，由于"计划"高度依赖国外援助以及私人投资，这意味着我们认为这种高度依存对我们来说并不要紧，同时我们认为公有制企业将填补私人投资者留下的空白。《阿鲁沙宣言》第二部分的目的就是去解决这个问题，弄清哪些行业必须实行公有制，哪些行业更适合私有制。

然而，《宣言》产生的第一个不可避免的结果，就是增强了这种不确定性。这对某些投资者来说尤其如此。这些人投资的行业领域，涉及《宣言》中提到的经济领域，或符合"大公司"的一般标准。显然，在形势明朗之前，他们不会考虑扩张企业规模，甚至还会考虑停止当前的生产活动。以上任何一种情况对坦桑尼亚人民都是无益的。因此，政府必须立即采取行动结束这种不确定性，从而私人投资者和民众才能清楚地知道他们是公有还是私有。

因此，上一周坦桑尼亚联合共和国政府做出决定，消除《阿鲁沙宣言》遗留的所有的不确定性。这个决定将本国经济发展推向一个新的高度。从此投资者可以满怀信心地做出明确决定了。共和国政府已经就这个决定发出公告。

从2月5日到现在,联合共和国国内运营的所有银行已经实现了国有化(国内合作银行仍然维持现状)。以下从事食品生产的公司都实现了国有化,这些公司通常从国家农产品委员会或以其为渠道购买原材料:

坦桑尼亚面粉厂;昌得工业(Chande Industries);纯净食品生产有限公司;吉拉吉公司(G. R. Jivraj);诺莫汉德杰莎;克耶拉·萨塔尔(Kyela Sattar)面粉厂(位于姆贝亚);联合贸易有限公司(位于姆万扎);拉贾尼面粉厂(位于多多马)。

国家保险有限责任公司也实现了国有化。在这之前,政府是该公司的主要持股人。2月11日起,坦桑尼亚所有新的人寿保险公司将由该公司管理。然而,现有的人寿保险制度依然有效,投保人的利益将仍然得到保护。未来国家保险有限责任公司还将接管其他种类的保险业务。具体时间是下周总理将授权条款递交国会之时。随后,为了成立国家贸易公司核心集团,即外部贸易和批发贸易的授权机构,以下公司实现了国有化:

史密斯·麦肯齐有限责任公司;达尔格蒂(东非)有限公司;坦噶尼喀国际贸易与信用公司;坦噶尼喀合作供应联合有限公司;艾·鲍曼(坦噶尼喀)有限公司;屯特海外贸易有限公司;非洲商业(海外)有限公司;威格尔斯沃思(非洲)有限公司。

上述情况中,我们清晰明确地阐述了将对收购的资产做出公平、全面的补偿,并将切实履行承诺——尤其是对雇员的承诺。有些企业已经开始了相关事项的讨论;其他企业也会在不久的未来开始着手相关工作。

这份名单很完整,名单上的公司都是依据《阿鲁沙宣言》挑选出来的,它们正是国有化的对象。未列入名单的公司将不会进行国有化。然而,还有一些坦桑尼亚政府计划要控股的私有制公司名单仍未公布。过去一周内,政府已经草拟了这些公司的名单,并已通知部分名单之列的公司,还有些公司仍在讨论范围。我们所讨论的并不是这些公司的国有化问题,而是政府怎样通过最佳方式争取到绝对控股权。在某些情况下,这可以通过政府参与合理的经济扩张计划而实现;其他情况下就得视具体情况而采用不同的方法。但无论哪种情况,我们都必须避免出现经济紊乱的情况。

名单中相关公司如下:

> 乞力马扎罗啤酒厂和坦桑尼亚啤酒厂;英美卷烟厂;巴塔制鞋公司;坦噶尼喀金属盒厂;坦噶尼喀提炼公司;坦噶尼喀波特兰水泥厂。

政府计划控股但仍未实现绝对控股的只有一个行业——剑麻。政府已告知剑麻种植者协会,政府将对剑麻种植行业实行绝对控股,但是考虑范围之内的私人公司名单仍未公布。这些公司名单将在未来一周内公布。

确信无疑的是,除剑麻产业外,其他所有未在名单之列的公司,政府都不会对它实行绝对控股。他们仍然可以不受限制地维持现状,即坚持私有制、政府控股或合伙制。

上述两张名单的确定意味着政府履行了它的职责,即完成了《阿鲁沙宣言》第二部分内容所包含的任务——公有制和国家控股。名单之外的其他产业早在阿鲁沙会议之前已经实现了国有化,例如土地、森林、矿产资源、水资源、电力系统、邮政、通讯系统、广播、铁路等都已在政府掌控之中。除此之外,已有21家不同行业的公司属于国有企业,它们都在国家发展公司的监管下运营。还有17家公司,国家发展公司的持股比例高达50%或以上。

这些所有权受《阿鲁沙宣言》影响的企业只是所有公有制企业中非常小的一部分。它们之所以所占份额很小,用诺曼·曼勒的话来说就是"你必须为国有化做些什么"。坦桑尼亚仍然属于不发达国家,我们真正的任务就是促进它的发展。为了实现这个目标,我们必须不辞辛苦,运用我们的智慧,同时我们还需要资金,需要心甘情愿努力工作的人。我们已经拥有一部分人才,并且还会从国外聘请所需的管理者、经理人以及技术人员。并且,我们将通过自己的努力最大限度地获取所需资金,通过对现有产业——也就是我们的农产品——的再投资取得的收入。

这是否意味着坦桑尼亚将不再接受外来资金的援助,或国内外的私人投资？很显然，事实并不是这样的。我们坚决反对没有国外援助我们就不能谋求发展的命题，更不能以歪曲政治、经济或社会政策为代价谋求外国援助。但为了加速我国经济的发展，我们应该力图争取国外援助，它有可能对经济发展起到催化剂的作用。私有制企业同样如此，我们坚决杜绝私有制为主体，但仍然欢迎私人投资某些行业，即《阿鲁沙宣言》规定只能由政府掌控的领域之外的行业。

这在具体实践中意味着什么？这意味着一个潜在的投资者非常清楚某些行业是政府主导的。很显然，他能清楚地知道已经正常运营的国有化产业必然属于政府主导。但除此之外，仍有某些行业，它们位列《阿鲁沙宣言》规定的名单之中却仍未建立起来，军事工业就属于这种情况。任何私人投资者都不能投资于致命性武器生产行业。

其二，私人投资者也非常清楚某种行业是由政府坚持绝对控股。这包括了以上未提及的所有《阿鲁沙宣言》规定的经济活动。只有汽车制造业仍未能发展起来，但是任何对某一行业有兴趣的人，例如，某人想要开办一个纺织厂，他很清楚这个行业所有制的性质，因为这个行业的企业都已从私有制转为公有制。

其三，潜在投资者明白，任何不是由政府掌控的行业都欢迎他的投资。在建造工厂时，他会得到政府和人民的完全配合和支持。如果他愿意，他开办的企业可以实行私有独资制度，没有政府或其他人的参与。除了《阿鲁沙宣言》规定的行业，其他行业完全放开，私人投资可以自由进入这些行业。投资者只需要遵守常规法律法规，如土地使用法等。

但国内外潜在投资者可能希望政府参与他们的投资活动。过去我们常常遇到这种情况。在这种情况下，投资者应该走常规程序——通过国家发展公司。政府会积极考虑他的要求。如果能够实现合作，即使是政府参股很少，政府也很乐意这样做。

还有一点必须阐明。《阿鲁沙宣言》以及政府随后采取的行动都涉及所有制，这并不等同于管理问题。但是政策得必须执行。这需要通过管理层和所有员工的努力，企业的公有制并不意味着企业不需要技术熟练以及具有灵敏商业嗅觉的专家。由于目前仍然缺乏技术熟练、经验丰富的人才，我们将邀请原来的经理人继续他们当前的工作。即使他们所在公司的所有制已经由私有变为公有,如果他们愿意这样继续做下去,我们同样欢迎。虽然我们不能为非坦桑尼亚籍的人提供一个终身职业保障,但我们会公平对待这些帮助我们度过当前过渡期的人。这项政策对坦桑尼亚人民来说并不鲜有。独立六年后,仍然有外籍人员在行政部门以及其他政府部门工作;由于坦桑尼亚本国无人能胜任已经实现公有化的企业的高级职务,高级职位仍由外籍人员担任。所有相关外籍人员要明白,政府想要实事求是、公平公正地对待他们,这一点非常重要。政府也希望他们能以相同的方式对待坦桑尼亚共和国人民。

　　总之,过去一周政府的行动和通告可以总结为上述方面。坦桑尼亚已经明确了它的社会政策的经济含义,明确了实行公有制和私有制相应的经济领域。这种划分实现了经济核心领域的国有化,就如同一个军队在一场战役中占领了全国的战略重心地带。我们的这场战役就是战胜贫穷,获取自由,实现人民当家作主。在这场战役中,我们毫无保留地欢迎私有制企业,因为我们已经不再惧怕他们会对社会产生什么影响。

　　我希望坦桑尼亚人民,包括私人投资者,能够充分利用消除不确定后的有利条件,那么坦桑尼亚就能通过不断努力,不断前进,创建我们的胜利王国。

28 社会主义不是种族主义

1967年2月4日，尼雷尔总统在《民族党人》上发表了本篇文章。《民族党人》是坦盟旗下的一家报社，它的编委会是自主成立的。这篇文章的目的是遏制蠢蠢欲动的种族主义。种种迹象表明，某些人想要利用《阿鲁沙宣言》自力更生的主张和公有制的条款，借机蓄积种族仇恨，这与《阿鲁沙宣言》改革措施的初衷完全背道而驰。

本文振聋发聩，以新国有企业管理层的构成等为现实依据，使得种族主义者妄图破坏社会主义宣言的阴谋未能得逞。

《阿鲁沙宣言》同上周我们所采取的行动目的一样，都是为了确保能成功建立社会主义社会。国有化改革以及国家对许多行业保留主导权的措施，是我们决心建立一个理想社会不可或缺的部分。在这种社会里，我们的付出会使所有坦桑尼亚人民受益。剥削将不复存在。

然而，措施本身不可能建立起社会主义。虽然要建立社会主义社会，这些措施必不可少，但正如《阿鲁沙宣言》所陈述的那样，它们也有可能成为法西斯主义的基石——换句话说，成为极端资本主义压迫的基础。1962年，我在《乌贾马》小册子里所说的话仍然有效；社会主义是一种思想观念。社会主义的基础是一种信念，即人类以及他们共同历史命运的统一性。换句话说，就是人类的平等性。

接受这项原则对实现社会主义至关重要。社会主义的合理性就在于人，而不是某个国家或者该国的国旗。实行社会主义既不是为了黑人的利益，也不是为了棕色人种、白色人种或者黄色人种的利益。社会主义的目的就是为人民服务，这与肤色、身高、外貌、技术、能力或其他任何事情都毫无关系。社会主义经济机构的目的，如我们按照《阿鲁沙宣言》的规定而建立起来的机构，就是为人民服务。在一个主要由黑人组成的社会中,受益最多的人就是黑人。但这仅仅因为他们人性的本质,而与他们的肤色无关。

多年前,我曾下过这样一个论断:法西斯主义可以和种族主义相互融合,但是社会主义和种族主义是互不兼容的。原因很简单,法西斯主义是人类最残酷的剥削形式;它故意将人类分成不同的团体,让不同团体之间斗得你死我活。德国纳粹党中大多数人都受到过煽动,从而加入到迫害生活在他们之中的少数团体即犹太人的行列之中。"我讨厌犹太人"成为纳粹政府支持者的信念基础。

但反对犹太人、亚洲人、欧洲人甚至西欧人、美国人的人也并不是真正的社会主义者。他们试图将人类分成不同的团体,并且根据肤色和外貌对他们品头论足。又或者按照不同的国籍将他们分类。不管哪种情况都违背了人人平等、情同手足的原则。

如果我们不能接受人人平等这个原则,那么社会主义社会就不可能建立起来,无论它是什么样的社会主义。当德国纳粹党建立克虏伯军事工业集团时,社会主义者再也高兴不起来,这意味着法西斯主义国家相比从前组织性更强。南非建立了一家石油精炼公司,其政府保留了该公司大部分所有权。这个消息更让社会主义者坐立不安。因为我们很清楚,这更加强了法西斯主义国家对人民的压迫,其实力变得更加强大,我们推翻它们的难度也在加大。

坦桑尼亚人民必须谨记这个教训,尤其是现在,我们已经将社会主义道路向前推进。确实,由于坦桑尼亚曾经被殖民主义占领,这段历史使我国大部分资本主义组织都由亚洲人或西欧人掌控。20年前,我们可以这么说,这个国家的资本家都来自于亚洲或西欧,但现在我们已经不能这么说了。因为,资本主义和资本主义思维态度都与种族、信仰或统治者的民族血统无关。事实上,出生在阿鲁沙的人都知道,资本主义的诱惑力大小与你是什么肤色无关。即使是坦盟的领导人也会沾染上资本主义和封建领主的习气。一部分人开始以"我的公司"的口吻来称呼国有企业。还有许多人只要他们拥有的权力能够满足他们"资本主义"欲望,他们也会这样做;即使在现实中不能这样做,他们也会有成为资本家的欲望。因此就有了我们对领导人做出的有关决议。也同样因此我们必须预计到执行有关决议的难度。

社会主义与种族无关,与国籍也毫无关联。事实上,任何一个聪明人,不管他是否是社会主义者,都很清楚资本主义国家同样也存在社会主义者,来自资本主义国家的人当中也有社会主义者。这些社会主义者常常外出去其他国家工作，他们去的国家往往是新独立的，并且明确对外宣布实行社会主义制度，例如坦桑尼亚。因为生活在资本主义国家常常让他们感到失意。任何一个聪明人也都了解这样一个事实，即生活在社会主义国家的资本家也都疲惫不堪——正如坦桑尼亚的资本家会适时感到灰心丧气一样。也许某些东方国家的资本家，会因为感到失意而来到我们国家，与我们一起工作。

如果某个社会主义者认为所有资本家都是魔鬼，这种论断是不明智的。反对资本主义体系，试图挫败人们的资本主义欲望是一回事。就好像西方欧洲国家认为我们坦桑尼亚人都是魔鬼一样，认为所有资本家都是头上长角的魔鬼的论断也是很愚蠢的。事实上，资本主义国家的领导已经开始意识到，共产主义者与他们一样——都不是魔鬼。总有一天，他们会意识到中国共产党人也不是魔鬼！如果对本身就很愚蠢的事情大惊小怪，我们自己同样也会变得非常愚蠢，这是很荒唐的！因此，必须从语言和行动上都认识到，资本家和社会主义者一样都是人。他们可能存在错误；的确，从我们致力于建设社会主义事业的角度看，他们确实有错。我们的任务不是迫害资本家，也不是让资本家毫无尊严地活着。

实际上，社会主义者很有必要去思考一些问题，想想有关政策，考虑社会主义组织机构怎样为人民服务。如果我们根据人们的肤色、血统或者所属部落去评判那些为人民服务的人的好坏，那么，从前的努力就功亏一篑。正确的做法应该根据一个人的工作效率、诚信程度以及是否能非常忠诚地完成任务来评价一个人。能当得起科学社会主义者称号的人，必然是在思考问题、做出决策时表现出科学和客观态度的人。评价一个人时，我们必须客观地评价他这个人本身，而不能给他们冠以"亚洲人"、"欧洲人"或"美国人"的身份。

当然，坦桑尼亚社会主义社会将由坦桑尼亚人民自己来建造。即使不可能所有职员都是黑色肤色的坦桑尼亚人，我们也努力让所有政府职员都是坦桑尼亚人。仅仅因为没有坦桑尼亚人在刚刚实现国有化改革的企业任职，就认为我们仍然没有掌握自己的命运，这种论断是很荒谬的。只有那些缺乏自信或试图掩盖自己缺点的人才会这样说。事实表明，他们是错的。尽管我们曾经遭到殖民主义侵略，但坦桑尼亚已经实现了国家独立。尽管仍然有些外籍人员在坦桑尼亚担任高层职务，但坦桑尼亚已经成为一个独立的国家。坦噶尼喀已经与桑给巴尔结盟成共和国,尽管很多的政府工作人员来自不喜欢桑给巴尔革命的国家。坦桑尼亚已经接受《阿鲁沙宣言》,并会在接下来一周内对主导国家经济的资本主义企业和机构实行国有化改革。在改革行动中,我们充分利用了所有相关政府人员。不管是坦桑尼亚籍还是非坦桑尼亚籍人员,他们都非常忠实地贯彻我们的方针,工作中也表现得非常努力。

《阿鲁沙宣言》陈述的都是关于人类以及人类的信念,如社会主义、资本主义、社会主义者以及资本家。它并未涉及种族主义和国籍的问题。相反,它提到,所有代表广大工人和农民阶层利益的人,不管身处何地,都是我们的朋友。这意味着,我们应该具有最起码的判断力,准确判断每个人的性格、能力,而不是下意识地根据他们的种族或者血统去做出判断。如果我们不愿意这样做,我们就不可能成为真正的社会主义者。如果在《阿鲁沙宣言》的指导下,我们所采取的行动对人民来说还有意义,我们就必须接受这个人类共性的原则。现在最重要的就是争取社会主义事业的成功。为争取获得成功而不断奋斗的人,他们的肤色或血统是无关紧要的。种族主义思维习惯是殖民主义遗留下来的,每一个人都必须不断努力改变这种思维模式。

克服这个习惯并没有那么容易。但我们非常清楚,这是非常有必要的。种族主义是魔鬼的化身。我们正是以它为基础进行独立斗争的。人人平等是坦盟最重要的信条。坦桑尼亚宪法中写着,坦盟相信人人生而平等,每个人都依法享有被尊重的权利。如果我们能在这个国家成功建立起社会主义制度,每个人,尤其是每个坦盟领导者,都必须信守承诺。我们必须谨记两件事情:全心全意投身于坦桑尼亚建设社会主义事业当中;社会主义和种族主义是水火不容的。

29 经济民族主义

1967年2月28日,尼雷尔总统出席了位于达累斯萨拉姆的坦桑尼亚啤酒厂厂房扩建的开业典礼。这家啤酒厂是政府宣布国有的公司之一。因此,尼雷尔总统称赞该公司的管理层以及所有工作人员的辛勤劳动。随后,他继续探讨有关政府接管这家公司以及其他公司的国有化问题。

……我们决定保留这些行业的大部分所有权的原因是它们是国民经济的命脉,因此,必须由坦桑尼亚人民自己掌控。从根本上看,我们的目的就是一个民族主义目的;它是1961年坦桑尼亚人民实现的政治独立的延伸。

从世界范围来看,这种以经济方式表达的民族主义现象并不新奇;尽管坦桑尼亚实现经济民族主义的方式可能是独有的,然而其动机是非常普遍的。任何一个国家,不管是资本主义者、共产主义者、社会主义者还是法西斯主义者领导的国家,都想要控制该国的经济命脉。一个国家并不一定要将外籍人员排除在本国的经济活动之外,但必须坚持控制国家主要的生产资料、配送渠道及交换方式。这正是坦桑尼亚月初出台的法律的基本目的。

相关法律的出台,对坦桑尼亚来说意味着:"现在正是控制我国国民经济的最佳时期。"独立后,坦桑尼亚人民掌握了国家政治控制权,但该国所有核心产业依然掌握在外国人手中。事实上,许多产业都发展得很好,但决策者并不是我们,而是那些掌控了经济的外国人。我们曾经一度鼓励外国投资者前来投资,而对于我们不想接受的,我们本可拒绝,但是现实是我们处在了被动地位——这是无论哪个国家都不愿看到的。

这种经济的依赖性源自于一个事实,即坦桑尼亚的独立是通过和平方式实现的。由武力推翻外国统治或本国封建主义统治的国家,通常在国家获得独立时就掌控了国家经济命脉。苏联和中国是典型的例子——我相信,即使是美国独立战争也必然产生所谓的"收购一些敌方财产"的结果。即使是西方资本主义国家，也正在采取一些确保能掌控国家经济命脉的措施。某些欧洲国家政府会阻止一些产业的私人出售，这些产业正是国家经济的核心组成部分。这种私人出售很可能会导致外国掌握该项产业。政府有时会运用这种权力，有时又限制这种权力，而法律的出台正彰显了人民的民族主义情怀。在这种情况下，不管发达资本主义国家经济实力如何，也不管他们在国外拥有多少类似的投资项目，政府都有权阻止产业的私人出售。

当然，如果英国、加拿大、法国采取这种方式保护国家经济，防止经济命脉被美国控制是合理的，那么非洲的担忧也同样无可厚非。非洲国家经济实力薄弱并不会使这两者产生差别。相反，非洲国家的不发达使得这些产业对国家未来的发展更加重要。这些核心产业对非洲国家至关重要，国家主要的生产资料更应该由坦桑尼亚人民自己掌握，人民代表应该具有相关政策的决定权。

正如我所说的那样，经济民族主义与社会主义、资本主义或共产主义这些意识形态毫无关联。经济民族主义存在于世界上每一个国家。只是各国控制本国核心经济的时间、方式各不相同。但让非洲人民接受将本国人民的福利无条件地交由外国人决定，这是很荒唐的。不管非洲各国最终实行哪种经济体制，毫无疑问的一点是，他们迟早会要求掌握本国的经济命脉。

我认为所有外国商人都能接受经济民族主义主张，至少理论上能够接受。共产党领导的国家投资于坦桑尼亚一类的国家，参与新建一个工厂或开辟一个新行业时，他们通常通过贷款的方式进行投资。当工厂正式运营后，再通过赚取的收益还款，但最初这个工厂归东道国所有。这种做法使得管理层或技术人员的国籍在任何时候都不会对这种投资产生影响。

换句话说，不同意识形态的国家只是在争取控制国民经济时所采取的方式不一样，最终的结果都是一样的。真正的问题不在于一国是否控制该国的经济命脉，而是通过怎样的方式去实现对国民经济的掌控。意识形态的选择问题，其实质就是在国内私人企业与一些国有或集体机构中做出选择，从而实现对国民经济的控制。

尽管这只是一个意识形态的选择问题，但它是否构成非洲民族主义一个现实的选择，非常值得怀疑。非洲的实用主义者从不受教条的约束，他们只是实事求是地解决问题。最终他们会发现现实的选择完全不同，真正的选择只存在于外国私人所有与本国集体所有之间。我认为,任何一个完全独立的非洲国家,在资本、企业家或资本家数量和质量方面的实力都达不到控制国民经济的要求。这是非洲目前的现实情况。因此,实现控制本国国民经济的唯一途径就是实行社会主义经济体制。

对坦桑尼亚来说,这种没有选择的选择也并不是不可接受的。我们既是社会主义者又是民族主义者。坦桑尼亚致力于创建无阶级社会,在这种社会体制中,每个身体健康的人都能通过努力工作为国家经济做贡献。并且,我们相信,只有当国家主要的生产资料都由坦桑尼亚本国人民掌握时,这种社会才能建立起来。事实上,我们近期所采取的社会主义措施并不是基于盲目的教条主义,这些措施的目的都是为人民服务。

这些措施会产生一系列结果。我们不断追求企业高效运营,以及希望当经济行为具有可行性之后能不断扩大规模,希望与所有有助于我国经济发展的专家、经济实力强大的公司合作。

基于这些原因,我们急于从现有经济体系中划分出核心部门,并将这些核心部门置于坦桑尼亚人民的掌控之中。我说过,除了国家法律规定的那些产业之外,其他企业都不在国有化改革范围之列——目前唯一不确定的只有剑麻行业。其他行业的划分都很明确。如果某个行业不在国有化改革名单之列,那么只要企业所有者有意愿,那么他仍然可以继续坚持公司的私人独资体制。如果将来合作制企业或者坦桑尼亚全国工会有意愿并入现有的经济体制主干道,他们可以通过国家发展公司,以买卖自愿的方式,通过常规的商业程序来完成。如果任何私有企业想要参与公有制经济活动,程序也一样。我认为这一点是很清楚的。还有一点需要明确,即某些经济领域非常欢迎国内外私人投资。现在,任何有投资意愿的人都能清楚地知道,他想要从事的经济行业是否会实行国有化改革。

还有一点需要明确,即国家保留了大部分所有权但未进行国有化改革的行业。我们需要明确合作方的财务权益。很显然,他们是希望公司能盈利的,我们也同样希望公司能盈利。合作方对公司所赚取利润的用途可能与我们不尽相同,但无论我们还是合作方都不希望看到公司亏损。

最后,为了广大坦桑尼亚人民的利益,公司应该实现高效运作。为了实现高产,公司的管理层必须足够优秀,所有员工必须全身心投入工作。一家企业的理念是确保企业实现高效运行的非常关键的一部分,经理人的管理能力和经验也同样重要。当然,我们希望实现的是非洲化的管理模式——无论什么肤色的坦桑尼亚人都能参与工作。但这与国有化改革无关,很早之前,我们就已经申明,希望所有坦桑尼亚人都能做好接任管理层职位的准备。这并不是空想。我们并不要求现在所有国有企业的管理层都是坦桑尼亚本国人。自坦桑尼亚实现政治独立以来已有六年时间,然而仍然有很多政府工作人员为外籍人员。如果涉及政治问题时,我们都是现实主义者,那么当国家经济处于紧要关头时,我们就没有理由不现实。只要聘请外籍管理人员和技术人员,对提高国家经济发展效率、实现经济规模扩张是必要的,国家政策就应该允许这样做。

30 为自力更生而教育

1967年3月,尼雷尔总统发布了其当权以来首个"后阿鲁沙"关于教育的政策指导。该指导对坦噶尼喀的教育体制和教学态度进行了分析,进而要求进行一场教育改革——这场改革是针对坦桑尼亚的需求及社会目标而对教育体制进行的重铸性改革。

该指导文件发布后,国家成立了一系列工作组——成员包括教师以及教育行政人员——以检测该项新决定的实施方法。与此同时,很多学校——尤其是中学——已经开始办农场,建车间,并承担"国家建设任务"。

早在坦桑尼亚人民获取独立之前,在坦噶尼喀非洲民族联盟领导下,人们就已经开始为孩子要求更多的受教育权了。但是我们从未真正停下来认真思考一下,我们究竟为什么想要接受教育?接受教育的目的是什么?因此,尽管长期以来各方对于学校开设各门课程的细节存在诸多批评,但我们从未质疑过这一自国家独立以来就一直袭用的基本教育体制,直到现在情况才有所转变。过去我们从未质疑过是因为除了在招聘教师、工程师、教育行政人员等职工时,我们根本就没有对教育进行认真的思考。实际上,无论是个人还是集体,我们都一直将教育看作是一种技能培训,培训人们在现代经济社会中要赚取高薪所需的技能。

像我们这样一个贫穷的国家,为了给孩子们和年轻人提供教育,每年要花费国家收入的近20%,现在正是重新考虑这一点的合理性的时候了,同时我们也要开始思考我们提供的这种教育应该做些什么。因为,就我们国家的情况而言,除非教育的结果同我们正努力创建的社会有成比例的相关性,否则我们不可能每年都为一些孩子的教育(还有其他孩子无法接受教育)投入1.4733亿先令。

无论是过去还是现在,世界各地各社会机制下的教育体制在组织和宗旨上都各不相同。这种不同,一方面是因为提供教育的社会不同,另一方面也是因为无论正规还是非正规教育都有其各自的目的:为了使社会积累起来的智慧和知识能代代相传,也为了让年轻人能成为未来社会的一分子,积极参与社会的维护与发展。

或明显或隐含,对于所有的社会机制来说——西方资本主义社会,东方社会主义社会,以及非洲前殖民社会——都是这样。

事实是前殖民时期的非洲没有"学校"——除了一些部落短期的启蒙教育——并不意味着那个时期的孩子就没有接受过教育。他们通过生活和工作来学习。孩子们在家中和农场里学会了社会技能以及社会成员所期望的行为。孩子们通过和长辈一起干活认识了适用于不同目的的不同种类的草,学会了种庄稼要干的活儿,也学会了如何照顾喂养动物。他们还通过听老人讲故事知道了本部落的历史,也了解了本部落与其他部落以及神灵之间的关系。社会价值观正是通过这些方式以及那些共享的习俗才得以流传下来,孩子们也一直被教导要遵循这些共享的习俗。这种教育也因此是"非正规"的,每个成年人都多多少少在不同程度上是一位教师。但是缺少正规性并不意味着没有教育,也不会影响这种教育对于整个社会的重要性。实际上,这种教育才使教育与孩子们所成长的社会有更直接的联系。

欧洲教育已经正规化很久了。然而,若是对欧洲教育发展进行调查就会发现,其教育目标实际上一直和传统非洲教育机制隐含的目标相同。也就是说,欧洲的正规化教育旨在强化某一特定国家已有的社会道德规范,并且为孩子和年轻人将来在社会中的位置做准备。目前,社会主义国家也是这样。他们的教育主旨和西方国家稍有不同,但是目的却一致——为年轻人能在社会生活并服务社会做准备,也为了传递知识、技能,传递社会价值观和态度。无论在什么地方,只要教育未能做到以上任何一个目的,那么社会便会在其前进的路程中蹒跚不稳,或者如果人们发现自己所受的教育为他们所准备的未来向他们大门紧闭,社会便会发生动荡。

坦桑尼亚的殖民教育以及新国家的遗产

过去,殖民政府在其所属的两个国家实施的教育目的却有所不同,这两个国家现在共同组成了坦桑尼亚。其教育目的不是为年轻人服务自己的国家做准备，而是想要向他们灌输殖民社会的价值观，并且训练个人为殖民国家服务。在这些国家，教育中的国家利益也因此来自于对地方职员以及低层官员的需要；除此之外，一些宗教群体也乐于传播读写能力以及教育，并以此作为他们福音教会工作的一部分。

上述事实并非供以批评那些在教学以及组织教育工作中辛勤工作的人们，而且通常他们的工作条件都十分艰苦。也不是为了表明这些人在学校里传递的价值观不正确或者不恰当。相反，上述事实说明，由殖民者引入到坦桑尼亚的教育体制模仿了大不列颠的教育体制，但却更重视屈从的态度以及白领工作技能的培养。当然，同时也不可避免的是，上述事实是基于殖民主义和资本主义社会这一假设，这种社会强调并鼓励人类的个人主义本能而非合作本能，也导致了物质财富成为评判个人社会价值的主要标准。

这意味着殖民教育引起了人与人之间不平等的看法，实际上也加强了强者对弱者的控制基础，尤其是在经济领域。因此坦桑尼亚国家的殖民教育并没有代代相传其自身社会的价值观和知识，相反，却刻意改变这些价值观并用另外一个社会的知识来取代本社会的知识，这种殖民教育也因此成为蓄意影响社会变革的一部分，使坦桑尼亚变成殖民国家，接受其地位并成为统治权力的高效附属国。殖民教育没有达到上述目标并不意味着其没有对那些殖民教育接受者的态度、思想以及知识产生影响，也不意味着殖民地教育自然而然地就与一个致力于平等原则的自由人其各种目的相关联。

事实上，坦桑尼亚独立国家所继承下来的教育体制，对于这个新国家来说在很多方面都不够充分也不合适。这种不充分很快凸显了出来。1961年12月，国家所提供的教育很少，当时即便是担任政府行政工作的人也没有具备工作必需的学历资格，更不用说那些要担任大型经济及社会发展工作的人所需的学历资格了。而且，1961年的在校人数也没有庞大到足以令人期待这种状况会很快得到改善。除此之外，当时受教育还基于种族，而在此之前的独立运动的整体道德则是基于反种族歧视。

独立以来的行动

教育传承中三个最明显的错误已经得到处理。首先，消除了教育中存在的种族歧视。独立之后不久,各独立的种族集团就推行了彻底的融合政策,也终结了基于宗教的种族歧视。坦桑尼亚儿童现在可以入学任何一所政府学校或者由政府资助的学校,而不用考虑其种族、宗教,也不用担心要被迫接受宗教灌输以获取学习资格。

其次,极大地扩展了现有可用教育设施的规模,在中学及大专院校尤为如此。1961年,坦噶尼喀有49万名小学生,他们大部分都只上到小学四年级(standard Ⅳ)。1967年,坦噶尼喀的小学生数量达82.5万,并且逐渐地,这些小学生都完成了七年的小学课程。而且1961年,只有11832名中学生,其中只有176人读到中学六年级(Form Ⅵ)。今年中学生数量达25000名,其中830人读到中学六年级。显然,这是一件值得我们这个年轻的国家骄傲的事情。值得提醒我们自己的一点是,当前的问题(尤其是那些所谓的小学毕业生的问题)大都正是因为这些成功才正在逐步显现。

我们采取的第三个行动是使所有学校提供的教育在主旨内容上更加坦桑尼亚化。我们的孩子不再只是简单地学习大不列颠历史和欧洲史。我们国家的大学和其他教育机构已经在提供非洲历史的相关材料,并且教师们可以获得这些材料,这比我们预先设想的要快。孩子们又开始重新学习我们国家的歌曲和舞蹈;学校课程也开始重视我们国家的语言,它需要也值得被重视。而且,坦桑尼亚人所接受的公民学课程教学也正开始帮助中学生了解本组织,也了解我们这个年轻的国家。通过这些以及其他一些方式,我们的教育体制发生了变化,变得与我们的需求更加相关。现在,虽然对于我们正在采取的这些行动还存在一些普遍的而且合理的质疑,但是我们应该要赞扬那些教师的工作,以及那些在政府部门、教育学院、大学学院以及区自治会支持这些教师工作的人们,这种赞扬也是合理的。

但是我所提到的上述行动都是对我们承袭下来的教育制度的修正。这些修正结果还没有能够看到,因为教育改革要出成效需要经过很多年。但是1966年的事件着实表明,我们需要对现行教育体制进行一个更全面仔细的检测。显然,是时候考虑以下这个问题了:"坦桑尼亚的教育制度打算要做什么——它的目的是什么?"决定好了这一点之后,我们还必须考虑,现行教育结构和坦桑尼亚为其任务所施行的教育之间的相关性。根据这种检测,我们就可以思考:在目前形势下我们是需要进一步修正原有的教育体制还是需要对整个教育方式进行改革?

我们正努力建设怎样的社会?

只有当我们清楚地明白自己正努力建设的是怎样一种社会,才能据此设计我们的教育服务以有利于目标的实现。但现在这不是我们坦桑尼亚存在的问题。尽管我们不曾断言已绘制好了未来的蓝图,却已陈述过多次我们的社会价值观和目标。我们曾说过要建立一个社会主义国家,国家的建立要基于以下三个原则:平等,尊重人格尊严;共享努力成果;人人工作,没有剥削。我们早已在国家伦理中陈述了上述思想,也在《阿鲁沙宣言》以及其他文件中概述了我们要遵循的原则和政策。我们也曾在很多场合说过我们的目标是要建立一个更大程度上的非洲统一体,我们应该为此目标而奋斗,同时维护坦桑尼亚联合共和国的主权和领土完整。最通常的是,我们的政府和人民都强调所有公民的平等,强调我们的决策,即经济、政治和社会政策要让这种平等在各个领域成为现实。换言之,我们正致力于建设一个社会主义社会,在这个社会中,人们将自己决定人民政府要施行的政策。

然而,很明显,如果我们要朝着这些目标前进,无论是从内部还是从外部,我们这些在坦桑尼亚的人都必须接受目前国家地位这一现实,然后努力改变现实,使其符合我们的期望。现在,事实是,联合共和国是一个贫穷,欠发达的农业国,我们几乎没有资金用来投资建立大型工厂和购买现代化机器,也缺乏有技术和有经验的人才。但是,我们拥有辽阔的国土以及愿意为了改善生活而努力工作的人们。正是对现在所拥有的这些资源的利用决定了我们能否实现目标。如果我们能以一种自立精神作为发展的基础,那么我们就会取得进步,缓慢但坚定。这样取得的进展才是真正的进展,才能真正影响人民大众的生活,而不仅仅在城镇是一派壮观景象而其他坦桑尼亚人民却仍生活在贫困之中。

坚持这一道路意味着在未来很长一段时间内,坦桑尼亚仍然是一个以农业经济占主导地位的国家。也正因为人们是在农村地区生活和工作,因此农村地区的生活水平必须得到改善。这并不是说在不久的将来我们将不会建立任何企业和工厂,实际上我们已经建立了一些,并且会继续扩展它们。但是要是幻想不久的将来我们将有不止一小部分人民能在城镇生活并且在现代化工厂里工作,这也是十分不现实的。因此,必须把农村转变成能让人们过上好日子的地方,也让人们能够在农村地区找到自己的物质财富及满足感。

但是这种乡村生活水平的改善不会自动发生。只有我们经深思熟虑制定政策以尽可能地利用已有资源——我们的人力和国土——才能达到这一目标。这意味着人们要聪明地努力工作,并且要一起工作,换句话说,就是要共同合作。生活在农村地区的人们及其所属政府应该以协作的方式组织起来,通过为自己所在社区工作而为自己工作。我们的乡村生活以及国家组织都应建立在社会主义的基础之上,工作中的平等及收获就是社会主义的组成部分。

这才是我们的教育体制应当鼓励的。它应当鼓励为了共同利益而共同生活共同工作的社会目标,应该为年轻人能在社会发展中起到强有力而建设性的作用做准备。在这个社会中,人们平等地共享群体的好运、厄运,社会的进步标准也取决于人们的康乐而非令人羡慕的楼房、汽车或者其他诸如此类的东西,无论这些东西是私属还是公有。因此,我们的教育应该给孩子们灌输一种对全社会的社会责任感,并帮助孩子们接受价值观,这些价值观要适用于我们要创造的未来社会,而非过去的殖民社会。

这意味着坦桑尼亚教育体制必须重视合作力量而非个人提升,重视平等观念,重视提供服务的责任感,这些服务可能需要各种特殊能力,比如在木匠业、畜牧业或者学术追求领域。尤其是,我们的教育应该抵制知识傲慢的倾向,因为这会使那些受过良好教育的人鄙视那些拥有非学术化能力的人或者鄙视那些没有特殊能力的普通人。这种傲慢在人人平等的社会中绝无容身之地。

然而我们的教育体制的任务不仅是关于社会价值观的,还要为年轻人将来响应坦桑尼亚社会号召而工作做准备。坦桑尼亚社会是农业社会,它的完善主要依赖于那些致力于农业和乡村发展的人们的努力工作。这并不意味着坦桑尼亚的教育就应该培养拥有不同技术程度的被动型农业工作者,即他们只需要实行从上述提到的那些人那里得到的计划和指示。教育应该培养出优秀的农民,让人们准备好在一个自由民主的社会中,担任起自由工作者及自由公民的责任,虽然很大程度上这只是一个农业社会。这些农民应该能独立思考,能够解读社会民主机构做出的决定,也能够根据自己居住地的特殊情况来实施这些决定。

要是认为我们的教育体制只是用来生产机器,只管努力干活儿却从不质疑政府或者坦盟的所言所行,那就完全误解了我们要建立这种教育体制的需求。

因为人民本身正是,也必须是政府和坦盟存在的基础。我们的政府和政党必须为人民负责,也必须由人民代表组成——人民代表是人民的发言人和公仆。因此我们要施行的教育必须鼓励每位公民培养发展以下三种东西:探究意识;从他人行为中学习的能力,并根据自己的需求拒绝或吸收这些行为;对自己作为社会中自由平等一员的基本信心,重视他人也因自己所为而非自己所获而受他人重视。

这些东西对教育中的职业及社会方面都很重要。无论一个年轻人学习多少关于农业的知识,他也无法找到任何一本书能解答他在田地中遇到的所有细节问题。他应该学习现代农业知识的基本原理,然后运用这些知识解决自己的实际问题。同样地,坦桑尼亚的自由公民们应该独立判断社会问题。当然,现在没有,将来也不会有一本政治"圣书"旨在解答我们国家未来会面临的所有政治、经济和社会问题。但是将来会有经社会认可的哲学和政策,公民们可以对它们进行思考,并依据自己的思考和经验运用这些哲学和政策。但是如果坦桑尼亚社会主义民主社会试图阻止人们思考领导人的教义、政策和信念,无论是过去的还是现在的,坦桑尼亚的教育制度将不会为这个社会的利益服务。只有意识到自身价值和平等的自由人才能建立一个自由的社会。

现行教育体制的一些显著特点

这些目标和我们现行教育安排有很大的不同。因为现在的教育体制中有四个基本要素,这四个基本要素阻止了,或者说至少在试图劝阻孩子们融合到他们将来要步入的社会中去,也确实鼓励了那些通过学校考试的年轻人不平等的态度,知识傲慢,以及强烈的个人主义。

首先,最核心的是,我们的现行教育基本上是一种精英式教育,其目的只能迎合进入学校体系中相当一小部分人的需要和利益。

尽管只有13%的小学生会升入中学,但是我们推行的小学教育的基本原则仍然是为孩子们升入中学做准备。因此,去年有87%完成小学学业的学生——今年还有差不多这么多的学生将小学毕业——毕业时都带着一种失败感,一种被自己的正当抱负否定的感觉。实际上,我们都会用下面的术语来形容他们,我们称他们为没能升入中学的人,而非小学毕业的人。另一方面,剩下的13%的学生会有一种值得获奖赏的感觉——他们和他们的父母现在期待的奖赏便是高薪，在城里舒服体面的工作，还有社会地位。同样的过程在接下来最高学历水平中又会重演，而上大学本身就是一个问题。

换言之，我们现在提供的教育是为那些在智力上比其他同胞稍强的极少数人量身订做的，这会导致在那些成功的人中产生一种优越感，同时让绝大多数的其他人不停地追求他们永远都不可能得到的东西。还会导致那些大多数人产生一种自卑感，进而导致无法建成我们本应该建成的平等主义社会，也无法产生有利于建设这种社会的思想态度。相反，这种教育会导致我们国家等级结构的发展。

第二点也同样重要：坦桑尼亚的教育本应该为学生融入社会做准备，现在却要使学生与社会分离。中学尤其如此，不可避免地，坦桑尼亚的中学几乎都是住宿学校。但除了最近对学校课程的修正，在一定程度上，小学也是这样。我们将7岁的孩子带离父母身边，每天花7个半小时教他们一些基本的知识、技能。近年来，我们开始试着将这些技能，至少在理论上，和孩子们所体验的生活联系起来。但是学校总是独立出来的，不是社会的一部分，而是孩子们待的地方，在这里，孩子和他们的父母希望学校能使他们不需要再当农民，也不需要再继续住在村子里。

那些升入中学的少数学生被带到远离家乡数英里的地方。他们生活在一个孤立的小地方，可以到城镇里娱乐消遣，但是却无法将城镇或者国家工作同他们的实际生活联系起来——他们的实际生活是住在学校大院里。后来，会有一些学生升入大学，如果他们足够幸运，考入了达累斯萨拉姆大学，就可以住在舒适的住宅区，吃得又多又好，然后为了学位努力学习。成功拿到学位之后，这些学生立刻就会知道他们每年可以有660英镑的收入。这就是他们一直以来的目标，也是他们受到鼓励所要达成的目标。或许他们希望服务社会，但是他们所想的服务和他们对大学教育能给受教育人带来的地位和高薪的期许相联系。高薪和地位已成为大学学位自然而然就应给予学生们的权利。

因为这些态度而批评年轻人是不对的。一名新一届大学毕业生一生大部分时间都和坦桑尼亚大众分离，他的父母或许很贫困，但是他却从未和家人共享过那种贫困，他也不能真正体会贫穷农民的生活是什么样子。比起和自己的父母在一起，同受过良好教育的人在一起他会感觉更舒服自在。只有在假期他才会待在家里，但是即便是在家里，他通常会发现，自己的父母和亲人都非常赞同他在观念上的差异，也都认为让他像普通人一样工作和生活是错误的，而他实际上就是个普通人。因为现在的实际情况是，很多坦桑尼亚人都开始认为，教育就意味着受教育人十分宝贵，他们不能过艰苦的生活，而我们的人民大众正在过的正是这种生活。

第三，我们现行的教育体制鼓励学生培养一种观念，即所有有价值的知识都应该从书本中获得或者从"受过良好教育的人"身上获得——"受过良好教育的人"指的是完成正规化教育的人。而其他老人的知识和智慧却受到鄙视，这些老人自身也被认为是无知的，毫无价值的人。实际上，不仅仅是我们现行的教育体制会产生这种影响，我们的政府和政党在评判他人时所依据的也是他们"是否拿到了学校证书"、"是否拥有学位"等。如果一个人具备这些资格，我们就会认为他有能力担任一个职位，除了通过考试的能力，我们不会等着发现他的态度、人格或者其他任何能力；如果一个人不具备这些资格，我们就认为他不能胜任一份工作，同时也会忽略他的学识和经验。比如，我最近去访问了一位出色的生产烟草的农民，但是如果我试着要把他带进政府，让他成为一名烟草推广人员，我就会遇到体制上的麻烦，因为他没有接受过正规教育。我们做的所有事情都强调书本知识，却看轻传统知识和智慧对社会的重要性，这些智慧都是那些聪明的男男女女在体验生活的过程中得到的，尽管他们完全不识字。

这并不意味着只要年纪大、有智慧，任何人都可以做任何工作，也不意味着学历完全没有必要。很多人因为反对读书人的傲慢而时常会陷入这种误区。一个人年老但并不一定有智慧。一个人因为在一家工厂当了20年的工人或者仓库管理员不一定就能够运营一家工厂，同样地，一个拥有商业博士学位头衔的人也不一定能运营一家工厂。前者或许诚实正直，有评估他人的能力，而后者或许有能力达成交易并使其产生经济效益，但是如果要成功经营一家工厂并使其成为服务国家的现代企业，这两个人的条件都很必要。因此，过于看重或者看轻书本知识都是错误的。

这同样也适用于农业相关知识。农民们已经在土地上耕种了很久，他们所用的方法都来自于长久以来和大自然抗争得来的经验，甚至于他们所尊重的规则和禁忌都有合理的依据。但是这不足以让我们诽谤这些传统的农民就是守旧的，我们需要试着去理解他们做某些事情的原因，而不是仅仅就此认为他们是愚蠢的。但是这也不意味着他们的方法能够充分应对未来。传统体制或许适用于当时存在的经济,它们是在当时的经济时期和当时的科技知识条件下被制定出来的。但是现在我们所使用的工具以及土地使用制度都发生了变化。现在不能只使用土地一两年的时间,然后休耕20年让土地自然更新。耕牛的引进取代了锄头——甚至还引进了拖拉机——这不仅仅意味着耕地方式的改变,还意味着我们需要改变工作组织,使其既能保证新工具得到最大限度的利用,又能保证新的耕地方式不会快速破坏我们的土地以及整个社会的平等。因此,再一次强调,年轻人既要学会实际尊重那些年老的且"没有受过良好教育的农民"的实践知识,又要学会理解新方法的使用,及这些方法的合理性。

但是,现在小学生们学到的却是甚至会鄙视自己的父母,只因为他们老旧无知。我们现行的教育体制中没有任何一点可以向孩子们表明他们可以从长辈那里学会关于耕种的重要知识。结果便是,孩子在入学之前吸收了巫术的信念,却不了解当地草的属性;从家庭中学会了禁忌却没有学会如何制作有营养的传统食物。在学校里,他学到的知识也与农业生活毫无关联。结果,这个孩子在两个体制中都得到了最差的东西!

最后,在一定程度上这也是最重要的一点,我们的年轻人和这个贫穷的国家正在将国家中最健康最强壮的年轻男女从生产性工作中带离出去。他们不仅不能帮助增加国家正急需的生产产量,还消耗那些年老且通常较弱的人们的生产物。目前,我们国家共有约2.5万名中学生,他们从不在工作中学习,而纯粹就是学习,而且,他们认为这样是理所当然的。在像美国这样富裕的国家,年轻人靠打工赚钱完成中学和大学学业是很常见的,但是,坦桑尼亚的教育结构却使年轻人不可能这么做。即便是在假期,我们也认为这些年轻男女应该受到保护,不让他们做艰苦的工作,而且无论是他们自己还是社会都不希望他们在辛苦的体力劳动和不舒适不愉悦的工作上花费时间。这不仅反映出了现在很多人都在找不需要技术含量的有偿工作这一现象——问题并不在于报酬,还反映出我们都已经接受的一种态度。

我们有多少学生能在假期做一份可以改善人们生活却没有报酬的工作?——比如挖灌溉渠道,为一个村庄挖排水沟,宣传深坑公厕的建设并解释其好处,还有诸如此类的工作。只有很少一部分学生在国家青少年营里或者因为学校组织的国家建设计划而做过这类工作,可是这些是例外而非普遍情况。绝大多数学生都没有想过要把自己的知识和优势同村子的需求联系起来。

这些错误能被更正吗？

如果要改变这种状况，主要有三个方面需要注意：课程内容，学校组织结构以及小学入学年龄。但是，尽管这三个方面在一定程度上是相互独立的，却也是相互联结的。我们不能仅通过理论教育就把孩子和学生融入到未来社会中去，无论这种教育设置有多么完美。如果一种教育体制能完全融入当地生活却不能教会人们诸如读写能力和算术能力等基本技能，或者如果这种教育体制不能激发学生对于一些思想的好奇心，社会是无法从这种教育体制中充分获益的。而且，如果那些小学毕业生都只有十二三岁，我们也无法期待他们能成为有用的年轻公民。

要考虑改变现行教育体制，我们也有必要正视国家目前的实际经济状况。花在教育上的每一分钱都是从其他也需要钱的活动中抽取出来的——不管这些活动是对未来的投资，为了更好的医疗服务，还是只是为了得到更多的食物、衣服，让现在的人民过得更加舒适。事实是，坦桑尼亚不可能再提高投入在教育上的国家收入的比例，这个比例还将会降低。因此，要解决目前存在的问题，任何解决方法所需花费都不能超过现行教育的花费，尤其是，我们不能通过增加中学学校数量来解决"小学毕业生问题"。

"小学毕业生问题"实际上就是现行教育体制所产生的问题。越来越多的孩子入学时年龄为五六岁，因此，这些孩子小学毕业的时候年龄太小，还不能成为认真负责的工人或者公民。除此之外，现实是，这个社会和他们所接受的教育类型都导致了这些孩子期待有偿就业，而且可能的话是在办公室里工作。换句话说，他们所受的教育并没能和整个社会所需的工作充分结合。因此，解决这个问题需要小学教育课程有大的变化，也需要提高小学的入学年龄，这样一来，学生毕业时年龄就会稍大些，在学校时也能更快地学习。

要解决这个小学毕业生问题别无他法。尽管上述方法可能会引发一些令人不快的后果，可事实是，在坦桑尼亚，要普及小学教育还需要很长一段时间。对于那些能够获得读小学机会的绝大多数学生来说，只有这样，现行的七年教育才能发挥其应有的作用。而且，只有很少一部分人才能有机会继续读中学，很快，即使他们能因上大学而得益，这些读中学的学生中也只有一小部分人有机会继续读大学。这些都是我们国家经济生活的现实情况。这些学生对我们国家的贫穷有着现实意义。我们面临的选择只是我们应该如何分配教育机会，是要重视少数人的个人利益还是让我们的教育体制能为整个社会服务。对于一个社会主义国家来说，后者才有可能性。

这个解决方法的含义是我们国家所施行的小学教育本身应该是一个完整的教育，而不再只是为了中学做准备的教育。我们也不应当使小学活动适应于那些为了选拔少数学生升入中学的竞争性考试，而应使其为大多数学生会过的生活做准备。同样地，上中学也不应该仅仅是大学、师范学院及其他学校入学选拔的过程。中学应该为学生在乡村和全国农村地区的生活和服务做准备。因为，在坦桑尼亚，中学教育存在的唯一真正理由便是需要这些少数人为多数人服务。七年制小学的教师接受的教育水平应该高于七年，帮助人们接受七年教育的推广人员本身也需要有更多的知识。其他一些必要的服务需要更高的教育水平，比如医生和工程师都需要长时间且认真刻苦的训练。但是公开提供的"为教育而施行的教育"必须是面向人民大众的普通教育。那些优秀的少数人所接受的更高等的教育必须是为多数人服务的教育。否则，要用多数人的税收来供少数人受教育就没有任何其他合理的理由了。

我们的小学和中学必须让年轻人为坦桑尼亚的现实和需求做准备，这说起来很容易。要达到这一目标，不仅需要彻底改变我们的教育体制，还要改变许多现存的社会态度。尤其需要降低考试在政府和公众评估中的作用。我们必须认识到，考试虽然有很多好处，比如可以减少选拔过程中出现裙带关系和部落关系的风险，但是考试也有很多十分严重的缺点。一般来说，考试能够评估一个人学习能力，并且能使他们在短时间内达到所要求的标准，但是考试却不能评估出一个人的推理能力，当然也无法评估出一个人的人格以及是否愿意为他人服务。

另外，目前我们实行的课程和教学大纲都是为了适应考试而设置的——只有在很有限的程度上不是这样。一位教师若想帮助自己的学生，他就会仔细研究往年的考卷，判断下一年会出哪些题目，然后把教学精力集中在这些题目上，因为他知道这样做就是在帮助学生获取最好的机会以进入中学或者大学。而现在孩子们参加的考试本身就适应于国际水平和实践，而这些实践的发展和我们国家独有的问题和需求毫无关联。我们现在要做的就是首先要思考一下我们想要提供一种什么样的教育，思考完之后再想一下，以考试这种形式结束某一教育阶段的方法是否合适。考试设置应该适应于我们所提供的教育。

最重要的是我们应该改变我们对于学校的要求。我们不应该根据一名医生、工程师、教师、经济学家或者行政官所需要的知识来决定孩子在小学应该学的东西类型,大多数小学生都不会成为这些人中的一员。我们应该依据一个男孩或女孩应该知道的东西来决定孩子在小学要学的东西类型,即那些如果他或者她想要在一个社会主义国家并且是农业社会占主导地位的国家生活得开心,生活得好,并且要为改善那里的生活贡献自己的力量而要学习的技能以及要珍视的价值观念。我们的目光应该放在绝大多数人身上,以他们为目标决定学校课程和教学大纲。而那些最适合于继续深造的人仍然会很出众,也不会难熬。因为我们的目的不是要提供一个比现行教育更差的教育,而是要提供一种不同的教育——一种依据现实设置的教育,它能够在坦桑尼亚这个特殊的社会中实现其教育的共同目标。小学之后的教育也应当如此。其教学目标应该是为学生传授知识、技能和态度,为他们在一个发展中并且不断发生变化的社会主义国家生活而服务,而不应该以进入大学作为目标。

除了改变课程教学方法,与之相应的,我们也应该改变学校的运行模式,让学校和学校里的人真正成为我们社会和经济的一部分。实际上,学校必须成为一个社区——践行自立箴言的社区。教师、工人还有学生也必须成为这个社区单位的成员,就像父母、亲人和孩子共同构成家庭社区单位一样。在学校社区中,教师和学生之间的关系应该和在村子里的父母和孩子的关系一样。学校社区必须认识到,就像村庄社区认识到的那样,他们的生活和康乐依赖于财富的生产——即耕作或者其他活动。这意味着所有的学校,尤其是中学以及其他形式更高层次的学校,必须自我维持,他们必须成为经济、社会以及教育社区。每一所学校都应该设有一个农场或者车间作为其整体的一部分,为这个社区提供食物并且为整个国家的收入做一定贡献。

这并不是在建议每一所学校都应该为了训练的目的设置学校农场或者车间,而是建议每一所学校都应该成为一个农场,学校社区里的人应该既是教师又是农民,既是学生又是农民。显然,如果有一个学校农场,那么在农场劳作的学生就会学习到耕种的工作和技巧。但是这个农场必须是学校的一部分,而且学生的康乐将依赖于农场的产出,就像农民的福祉依赖于其土地的产出一样。这样一来,当这个计划实施后,学校的财政收入将不再是像现在这样——来自

"政府拨款……;志愿机构或者其他慈善机构拨款……",而是来自"出售棉花(或者其他任何适合当地生产的经济作物)所得收入……;种植和消费食物带来的价值……;孩子们在新建筑、维修、设备等方面的劳作所带来的价值……;政府津贴……;……拨款"。

这是在与我们的传统教育决裂,除非教师和家长能够完全理解其目的和可能性,否则这一计划在一开始实施的时候就会遭人怨恨。但事实是,这个措施并不是在退步,也不是对教师或者学生的惩罚,而是一种认识,我们要认识到我们坦桑尼亚人必须靠自己的努力劳动以摆脱贫困,认识到我们每一个人都是同一个社会的成员,彼此依赖。当然计划的实施确实存在困难,尤其是在刚开始的时候。例如,我们没有很多经验丰富,且既能在新设学校农场担任规划师又能担任农场经理。但这并非是不能克服的困难,当然,在我们找到经验丰富的农场经理之前,坦桑尼亚的生活也不会就此停止。在我们训练的过程中,生活和耕种也会继续。事实上,通过让优秀的当地农民担任某项特定劳作的监督者和教师,通过利用农业官员和其助理的帮助,有利于破除我们认为只有书本知识才值得尊重的观念。这是我们社会主义社会发展的要素之一。

这种让学校自我维持的观念也并不意味着把孩子当作遵循传统方式的劳动力来使用。相反,在学校农场,学生们可以通过劳作来学习。锄头和其他简单工具的重要性会得到证明,改良种子的优点,简单的牛耕以及正确使用畜牧方法的好处也会得到彰显;学生们还可以学习如何最大限度地运用这些东西。农场的工作及其产品都应该和学校生活融合在一起。这样一来,就可以在科学课上讲解化学肥料的属性、作用及局限,而这些都是学生们在使用、观察化肥的过程中亲身体验到的。也可以从理论上教授学生们合理放牧的可能性,以及梯田和土壤保持的可能性,当然,同时也要将这些付诸实践。这样一来,学生们就会理解他们在做什么以及为什么要这么做,也会有能力分析所有失败的原因,并考虑其能否得到更好的改善。

但是学校农场绝不能是,实际上也不会是高度机械化的示范农场。我们没有达到这一目的所必要的资金,同时这样也无法教会学生任何他们要过的生活所需的东西。学校农场必须由一个能清理自己的灌木丛或做其他事情的学校社区设立——但是这些事情要其成员共同完成。经营学校农场所需资金援助不能超过一个已经建成的普通农场的可用资金,而且这种普通农场施行合作式经营，工作会被监督。通过这种方式，即便没有大量的外部资金，学生们也可以学到协同工作的好处。再次说明，合作的好处既可以在教室里学到理论，又可以在农场上得到证实。

最重要的是，在校人员应该认识到这是他们自己的农场，他们的生活水平依赖于这个农场。在很多事情上，也应该给学生机会让他们做必要的决定，比如，是否需要用他们自己赚的钱雇一辆拖拉机犁地，为播种做准备，或者是否应该把这些钱用于学校或者农场的其他目的，而纯粹靠自己的体力劳动完成那些困难的工作。通过这种实践，以及这种教室学习和农场劳作相结合的方式，这些受教育的年轻人会认识到如果他们经营好农场，就会吃得好，有更多的娱乐室，寝室里也会有更好的设备等。但如果他们做得不好，自己就会受苦。在这个过程中，政府应该避免制定详细且死板的规则，每所学校都应该拥有相当大的灵活性。只有这样，这块特殊区域的潜力才会得到充分利用，也只有这样，参与者才能实践——并且学会重视——直接民主。

通过这些方式，学生们将把工作和安乐联系起来。他们会学到为了全体利益共同生活共同工作的意义，同时也能学到和当地非学校群体共同工作的价值。因为学生们会认识到，很多事情只靠学校的学习是不够的——比如，和邻近地区的农民一起工作才能使灌溉成为可能；为了他们自己也为了他们的村子，要发展就需要在当前满足和未来满足之间做出抉择。

刚开始的时候可能会犯很多错误，从一开始就把决定权不加限制地完全交给年轻的学生必然是错误的。但是尽管指令及一部分纪律的实施必须由学校当局下发，学生们也必须有能力参与决定并且能够从错误中学习。举例来说，学生可以学习如何撰写学校农场日志，准确记录所做的工作、施用的化肥，或者喂食动物的饲料等，还可以记录农场不同部分的成果。这样就可以帮助他们发现哪里需要改变以及需要改变的原因。种植需要在课堂上被教授，也应该和农场联系起来，这种观念很重要。无论是一整年劳作的规划，还是整个规划中出现的责任和时机的缺失，整个学校都应该参与其中。一旦全体学校成员收获了必要的基本健康发展，学校一些特定群体的额外利益就会很好地和所设定任务的准确完成联系在一起。再次强调，这种计划可以成为社会主义教学的一部分。

对于那些建在乡村地区的学校，以及打算未来建新校的学校，学校农场就可能成为校园的一部分。但是对于建在市区的学校,或者一些建在人口十分密集地区的老校,要设学校农场就不可能了。在这种情况下,学校或许应该更重视其他生产性活动,或者让住宿学生可以有一部分在校时间在教室里度过,另一部分在远离学校的学校农场营地中度过。每所学校都应制定自己的计划。当然,要实行这种新方式,将市区学校排除在外是错误的,即便这些学校是走读学校也不能被排除在外。

现在其他很多为了学生而进行的活动,尤其是在中学,都应该由学生们自己完成。毕竟,一个7岁开始上学的孩子在进入中学之前就已经14岁了,毕业时可能就20岁或者21岁了。但是,现在很多学校都雇用了清洁工以及园丁,他们不仅教书、监督学生,还做了所有那些工作。学生们习惯性地认为雇工应该为他们准备好食物,为他们刷盘子,打扫房间,让学校花园变得美丽迷人。如果要求他们自己参与这些事情,他们就会感到委屈,尽可能少做,这取决于教师监督的严厉与否。这是因为他们还没学会为整洁的房间和漂亮的花园感到骄傲,就像他们学会为一篇好的文章和高分的数学试卷感到骄傲一样。但是把这些任务完全融入到学校教学工作中是不可能的吗?班主任教师及其秘书为学校假期花时间考取旅游执照或者做其他事情是不是有必要呢?这些事情都不能融合到课堂教学中让孩子们学会如何自己完成这些事吗?换句话说,至少让中学合理地成为自给自足的社区,在这个社区中教学和监督技巧都是从外面学来的,但是其他工作却是这个社区自己做的或者是由其生产劳动所得支付的,这样也是不可能的吗?确实,对于学生们来说,学校只是个暂时的社区,但是学校也是他们七年来真正属于的地方。

显然,这种目标状况非一夜之间便可达成。这需要在组织和教学上都做出基本的改变,然后逐渐引入这些改变,同时,学校要随着时间的流逝,为自己的福祉康乐承担起责任。但是小学不可能(像中学一样)为了自身做到这么多——尽管我们需要记住的是,大一点的小学生已经十三四岁,而在欧洲很多国家,这个年纪的孩子都已经工作了。

尽管小学不能像中学那样为了自己的福祉承担起相同的责任,但是,把小学及其在校学生完全和乡村生活融合在一起绝对是很重要的。小学生们必须是家庭(或者社区)经济单位的一部分。孩子们必须通过对整个社区负责,通过让整个社区包含在学校活动中而成为这个社区的一部分。学校工作——学期,时间等——的安排应该能让孩子们像家庭成员一样参与到家庭农场中,或者能让孩子们在社区农场上成为社区中的初级成员。那些没有上学的孩子都在家庭或者社区的农场里干活或者放牛是理所当然的事。同样理所当然的是,那些上学的孩子也应该参与到家务活中——不是说当他们偶尔想做时才帮助一下,而是作为他们正常成长的一部分。现在有些观念认为学校是独立的,认为小学生们没有必要劳作,这些观点必须要清除。当然,家长对这种观念的形成有着特殊的责任,但是学校也极大地推动了这种观念的发展。

要完成这种融合有很多种不同的方式。但是融合的完成需要深思熟虑,还要有意识地让孩子们认识到,他们在接受社区的教育,目的是以后能够成为这个社区中聪明且积极的成员。完成这一目标的方法能让小学生像中学生一样获得从劳作中学习的好处。如果小学生在村庄社区的农场里工作——这个村庄社区农场可能负责某些特定区域——他们就能学到新的技巧,并且为学校社区所取得的成就而感到骄傲。如果没有这种公有村庄农场,那么学校可以通过请求老一辈的帮助,建立一个小型农场,让他们帮助清理灌木丛,以此作为学校在一些已有社区项目中所做贡献的回报。

再次强调,如果学校需要建设性工作——比如建新楼房或者其他工作——孩子和村民应该共同协作,并根据一定的健康和力量分配任务。当然,孩子们应该自己打扫清洁(无论男孩女孩都应该参与其中),还应该学到共同工作的重要性以及规划未来的价值。比如,如果他们有块自己的耕地,孩子们不仅应该参与工作还应该参与分配生产出的食物和经济作物。他们也应该参与对学校直接利益和整个村庄利益之间,眼前利益和长远利益之间的选择。通过这些或者其他合适的方式,孩子们应该从整个学校生活中认识到,教育并没有使他们脱离社区,而是帮助他们成为这个社区中强有力的成员——为了自己的利益也为了他们的国家和同胞的利益。

这种重组方式的难点之一就是现在的考试制度。如果小学生们把时间更多地花在学习如何做实践工作,帮助自我维持以及整个社区发展上,那么他们就没有能力,至少无法在同一时间段内参加现在的这种考试。然而,很难理解为什么现在这种考试制度被认为是神圣而不可侵犯的。其他国家正在远离这种选拔方式,他们要么把最低水平的考试整个废除,要么将考试同其他评估标准相结合。坦桑尼亚没有理由不将考试和评估体系结合起来,前者基于课堂所学,而后者是根据师生对学校和社区所做工作的评估。对于中学、大学、师范学院及其他教育机构的入学选拔,比起现在实行的纯粹的学术程序,这将是更合适的方式。一旦制定出这种新的教育方式的详细大纲,我们就需要重新审视现在的选拔程序。

在学校实行这种新的工作方式需要进行一些大的组织性改革。现在也应重新审视将一学年严格分为几个学期和长假的做法。牲畜不能一年中有部分时间没人管,而且如果到了种庄稼,除草或者收获的时节,而学生们都在放假,学校农场也就无法供养这些学生。但是把学校假期时间错开来也不是不可能,这样一来,不同年级可以在不同时间段放假,或者,在双流式中学里,让部分年级在某段时间放假,剩下的年级在另一段时间放假。这需要大量的组织和行政支持,但是一旦决定要这么做,就没有理由认为这做不成。

这或许表明,如果孩子们既工作又学习,这会导致他们在学习上不那么上心,而且将来也会影响整个国家教学工作等方面的行政水平。实际上,事实是否如此值得怀疑;最近开始允许五六岁的孩子上小学,这种趋势表明在小学初期能够教的东西会更少。再次将入学年龄改为七八岁能在一定程度上加快教学进程,因为大一点的孩子总是会学得快一些。如果学习和孩子体验的生活相关,他不可能对学习不上心。

但是即便这些结论是基于可证事实,在遵循教育和国家生活相融合的方向时也不能无视改变的需要。因为对绝大多数人来说,重要的是他们能流利地读写斯瓦希里语,会算数,知道一些历史和价值观,了解国家和政府的运转,并且能学会一些维持生活所必需的技能。(需要强调的很重要的一点是,大部分坦桑尼亚人都是靠在自家或者共同的耕地里劳作来挣钱维持生计的,只有少数人靠工资养家,然后花钱购买农民为自己生产的东西。)像健康科学、地理以及英语的起源等知识也十分重要,对那些希望晚年能自学到更多东西的人来说尤为重要。但最重要的是,小学毕业生们应该能够适应他们所在的社会群体,并且能够为之服务。

在中学之后的阶段也应继续遵循这些融入社区的原则,遵循融合所需要的适应性,但是那些经历了这种按照规划实施的融合式教育体制的年轻人不可能忘记这个社区的恩情,因此他们会在正规教育生涯结束时进行一段时间的高强度学习。然而,即便是在大学、医学院,或者其他中学后教育阶段,学生们也没有理由让别人帮他们刷盘子打扫。而且这些教育机构里的学生也没有理由不至少用部分假期时间以学习的方式为社会做点贡献,并以此作为学位或者专业训练的一部分。现在,有一些大学生假期时在政府办公室里打工,而且这么做可以赚取和普通职工一样的工资。实际上,一旦组织高效地建立起来,即便没有足够相当于有偿工作的工资能够支付给他们,他们也应该做一些社区所需要的事情,这才更恰当。例如,当地历史资料的收集,人口普查工作,参加成人教育活动,在医务所工作等,这些都能让学生在各自领域里获得实践经验。这样做,他们会得到相当于最低工资的钱,虽然本来做这些工作能赚到更多工资,但这些工作所得的收入也都应该花在学校或者教育机构上,花在社会福利和运动器材上。这些工作为学生赚取学分,在评估考试结果时起重要作用。一个逃避这些工作的学生——或者无法好好完成工作的学生——会发现以下两件事:第一,他的同学们或许会因为未完成本应完成的福利或者改善工作而责备他;第二,他的学位会相应降级。

结语

坦桑尼亚为坦桑尼亚学生所提供的教育必须为国家目标服务,也必须鼓励发展我们所追求的社会主义价值观,鼓励培养自豪、独立、自由的公民,这些公民的发展依赖于自身,他们了解合作的优势和其存在的问题。这种教育还应该确保那些受教育的人明白自己是国家的一部分,确保他们意识到自己的责任,即要利用自己所拥有的更好的机会提供更多的服务。

这不仅仅是关乎学校组织和课程设置的问题。社会价值观是由家庭、学校和社会构成的——是由孩子成长的整个社会环境构成的。但是,如果我们的教育体制着重强调要适应过去或者适应其他国家公民的价值观以及知识,那么这种教育体制是毫无用处的。如果我们的教育体制仍然继续因承袭而存在于现代社会中的不平等和特权,那么这种教育体制也是错误的。让我们把孩子们教育成一个平等正义社会中的成员和服务者,而这种社会正是我们国家所渴望的未来。

31 非洲统一条件的新视角

1967年4月初,数位非洲国家领导人聚首开罗,这些国家皆因罗得西亚问题而与英国中断外交关系。会后,尼雷尔总统继续留下进行国事访问,他借在阿拉伯联合共和国议会演讲的机会(1967年4月9日),论及须以新的视角看待非洲统一的基础。当时,许多非洲国家发生了军事政变,引发了一系列困难及紧张局势,1966年的非洲统一组织会议也以失败告终,在此情况下,尼雷尔发表了以下演讲。

……今天,我以非洲大家庭38名成员之一的身份讲话,希望探讨一个影响着我们所有人的话题——非洲的统一。我为我自己和我的国家而讲话,不为此外的任何人。我讲这番话,是因为坦桑尼亚人民和其他各国人民都深受一个残酷现实的影响,即时间一周周过去而非洲基本就没有不受外部力量侮辱的时候。我们的利益遭到忽略,我们的意见受到漠视,我们的警告不被理睬。而这一切之所以发生,就是因为非洲并不统一——除此之外再没有别的理由了。

非洲遭受着忽视、剥削,这是因为我们自己允许这样的事情发生。我们拒不承认我们的情况可能导致的结果。看着这样的我们,世界上那些渴望权势的国家、剥削别国的国家一定都暗自大喜。因为他们看到38个不同的国家,明明从地缘上说、从共同利益上说都该联合一致,可这些国家却置其共同潜能于不顾,反而无望地追逐着个体壮大的幻影。没有一个国家能够做到独自壮大。尽管我们各有各的国土,各有各的人民,但是,除非我们能从自身历史中学到教训,每个国家都只能为保持独立进行长久的斗争。这样的事实反复告诉我们:团结就是力量,分裂只会使我们弱小。

我不必再次列举现代世界中非洲统一的优点,阿拉伯联合共和国对此是格外清楚的。但是假如不被经常提起,那么即使是最基本的事实也会被人们忘却。在目前的艰难境况下,非洲很有可能会忘记一件事,那就是,假如置身更大的背景中，我们就会变得能够控制那些我们单个国家无法抵御的威胁。如果非洲统一成一个国家，那么，那些内部战争——两个非洲国家自相残杀——就会大大减少。如果我们能以联盟的姿态进行协商，非洲穷国为争夺大国经济帮助而进行的残酷竞争就将得以根除。我们仍然贫穷——贫穷是无法因为联盟的任何行动而转变的。优先权的新问题也会出现。但是其他国家为了自身利益剥削我们的可能却会消失，于是我们面向未来的道路将会比从前任何时候都更加广阔。

60年代早期，非洲国家仍然是在承认上述事实的基础上行动的。那时，大家承认我们是同一家庭的成员，就算内部发生口角，但是对外应该采取统一阵线。非洲统一组织1963年成立时，所有对非洲和非洲人民怀有关切的人都欢欣不已。那时看来，似乎非洲正走在通往伟大前程的路上。但是自那之后——尤其是过去一年半内——我们遭遇的是一个接一个的挫败。我们被迫面对一个对大部分人来说为欢乐所掩盖的事实——亚的斯亚贝巴只是艰辛、漫长道路上的第一站。于是，起初还身处欢悦幻象中的我们现在直直坠入了绝望的深渊。

我的论点就是，如同我们1963年高兴得太早——如同那时我们高估了自己的成就——现在，我们也有过于陷入绝望的危险。非洲统一还未告失败。只要还有人意识到我们对它的需要，并且愿意为之努力，这项事业便永不会失败。我相信，当今的非洲大地上还有许许多多这样的人，现在我们需要的，是更现实的思考，是为这项事业做出具有深谋远虑的贡献。

一如既往，我们在思考时必须如实承认非洲的现状，然后采取与之相对应的行动。我们未必要喜欢自己所看到的；我们只是必须面对现状、面对事实，这样才能做出与目标相适的决策。

所以，我们必须弄清两件事情。第一件，我们应该明白非洲统一的目的，第二件，我们必须清楚挡在路上的主要障碍。我们只有在完全弄清这些问题之后，才能发挥智慧，搜寻前路。

非洲统一的一切理由都可以总结为以下一条——为了非洲人民的福祉。统一的目的就是非洲人民的伟大自由——也即免于外部压迫，免于贫困，免于可能的非洲国家间战争。此外再无别的目的。非洲人民是非洲统一的唯一正当理由，他们也是非洲统一得以实现的唯一途径。漠视非洲人民的渴望、忠诚、现况的任何手段都不可能帮助我们达成这个目的。

然而事实是,人类最容易在小的群体中实现社会满足。在小群体中,他们能比较轻松地理解社会,也能即时产生个人参与感。共同的语言,共同的历史,共同的权力和生命符号,这些都会帮助他们产生这种统一感。对我们的人民而言,可承认的、结构简单的当局是必不可少的。与此等欲求相左的是,世界形势、现代技术决定了我们需要大型的主权国家。国家大了,人们就不容易了解或知道一起进行日常工作的人,尽管所有人都希望了解自己的合作者。只有相对极少的人可以完全理解大型社会单元。并且,人们也很可能觉得,除非自己能够了解、问责,否则当局就是强加于人的包袱,因为他们的决策毕竟直接影响生活。

所以,对于非洲人民而言,承认对非洲统一的需求,和他们掌握自己生活、掌控自身命运,这两者之间似乎存在冲突。事实上,这种冲突表面多于实际。但我们每个人感受更深的是:比起我们从分享权力中获取的控制他人的权力,我们交出了更多自己独有的权力。确实,这种想要同时拥有大型、小型社会单元的好处的想法,和人们既想作为个体做任何自己想做的事,又想在社会中生活的愿望是极其类似的——而在后一种情况下,人的个体愿望必须让位于集体共同利益。

在各个国家中,我们中大多数人早就面临着这个问题,为解决问题而从政治、经济上做出了合适的安排。我们有当地政府机构、当地合作社团等。这些组织机构让我们的人民得以直接解决本地区独有的问题,与此同时也能保证他们在共同利益问题上融入国家机构决策。通过这些方法,我们尝试在统一的需求和国内多样化的现实之间找到合理平衡。

只有通过类似的调节地区差异的方法,非洲的统一才有可能成真。如果我们一味等待某个地区差异、怀疑、敌意都荡然无存的时刻,我们就得永远等下去了。所有非洲国家在重大经济、社会问题上想法一致,这种情况甚至在非洲统一后都不太可能出现;而在统一前更是完全没有出现的可能。如果我们等待着大家想法一致的时刻,那么非洲将永不可能统一。我们必须接受彼此的差异,做出调和、适应。除此没有别的办法。

不同非洲国家间现存的政策差异是许多因素作用下的结果。从地理、社会、经济角度看,大家的客观环境有所不同;大家获得独立的方式也是各异;各国领袖的背景与哲学信念也各不相同。以上种种对现状产生的影响都不容忽视。因为,即便环境发生剧烈变动,即便领导人发生更迭,现有的经验也将决定未来、决定人民将采取的态度。

如果我们希望统一,我们就必须接受这些事实。一个非洲国家干涉另一非洲国家政务这样的事,就算处于能力范围内,但却不在义务框架中。即使我们中有部分国家认为其他国家正在犯可怕的错误,正被严重误导,我们也无权进行干涉——正如我们谴责的那些国家也一样无权干涉我们的内政。非洲是一体的,但它同时也是38个国家——还有更多。我们只有认识到这个事实,认识到其局限,才能前进。

因为非洲的统一只有在全体非洲人民认可的基础上才能达成。而在当今环境下,这意味着所有非洲国家的认同。没有一个非洲国家,没有一个非洲人,会接受征服得来的统一。被殖民主义分裂是我们的命运;而今,没有任何军事力量可以迫使我们统一。国家主义已成现实——这有利也有弊。通过为自由而战,以及独立后的经验,国家主义奠定了自身地位。我们走向统一治理的唯一途径是通过这些现存的,已得到人民认可的独立主权国家。

这意味着实现非洲统一将很不容易。具有独立主权的单元从不会轻易将自治权让给一个更大的单位。这也意味着非洲统一不可避免的早期困难将与现有的国家主义彼此相伴。若以为主权国家的合并将能自动解决非洲国家间冲突,将导致灾难。统一将只能改变解决这些问题的环境。统一不能解决共同生活中的所有一切问题,就像美利坚合众国的成立也不能解决"州权"与联邦政府间的问题。只有最大的非洲国家间的宽容、耐心和奉献,才能让统一得到进展,才能在实现统一后,保证统一的延续。

宽容看待多样性,这对实现和保持统一至关重要。但是,这并不代表我们完全不需要对多样性有所思考。我们不应认同为求统一可以弃置原则的说法。我所想表达的一切,就是我们在思考问题时要非常慎重。我们必须明白什么是比我们人民对统一的需求更为优先的基本原则。我们也必须明白什么是多样化的、统一的非洲内部可能包含的、可以处理的问题。

例如,非洲国家不可能在非洲的自由与平等这样的基本原则上做出妥协。像莫伊兹·冲伯这样的领导人,为了维持自己的权力竟愿意雇用南非种族主义者,在自己无法控制一个非洲政权时竟宁愿肢解它——这样的人显然无法让他的国家变成一个协调发展的非洲国家。但是理由绝不是他的经济政策涉及对剥削非洲者的妥协。理由在于他蓄意背叛了非洲的自由与平等这个基本原则。与这样的人谈判就等于与现在的南非政权谈判。

然而甚至非洲国家是否与南非来往这个问题也不能成为用来衡量其对非洲自由和统一的目标是否忠诚的简单标准。莱索托和博茨瓦纳这样的国家,其地理位置决定了他们除了忍受南非种族主义政权以外别无他路。类似情况下,真正的问题不在于他们是否与南非在一些事务上合作,而在于他们与之合作是因为他们不得不这么做,还是他们也想走上南非的道路。换句话说,这些国家就像被野兽捏在爪上的人,静静躺在兽爪上,他是为了在得到自由前免受伤害吗——或者是为了在朋友营救他之前免受伤害?非洲必须依照客观情况来判断类似例子,并且作为一个整体,非洲必须试着区分欢迎捕获他们的野兽的国家,和仅仅寻求存活空间的国家。

以下两者之间有天壤之别:赞比亚在做与罗得西亚决裂准备的过程中做出的不可避免的妥协,和部分无视联合国制裁、向非洲仇敌伸出友谊之手的国家采取的行动。对前者,非洲务必伸出援手;而对后者,我们必须将之视为对非洲斗争的背叛。但是,非洲在做出判断时显然应该保持慎重,尤其是眼下我们并不处于有能力帮助那些被南非政权绑架要挟的兄弟国的位置。像博茨瓦纳这样的国家应该得到我们的同情与理解,即便我们并不能给予他们实际帮助。背叛行为是我们所不能接受的,但是受到围攻的要塞需要做的应该也不仅仅是等候支援。

非洲永远不能向统一大业的叛变者妥协。然而"叛变"一词本身是个很大的、含糊不清的词语。我们必须规避风险,不让它的意义过分延伸直至包含一些我们不能苟同的政治经济问题的地步。因为意识形态上的差别绝不能妨碍非洲的统一。社会主义者和非社会主义者,民主主义者和非民主主义者,这样的区分现在存在于非洲,未来也将继续存在。我们中有一些也许相信——或者说坚信——其余人正在为了帝国主义国家值得怀疑的恩惠而损害非洲的未来;有一些则认为其余人和共产党人走得太近。一些非洲人也许认为其他领导人在剥削人民;一些人可能极度敌视那些从人民的民主主义领袖手中夺取权力的人。但是不管我们心里有什么样的感受、私下有什么样的判断,我们必须接受非洲各国现有的主权。如果有关国家的人民默认了实际管理者的行动,其余非洲各国也不一定要高兴；他们只是不可干涉。他们必须承认这个国家依旧是非洲的一部分。我们或者与邻国共处，或者赌上我们非洲和非洲人民整个的未来。我们的兄弟也许犯了错，但即便如此他们也是我们的兄弟。在我看来，这是我们真正达成统一之路上该采取的唯一态度。

当然，有着相似社会和经济政策的国家显然会彼此建立密切联系——正如阿拉伯联合共和国与坦桑尼亚。但我们的友谊必定不可排外。我们的联系必须存在于每个时期的非洲统一机构的大伞之下。目前阶段，这把大伞指的是非洲统一组织。尤其重要的是，我们中那些真切明白非洲统一的紧迫需求的人不可做出任何会弱化统一的事情。如果一些国家失去了耐性，或者追逐某些会威胁我们组织团结的短期目标，我们就必须意识到这样的情况，认识到它们的后果。但是这些举动绝不能成为其他类似举动的正当理由。相反，其他国家更加应该以坚定态度支持我们已经建立的组织。非洲统一组织内部不应存在"社会主义国家组织"或者"保守派国家组织"。因为非洲统一组织是地缘关系团体，而非意识形态团体。这一点，社会主义国家无论如何是承认的。我们这些国家自己的社会主义政策必须得到保障；非社会主义国家的非洲政策也必须得到保障。只有在非洲统一实现以后，我们每个国家才能够真正开始做出将非洲整体转向某一种意识形态的尝试。非洲统一组织必须一直都是一个所有非洲国家的组织——并且是非洲的最高组织。除了两国或多国合并为一国这种情况以外，任何国家间合作都应该处于它的庇护之下。但是，一个或者多个国家减少非洲统一组织有效性的行动不能成为我们其余国家忽略身上责任的理由。与单个国家相同的状况也发生在呼吁中断与英国的外交关系的决议可能遭到广泛失败的时候；我们每个国家分别或者执行我们的共同决议，或者不执行这个决议。所有非洲国家都声明过——一遍遍地声明——他们想要非洲统一。我们现在有责任承认我们需要以宽容、耐心以及艰难的思考来支持统一。我们中没有哪个国家能以其他国家的失败为自己开脱——甚至也不能用自己的失败来开脱。

有鉴于近几个月来非洲统一组织受到的损害，这一点尤为重要。我们必须明白我们的组织身上发生了什么事情，以及事情发生的原因。然后我们必须试着扭转形势。事实是，我们中有些人操之过急，有些人不够慎重。要求行动的愤怒言语，以及不作为，都会损害非洲统一组织——并且这样的损害已经产生了。国家间的争论已经妨碍了非洲会议——或者阻止了会议有效举行,或者导致对所谓敌人的提议的自动反对。非洲内部的经济合作安排原本相当值得夸奖,但是现在也发展成了一些有着排外性的内部忠诚的组织。对世界其他国家的友好访问也都优先于我们自己的会议。如此等等。

事实就是如此,它让人丧气。但是这些事实不是我们放弃非洲统一组织的理由。它们给予我们理由,让我们以新角度看待非洲统一组织,再次尝试让它变成一个有用的组织。这个组织在很多事情上失败过;未来它也很可能会在某些事情上失败。然而即便有着这样、那样的弱点,它依然存在。它是唯一一个可以产生全非洲的讨论、咨询的组织,未来还可能是催生全非洲的行动的组织。1963年的努力并不因它未能让我们做到需做的一切而成为无用功。一个常年卧病者在首次站立时很可能高估自己的力量,于是摔倒,伤到自己。但是他并不因此投降,从此做一个只能卧床的残废。他稍事休息,便再次尝试——开始时更缓慢,更小心。他从失误中吸取经验。同样道理,非洲也该如此。

我们非洲人民遭受了长年的压迫、殖民、封建主义。用历史术语来说,我们和平获得了自由——经常是在对统一的强烈要求的累计效应之下获得了自由,坦桑尼亚就属于此类情况。所以,在我们首次得到自由、首次迈向统一之时我们低估了所要面对的任务,这并不奇怪。强势的、几近于威胁的话语,展现了我们独立的决心。非洲的行动基于这个假定:即这个方法在新形势下是合适的,如果我们放大声势,其他国家就会颤抖。我们该学到教训了。如果你讲了大话,你就该有做出重大举动的准备。如果你知道这不可能,或者这样做代价太大,那么全非洲会议上吵闹的话语就只不过是排除了其他形式的压力。更好的办法是保持沉默,接受愚人的奚落,同时用其他办法为非洲不懈努力。没有行动相随的大话只能让我们显得滑稽。不幸的是,总是那些不打算将大话落到实处的人,叫喊起来最是响亮。静水流深,最终,深流积蓄力量,扫清一切障碍。

非洲必须自由。非洲的自由将只能通过统一的行动实现。先有统一,然后才会有针对特权和种族主义的余留堡垒而采取的重大行动。统一可以通过多种不同方式得到加固;通过经济合作,加强沟通,政治联盟,等等。任何迈向统一的步伐都是助力,只要非洲统一的终极目标不受到妨害。而前行的每一步都有居间效果,能强化自由斗争,强化我们抵抗国际帝国主义压力的力量。但是我们永远不能忘记终极目标,不能将过渡期间的任何一步当作最终成就。

非洲的真正革命者应该在同一时间做两件事情。他应该着眼于、专注于前方的大道,并尽可能以实用主义思想商讨出前行的道路。但是与此同时他必须在视野中清楚看到目标,永远让目标指引方向。换句话说,他必须是一个现实的理想主义者!我必须说,我个人认为这个说法并不自相矛盾!

让我们所有人再次前行。通向非洲自由与统一之路是一条漫漫长路,且艰难崎岖,但它绝非不可逾越。桥梁若被冲走,我们可以重建一座。高山阻挡前路,我们可以绕山而行,或者开山而过。工具就是我们的双手,我们的头脑,我们的精神。如果我们具备勇气、耐心、毅力、愿景,这些工具就能足够。

让非洲自身的命运启示我们,愿上帝帮助我们努力前行。

32 通向社会主义的多条道路

在对阿拉伯联合共和国的国事访问中，1967年4月10日，尼雷尔总统被授予开罗大学荣誉学位。在典礼上，尼雷尔总统面向学校师生发表了演讲，就社会主义以及他对社会主义神学的摒弃等话题做了探讨。

阿拉伯联合共和国和坦桑尼亚，都致力于社会主义建设。承贵校邀请，我希望借此机会对建设社会主义做一些思考，我尤其希望我对这个话题的思考能对我们之中现在——或者未来——当权执政、重任在肩的人有所启发。

一直以来，社会主义都有许多定义，有不少著述对社会主义的要求和含义做出了解释。这些书籍中，有一些对整体问题或特定地方存在的问题做了有价值的分析。我们可以从中学到很多。

然而，不幸的是，现实中也生发出了我只能称其为"社会主义宗教学"的东西。人们争论——这种争论有时相当激烈——什么是真正的教义，或者这一位、那一位作者在使用一个用语时指的是什么。假如这只是知识分子的消遣，那倒也无妨；但是实际上，我们面对的情况有些怪异：努力克服现存问题的领导人或遭受指责，或得到称许，而人们指责、称许的依据就是，他们有没有"采取与书本——或者某个人对于书本的阐释——相一致的行动"。

坦白说，在我看来这很荒谬。我是基督徒，相信上帝的话语现于《圣经》之中，这是我信仰的一部分。故此，对我而言，尽管有——或者毋宁说因为有——有关《圣经》的不同说法，明智的做法是：尝试领会《圣经》的完整意义，并且，如欲从行为上符合上帝的期许，便不妨从那些对《圣经》做了细致研究的人那里获得参考。我想，上述说法也适用于穆斯林，他们相信《古兰经》是真主降示给先知穆罕默德的经文。但是，有关社会主义的书籍则有所不同。它们是由人撰写的；也许是智慧聪敏的人写的——但也还是由人撰写的。所以，我们应该像参考凡人的作品一样参考他们写的书——要知道,个体可以为解决某个问题贡献良多,但是并没有人可以永不失误。我实在认为,所谓"存在'纯粹社会主义',其中诀窍法门已知"的想法,纯属对于人类智力的侮辱。在我看来,人仍要去解决社会生活中的问题,我们每个人都可能为种种相关问题的解决做出贡献。我们应该认识到,有些关于社会主义的著述确可阐明问题,有些著述可从特别的角度为我们标示前路。但也仅此而已。

社会主义者必须持续地思考。这种思考必应不局限于努力挖掘所谓"社会主义圣经"或"社会主义古兰经"的所述及所指。那些自称科学社会主义者的人,必须真正有科学精神!也即,他们得根据时间、地点的客观情况,对社会主义思想和方法进行扬弃。他们必定不可为不相干的社会主义宗教所阻碍、所约束。

让我赶紧补充一句,依照这种看待社会主义的方式,我想我今日在此的讲话也仅是对持续进行的讨论做出的一点贡献——仅此而已!

然而,我并不是在说,社会主义在我眼中是个模糊的概念,有多少人宣扬它,它就有多少种不同含义和变化。有效定义社会主义的基本设想和目标,这不仅是可以做到的,同时也是至关重要的。以此为基础,必然会产生某些实用原则。但是,原则只有在应用于实际情况时才是有效的。说"人的生命是神圣的"就是陈述了一个原则,但这个原则只有在应用于以下情况时才具有意义:救人于危难,或避免做出损害他人安乐之举。原则对于社会生活而言至关重要;但它不能为每一种生活情况提供答案——例如,如果有个精神失常的杀人犯,他的存在威胁到了其他人的安全,此时我们该做何反应。

社会主义的基本目标,就是人民安居乐业;社会主义的基本设想,就是人与人的平等。社会主义一定意味着相信每个男性、女性个体,不论其肤色、外形、种族、信条、宗教信仰或性别为何,都是社会中平等的一分子,享受平等的社会权利,履行平等的社会义务。

一个人,如果他不接受以上说法,他依然可以接受社会主义者奉行的诸多政策,但他无法成为一位社会主义者。同理,任何不追求平等的社会主义组织都不能证明社会主义者对其支持的正当性,无论该组织做着怎样的政治、经济实践。纳粹德国所谓的"国家社会主义者"奉行的并非社会主义,就如南非种族主义政府奉行的也不是社会主义——任何政府经济控制政策也不能推翻这一点。社会主义之下,绝无种族主义容身之地,亦无贵族信条容身之地。受过教育的男女蔑视未受教育之人,此类傲慢心理亦不见得容于社会主义。天主面前人人平等,这是世上所有重要宗教的基本信念,这也是社会主义政治哲学的基本信念。

然而社会主义不是乌托邦。社会主义也并不忽略人的能力各不相同这一事实。恰恰相反,社会主义基于人类本质。它接受人的本来面貌,要求社会中存在一种让人之差异为人之平等服务的组织。

事实上,社会主义,是社会中人人平等原则在社会、经济、政治组织中的应用。社会主义认识到,一些人体格强壮,其他人则体弱一些;一些人智力出众,其他人则迟钝一些;一些人双手灵巧,其他人则笨拙一些。同样,社会主义也认识到,每个人同时有着自私利己和适应群居的天性,这两者时常发生冲突。所以,社会主义信条要求社会组织以这样的方式运作,即,个体愿望不能或很难以他人为代价而得到满足,或者,个体力量不可出于剥削他人的目的而被使用。

对一个社会主义国家而言,这些要求有利也有弊。我们必须阻止人与人之间的剥削。同时,机构、组织必须确保人的需求与进步能够共同得到保证。

历史证明,有两条道路会导致剥削,我们必须堵死这两条路。第一条是对力量的赤裸裸的使用。人将自身意志强加于他人,最初是通过身体力量,然后是通过垄断武器力量。军队是少数人用来保证被剥削的大多数人的臣服态度的工具。埃及发生的革命中,军队从压迫的工具转变为人民反压迫的工具,这种情况确实是极少见的。更多情况下,是法律的逐渐完善以及"法律面前人人平等"的原则,缓解了压迫的严重性,直到人民处于掌握自身命运的位置。

但是光有法律中的平等——甚至法律制订过程中的平等理念——还是不够。因为事实是,平等是不可分的。在实践中,在某些方面,平等是做不到的,但是在其他方面则不然。所以在贵族社会中,"贵族"和"平民"在法律面前并不平等。若两者皆向法律寻求公正,后者打败前者这种情况是极不寻常的;两者对社会犯下了相似罪行而受到同等对待的情况也是极少见的。同理,一个富人和一个穷人在犯罪后也不会受到同等对待,在有争议的情况下,他们得到社会公正裁决的机会也不相等。

"法治"、"法律面前人人平等",这是防止剥削的必不可少的方式。但是,只有在整个社会都以平等原则为基础的情况下,上述方式才是具有实效的——换言之,也即社会主义政策得以贯彻之时。人类总是要犯错的,是以社会主义也不能保证公正;即使身处社会主义社会,人们也必须致力于建设、维护社会主义。但可以肯定的是,若非如此,则社会主义无以真正得到实现。

剥削的第二条路是通过私有财产。因为如果一个人能够控制另一人赖以挣取食物、衣物、栖身之处等生活必需品的方式,则平等也就不再存在。其中一人就必须称呼另一人为"主人"——因为他真的是生命之主,就如他拥有用枪夺人性命的力量一样。这个生存方式为人所掣肘的人,就必须为另一人的利益服务,而置自身愿望需求于不顾。经历过封建制与农奴制的国家对此想必深有体会。资本主义社会也一样,工人赖以获得薪酬的工厂要关就关、要缩就缩、要扩就扩,而工人既无发言权,亦无其他维持生计之方。

社会若要由平等的公民构成,则每个人必须掌控自己的生产方式。农夫必须拥有自己的工具——自己的锄或犁。木匠必须拥有自己的锯子,不必仰赖别人的使用许可。如此等等。生产工具必须由依赖它们谋生的个体或团体掌握。

非洲传统生活中,这确实是惯常的事情。例如,坦桑尼亚只有一小块区域是接近于封建制系统的;我国大部分国土上,每个家庭在自家打理的土地上劳作,用的是自家的工具,谋的是自家的福利。但是我们不可退回到这种体系了——它现在受到了货币经济的严重影响。它只在生活的原始层面上有效,而任由人们为无常的天气所左右,为其他自然灾害所害。

如欲保证优质生活,我们必须至少利用一些现代知识、现代技术。这样,生产工具的私有制便不再普遍可行了;我们的人民想要大规模生产的产品和更从容的生活,现代技术可以使之成为可能。甚至在农业上,我们也不应再满足于现有情况:每个农民拥有自己的杰贝(jembe,一种锄头)和砍刀,把它们作为自己仅有的工具。如此劳作方式之下,农民辛苦劳作,所得却并不多。但是只要可以使用更加有效、复杂的工具,私有制就会变得不可行,或者成为对资源的极大浪费。例如,即便我们能够向小麦产地的每个家庭提供一台联合收割机,这么做也是荒谬的。即便操作规模可以保证机器得到节约的、经济的使用,一个家庭也不可能自己完全承担所有其他相关操作。这个家庭必须雇佣劳动力来做其他事情——这样我们就再次陷入剥削的境地,一个人的生计会再次仰赖另一个人的决定。

在工具私有制并不实用的生产地区,我们于是被迫得出结论:生产方式的集体所有制是防止人对人的剥削的唯一方式。这种公有制可以应用于全国,代表所有公民,或者应用于其他一些由相关人掌握的机构——比如,合作社或当地政府。

公有制也可以应用于分配和交换问题上。在小的农民村社里,每个种植者或生产者可以带着产品去某个中心,和有兴趣问询产品的购买者讨价还价。但是现代方式中日益明显的生产专业化要求更复杂的工艺。同以往一样,一个人可能掌控另一个人的福利。他可以要求支付运费,索要销售回扣,或者垄断买卖,这么做从经济角度来看是正当的。

分配方法上的公有制,铁路、运货车等等以及公有企业的还价行为,可以消除这类剥削。同时,生产和分配的公有制可以给出一些方法,而促进公共福利的举措可以借此得以实施。例如,农民可以合伙集资,获得控制河流、使之造福大众的技术窍门。或者,一个区域的居民可以一起建造一条路或一座桥,大家都清楚这符合彼此的利益。他们不会担心这可能只有益于刚好拥有运货车的某个人——这个人可能不会降低他的收费,尽管他的交通工具不再在涉水时发生损失了,等等。

但是尽管现代技术为生产及分配方式公有制提供了最终正当性,这种公有制也并非在任何时候、任何地方都适用。社会所有制和社会控制的原则不能为每一个问题提供详细解答。就像我们在坦桑尼亚发现的,如果方法不正确,或者,如果管理者和工人效率低或不诚实,农民甚至可能受到他们自己的合作方和自己的国家的剥削。集体所有制也可能导致发展的无效、停滞,最终生产者反而会从个人剥削的受控制的形式中得到更大利益。因为仅仅让人们丧失自私的动机,这还不够。我们的发展应该以有效社会激励替换这些动机。这些动机不再存在时,或者说,到这些动机不存在的地步时,我们必须严肃考虑,到那时我们到底要不要免去私人利益的动机,以及我们可以在多大程度上免去私人利益的动机。

所以我们有了问题:在社会发展的每个阶段,哪些东西可以且应该被社会所有、被社会掌控。甚至在一些对于国家经济来说很基本的事情上,某些时候,公有制对于社会主义者而言也可能不是恒定不变的正确答案。尤其是,如果公有制意味着瓦解现有产业,那么此时,公共控制的其他方法可能更合适。有时我们可以通过其他方法做到这点——通过立法,否决、征求意见等。一个决定应该取决于环境形势和普遍态度——即基于社会主义政治教育的成功。但是我们必须认识到，若无所有制，那么复杂昂贵的管理结构就会经常出现，这或许会导致负面效果。在做所有此类决策时，社会主义组织的目的必须是主要因素。这个目的就是为人民服务。你不会经常以激怒人民的举动来服务人民，即便你的举措旨在给予人民对其生计至关重要的要素的集体控制权。

以土地问题为例。在坦桑尼亚，我们在独立后不久，就废除了土地私有制。如今所有土地皆为国有。但是这并不是一种对我们人民的冒犯：在我们国家，土地的公有制是传统——私有制对人民而言才是舶来的概念。在部落传统中，家庭中的一员使用土地多久，就拥有多久的土地使用权。土地只要被清理、被种植，它就是家庭用地；其余时间它都是部落土地，并且一旦家庭不再在其上劳作，它就又回归于部落土地。对于大家而言，我们的法律做出的唯一改变就是，土地不再是部落所有，而是国家所有的了——对坦桑尼亚来说，这种转变并不困难，这实在是很幸运的。于是，这条法律只真正影响了大约百分之一的土地，而没有一个真正想要劳作的坦桑尼亚人会无法找到所需的土地——就算那片土地不在他所想的地点。

这些情况意味着，在埃及革命中至关重要的土地改革对于坦桑尼亚可能并不适用。同样，我们改进后的传统所有制在这里可能很不相干，或者至少不合时宜。但是我们两国不同的举措，其目的都是为了社会主义。我们两国都是为了保证使用土地为人民，为了阻止土地成为不可避免的剥削的基础，而做出了一系列举措。

但是对于我们两国来说，现有举措都不是终点。在保障了土地所有权之后，我们必须决定要对土地做什么，以及怎么做。之后我们必须将决策付诸实践。这意味着实实在在、村庄层面的决策，这些决策应该为当地人民所接受，同时也与整个社会更大的目标、利益相符。并且，如果两个社会主义国家间正确的社会主义所有制政策有所不同，自然而然，更低层面上的正确决策也就有所不同。确实，这个层面上，甚至一个国家内部也会有所差异，这种差异基于某地人民的经历、经验，以及当地的地理条件。

当然，不同国家之间，其社会主义政策的不同之处不仅在于土地和农业。我们坦桑尼亚近期开展了小型的国有化试验，且在其他一些案例中我们已对私有企业采取了多数控制。现阶段，我们的人民正在就我们做法的正误得失展开讨论。一些人批评我们的彻底国有化举措;一些人批评我们没有将所有产业尽皆国有化;还有别的集团批评我们让前任所有者继续担任公有产业的经理人。不必说,自然有其他集团是赞扬上述每个举措的。我们欢迎这种讨论,只要讨论基于坦桑尼亚的需求。讨论之后,原本不甚明晰的将变得明晰,理性将指引我们继续在社会主义道路上前进。

但是尽管这些举措对未来很重要,尽管我们最近的公有制举措吸引了国际范围的关注,它们也只是坦桑尼亚真正面对的任务中的一小部分。对我们国家而言,农业发展——以及社会主义的农业政策——才是中心议题,是坦桑尼亚自力更生的社会主义发展的核心。在发展上,我们才刚刚起步。但是我们有广袤的土地,而在传统的农事方案下,土地的潜力、人民的能力都得不到充分的发挥。我想,这些因素将不可避免地导致坦桑尼亚与阿拉伯联合共和国在社会主义政策上有不同的着力之处和机构设置。因为在这里,我想,你们面对的问题是迅速增长的人口带给了耕地资源巨大压力,而你们的耕作方法也已经在一定程度上适应了集约型农业的需要。我们两国面对的问题不同,因此,两国通向社会主义的方法步骤也就可能相异。自然,如果这些不同的政策是我们这两个非洲大陆国家所需要的——尼罗河连接着我们两国——那么更大的差别就是我们之间以及我们与其他国家之间的正确社会主义政策之别。

也许最终——在我们建成了社会主义国家之时,而非尚在建设之中时——所有社会主义国家的机构、组织都将是彼此相似的。对此我现在并不能确知,因为目前我们尚无证据可以证明。但是我很确信,通往我们各国人民掌控自身生计与发展目标的道路必定是各不相同的。一个从达累斯萨拉姆出发前来开罗的人,和一个从莫斯科出发前来开罗的人,他们走的方向是相反的。这里真正重要的是,每个人都应该从自己的出发点出发,走上正确的方向!……我在1962年说过,社会主义是一种思想态度。今天我依然认为事实如此。这并不是说机构和组织就不相干、不重要了。我的意思是,如果没有正确的态度,这些机构很可能与它们的成立初衷背道而驰。首先,我们必须接受人人平等的观念。接着,领导层必须在群众身边为人民服务,带着对人民群众完全的心理认同为人民服务。人民必须在实际生活中当家做主,他们也必须在心理上知晓自己是国家的主人。社会主义不能是强加于人的。人民可以被指引,被引领,但是最终,人民必须参与其中。

如果人民并不参与到公有制中,如果他们不能掌控随之而来的政策,那么,公有制也许就会带来法西斯主义,而非社会主义。如果人民不是国家的主人,那么他们也许就要遭受可怕的暴政之苦。如果人民没有得到他们所信任托付的人员的真诚服务,那么,腐败或将否认他们的一切努力,让他们抛弃社会主义思想。

人民表达自主权的政治机构和组织,国与国之间皆不相同,此时与彼时亦不相同,就如社会主义的经济机构也是各异。最合适的方案取决于诸多历史及地理因素。但是最终,只有整体人民参与到与他们的政治、经济事务密切相关的政府决策中来,社会主义才可能实现。人民的力量必须被调动起来。这有时意味着放缓速度,有时意味着增加速度,此时只有学术层面上的考量才能给出定论。但是人民的参与是至关重要的,因为,如果不属于人民,社会主义什么也不是。

这是一个技术的时代,许多决策都不由民众直接做出。因此,重任落在了我们之中受过高等教育的人的肩上。我们通过人民给予的资源完成了教育。现在,我们必须代表他们,解决复杂的管理和技术问题,做出影响他们生活福利的决策。我们有责任就一些涵义不够清晰的问题向人民提出建议。我们必须尽最大的力量做所有这些事情。但是我们也必须认识到,我们的职责是,面对当前技术的种种复杂情况,服务、带领人民——我们要提出建议,解释问题,说服群众。我们所受的教育并没有赋予我们凌驾于人民之上的权利。我们所受的教育不能成为傲慢自大、高人一等的态度的理由。

政府机构、各式产业——或者各个大学——存在的唯一理由,就是构成社会的人民的更大福祉。我们这些掌权之人——无论是就政治意义而言,还是就技术意义而言——若不长期深入群众,便无法服务群众。我们眼下的机会在人类历史中无与伦比。面对挑战,我们必须心怀勇气和谦逊。

33 对工会的演讲

1967年7月27日,坦噶尼喀工会两年一次的大会由尼雷尔总统宣告开幕。与会的还有许多其他国家的兄弟代表团,在盛大会议开始之前,尼雷尔总统就坦桑尼亚工薪阶层所肩负的成功落实《阿鲁沙宣言》之责做了演讲。

……《阿鲁沙宣言》发表之后,政府随即将银行、部分面粉厂和其他生产资料收归国有,确保了许多原本完全私有的工厂由国家掌控。这表示政府是以相当严肃认真的态度看待《阿鲁沙宣言》的。然而,政府的一系列举动也带来了一个问题。我们的人民之中,有部分人开始相信社会主义就意味着国有化,认为除此之外别无可做之事了。一些人甚至相信,在银行国有化之后,我们国家就变得更富有了;他们认为在酿酒厂、鞋厂等产业国有化之后,或许有种神奇的魔力可以让所有相关物价统统下跌。其实不然。

将银行收归国有,其目的是保证坦桑尼亚当选政府能完全掌控金钱与信贷的使用情况,同时保证银行经营获利皆用于坦桑尼亚国内,利于全国人民。确保在众多产业内的多数控制权,其目的是保证本国人民能够决定发展政策,保证至少大部分利润被用于使我们人民获益。

通过主要企业的公有制,我们为自己所选择的社会主义政策的成功做出了贡献。但是社会主义涉及的不仅仅是生产企业所有权的问题。因为社会主义的基础是民众对人人平等概念的基本接受,社会主义涉及每个人对其余每个人的尊严与幸福所负的责任。

让我简单解释一下我所说的"对其他人的幸福所负的责任"。

在传统非洲社会,每个身体健全的人都从事工作。他们有时做的是不同的工作,他们之中,一些人聪慧敏捷,其他人则不那么聪慧、不那么敏捷。高明的猎手在社会中备受尊崇,能干的农夫或造房工人也是一样。这样的能人也比邻居更加富裕一些。但是只要有人有食物，那就不会有人挨饿，就算将食物分给不幸的人意味着有人要牺牲自己的利益。人们觉得彼此之间负有责任；有食物的人分享食物，他知道也许自己也会有需要帮助的一天，彼时他便能因为此时的善举而得到别人的帮助。但是这种做法的基础是，每个人都在竭尽全力地劳作。如果有人执意抗拒劳动，那么整个群体迟早要惩处他——惩处有时相当粗暴，因为大家知道他的不务正业威胁着所有人。每个人从社会获得酬劳，理由是他尽已所能地为社会做出了贡献。没有人可以不劳而获，除非他抱病在身、年老体衰或尚且年幼。人对人的剥削并不存在。

传统非洲社会并不叫作"社会主义社会"，而只是一种生活。但是传统社会的基本原则就是社会主义的。它涉及人与人的平等，还有彼此互相的责任，群体中的每个成员都关心着其余每个成员的劳动和福利。非洲之所以贫穷，皆因不懂现代技术，且工作规模太小。

我们现在生活其中的社会比我们祖先的社会复杂得多，它给了我们战胜贫穷的机会。现在，我们为别人所付出的工作而付给他们以报酬，不再采用种植庄稼、以物易物的做法，此类变化还有很多。但是总的来说，情况还是一样。坦桑尼亚人民还是只能食用本国人民种植的庄稼，使用本国人民生产的产品。所以，为了把国家建设成社会主义国家，我们只需要保证现代技术不会摧毁传统非洲的原则。这即是说，我们现在必须确保，和以往一样，每个人都为社会做出贡献；每个人根据做出贡献的大小得到合适的回馈，没有人与人之间的剥削。

正是因此，《阿鲁沙宣言》才将以下两者联系在一起——社会主义和自力更生。我们的国家要求每个人努力工作，以建设经济，让国家日益繁荣。但是在《阿鲁沙宣言》中，我们也说了，我们必须消除剥削；人们必须得到与他们为整个社会所做贡献相称的工作报酬；老人、病人和孤儿必须受到我们所有人的恰当关照。

要实现这些目标，我们坦桑尼亚还有很长的路要走，但是我们现在正朝着正确的方向前进。不过，在这个午后，我希望请你们一起关注以下三点，这三点与我们的工作进展特别相关。

第一点，坦桑尼亚政府正在努力防止剥削；政府需要工人们增加产出。依然为私人所雇佣的工人要和为政府或公共产业工作的人一样努力工作。通过**最低薪酬法规**，通过税收，通过许多其他方法，政府将阻止坦桑尼亚工人、人民所面临的严重剥削。同时,政府依仗工人们,依仗坦噶尼喀全国工人联合会,来保证没有任何形式的产业纠纷可以危及生产。如果政府与私人雇主间有所纠纷,不必担心,政府会加以解决;如果工人与雇主间有所纠纷,利用已确立的机制来解决问题。此等时刻,工人的罢工与怠工只会让那些希望看到《阿鲁沙宣言》失败的人得益。

第二点,坦噶尼喀全国工人联合会的成员绝不能以为自己是坦桑尼亚仅有的工人。我们的人民中,大部分在自己的土地上劳作;他们不是以工资为生的人,而是农民。他们不属于坦噶尼喀全国工人联合会,也没有类似的组织来为他们的利益发出声音,没有类似的机会来让别人注意到他们的需求和问题。过去几年来,事情的结果就是,结为团体的工人提高了自身地位,而农民的权益则受到了损害。产品的价格、工人的工资都上涨了,但是农民从产出中得到的回报却经常下跌;相比农民,工人变得更加富有一些了。当然,坦噶尼喀全国工人联合会中,真正富裕的人少之又少,许多人非常贫穷。但在将来,他们的财富若有增长,那必须是因为我们国家生产的增长,而不是因为同样辛苦工作的农民变得更加贫穷。

第三点,如果一家工厂或者其他机构的产出有所增长,使得工人们的报酬也有可能得到小幅上涨,那么增多的报酬应该留给基层。薪酬最少的工人才是应该得到加薪的人;不该给每个人加同等幅度的薪酬。独立后的坦桑尼亚继承的是这样一个工资结构:技术工人和管理层所获得的工资,和普通劳工所获的工资之间,差距巨大。我们并不能一夕之间改变这一点,但是,任何可能的加薪都必须加给薪酬最低的人……

34 人是最终目的

1967年8月5日,尼雷尔总统在由坦盟共青团达累斯萨拉姆大学学院支部组织的宣讲会上就《阿鲁沙宣言》发表讲话。学校位于达累斯萨拉姆城区约八英里外的丘陵地带,这一天,数百名年轻人涌入学校的新食堂听讲。

《阿鲁沙宣言》是关于意向的声明,仅此而已。它说明了坦噶尼喀非洲民族联盟将引领坦桑尼亚人民向什么目标前进,表明了发展的方向。无论是在2月5日,还是在自那之后的任何一天,坦桑尼亚都没有突然变成社会主义的国家、自力更生的国家或者发达国家。

《阿鲁沙宣言》不能办到上述事情,并且,在我们的党通过了该宣言后,就算我们在实践之中满怀热情与干劲,也不可能在数月之内实现上述事情。该宣言标志着一段漫长而极度艰苦的斗争的开始,而不是结束。

我们应该对以上情况有清醒的认识,否则我们将无法达到承诺的目标,并且还可能对我们的国家造成很大的损害。我们一定要充分了解《阿鲁沙宣言》是什么,它说了什么,以及对于不久后的甚或遥远的将来而言,它意味着什么。

我们将一直是坦桑尼亚人

该宣言首先重申了一个事实,即我们是坦桑尼亚人,并希望在发展过程中继续保持坦桑尼亚人的身份。当然,我们必须要改变现在社会中的很多东西。但是,我们已经指出,这些变化将是因为某些方向的增长过程而发生。这种增长必须源自我们自己的根基,而不是通过将对我们社会而言的异质成分嫁接到根部而生成。这一点非常重要,因为它意味着我们不能接受任何政治"圣典"的示意,尝试贯彻书上的规定——无论我们会否对它进行修改。

这意味着,我们的社会变革将由我们自己所认识到的需要来决定,变革的方向必须是我们自己所认定的某个特定时期的合适方向。我们应从人类的普世思想以及其他国家人民的实践经验中汲取营养，但是我们也应该从接受自身的"非洲性"开始，从相信我们的许多历史经验对于未来非常有益开始。

保证生活质量

《阿鲁沙宣言》也是对某种生活质量的承诺。《阿鲁沙宣言》基于人人平等的前提，相信一个人主宰或利用另一个人是错误的，并认为每个人都希望作为一个自由人生活在社会中，能够过上体面的生活，与邻居和睦相处。换句话说，这份宣言是以人为中心的。

因此，内化于《阿鲁沙宣言》中的，是对与公民之福祉相对立的国家之壮大的拒绝，也是对纯粹物质财富追求的拒绝。这是一份对信念的承诺，此处所指的信念就是，生命中有比积聚财富更重要的事，而如果追求财富与人之尊严和社会平等发生了冲突，那么人之尊严和社会平等将得到优先考虑。

对于正在实践《阿鲁沙宣言》的坦桑尼亚而言，所有的社会、经济和政治活动必须是为了人——公民，这个国家的所有公民。创造财富是件好事，我们应该予以肯定鼓励。但是假如有一天，财富不再为人服务，人却开始为财所役，这就不再是件好事了。

必须保证自由

以我们当前的经济活动水平，以我们现在的贫困情况来看，这似乎更像是一个学术上的观点，但其实这是非常基本的。因为它意味着有一些事情是我们要拒绝或者接受的，无论是作为个人还是作为国家，即使事情的结果可能使我们的经济发展向前迈出一大步。

例如，即使我们真的能同时实现在国民财富统计和多数人民收入上的极大增长——我个人认为这不切合实际——我们仍然不应该允许某个外国或一群个体建立大片私有农庄、重工业、轻工业，等等。

我们之所以拒绝，是因为考虑到上述事情对我们国家独立性的影响，因为假若任其发生，我们的人民中有许多人就会成为某个国家或个人的有偿奴仆。在此情况下，坦桑尼亚人民的命运和生活会被其他国家或由少数人控制。这样的结果不符合我们对坦桑尼亚之自由和所有公民之自由、平等的承诺。

通过发展前行

然而,这绝不意味着我们接受了贫困的现状。相反,《阿鲁沙宣言》呼吁人们为了改变现状付出巨大努力。我们想说的是,以往一些国家花了几百年才办到的事情,我们应该在几十年内完成。我们试图做的,是让我们的经济、我们的社会发生精简后的演进。这从社会学角度上看,甚至从生物学角度上看,都并非不可能。

地球上的生命从简单的生物体发展成人类这样具有复杂而相互联系的细胞结构的高级生命,花了亿万年的时间。然而,人类胎儿从初具雏形成长至呱呱落地只需要九个月时间。

我们国家的成长应当是精简、有机的。这个阶段将长于九个月,但是我们有我们的人民、土地,还有本世纪的人类知识,所以,我们的成长周期相较于英国或美国实现其繁荣富裕所需的时间自然能够大大缩短。

相关原则基础上的综合计划

关于《阿鲁沙宣言》的另一重要事实是,它是相关原则基础上的综合行动方案。有一些人支持对国家自力更生的要求,但是对于社会主义学说,特别是对于领导资格,他们持强烈异议。

还有其他人声称拥护社会主义,但是对于坦桑尼亚的发展必须依靠本国的资源,并且应该做好相应的规划这种说法则保留意见。还有人曾试图(通常别有用心)把它解释为一个反亚洲或反欧洲的文件;或者还有人以支持亚洲、欧洲利益而违背坦桑尼亚黑种人利益为由批判这份宣言。但是事实是,我们若要接受社会主义,就必须自力更生,反之亦然;而若一边谈论种族主义,一边声明接受《阿鲁沙宣言》,这也是不可能的。

发展过程中的自力更生仅仅只是我们1954年就已经知晓的规律的现实应用——规律就是,只有坦桑尼亚人对用符合坦桑尼亚人利益的方式发展坦桑尼亚这件事有充足的兴趣,也只有坦桑尼亚人才可以说上述的利益指的是什么。社会主义是人人平等信条在经济和社会生活上的应用,当年我们拒绝由其他国家接管我们时,呼吁着的就是这个信条。

这两件事就像是同一硬币的两面——这个"硬币"名叫"人人平等"。最清楚的是,《阿鲁沙条约》适用于所有人以及制度——而并不仅仅适用于某个人种、某个部落。如若有人声称以《阿鲁沙宣言》为其攻击某个种族群体的依据,这个人便暴露了他的无知,以及他对《阿鲁沙宣言》中的原则的抗拒。

自力更生的含义

那么,自力更生指的是什么?它对我们未来的政策有什么意义?首先,自力更生意味着我们的发展必须依靠我们自身,以及我们自己的资源。我们的资源就是土地和人民。当然,我们也有一些工厂,我们有一座小型钻石矿,等等。但是我们应该意识到,以1960年的物价衡量,1966年的国内生产总值约为46.46亿先令,其中,约26.69亿先令是农业活动的直接成果,占总值的比例多于57%。只有3.21亿先令是矿业和制造业的联合成果;也就是说,去年坦桑尼亚所有的矿业和制造业的生产值占国内生产总值的比例少于7%。

我们肯定没有的,是用于投资的钱。以1966年的物价来看,去年的人均收入大约为525先令。这个数字之下,人们在日常开支以外没有什么余钱能用于投资。我们去年从内部资源中划出1.35亿先令(也即人均约14先令)用于发展,这确实做得很好。

但是若要在高度机械化的工业中提供一个工作岗位,其所需花费也许是4万先令,或者更多。建造炼油厂需要多于1.1亿先令的资金。建造现代钢铁厂则需要更多资金。

通过农业促发展

另一方面,我们也可以通过在化肥和杀虫剂上花费130先令来让某片田地的棉花产量翻一番。我们也可以通过向农民提供耕牛来扩大农民的耕种面积,这么做的花费是250先令,或者更少,等等。换言之,尽管我们有可能找到投资资金,能够以我们的现有资源条件带来农业产出的较大增幅,但我们不可能设想在不久的将来建立重工业,甚至轻工业。

因此,从现实出发,我们必须停止幻想通过建立大型的现代化工业来推进坦桑尼亚的发展。我们既没有钱,也没有技术人才,而若要让这样的建设显得有效而经济,这些要素都是必须的。甚至假如我们认为可以在坦桑尼亚国内大面积建立机械化农场,使用拖拉机和联合收割机,这会是一个错误。

再次声明，我们既没有钱，也没有技术资源，也没有适合我们国情的可以使这类投资成为可能、有实际价值的社会组织。这并不是说我们将没有新的现代工业，没有机械化农场。但它们将是例外，而非常规，我们将在特定时候建立它们。它们不是坦桑尼亚基本发展需求的解答。

合适的农业方法

这是《阿鲁沙宣言》在经济和社会方面做出的明确表达。我们的未来取决于农业发展，以及我国农村地区的发展。但是因为我们希望在自己的根基上发展，希望保留我们传统历史中宝贵的东西，我们还必须停止对大规模农业机械化和农村人口无产阶级化的思考。

我们思考时应该摈弃上述思路，应该通过改进现有工具、通过生产合作制度的发展来思考我们的发展。我们的目标不该是使用拖拉机等现代化设备，不该是雇用农业劳动者的大型农场，而应是让全国各地都使用牛耕。

现有工具锄头将先由牛耕代替，而后牛耕将由拖拉机代替。我们不能直接计划用拖拉机来代替锄头。我们现在不应考虑为每个农民提供属于他自己的货车，我们应该考虑的是牛拉车的实用性，牛拉车是可以在国内生产的，它既适合于我们的道路，也适合于每个农民可能有的负载。

我们现在不应考虑空中喷洒农作物杀虫剂，而应该用手工操作的喷雾器，依此类推。换句话说，我们必须考虑什么是现成可得的，或者是可以制作提供的，它们应该能以相对较小的成本获得，并且可以由人来操作。若是沿着这条路走向未来，我们便能避免大规模的社会动荡，避免人民受苦受难。

小型工业

与此同时，我们可以在人们居住的农村地区开发小型工业和服务站，从而有助于农村经济多样化。通过这种方法，我们可以实现人民收入的整体提高，而不是集中在少数人手中的任何经济上的改善。

要让我们所有的资本产生尽可能广泛的影响，我们就应该投资于肥料、饲养牲畜、改进生产工具，以及其他类似的事情。这些事情虽然看似是小事，但却可以为农民收入带来大比例的增长。

这并不意味着城镇将不会得到新的投资，也不意味着我们将不再建设新的工厂。大量人民群居的情况下，某些公共服务对公共健康和安全而言至关重要。城镇往往是周边农村地区的服务中心，若我们假装自己能忘记城镇，这将是荒谬的。

工厂地址

服务全国的工厂应该坐落于方便交通和通讯的地方。例如，如果我们把友谊纺织厂放在农村地区，为了它的使用，我们将不得不特别投资于道路建设等项目，并且，这座工厂庞大的工人人数很快就会意味着在那个地方将诞生一座新的城镇。

但是，即使我们正在建设的工厂将服务于全国，我们也要考虑是否有必要使用世界范围内最先进的机器。我们必须考虑的是，一些旧的设备需要更多劳动力，但对劳动力技术能力的要求则低一些，这样的设备是否更符合我们的需要，更符合我们的建设和使用能力。

对外贸易

然而，我们对自力更生的呼吁在两个方面上遭到了广泛误解或故意曲解。自力更生原则并不意味着孤立主义，无论是政治上还是经济上。自力更生意味着我们将依靠我们自己，而不是别人。

但是，所谓我们即使在互惠互利情况下也将不与其他人发展贸易或合作的说法，和自力更生不是一回事。很显然，在上述情况下我们将会选择贸易与合作。我们将继续向外国销售足够多的本国产品，来购置我们需要的东西。截至目前坦桑尼亚一直做到了这一点；事实上，多年来我们的国际收支都是盈余的态势。但我们所卖出的都是我们的农业产品，而尽管有世界商品价格问题存在，这个情况很有可能将会继续。

越来越多的进口商品将属于对我们发展而言必不可少的东西，我们不能自行生产的东西。到现在为止，我们进口的很多商品，都是些只需多付出一点努力我们就能自给自足的东西，比如说食物，还有奢侈品，而后者只是唤起了我国人民难以填满的欲望。

换句话说，自力更生并不能降低我们的国际贸易参与度，但是，随着时间的推移，它的性质应该有所改变。我们出口的商品应该是至少已经过一些初步处理的,而我们引进的商品也应该是那些我们自己不能生产,而对我们的发展和人民幸福至关重要的商品。

坦桑尼亚需要资金援助

关于自力更生,我们还需要了解一件事:坦桑尼亚并没有说它在发展过程中不需要国际援助。我们将继续为了某些项目,为了整体发展而寻求外资投入。例如,很显然,如果我们要实现建设连接坦桑尼亚和赞比亚的铁路计划,我们就必须从海外获得大部分资金和技术。

我们欢迎所有项目中的海外资金注入,只要它能让我们的付出更加有效,只要它能充当坦桑尼亚活动的催化剂。正是由于这个原因,政府已明确表示,我们将欢迎外部参与——无论以私人还是政府名义——坦桑尼亚各类工厂的建设,尤其是那些生产消费品或处理庄稼和原材料的工厂。

各类教育中的资金援助,是外界援助突显价值的另一领域,前提是这种援助能帮助我们支付经常性费用。然而,重要的一点是,我们坦桑尼亚人不可以认为假如没有人同意给我们资金,那就没有什么可做的事。

很多事情是我们可以凭着自己的力量做到的,我们必须将之列入计划。其他事情是我们可以借助所得援助使其简单化的,但是,对于这样的事情,我们依然应该拿出面对困难的态度,假定我们要全靠自己的力量完成,而如果我们即将得到援助,便只有心怀感激。

我们也需要技术人员

但我们必须欢迎的海外援助不仅有资金,我们也必须欢迎来自海外的技术人员。有些人拒绝与外国人员共事,而这些外国人员参与与否却能够决定我们计划的成败,没有什么事比这样的事情更让我气愤的了。自力更生指的不是拒绝接受外国工程师、外国医生或外国经理的指示,这种行为纯属愚蠢。坦桑尼亚人应该自己决定政策,这一点至关重要;但是如果某项政策的实施需要受过良好教育、拥有长期经验的人,那么,由于傲慢心态而导致政策失败就是不明智的。

我们必须科学雇用外籍人士,不带偏见。我们必须评估整体发展的利益所在,有些人想要高位,但是既无相应的才干,亦无学习的打算,我们要考虑的绝不是这类人的利益。

此问题上不可虚荣

让我们认识到,发达国家在这方面并无任何虚荣心。西欧和北美从印度和巴基斯坦等国雇用训练有素的人员,西欧国家还不满地抱怨着更为富裕的美国造成他们的"人才外流",因为美国以高薪招徕受过良好教育的技术人员。

据称,美国招徕了大批外国技术人员,而不曾为这些人的教育花过一分钱,此举已经为美国节约了数十亿美元。然而,在富裕国家、发达国家采取这种态度的同时,我们坦桑尼亚却似乎在为人才流失到欧洲、北美而欢欣鼓舞。

我们之所以欣喜,是因为以为这为我们提供了一个非洲化或自力更生的机会!任何人都认为我们有专家失业的问题。现在是我们脱去稚气的时候了,如果我们想要认真对待这个现代发展的问题,我们就必须这么做。

社会主义

那么,社会主义该怎么做呢?这是《阿鲁沙宣言》探讨的另一个方面。首先,我们必须明确的是,现有的产业和商业机构的国有化是我们采取的社会主义中非常小的一部分。对我们来说,重要的是我们在防止一个人对另一个人的剥削上做到了什么程度,以及在传播"应该为共同利益携手合作,不该为个人私利恶性竞争"的概念上做到了什么程度。事实是,我们的经济现在非常不发达,我们必须保证经济增长,否则就会失败。

银行业、保险业和少数受影响的产业的国有化是非常重要的,但更重要的是,我们有否在发展经济而避免剥削一事上获得成功。

这实际上意味着社会主义必须延伸至我们的人民生活的农村地区。在此事上,正因欠发达,我们比起其他许多国家都更有优势。至今为止,农业中的剥削是极有限的;我们的农事大部分仍然是农民的个体耕种,或家庭耕种。不过,这虽然与资本主义无关,但也不够高效、不够高产,未能达到应该达到的标准。

实际上,人们团体工作时——那大多是资本主义农业中有限的部分——每个工作者每英亩往往有更多产出。我们的目标必须是以同样方式来发展,确保现代知识和现代方法的优势得以体现,而避免资本主义的蔓延。

人人平等——社会主义的本质

然而社会主义不是简单的生产方法问题。这些问题是社会主义的一部分，但不是全部。社会主义的本质，是人们对人人平等概念的实际接受。也就是说，每个人有享有体面生活的平等权利，这种权利高于他的需求。每个人有参与政府活动的平等权利；有通过工作为社会做出力所能及的贡献的平等义务。

在坦桑尼亚，这意味着我们必须维护并加强我们的民主程序；我们必须让每个公民在管理当地社区上发挥积极、直接的作用，同时，让每个公民在管理祖国上充分发挥作用。这也意味着，我们必须纠正从殖民主义时期继承的明显收入差距，并确保我们国家没有国际上普遍存在的工人、服务工作者和农业劳动者之间的薪酬不平衡。换句话说，我们必须确保每个人得到与他对社会的贡献相称的回报。

但与此同时，我们必须对那些因为年龄或残疾而无法在经济中充分发挥作用的人做出安排，并保证其尊严。我们也会给所有公民平等的机会——尽管这只能逐步进行——直到每个人能够在其能力、愿望范围内尽可能做出为我们所需的贡献。但是，最重要的是，我们必须重新树立合作生产、分配共享的理念，这是传统非洲社会的重要组成部分。

在发展中变革

今天下午，我在演讲开始时就说过，《阿鲁沙宣言》是一份关于意向的声明；我希望自己已就意向的具体所指做出了清晰的表述，并已至少指出了其中的部分含义。在我讲话的末尾，我想强调两点。

首先，《阿鲁沙宣言》规定了在演进中变革的政策。我们将通过发展，成为一个社会主义的、自力更生的社会。我们无法承受对现有经济手段的破坏，也无法承受现有产出的减少。我们在前进的同时必须将这些事情纳入考虑。因此，我们对新型发展的重视，以及从现有机构到更符合我们理念的新型机构的逐渐转变，将对我们的变革起到巨大的影响。

另外一点，《阿鲁沙宣言》是一个整体的轮廓。关于自力更生教育的政策文件是自力更生理念在一个领域中的具体阐释；关于我们发展的其他方面，还将会有别的文件。但在这个框架内，个人积极性的范围几乎是无限的。

我们需要接受《阿鲁沙宣言》的基本信条，成为有意愿有能力与同胞共事，并引领同胞促进社会主义发展的人，特别是在农村地区。如果我们有足够多的在此事上有决心、肯奉献的人，我们必将成功。

挑战

真正的问题是，我们每个人是不是都已准备好迎接挑战，建设一个无人因自己贫穷而他人富裕感到羞耻、亦无人因自己富裕而他人贫穷感到羞耻的国家？我们是否做好了准备，建设一个人与人皆平等相待、拥有自由合作精神的社会？我们每个人都必须给出这个问题的答案。但是年轻人还负有特殊的责任。有一种特殊的诱惑是专留给受过教育的年轻人的，因为在资本主义社会中，他们最有可能以他人利益为代价而获得特别优待。

我相信，坦桑尼亚的年轻人，无论有没有受过教育，都已经接受了这个挑战。面对挑战坚持到底，必然不总是容易的，也必然不总在各方面都受欢迎。为了迎接挑战，年轻人必须对《阿鲁沙宣言》有一个总的了解，并接受《阿鲁沙宣言》中的目标和理念，如此，才能承受得住失望时分，克服得了个人困难。

必须认识到，这份需要完成的工作将往往是困难的，而且常常要求你放弃个人的舒适。但这份工作也将带给你回报，它向你提出了挑战，也将让你由于为建设社会主义社会、为子孙后代福祉做出了贡献而感到由衷的满足。

35 东非条约

东非中央立法议会在成员国首都轮流举办会议,会上一般会由主办国总统代表东非三国政府首脑(他自己,及另两位总统)发表演说。

1967年8月8日,东非中央立法议会在达累斯萨拉姆举行,此次会上,尼雷尔总统的讲话主要围绕三位总统于6月签署的《东非合作条约》展开。

……尊敬的诸位成员,你们应该都记得,关于非洲内部国际合作,尤其是关于东非合作,近几年来有过许多悲观的预言。1961年的准备工作中有过紧张事态,有过艰难险阻,而一些人牢牢抓住每一个困难事例,以此来说明致力于非洲统一的会谈只不过是空话,毫无意义。然而我们一向知道,处理难题的方式有两种:第一种,你可以直面难题,采取必要的改善行动;第二种,你也可以假装困难并不存在——而最终结果就是为合作而做的准备工作全线崩溃。东非采用的是前一种方式。

我无需再次提及为了合作和联合行动而做的安排的细节,《东非合作条约》对此皆有阐述。它是一份法律文件,在座的诸位都可以看到,所有其他感兴趣者也都可以看到。它所做的,就是为三个平等的主权国家间的合作奠定现实基础。《东非合作条约》上的条款经由我们各方协商而写成,它顾及每个国家的问题和愿望,更将统一经济行为可为我们带来的共同利益纳入考量,后者是我们的首要共识。

我不想在此次大会上说肯尼亚、乌干达和坦桑尼亚三国之间将不再有短期利益冲突。这种冲突也许还会有的。但是这份《东非合作条约》为此类难题提供了解决方式。东非共同体的机制是实际可行的;这个机制是我们在参考原有及现有的合作准备的经验之后制订的。共同市场、共同服务,都得到了极大增强;它们现在应该能够为我们的共同利益起到有效的作用。

特别重要的是，我们引入了东非部长体系。这三位部长将为东非负责，他们将主要负责保证所有合作机构的顺利运作。他们肩负非常重要的使命，但是我相信，他们也会得到三国政府以及东非人民的全面合作。特别值得一提的是，东非部长和坐在不同共同体委员会席位上的众多国家部长之间的密切合作关系相当重要。这些东非部长将在1967年12月1日获得委任。不过，我很高兴地向大会报告，三国政府现已指派了一位部长来负责必要的准备工作。当然，若要完全落实《东非合作条约》中的许多安排，半年的时间是不够的；共同体的一些办事处的迁移便是一例。但是，东非部长和新的东非立法议会的任务就是确保工作尽快得以展开。我相信以上有关人士和单位将会履行职责。

现在我还希望提及《东非合作条约》中的另一个要点，也即，其中有条款表明允许其他国家与东非共同体建立联系，或者参与到共同体和委员会的任何活动中来。对所有关心非洲统一的发展的人而言，这个条款的重要性显而易见。这意味着周边国家可以加入东非的共同方案，或者共同经济活动。这样的发展只会起到使我们所有国家的力量得到增强的积极作用。与会成员们可以相信，东非将会赞同并采纳任何类似的方式。

《东非合作条约》并不是联邦政府的成立宣言；它也不是一个经济乌托邦的成立宣言。它所做的是，以伙伴国相互平等为基础，为共同合作和发展打下强大、牢固的基础。我认为这一点极其重要，东非内部的统一精神将使我们能够在这个地基上快速、良好地建筑高楼。所以，我愿在此愉快地表达政府对菲利普教授以及他的委员会成员们所做的工作的赞赏。他们所有人的工作极其辛苦、成效显著，我们对他们深表感谢。

议长先生，我们已经签订了《东非合作条约》，现在，不再有障碍能阻拦加强东非合作所必需的切实、艰苦的工作了。对话的时刻已经过去；现在我们需要的是行动。我呼吁今天大会的所有与会成员，重任当前，请切实履职。

36 赞比亚与坦桑尼亚

> 1967年8月,尼雷尔总统率领坦桑尼亚兄弟代表团参加于穆隆古希召开的赞比亚联合民族独立党大会。然后,在8月16日,他在大型露天平台上,面对4000名代表发表演讲,表达了坦桑尼亚对大会召开的祝贺,也就部落主义以及非洲国家间的不团结表示了警告。

有幸能表达对本次大会的祝贺,我非常自豪。我自豪是因为我代表坦噶尼喀非洲民族联盟以及桑给巴尔的非洲—设拉子党,前来表示坦桑尼亚民族主义运动与赞比亚民族主义运动立场一致。同时,我代表全体坦桑尼亚人民,表达我们对赞比亚政府和人民的钦佩和尊重。作为独立国家的赞比亚,它的生活没有一天是轻松顺遂的;一直以来,赞比亚都很明白自己南边和西边的强大邻国想要伤害自己及自己的人民。但是赞比亚的勇气从来也没有动摇;而赞比亚政府也一直都极富技巧地应对着那些对本国领土完整的威胁,不论那些威胁是长期还是短期的。我非常自豪地向你们所有人表达我们的衷心祝贺、良好祝愿。

总统先生,当我来到这里,看到参与这个盛大会议的获选代表们,我对赞比亚的未来的信心又增强了。他们都团结在您的领导之下,这只是满足感的一个额外来源;的确,我都不知究竟该祝贺联合民族独立党有您作为国家的总统,还是该祝贺总统先生您有这样一个政党!我只知道,如果这样的情况能够遍及非洲,我们所有人都会更加愉快。如果每个非洲国家的人民参与本国政府事务都达到如此程度,都能如此团结在领导人周围,那么非洲就不会像现在这样承受苦难了。

民主的团结,这才是任何非洲国家,才是我们所有人的力量之源。非洲大陆上的人民是非洲保卫自己的武器、发展自己的手段。与东西方强国的枪支相比,我们的枪支又算什么呢?我们的飞机、导弹或者其他先进装备在哪里?我们没有这些东西。而我们这些国家用以建设现代经济的资本又在哪里呢？我们也没有。总统先生，与一些非洲国家相比，赞比亚还是富裕的，但是我们都知道，贵国人民中大多数人也都承受着贫穷带来的苦痛。对赞比亚而言，最重要的资本是人，而不是金钱，这一点对坦桑尼亚也是一样。如果人民决心建立自己的国家，这个国家必将建成，没有人可以阻止。而如果人民还没有准备好做出必要的努力和牺牲，那么引进的外界资金也好，从铜的销售中赚得的资金也罢，这些都不可能带来国家的发展。

我相信，这次会议的存在、会议的规模、代表的性质都表明了赞比亚人民将对独立带来的挑战与机遇做出回应。本次大会实际上已经表明了，并且也必须表明赞比亚的统一。我知道，大会将就重要问题进行辩论，也将进行贵党的一些最高级别公职的选举。显然你们将就这些重要问题进行辩论，也显然不是每个人都将对贵党的选举结果产生同样的喜悦之情。但是这并不意味着不团结；这意味着活力和民主，人们是在进行谈话，争论着如何实现他们的共同目标。也许争论有时甚至是激烈的——这样的激烈争论在坦桑尼亚也时有发生！但是重要的不是辩论时候的话语，而是执行决议的行动。少数派会不会接受最终决议，忠实执行决议，并且团结在获选领导人周围？多数派会不会承认未获选者也有拥有自己意见的权利，承认他们也能一起执行党的决议？

假如在过去联合民族独立党没有做到上述事情，那么也就不会有我们今天在这里看到的大会了。但我认为，对于今天的联合民族独立党和赞比亚而言，有一件特殊的重要事项，一个特殊的困难。赞比亚正充满力量、团结统一地前进着，而南罗得西亚和南非的种族隔离政府则知道自己正越来越处于弱势，距离衰亡越来越近。希望我们不要为他们目前的经济或者军事实力所迷惑。长远来看，如果我们成功了，他们便不可能成功——他们自己也知道这一点。我们的成功可能需要数年甚至数十年，但是只要我们正确利用时间，时间就是站在非洲这一边的——就是说，我们要保持团结统一，要在人类原则的基础上努力谋求发展。

正是出于这个根本的原因，赞比亚以及非洲的敌人将竭尽全力试图破坏赞比亚的统一。要做到这一点，他们必须破坏联合民族独立党的统一。他们的方法会很阴险、很卑鄙——同时也很聪明。特别是，他们会利用我们传统中对部落和人的忠诚。他们会说："某某当选，是因为他是这个部落的一员，而其他的一个或者多个部落害怕被统治。"他们希望那些其他部落的成员会四处张望,疑惑他们的部落是不是真的已经被另外的部落打败了;如此,团结统一将不复存在。或者他们会说,"现在你们部落在这次选举中获胜了,那么你们就有机会得到本来得不到的工作或金钱"。又或者他们会说,"某某过去曾为联合民族独立党努力工作,而现在他被打败了;就让那些胜利者出人头地吧,你们就算了"。所有这些还有许多其他的话语都会被写在他们的报纸上——写在我们敌人的报纸上;会有人在俱乐部、在工作时低声谈论这些事情。而这么做的唯一目的就是打败联合民族独立党和赞比亚——通过制造不团结因子来瓦解这个党和这个国家。

与会代表中是否有人认为南非政府,或者说史密斯政权,对于尼日利亚的战斗感到烦恼?他们其实非常高兴。他们不在乎那里发生着人对人的杀戮;他们只是为非洲人自相残杀而高兴。在他们眼里,那甚至比发生在刚果的有雇佣军加入的战斗更妙——虽然刚果的那种情况也取悦了他们。尼日利亚和他们的距离较远;刚果相对近一些;而赞比亚简直是在他们家门口。史密斯尽可以口吐一切虔诚的话语,但是事实是,他渴望看到赞比亚的混乱,他和他的支持者将利用一切机会制造混乱。只有赞比亚人民才能阻止这类事情的发生。

但是,赞比亚人民完全可以阻止混乱的发生。他们现在已经做到了,并且他们完全能够——我相信他们必将——在未来继续阻止混乱的发生。过去,敌对势力曾企图在政党分歧上大做文章,并将政党分歧与部落敌对联系到一起。赞比亚人民看穿了这种图谋。于是,与敌人的预期相悖,事情的最终结果是联合民族独立党不断壮大。现在史密斯将尝试利用部落主义。我认为他将会失败。然后,他将再次尝试以非种族主义原则放松对赞比亚的掌控。他将利用白人种族主义者和黑人种族主义者,他会破坏赞比亚的经济,然后再一次让这个国家的人民相互敌对。这是他的野心。因为对他而言,这个大会,以及这个代表团结的人民的庞大而团结的政党是种真正的威胁。这样的威胁,其力量远远超过了数千英里之外一国首相关于合法性的抱怨之词。

请不要认为我说的这些纯属梦话,也不要认为我不了解史密斯的实力。我也不会因为你们拥有如此规模的大会就想象赞比亚可能入侵南罗得西亚。然而,史密斯之所以认为赞比亚是威胁,就是因为赞比亚是属于赞比亚人民的——所有部落、所有肤色的赞比亚人民。他之所以认为赞比亚是威胁,是因为赞比亚人民正团结一致地支持着自己的国家，并在人类原则的基础上建设着国家。当然，和坦桑尼亚一样，赞比亚也还在雇用一些外国人，他们拥有赞比亚公民所欠缺的技能和经验。但是，是赞比亚在雇用这些人，这样做是为了赞比亚自己的目的。赞比亚可以支付给这些人比本国公民所得高出许多的工资——有些人也会利用这一点，含沙射影地质疑赞比亚人民政府的诚意。但是，赞比亚将做出决定，决定何时国家不再需要这些外籍人员，又或者在国家需要这些外籍人员时，该为他们的服务支付多少酬劳。

此刻让我们都不要怀疑这个事实。赞比亚属于赞比亚人民，因为他们是赞比亚的人民，因为他们决心团结一致、共同努力，捍卫和发展他们的国家。赞比亚的问题非常多，非常重大。要解决这些问题，就要面对很多困难，花费许多时间——因为要把殖民地经济转换为自由平等原则下的经济，这是很难的。大量问题将长期存在。但是，不可能一下子解决所有问题，这并非不解决任何问题的理由——这也并非假装赞比亚没有意识到有其他问题存在的理由。坦桑尼亚人民曾听我讲过千足虫幼虫的故事。千足虫幼虫问它的母亲："我有这么多条腿，我要先移动哪条腿才能走起来呢?"它的母亲回答说："动起来，孩子；先动起来。"对赞比亚和坦桑尼亚的我们来说也是如此。我们每次解决一个问题，别想着要等到我们有能力做一切事情以后再着手做事。

但是，让我们认识到，由于我们还有问题尚待解决，史密斯的支持者就有机会嘲笑我们，并企图刺激我们去做一些原本我们还没准备好要做的事情。他们会试着这么做的。他们会激起我们的愤怒，希望在冲动情绪的驱使之下，我们会做一些日后会后悔的事情，或者做的事情虽然没错，但是做事的时机却不正确。他们的代理人将表现得好像我们的国家是属于他们的，而不属于我们；他们这么做，是希望这会使我们接纳他们的种族主义，从而给他们的行为以正当性，而这正是他们所寻求的。除了从事间谍活动以及试图破坏我们为发展做出的努力之外，他们还会做以上所有事情。然而，以上每一桩阴谋，我们都可以通过提高警觉、保持团结来挫败它。

关于这个问题，我已经讲了好些时候了。我之所以这么做，不是因为我在赞比亚看到了不团结的迹象。我之所以这么做，只是因为对于非洲而言，这是一个特殊的威胁，因为赞比亚的地理位置令它成为我们共同敌人的主要目标。

但我还想做一些其他的补充。赞比亚的敌人也是坦桑尼亚的敌人。我们是两个独立的国家，但是我们因为共同的事业团结在一起，彼此紧密相联。我们从彼此身上获取力量。赞比亚处于前线位置，我们坦桑尼亚希望能给予赞比亚一切可靠、忠实的支持。当然我知道，坦桑尼亚也从赞比亚的勇气和战斗中获得力量。

并且，当然，我们的友谊——我们的团结——对于南非的种族主义者而言又是一种诱惑，所以他们再次试图离间我们。"坦桑尼亚是共产主义国家"，他们这么告诉你们，他们会举出我们与中国的友好关系，以及我们将国内重要的企业国有化或国家参与控股的事实。"赞比亚是温和派"，他们又这么告诉我们，理由是赞比亚没有做出上述坦桑尼亚的举措。但是我可以向本次大会做出明确保证：无论坦桑尼亚政府还是赞比亚政府，都不是傻瓜。我们两国不会被离间。

如果坦桑尼亚竟然认为，因为我们推行了某些举措，所以这些举措自然也适用于赞比亚，而且现在就适用，这会是多么愚蠢啊。如果赞比亚竟然认为，因为有些政策不适用于本国，所以对坦桑尼亚而言那些政策目前也不适用，这又何尝不是愚蠢的呢。我们知道——我们两国政府都知道——我们这些领导人是由人民选出来的，为的是尽我们最大的能力帮助人民谋得福利。我们都感到自己对所有国民负有责任——而不仅是对精英群体负责。我们也都知道，我们两国地理位置不同，从殖民者手中接过的国家经济类型也相异，这些意味着就算我们要实现同样的目标，我们所应采用的策略也不同。我相信我们的目标是一致的。我们也许使用了不同的字眼，但是我们的目标都如下所述：发展我们的国家，在国家的发展过程中，保持团结统一，每位公民都是社会中平等的一分子，有平等的机会来尽己所能做出贡献，有平等的权利来享有人之尊严与尊重。联合民族独立党和坦噶尼喀非洲民族联盟都拒绝种族主义和部落主义，就像我们拒绝基于宗教或其他理由的歧视行为，我们都看重对我们的国家与人民的忠诚。

有这样一个故事：有两个人，他们来自遥远的国度，约定要到某个土地肥沃的山腰地带相见，这个地方距离他俩都非常遥远。一个人必须先穿越沙漠，然后开始登山。另一个则必须穿越茂密的雨林，还要越过许多河流与沼泽。只有在各自旅程的最后阶段，他们才会向着同样的山腰地带攀登。他俩分别为自己的旅途做了准备。为了最终登山，他们都携带了绳索和棍子。但是除此之外，第一个人带了好多瓶水、好几条毯子,这是为了保护自己免受烈日伤害,然后他径直从一个绿洲走到另一个绿洲。第二个人轻装上阵,他在出发前就已经学会了游泳和制造小舟。然后,他在雨林中西行东走、寻找路径,穿越了雨林。最终,他们凭着不同的准备、不同的策略,在共同的目的地顺利会合。

坦桑尼亚和赞比亚走的路径也许有时看上去不同,但是我们是彼此的旅伴。一个政策,有可能此一时适用于赞比亚,彼一时又适用于坦桑尼亚。然而我坚信,我们不能允许任何人或事物离间我们。让我们蔑视那些试图在我们两国之间播下怀疑之种的小人吧,因为他们这么做是出于自己的目的,根本不是为了我们。我们的人民是一体的。同时,我们这两个主权国家也是联系在一起的。我们有着共同的奋斗目标,共同的命运。

事实上,在目前非洲面临困难的情况之下,东非和中非之间日益增进的团结极其重要。我们之间的团结会继续强化。一直以来,我们四国都在增进交流——有一天,连通我们的铁路将会建成!我们的贸易额正在增加,未来也将大幅增加。上述光明前景将保持下去,直到赞比亚最终能够摆脱将它与南部非洲绑在一起的枷锁。但是对赞比亚以及我们所有人而言,最重要的是存在于我们的人民、我们的政党和我们的政府之间的相互信任、相互理解。在这样的背景下,我们将会发展、壮大。

这是坦盟、非洲—设拉子党还有坦桑尼亚全国的深切愿望:我们希望坦桑尼亚联合共和国能够为上述的发展做出贡献。正是由于这个原因,我代表坦桑尼亚人民来到了本次大会。以人民的名义,我想要对总统先生、对联合民族独立党、对赞比亚的全体人民说:我们对你们目前取得的进步表示祝贺。我们为你们在团结中持续前进送上最美好的祝愿。希望我们有此荣幸,能够与你们一同前行,直至我们两国实现我们的共同目标——我们所有人民的真正自由,以及整个非洲的真正自由。

37 社会主义与农村发展

> *1967年9月,尼雷尔总统颁布了第二份"后阿鲁沙"政策文件,号召建设"乌贾马村"——一个人们共同生活、共同劳动、为全体人民谋福祉的村社。这份文件分析了对于坦桑尼亚农村——即联合共和国里绝大多数人民——社会主义的含义。*

传统的非洲家族是根据现在我们称之为乌贾马的基本原则生活的。如果你问这种家族是如何生活的,人们不会像我们现在那样从政治上回答说是按照社会主义原则生活的。在古老的非洲,人们只是自发地这样生活,根本不知道还有其他的生活方式存在。他们共同生活、共同劳动,这就是他们对生活的理解。所以,他们在与生活上各种困难——暴雨、烈日、疾病以及牲畜和人类一生中所面临的危险所进行的斗争中能够互相协作。他们共同劳动的结果并未按照平均的原则分配,而是根据约定俗成的方法进行分割。按照他们的习俗,首先要保证每位家庭成员有足够的食物、简单的遮盖物和一席之地。在此之前,即使是一家之主也不能有任何多余的东西。家庭成员凝聚成一个整体,他们的语言、行为无不强调他们的整体性。基本的生活资料是"我们的食物"、"我们的土地"、"我们的牲畜"。家庭关系决定了身份特征:某某的父母,某某的女儿,某某的妻子。他们共同生活、共同劳动,共同劳动所得即为全家的财产。

传统的乌贾马生活原则

这种生活方式之所以能够存在,是因为有三大原则。这些原则虽然未经过人们的争论和思考就被接受下来,但都是整个社会的基础,而且社会竭力捍卫这些原则。这些原则也是每个人习俗、品行、教养的基础,虽不能说每个人天天都在遵循,但至少没有人敢于违反或破坏。人的尊严也取决于个人是否努力履行这些原则。

第一条乌贾马原则可以称为兄弟般的互爱互敬。家庭里每个成员都承认其他人的地位和权利,虽然这些权利本身不完全相等,即根据年龄、能力、品行、性别而有所不同,但每个人的基本权利都得到保障。如果有人得不到这些权利,这对整个家庭来说是一种耻辱。在一夫多妻的家庭中,即使最小的妻子也享有这样的权利:即有自己的住房、住房内必要的设备,同样享有做丈夫的妻子的权利以及分享整个家庭共同劳动所创造的果实。她和家庭其他成员之间也有着相互信任、彼此帮助的关系。

第二条乌贾马原则涉及财富,即所有的基本物质都为家庭成员共有和享受。大家明白,你有的任何东西,如果是生活必需品,那么我也同样拥有。不存在有人挨饿,有人却垄断着食物,或者有人露宿野外,有人却霸占全部住房的现象。在同一个家庭或者同一个家族中,某些人或某些家庭也许拥有比其他人更多的财富,不过总的来说,这些多余的财富也应该通过辛勤劳动而获得。即使如此,必要时也可以把这些财富作为公共财富供其他人享用。同时,遗产继承的法规和习俗也起着作用,因为一个人死后,常常把他的遗产比如牛、羊等分给很多人。因此各人拥有的财富数量不尽相等,但是这种差异可以根据个人所承担的义务来加以消除,如境况较好的人对家庭承担更多的义务,经济较差的人则承受较少的负担。但是无论如何,这种差异不能相差悬殊以至于破坏或者危及到作为共同生活基础的社会平等。

最后,第三条原则是,人人必须从事劳动。各个家庭所从事的劳动虽然不同,但每个人必须劳动;家庭中的每个成员,甚至客人也无须被告知这样做,因为他明白自己理应和其他人一起参加一些必要的劳动。没有第三条,第一第二条原则就不可能实现。如果家庭里有人是剥削者或者寄生虫,那么兄弟般的互爱和财富共享就不可能继续存在。

传统生活的弊病

尽管上述三条原则曾经是我们传统的乌贾马实践的基础,但由此形成的社会生活却并非今日的坦桑尼亚所真正希望看到的。除却某些个人品行未能达到社会主义体系的理想和规范(古老的非洲同世界上其他地方一样,成员是一群凡人,而不是没有私欲、一心付出的天使),还有两种基本的弊病妨碍了古老的社会真正繁荣。

第一个弊病是不平等。尽管每个人都会受到尊敬,但是在坦桑尼亚的大部分地区,有一种不公平却被普遍接受,那就是对妇女的歧视。尽管我们努力否认这一点,评论也不乏夸大其词,但传统社会体系中的妇女地位确实低下。无论过去还是现在,在田间还是在家里,妇女的劳动量都要比她们实际应做的多得多。仅仅是性别的原因,她们就遭受了不公平待遇,而她们对家庭做的贡献被完全忽视。也许说她们一直以来都饱受压迫有失偏颇,但是在传统社会里,她们经常遭受虐待,低声下气地活着。如果我们要取得更大更快的发展,我们现在就必须赋予妇女以男性公民同样的权利和自由。

传统生活的第二个弊病是贫困。这是我们要极力摆脱的一点。尽管经济上确实极大平等,但只是维持在一种低水平的平等。我们要发扬这种平等,同时提高经济水平。这种贫困并非传统社会内在固有的。它是由两个主要原因产生。第一个原因是愚昧,第二个原因是个体经济(小农经济)。我们能够消除这两个因素而不一定要取消社会主义生活的原则本身,即兄弟般的互尊互敬、共同劳动和共享劳动果实。这些原则过去是,现在仍然是人与人之间保持安全、平等与和平的基础,要是我们再运用现代知识和经验,这些原则可以成为我们经济取得巨大发展的基础。

当前的目标

坦桑尼亚当前的社会主义目标,是建立这样一个国家,在那里全体人民享有平等权利、平等地位。人与人之间和睦相处、没有歧视和被歧视、剥削和被剥削的现象,在允许有人过着奢侈生活之前确保每个人的生活能够逐年得到改善。

为了把坦桑尼亚建成这样一个国家,我们必须根据乌贾马大家庭的三大原则来进行建设。不过,我们现在还应该运用现代的知识和设施来充实这些原则,以使我们能够战胜传统的社会所有的贫穷,也就是说,我们应该运用知识和经验,使我们每个劳动者的血汗创造出更多更大的成果,从而使劳动者具有更大的能力来获取生活必需品。让我们沿用传统的社会主义,消除它的弊病,然后利用我们自己的或者从发达国家借鉴的现代知识和经验来改善这一社会主义。

发展中的坦桑尼亚

近年来一切都在变化。我们的社会、经济和人民的眼界都与殖民时期的迥然不同。人们对社会主义的态度,对殖民者的态度正日渐变化。我们摆脱了殖民政府的统治,但是我们还没有摆脱殖民主义带来的个人主义的影响。我们正是从与国外的接触中形成了这种想法,通过自私和个人的进步实现生活的舒适和富裕。在资本主义体系下,少数人先富起来是有可能的。即使在最贫穷的社会里——即社会生产的财富总和非常少——少数人仍然有可能非常富有,而其他人却过着不该过的穷日子。如果我们背弃了平等的理念和目标,任由少数精明富有的人剥削他人,那么人人就会开始对物质趋之若鹜,自由主义的诱惑将史无前例地诱人。没有人想被人剥削,但是每个人都会想着去剥削他人。

过去40年发展的一个重要成果就是城镇中心的发展和就业的增长。实际上,我国只有4%的人口生活在城里,500万成年人中不到34万人有工资收入。不幸的是,这极少数人的生活已经为其他多数人所羡慕。城里的生活成为了发达、精彩的代名词,是享受生活的象征,这些在农村里是不可能有的。最主要的是,很多人认为城里的生活更舒适、更安全,劳动报酬更高,而农村则充满了贫穷和混乱。

尽管个人财富的目标已经为我们的人民所认同,尽管他们认为只要在城里工作生活就可以实现这个目标,事实却是,在坦桑尼亚,这个目标根本不现实。我们城镇居民,无论在物质生活上还是在个人满意度上,都极度贫穷低下,并不比农民好多少。一个没有技术的工人,无论在城里还是在庄园里,挣的钱都不够全家人维持基本的温饱,也住不起一套像样的房子。当然,由于人口集中在一小部分地区,出于公共健康的原因,社区要投资让每个人都能方便地喝上干净的水。而且人口集中也使得生活更加便捷,成人的教育机会更多,形式更加多样化。但是另一方面,课后的儿童生活却很混乱,既不卫生也不安全。对于大多数人来说,无处不在的失业的威胁,以及由此导致的饥饿,在周围少数人富裕生活的映衬下,会致使某些罪恶的念头滋生,而在依照传统社会主义原则生活的农村地区,这些恶行是不会发生的。

农村的变化

在我国,不仅是城市发生了变化。在过去的30年间,农村地区的生活也发生了变化。那种曾经为村民们创造出足够的粮食、衣物和税款的传统的农田在各地已经不再存在。即使在十分落后的把农业当作户口之计的地区,人们也会看到,年轻人已经离开那里到城市或其他地方去寻找工作。

然而,在现今的村社生活与传统的村社生活之间出现的一个明显差异就是经济作物的生产。在我国广大地区,农民经常利用一部分时间(有时候是大部分时间)来种植一些经济作物,比如棉花、咖啡、剑麻、除虫菊、腰果等,而这种农业劳动常常会改变过去的那种共同劳动、共享劳动成果的习惯。现在,农民们经常是单独劳动,乡村之间不但不再互相协作,反而是互相竞争和互相损害对方的利益。有些地区,有才智和能干的农民还可以利用自己的钱或者贷款来开垦更多的农田,更有效地利用工具等,从而使他们能够拥有 10 英亩、20 英亩甚至更多的农田。到了这种时候,他就会雇佣一些劳动力。有时候,他会以政府规定的最低工资标准偿付给这些劳动力,但常常是低于法定的标准来偿付的,其结果是,我们国家的总收入即全国的收入在增加,那个扩大农田面积并雇佣劳动的人的收入也在增加。

这一切表明,增加生产从而使农民获得足够的粮食、购买住房和家具的金钱以及少量的养老金等的可能性是存在的。但是,当一个人不雇佣劳动力就无法完成所有农活时,社会主义的基础显然就处在危险之中。因为他不会再和其他人共享劳动果实,而只是根据法律(甚至违背法律)的规定付给劳动力一定的报酬。这块农田所生产的作物本应是农田的主人和劳动力这二者共同劳动的果实,现在却不再是"他们共有的果实",而将是农田主人独有的财富。只有他才可以出售并获取金钱,然后他再用"他的钱"给"他的劳力"赋予报酬。钱是"他的",劳力也是"他的"。在这种情况下,农田里一切劳动者的平等地位显然消失殆尽。劳力将成为他们财主的奴仆。这样,我们就将开始出现劳动者和非劳动者的社会形式,其弊端是贫苦的劳动力只有在劳动期间获得报酬,而在他们无法为自己耕种的其余时间里,将得不到任何报酬。

让我们举例说明。比如有一个棉农,他埋头苦干并听从农业技术人员的指导,有能力播种和管理(除了良田以外)3 英亩棉花田。只要他全家每个成员积极肯干,这些工作完全可以由他全家承担。如果他每亩真能收获棉花 1500 磅——有些农民已经超出此产量——,出售后扣除一磅 46 分的支出,全年获得 2070 先令。从这些钱中,他只需要向所在县缴纳一点所得税,粮食不需要购买,住房不需要像城里的劳动者一样需要交房租,除去添置一些衣物或者修理他的棚屋以及数目很小的学费之后,这个农民还可能剩下一点钱供他自行支配。

现在,比如说,在尝到了第一年收入的甜头以后,第二年他打算扩大播种到6英亩棉花田。这就需要他全家更加辛勤的劳动。尽管如此,他全年仍然必须雇佣大约3个劳动力来帮助他劳动至少3个月。他付给每个劳动力月工资100先令,全年3个月,他将付给3个劳动力900先令。这个棉农自己劳动的全年收入是2070先令,再加上从3名劳力的劳动中所赚取的1170先令,这样,他全年的收入将有3240先令可供自己支配。他要是愿意,还可以再扩大农田,或者租用拖拉机和其他农具,或者他打算把生活搞得比去年更为舒适一些。然而,在全年重要时刻受雇于棉农的3个劳动力,他们只有900先令的收入,不得不另寻出路来增加这一年的收入,生活要艰难得多。

不平等的发展

如果我们听任这种资本主义发展在我国蔓延开来,我们的经济指标确实将会显示我们的经济在逐年增长。但是这并不表明,人民会从国家经济的这种增长中获得益处。显而易见,在这些地区,我们越是扩大种植面积,土地不足的现象就会越严重,从而使村民分化为两个阶层,即拥有大量土地的地主和在这些土地上为地主劳动的短工。后者由于没有农田,既不可能为自己劳动,又不能指望自己在地主农田上所付出的劳动来获得足够的收入。他们将沦为村社里的短工,其余生活将会是受人摆布,最后必然是被凌辱,遭受困苦和艰难的折磨。

的确,任何一个农民在今天可以自行选择是为自己劳动还是为他人出卖劳动力。鉴于我们拥有足够的土地,所以,也可以说,封建主义农业在我国村社里蔓延开来的危险性尚不存在,而且这种危险只要村社里不缺乏土地就不会发生。然而,我们这样说将会犯错误。尽管从整体说,我国不存在土地不足的现象,这是事实,但在某些地区,出现了或者开始出现土地不足的现象。同时,如果听任封建主义农业蔓延开来,我们必然会背离人民享有平等地位这一目标。村社里存在的小地主,眼下虽未构成一种威胁,但我们显然已经开始背离了前进的方向。如果我们继续强调和扶植这种农业,我们绝不能建设社会主义国家。事实上,我们还将破坏建立在人的劳动和共享劳动果实的基础上的社会主义原则。

在村社农民生活中,另一个变化是合作社的建立。合作社的目标是防止剥削。现在,农民的产品大部分通过合作社销售。对我们的合作社,人们有很多不满。我深信,如果我们真正想把合作社办成一个旨在协助农民,而不是剥削农民的新兴组织的话,需要建立更多的合作社,需要改进合作社的工作。如果农民都通过合作社出售自己的产品(不让他人从中盘剥),这对农民和整个国家来说都是十分有益的。当我们对合作社在经营上所犯错误进行批判时,我们切不要指责互相合作这一形式本身。要知道这种合作是带来发展和防止剥削的唯一途径。我们需要的是真正属于农民自己的组织,而不是剥削农民的剥削组织,我们要给这些组织配备有才干的、可信赖的领导人和工作人员以及建立一个完善的合作社经济管理制度。

然而,尽管农产品销售合作社是社会主义的工具,如果农业本身是资本主义农业的话,那么这一工具也可能被资本主义所利用。譬如,美国的农业是资本主义的,虽然美国的农民也有自己的而且是强有力的合作社,我们不应忘记,农民的合作社是农民自己的工具。如果这些农民是资本主义的农民,那么这将意味着一批资本家即农民聚集在一起,来防止另一批资本家即中间贩子的剥削。因此,只有农业是社会主义农业,我们才能确信农民的合作社将是一个社会主义工具。

现状总结

坦桑尼亚的现状用几句话来总结,就是大部分人口生活在农村,绝大多数农民自食其力,不雇人手,生产的粮食除满足自己生活所需外还会卖掉。很多人开始尝试现代化的生产方式,但是局限于自家的田地。他们独立劳动,就好像工人自己开工厂。另外有少数雇佣劳动力:一部分是被庄园雇佣,那里有几百个工人;但越来越多(尽管数量仍然不算多)的是个体农民雇佣劳动力,也许只在一年的部分时间雇佣。在我国到处都有合作农场,人人按照平均分配受益的方式参与其中。但是这些群体还是太少了,少到不足以对农业总产值产生真正的影响,对不断发展的社会结构也无影响可言,只对本地经营结构有少许影响。它们的重要性只体现在对未来的预示上,而非真正的现实生活。

因此，我们的社会仍然是一个以农业为主的社会，农民以家庭为单位劳动，通过销售合作社得到帮助，避免受到剥削。但是目前的发展趋势并非扩大化的家庭生产和社会化大生产，而是趋向于在农村形成一个新的阶层。这种发展方式与坦桑尼亚的社会主义发展背道而驰。我们要保证所有的坦桑尼亚人民的尊严和平等，人人过上体面的生活，并让他们和孩子的生活越过越好。

坦桑尼亚必须发展

在今后很多年里，大多数人将继续在村社里生活并通过农业获取自己的生活必需品。土地是我国和我们人民发展的主要基础。如果情况只是如此，即使我们的工厂、贸易、政策具有社会主义基础，但是如果村社生活不是社会主义的，那么，我们的国家显然将不会是社会主义国家。就目前而言，坦桑尼亚社会主义的核心应该是村社和村社里的农民。这就是说，我们应该建立这样一种制度，即能够使村/社农民在提高生活水平的同时又能够平等友爱地生活和劳动。这也意味着，随着我们不断地得到发展，城市所有的社会服务业应该进入村社农民生活里。

为了实现这一目标，有几件事是必须要做到的。首先是劳动。劳动是没有捷径可走的，因为我们没有大笔资金可以投入到购买省时省力的农业设备，也无法提高生产效率。我们要想增加土地的产量，就要用我们的双手和大脑。无论我们是资本主义社会、社会主义社会、共产主义社会还是法西斯，我们都无法规避这一点，因为只有通过劳动，才能增加人们为了发展和幸福生活所需要的产品。我们正在选择的制度，更涉及如何分配劳动果实以及我们将过着和睦的还是野蛮的生活等问题。但是，劳动者是必须付出的。我们每一个人必须同意更多、更好、更长久地从事劳动。

然而，增加生产本身还不够。产品的销售制度包括国际市场上价格不合理问题在内，必须很好地加以修改，从而使我们人民尽可能地得到合理的价格。必须协助我们的合作社组织，使其工作更出色、更民主。

同时，也必须使我们的区政府制度更加完善、更加民主。一切有关村民生活的事务必须由村民自己当时决定。村民必须认识到，决定权是属于他们自己的，他们必须确保这一制度得到实行。但是，村民为决定自己的事务所需要的职权，其基础必须是整个国家得到统一，其目标是整个国家和全体坦桑尼亚人民得到发展。

最后一点,我们村社必须建立在全体坦桑尼亚人在权利和义务方面享有平等地位的原则基础上。再也没有所谓的主人和仆人,只有共同劳动共同谋福利的人民。

但是,上述目标如果继续以个人为单位,为了个人而生产,则仍然无法实现。诚然,个体经营者不会受到剥削,但也不会取得多大进步。孤军奋战很快就会达到他的极限。只有通过协作人类才能突破极限。当人类想要取得巨大进步时,他们除了团结一致以外别无选择。只有两种途径可以实现这一点:要么被强制共同劳动,要么自发共同劳动。要么被奴隶主或资本家驱使着一同干活,要么为了我们的幸福自愿结合起来劳动。如果坦桑尼亚由农村经济和社会主义社区组成,人们共同生活、共同劳动,紧密联系在一起,为人民也为整个国家谋福利,我们就一定能实现国家的发展目标。

我们应该使这些传统的社会主义原则获得新的活力。因为在现在的社会主义村社里共同生活、共同劳动的人,不再是那些在传统的社会里共同生活、共同劳动的人。我们确实能够先从创建家族式的村社开始。但这种村社不会永远是同一血缘的社会主义村社。它会得到扩大,接纳各种不同的人,并将寻求和运用现代知识和经验来处理自己的事务。各群体之间存在的旧障碍必须加以消除,从而更多的人能够相互合作来进行更大规模、更有效益的事情。但是,村社的生活原则仍然必须是:共同生活、共同劳动、男女平等地分享劳动果实。

这种模式与我们现有的社会组织形式大相径庭,与现在的发展趋势也完全相反,短时间内不会实现。之所以不同,是因为维护人人平等需要很大的决心;之所以不同,是因为它的主要特征是合作而非竞争,它衡量个人成功的标准是财富是否到位,而非个人财富的积累。问题在于怎样组织我们的活动,最终实现这一目标。

具体情况具体分析

我们要认识到,坦桑尼亚国内的情况非常复杂,无论是谁都不可能在达累斯萨拉姆画出一张蓝图就能指导这样一个大国每个地方的农业生产和社会组织。可以设立行动原则,但是这些原则的具体应用必须要考虑到不同地区的不同地理环境、地质特征,即使基于同样的传统社会结构,每个地方的情形也有所不同。举例来说,乞力马扎罗地区的情况是:人人都有地,但是山上没有可用的耕地。这就影响了当地的社会结构,产生了很多家庭问题,这些问题在坦桑尼亚其他地区就不会存在。在其他地区,如果说一个年轻人想自立门户,他得到的那块地就会紧挨着他父亲的。另外,我们国家的一些地区水资源极度匮乏,供水不稳定,这些地区的农业组织、人口密度和社会组织就不免要考虑这些因素,正如水资源丰富的地区就一定会充分利用它的优势资源一样。所有这些都会影响种植的作物,投资的力度,这些对产量有很大影响。如果想在达累斯萨拉姆解决所有这些问题就太愚蠢了。要知道,在很小的地区范围内,土壤就会有多种类型。这只能依靠当地农民的积极性和自力更生,具体问题具体分析。

人民的社会风俗也有很大不同。比如说,马萨伊族一直以来就是一个游牧民族,他们的家庭结构、宗教信仰和很多东西都与这种生活习惯有关。他们的这些特征就与传统的农业部落尼亚库萨人不同。因此,如果对这两种不同的生产形式进行调整,将增加的产量与社会公平结合起来,要采取的措施就有所不同。关键是两种方式不能互不兼容,而且要适合在不同情况下实现各自的目标。

除了这些当地的因素,还有一个因素就是需求不一致。有些东西是我们整个国家迫切需要的,而这些东西某个地区或某些农民并不会感兴趣。举例来说,在一些陆岬[①]必须要保护树林,控制水土,禁止开垦或放牧。这些地区的农民就会觉得这些措施不会引起他们的兴趣,他们更想开垦这些土地增加收入。这些树林在50年以内不会给他们带来任何收益。再比如说,旅游业会给国家带来大量外汇收入,因此我们要保护野生动物供游客参观,但是农民却更愿意把它杀掉,因为这些野兽会破坏掉庄稼。还比如说,一些作物需要大型机械或其他投资才能带来规模效益。这些不是某一农民独力能做到的;即使是合作组织一开始时也会有困难,因为要有大笔启动资金,后期还有沉重的债务。

一旦国家有了重大需要,政府应当积极采取措施,在农业等经济领域采取行动。要有国家森林和地方管辖的森林;国家公园归公共所有,由中央或地方政府进行具体管理;禁止或限制在某些地方狩猎。除此之外,国有农场和地方

---

① 即河岸突出进河流的一小块陆地。——译者注

管理的农场上专门种植供出口或销往城市的经济作物,只允许机械化大规模种植,或像孔瓜(Kongwa)的国有牧场一样,供研究发展所需。

在这些情况下,传统的农业生产方式将没有生存空间,因为它不符合需求。剩下的只有两个选择,要么让少数富裕的人承担这项有利可图的工作,要么全盘归国家管理。

显然在坦桑尼亚通常的做法是收归国有,不过在专家或资金不足的情况下,也允许一些私人企业或合资企业以及公共投资参与进来。在种植农业中,工人们最好统一归村社管理,这样村社在议定工人们的薪资待遇和工作条件时就有更多的话语权。这样一来,无论是公共或合资或私人雇佣,工人们在大规模生产的农场里仍然能够保障公平的待遇,了解农场交给村社的收益是多少,用于下一步投资的又是多少。工人们也知道,他们的辛苦劳动并不仅仅是让素未谋面的股东受益。这些股东对企业发展没有出一分力。

因此,鉴于坦桑尼亚社会主义的农村和农业的组织形式,必须要有一些国有企业或事业单位,像国有食品厂一样,由指定经理人管理,统一雇佣劳动力。但是这仅仅占到坦桑尼亚农业领域的一小部分。我们的初衷并不是把农民变成工薪阶层,即使在国有农场上也并非如此。为了实现社会主义和国家民主,我们只能适应现代的需求,相应调整非洲社会传统的结构。换言之,我们必须明确目标,努力建设一个由社会主义农场和村社来主导农村经济的国家,并在全国统一社会模式。

乌贾马农业

在社会主义坦桑尼亚,我们的农业组织,将是一种为了全体人的利益而共同生活、共同劳动的组织形式。也就是说,我们大部分农业生产要由组织起来的人们去从事,他们作为一个集体来生活居住,作为一个集体去生产劳动。他们会一起居住在一个农庄里,一起耕作,一起销售,并自行承办本社区的服务设施,提供简单的生活必需品。他们的社区要成为传统家庭组成的集体,或其他任何根据"乌贾马"原则生活的人们组成的集体,考虑到现代化方式和20世纪人的需要,这些集体要有足够大的规模。社区所耕种的土地要被全体社区成员称作"我们的土地",他们在上面种出的庄稼要成为"我们的庄稼",要由"我们的商店"向社区每个成员提供外来的日常用品。"我们的工厂"会烧制砖瓦,用来建造房屋及其他建筑,等等。

显然,这一切事务都必须周密地加以计划和管理。我们应该有一个经理来制定计划和管理。村社必须配备一个"财会人员"来管理村社的财务。必须建立一个"行政委员会"来督促村民代表大会所通过的决议的执行。这些人员可以由本村产生。如果我们想使村社成为真正的社会主义村社,这些人员最好由本村自己产生。有时候,也可以从外地借调一些辅助人员,但上述这些领导人必须是本村的村民,而不是外地人。

这样的村社可以在我国存在,事实上我国目前有很多这样的村社。我们不应该坐等政府来创建或传授这种村社的办法。我们切勿认为,进入这种村社的人一定会无私地只考虑人民的利益。这样的人在世界上不多。认为社会主义村社将是天使们的村社也是愚蠢的。我们所需要的是一种合理的、将能显示出对全体人民有益的制度。为了确保这一目标得以实现,最好的办法是使每个村民为了全体利益而承担某些义务,并确保由于全村包括他本人在内受益后他也得到益处。

根本的一点,就是社区要作为一个集体去耕作,作为一个集体去生活。投入合作社农田上的一切资产都属于全体村民;村社里的任何发展,如引入自来水,都将对每个村民有所裨益;农产品以及村社里其他经济收入将根据村民的劳动和需要进行分配。一小部分收入将纳税,一小部分收入(由村民自行决定)储存起来用在村社的经济发展上。村民们将可以有自己的住房,甚至有自己的牲畜。有些能干的村民还可以有个人的小块土地。这些人的事务将在很大程度上取决于村社本身的情况,其原则只要在村社里,不论是合作社成员或是非社员,不允许有人剥削人的现象存在,而是每个人都在全村的公益事业上履行自己的义务。

这样的集体居住与工作方式、这样的社会主义村社能够彻底地改变我国人民的生活。虽不会使我们突然变成富翁,却会提高每个人的生活水平。尤为重要的是,村社里的农民和工人将会确信,村社里任何财富的增加都是属于我们自己的,而不是属于某个人或某些剥削者的。这样,我们将会巩固我们的平等地位和改变贫困的状况。比如,即使社员农忙时节生了病也不必担心来年没有粮食吃,妻子生病了也不必担心孩子无人照料,相反,如果他自耕自足,上述情况就无法保证。原始的非洲社会组织形式下,这些都不成问题。现在,建立在

社会主义与农村发展

同样基础上的现代社会主义制度也能很好地解决这些问题。在乌贾马村,生病的人有人照顾,丧偶的人有人帮忙照看孩子。对于其他生活上有困难的人,无论是老人、独身、孤儿还是其他人,整个村社会像原始的非洲部落一样,亲如一家地照顾他们。

这种集体劳动模式必然将增加村社的产量,提升服务的质量,从而使全体社员受益。如果社员们愿意投资,村里还会添一些现代化的工具;专业化也在某种程度上能够实现,比如说,木匠平时为村社做桌、椅、门等,农忙时节再去地里帮忙。另外有一个人负责建筑,再有一个人负责当母亲们在地里干活时照顾孩子们。通过针对村民们的需求由他们进行分工,村民们会让自己的生活更加滋润。

乌贾马社会主义实践

有这种村社共同体的国家将是一个名副其实的社会主义国家。因为这种村社的主要基础是村民在与自己生活有关的一切事务上享有平等和自决的权利。因为真正的社会主义村社将选择自己的、能和村民一起前进并经常关心他们需要的领导人。只有在劳动或与劳动有关的事务上,我们才希望有一名劳动督促人。即使如此,我们也将明白,这些人督促村民劳动是为了全村的利益,绝不是像地主那样是为了他们的私利,比如:由全村大会选择村领导人和村委员会;由全村大会对村委员会根据上届全村大会决议而拟定的各种劳动计划,做出表示同意、拒绝或修改的决定。假如有一个 40 人的村民大会一致同意开垦 40 亩棉地和 40 亩粮田。村委会负责提议哪块地适合种什么,种地的时间是什么时候,如何组织分工田间劳动等。同时村委会也负责为其他决议提供建议,比如挖一条沟以备将来铺管道供水,或者铺一条新路,或者改善村里的排水系统。这些细节他们可以在下次村民大会上提出,一旦通过,领导人就要负责确保全体村民执行决定,如果有任何问题则汇报给全体会议。随着村子逐步稳定下来,就迫切需要木匠、护理人员和一家村里的小商店。村委员要做出提议,如何由专人组织这些事情为全村人造福。村里的领导人负责联络其他村子和政府部门,同时负责就村里的教育、信贷和农业建议等寻求外援,并组织作物的销售、收税和还贷等。

通过这些途径,我们将能把传统村社里存在的有用的东西——即大家坐在一起商讨并取得一致意见的非洲民主以及防止贫困和维护人的尊严的制度——保留下来并运用到现今的村社里来。同时,我们也为村社引进了现代教育和现代技术,用来为全村人民谋福利。须知在这种村社里得到发展的不一定也不应该只是农业而已。村社也不应该发展成为一种销售自己的产品和从外地购买全部的必需品的村社。一旦进行大规模生产,产品的价格会更低,而且村社也完全有能力组织其他种类产品的生产。同时,通过和邻近村社的协作,我们能够在村社里兴建一些小型工厂,这种工厂可以根据村社本身的利益制作一些产品,而这些产品依靠一个村社的力量是难以制成的。比如,几个村社可以协作兴建一个农具修配站。可以利用本村的黏土制作一些家用器皿如锅、杯、碗、盘等,甚至可以联合起来在村社里开办自己的纺织厂。但是,这些事情的决定权在村民自己手里。中央政府和地区政府将不会加以干涉,除非需要政府的场合,比如筹建学校时安排教师,或者某项决议会影响到其他村社的利益的时候。

中央政府工作人员以及当地政府毫无疑问将在这种村社组成的社会里扮演重要角色。每个村子都能独立解决一些问题,每个村子也可以和邻近的村里开展合作从中受益。因此,从整个国家的层面来说,也有很多可以合作的地方——国防,教育,销售,健康,通讯,大型工业——所有这些坦桑尼亚都可以开展合作。政府的职责就是帮助自立的村社同其他村社开展合作。

但是如果村民们共同生活、共同劳动,这就更有利于他们充分利用政府提供的服务,同其他村民开展合作。举个例子,有位农业工作者,他不是一次给一家人,而是给40个人同时传授新技术,这样一来他要花更多时间,但也为整个村子提供了更多专业的知识,比起针对单个农民来效果大得多。再比如说,政府一般不愿意给居住分散的村社里的每家每户都配上水泵,也不可能给每家都铺上管道供水。政府更愿意给一个有30到40户人家、能够合作劳动的村子提供水泵和管道。我们国家通过乌贾马村社的这种组织形式会变得更加民主。因为如果村民们集中在一起,会比分散开来没有机会讨论重大问题的村子更容易发现问题,并将问题上报给议员或地方委员会。这意味着人们不仅能够直接管理村里的事务,而且能够更有效地管理整个国家。

我们如何达到这一目标?——只能诱导,不可强制

阐述比实施容易。阐述社会主义村社的优越性并非难事。困难是使我们

摆脱目前的境况并通往社会主义旅程本身。坦桑尼亚以及世界上其他地方的农民是这样的人，他们对于各种新的想法即使显示出来是好的想法，往往持十分谨慎的态度。他们相信的是自己见到的事物，而任何事物不开始，人们是见不到的。

然而社会主义存在不能强行建立。有时候我们有必要强制某地的村民集体种植某种作物，直到他们自己认识到这些作物能给他们带来稳定的收益，那么他们不需要强制就能自发种植。但是共同生活共同劳动就不仅仅是产量问题了。它取决于合作的意愿，对不同生活方式的理解。这要通过参与者共同辛苦劳动获得。只有人人自愿，社会主义村社才能建立起来。领导人和政府的职责不是强迫让这些变化发生，而是通过解释、鼓励和参与。如果政府或党内领导人生硬地对农民说："你要这么做。"农民会对他们充满怀疑。他更愿意听到他们说："这样做有好处，因为以下几个原因。我和我朋友也在做。"无论是否担任公职，某个人行为也会对别人的看法产生重要影响。政府可以通过鼓励并对已经建立社会主义村社的人们提供各种援助的办法来协助这些村社。不过，必须记住的是，政府和坦盟的任务是进行鼓励和必要时进行援助，而不是去管理这些村社。村社必须由人民自己来创建和管理。

必须牢记的一点是，传统的农民很难用言语来说服，无论那些话听起来多么有说服力。他们必须要亲眼见到共同劳动和生活的好处，才会愿意今后采取这种组织形式。尤其是在放弃个人对土地的支配权之前，他们会希望看到这种合作方式确实能让每个人受益。我们要欢迎和鼓励年轻人开展试验。但是我们的目标是让一个社区里所有年轻人和年老的人共同参与进来。一开始进展一定会很慢，但是我们没有理由放弃目标。我们要相信，水滴石穿，集腋成裘。

一步一步地发展

那么，必要时我们的发展可以分为三个阶段进行。首先，是动员人民在沿河或者有水井的地方集中地修建住房，并在他们决定修建住房的周围种植翌年的粮食。在坦桑尼亚，这样做，对于一些不习惯于集居生活的人来说，将是他们生活中举足轻重的一步。对某些人来说，恐怕更容易做到的是，在开始共同生活以前，先进行共同劳动。比如一个甲（坦桑尼亚由十户人家组成的基层组织）的居民可以决定共同耕种，按照分配劳动的果实，或者其他方面自愿地进行协作。或者说，小学生的家长可以决定创办合作农田、决定种植何种作物以及如何使用他们的收入。在上述两个例子中，合作农田的成员，即使他们决定共同生活或者继续分散地生活，也将保留他们各自的农田。合作农田将是一个补充，免得每个人都去扩大自己的农田。经过这两个阶段以及人们确实看到合作农田的作物是属于他们自己的以后，就可以实行第三步，到那时就可以在合作农田上从事规模较大的农活。这样，个人所有的小块土地将显得微不足道。经过需要几年的时间才能实现的这最后一步以后，我们将建成完善的社会主义村社。到那时候，就可以着手创办一些扩大经济和人民发展的事业。

很明显，各地风土人情不同，发展的模式和计划也要因地制宜，因人而异。但是，乌贾马村社的目标必须是明确的。至于实施的步骤和详细的计划，要根据当地的情况而定，这其中要考虑到人民的传统观念、政治觉悟程度，以及对社会主义目标的接受程度。

最重要的是，要迈出关键的第一步，不能一味等待土地住房和水资源发展部门派官员前去规划村子、解释政策。要扩大宣传这种组织形式，必须让每个社员理解他的职责所在。坦盟某个部门的领导可以在适当的时机带领下属迈出第一步；农业部的官员可以动员农民们共同生活、共同劳动，让他们知道这样一来他们会得到更多帮助；村社发展部门的官员一旦为当地民众树立了信心，就可以放手一试；各个级别的坦盟工作人员也可以加入进来，无论是小学教师，还是任何一个坦桑尼亚的公民（即使他是酋长或者神父），无论他是否官居要职，都可以出一份力。为国家建设出力，人人责无旁贷。天时地利加上人和，每个人的付出才能实现最好的结果，这也是最为明智的选择。如果一味宣扬奇迹，甚至开出政府扶持的空头支票，到头来只会坏事。

在乌贾马村社里，开始几年的生活将是相当困难的。这种共同生活本身不会为人们带来他们过去没有的财富，同时，新生活开始时也会出现一些困难。每个村社在开始阶段不会拥有比现在更多的财富，对未来的急切盼望又可能会使人民失去耐心，并开始出现比目前更多的不满。社会主义村社必须在自力更生的基础上得到成长，它是社会主义自力更生的村社，它的成就来自村民的努力，也就是说，这些成就必须经过若干年的时间才会显示出来。这需要我们从一开始就认识到创建社会主义村社的艰巨性，并要求我们正视它。其次，也让我们明白，如果我们一旦克服困难之后，村社的生活将是十分美好的。

这就是为什么每个村社在开始阶段最好允许有集体的和私人的事业同时存在,尤其是当这些村民过去已经习惯于拥有自己个人的事业时。当这些人对共同生活有了理解并克服其困难之后,他们将逐渐地扩大他们的社会主义事业。

这绝不是说,政府部门不再给予帮助,而只是说,社会主义村社的成长及其威力将取决于村民们对社会主义的理解以及努力。政府提供的建议和援助确实会起到作用,但这种援助并不十分重要,也不应对此寄予过大的希望。我们有200万农民,如果大家都决定创建社会主义村社,政府提供援助的能力显然是有限的。即使不是所有的农民都开始创建社会主义村社,政府对那些建村创始人的援助显然也不可能是十分巨大的。

乌贾马村社的收入分配

从一开始,产品的分配制度必须是合理和明确的,分配的依据必须是劳动量,即人人将按劳取酬。因为在一般的社会里,存在一些不劳动却和大家同样进行消费的人,而在我们的社会主义村社里如果指望辛勤劳动的人来为他人劳动和抚养那些寄生虫的话,这些劳动者就有权表示不满,因为这虽然不是地主式的,但都是寄生虫式的剥削。只有当村社得到足够的发展时,我们才能指望从全村的收入中,拨出一部分收入来帮助照料老弱病残或者孤儿。也应该从一开始就明确,从每年的收入中拨出一小部分资金用于村社经济的扩大和发展,这是十分重要的事。在有些地区,也许开始时合作农田被用在为全村人民谋取利益的事业上,比如购买村社的引水管,或者修建桥梁和发展用建筑等。特别是在个人还保留自留地的情况下,上述集体福利设施的修建费必须来自合作农田。但是即使如此,对于劳动所创造的剩余部分,必须按照劳动进行分配。不过,有关如何耕种合作的农田,如何分配和使用产品,如何照料儿童、老弱病残等问题,这一切都必须由全体村民做出一致的决定。如果我们要证明这些村社将会取得成功,必须从一开始就确保村社的决定和管理是民主的。

领导人必须能够让群众信服他的想法是好的,但是接受与否还是人民说了算。即使讨论的时间久一点也没关系,我们要建设一个国家,就需要一个漫长的过程。并不是村民们是否决定挖一口井或者清理一块地就是社会主义村社。社会主义村社是一种新的生活方式,一种社会主义的生活方式,人们共同做出决定并执行。这并非朝夕之功,也不能靠几个人完成。社会主义村社是全体村民的村社,社会主义的生活是他们的生活。一切跟村社有关的事务都要由他们自行决定。

某些特殊问题:地方耕地的缺乏

但是,有些地区的现状,比如说缺乏土地,使得合并整个村社农场空地让村民共同生活劳动的方法很难展开。像乞力马扎罗地区,每块地都已经精耕细作过了,只剩几块地留给学校和社区中心等。而且,这些地区往往每家都有自留地,自食其力,互不干涉。这些地区已经存在社会问题了。年轻人觉得父辈的地里没有他们的活可干,另辟新地又没有空地可用。结果他们只能去城里务工,工作也不好找。这个问题不好解决,唯一的途径就是迁移到其他地区。在山上开垦新地是不可能的。面临日益增长的人口,只能去到其他地区,重建家园。无论采取哪种耕作方式,都只能如此。政府要帮助这些新增人口搬迁落户,重建家园。

但是,今后这种搬迁方式要考虑到搬迁到社会主义农村里去。这并不是说政府要为这部分新居民建造现代化的高档住房,过去我们这样想过,但这是错误的。我们要组织两次搬迁。第一次要选在旱季之初,精壮劳动力先搬过来暂时住在帐篷里,他们为全家盖好临时住房,等全家人过来后再搬进去。然后整理土地,准备迎接雨季。安顿下来之后,第二次搬迁就是全家人搬过来,开始他们在新村子里的新生活。

对于那些没有亲戚救济的人,政府要发放食物,直到庄稼有了第一次收成。政府还应提供信贷,供他们修葺房屋等所需,并允许他们三年后才开始还贷。还要为这些新居民点提供农业技术,因为新村民也许对新环境里的土壤和作物不熟悉。

在上述情况下,政府应当为当地安排一位村社发展指导人或熟悉当地情况的坦盟领导人,帮助新村民开展村委会的组织活动。但应注意,如果村民来自有自留地的地区,那么一开始不要急于否定自留地。大块的土地留给村社集体耕种,但是小块的土地可以留给想自行种植的村民进行清理。为避免产生大笔资金的需求,一开始应当种植供他们自己消费的粮食;其次才是土地清理和经济作物的种植。

尽管缺少耕地的地区要按上述步骤迁移居民,这并不是说他们当地就不要进行社会主义建设了。只是这些地区的社会主义进程会更加艰难,因为当地没有空余的土地,所以搞村社农场只能让当地农民将每人手里的土地集中在一起,供集体种植。而且有些地里已经种了永久性的经济作物,比如咖啡。所以,这些村子里的村民如果进行社会主义农村建设,就不仅仅是将土地合并在一起那么简单了,而且要将他的一部分资金投在新项目里。这也意味着要想动员这些村民,需要更多地说服教育和技术支持,因为必须要让农民们相信,和别人共同劳动合伙经营,他的咖啡树会给他和家人带来更大的效益。

在这种情况下,一开始的时候就要允许集体劳动和个人耕作并存,当然这要建立在互相协作的基础上。这仅仅是传统集体劳动方式的再现,或者是延伸,是传统的方式更加适用于现有的农田,而不只是土地清理或房屋修建。通过在他们自己的地里共同劳动,村民们能更加省时省力地完成以前无法独力完成的工作。接下来他们就可以做更有用的事情,无论是一个人做还是和大家一起做。

有了开始,接下来还会有其他地方可以合作开展。村民们可以合伙买必需品,像化肥这样的东西。或者合伙盖一个商店出售他们种的咖啡或其他东西。通过这种方式,村民们会逐渐接受社会主义农村。

像在这种缺乏耕地的地区,人们也许并不是从农田里开始共同劳动的,而是通过共同创办一些小型的工业或服务类项目开展合作的。还是以乞力马扎罗地区为例,一群村民合伙开办现代化的养鸡场或皮革厂或木器店,他们可以共用他们公有的卡车,一起用他们公有的水车灌溉农田,这样所有人都能受益。按照这种方式,很有可能这些人口稠密的地区会发展起来农村工业,使得他们不再那么依赖经济作物的出口,进一步促进村社的繁荣,提高生活水平。

农村工业项目不可能按照现代大型工厂的标准来衡量,它们更多的是一种"小作坊工厂"。如果让每家每户单独生产就错了,正确的方法是进行集体合作。让某个小组来加工衬衣、织毛衣和毯子,就要让所有人集中在一个地方,分工明确又相互合作,而且不需要考虑大的投资。在我们的传统制造业里,我们有很多东西可以搞活,也应该搞活。政府也打算进一步采取措施,让这种环境下的村民都能在一年左右的时间里得到好的意见和建议。但更重要的是这些村办企业的组织运营方式要同村社农场一样,让成员自己做决定,自己选举领导人,按照他们的标准进行收益分配。

另一个特殊情况:牧区

另一个特殊问题是以畜牧业为主要收入来源的牧区,牧民们不可能直接将自己家的牲畜同别人家的赶到一起进行合伙经营。但是如果我们让牧民们认识到这样做是有好处的,那么在牧区我们也能逐渐建立一种社会主义畜牧业模式。首先,我们可以让牧民合伙放牧。放牧人将几家的牲畜聚在一起,这样每次只需要少数人在外放牧。实际上这是一种非常传统的放牧方式,但是在很多地方已绝迹了,或者从来没有实行过。在这些地区引进这种方式就简单得多。这意味着每个牧民有更多的自由时间可以支配,可以干自己家的活,当然最好是同别人共同劳动干集体的活。还有一种方式是每户牧民贡献出来一两头牲畜,将贡献出来的这些牲畜组成村社牧群,在专有的集体牧场上,利用现代化的养殖方式进行放牧。刚开始牧民们还是会保留自家的牧群。但是随着村社牧群的逐渐扩大,从中的收益也不断增加,牧民们就会逐渐开始扩大村社牧群,而缩小自家牧群的规模。参与者可以自行支配村社牧群带来的收入。比如将奶提供给学校,或用放牧得来的钱建一个牛槽或水坝,让人们和牲畜供水有保障,或用这笔钱来改善村里的环境,帮助那些有困难的社员。

在上述两种特殊情况下,人们共同生活、共同劳动、共处一个村子,这一过程需要慢慢实现。到了这一切实现那一刻,真正的民主和社会主义生活才能成真。

资金问题

对于这种渐进式实现社会主义村社的方式来说,一个重要的好处就是前期不需要大笔的资金投入,除非人口从过于稠密的地方迁移过来需要建设一个全新的村社,其他情况下,人们完全可以自食其力建设社会主义农村。村民们可以用自家原有的农具来清理新土地。他们自己留的种子可以拿出来给村社农场,或者他们可以从合作社或国家发展信用社那里订购种子、化肥等。这样他们就能开始生产了,一年后的收益可以用来添购简单的农具,像畜力犁等,为来年扩大规模做好准备。如果当地有储蓄贷款协会(没有的话,无论是不是社主义农村,都应该成立一个),会员们也许会同意将他们的积蓄用来创办社会主义村社。重点是这不需要依赖外部资金的注入。在之前的政府定居计划中,我们已经看到了大笔启动资金和沉重的债务给农民带来的巨大危害。而且我们也没有那么多钱。我们要用双手去挣,我们要用目前仅有的资源,用我们的劳动、用我们的土地、用我们共同劳动的热情来实现我们的目标。

政府的角色

社会主义村社将在村民们的事业依靠自力更生的基础上得到创建和成长,将由村民们自行创建和照料,由村民们自己提供创建和管理村社所需要的工具和进行劳动。

政府的主要工作是给予协助,以使村民们的这些事业取得成功。在已经建立社会主义村社的地区,农业部有义务确保这些村民获得所需要的指导。必要时,政府也可以这样做,有时候,必须给这个村社委派一名农业顾问,让他住在村社里,如果这样做不可能,而村社里却有一个人能够接受培训的话,那么政府就可以对他进行培训以便他来帮助自己的村社。可以把他送到一般的学院里学习,或者对这样的村民进行专门的培训。

地区政府和村社发展部也负有很大的责任。尤其是发展部门的工作人员,必须准备好去帮助愿意组织起来的农民,向他们提供建议,介绍如何获得贷款来购买种子和其他必需品。这个部门的另一个任务是,制定一部适用于社会主义村社各个不同阶段的法规。这部法规将是一个范本,有助于各个村社根据这个范本制定自己的法规。毫无疑问,其他一些社会主义村社比如"鲁付马发展协会"所属的村社,也可以进行帮助。但是,上述部门将有责任帮助新建立村社利用已经建立并得到巩固发展的村社的经验。

政府的任务不是代替任何村社进行工作。但是,对于为了全体人民利益而共同生活共同劳动的人民的要求应该尽可能给予满足。

结束语

在实现这个计划方面,需要向大家提供的建议是,我们坦桑尼亚人必须开始从单干的、传统的农业活动中摆脱出来。这种传统的农业活动最终将会把我们带到封建地主式农业和生活中去。与此相反,让我们成为一个拥有社会主义村社的国家,在这个国家里,人人为了全体人民的利益共同生活共同劳动,各个村社为了自己本村村民的利益进行社会主义的协作。

这件事是可以实现的。目前,在坦桑尼亚各地,我们已经有大批人建立了社会主义村社,我们应该对他们加以鼓励,并劝说和教育其他人懂得这种生活的好处。这样做所需要的不是组织人民的职权,而是进行教育和诱导的领导艺术。这不是个人的事,也不是少数人的事,是全体坦桑尼亚人赞同和履行我们坦桑尼亚社会主义各项方针政策的基础——自由和平等的原则的事。

38 外交政策

1967年10月坦噶尼喀非洲民族联盟一年两次的全国大会在维多利亚湖南岸的姆万扎召开了。近2000人参与了本次会议,乌干达总统奥博特、赞比亚总统卡翁达为会议开幕带来了兄弟国的问候。来自布隆迪、刚果、几内亚、肯尼亚和卢旺达的高规格兄弟代表团也出席了会议。

尼雷尔总统于1967年10月16日发表了开幕辞,对代表和贵宾表示了欢迎。以下为除欢迎辞外的讲话全文。

……本次全国大会的任务是考虑坦桑尼亚在坦噶尼喀非洲民族联盟的第二个目标上的进展情况。第一个目标——独立——我们已经于六年前实现。第二个目标是建设一个社会主义国家,在这个国家,所有公民都过着有尊严的体面生活,每个人都拥有个人自由,免受饥饿、疾病和无知的困扰,与所有其他公民享有同等的自由。

作为一党制国家的党的最高权力机构,大会必须思考我们前行的方向,并对国家是否在正确道路上前进做出判断。大会必须明确行动的原则,给予人民指引和领导。因此,大会的作用至关重要,但这种作用不是无限度的。因为今天在这里的各位代表都来自于人民,对人民负有责任。我们的大会既不能接过人民的义务,也不能表现得好像我们拥有上帝赋予之权一样,将我们选择的目标强加于人民。我们不能这么做,这样的尝试是错误的。我们肩负的是另外的任务;这个任务就是在人民和坦盟都已经接受的道路上,给予领导和指引。这条道路将通向坦桑尼亚的人人平等、民主和社会主义。如果我们党成功做到这一点,那么人们便能证明他们也能在他们的任务上取得成功——这个任务就是保卫并发展我们的国家。

既然如此,坦盟全国会议有责任考虑到政策和事务的整个范围,这包括国内的和国外的。因为上述所有事务都将影响到我们社会的走向，以及我们经济发展的速度和方向。国内政策和外交政策是相互关联的，两者都是一个整体任务的不同方面。例如，很显然，国际上的友好或敌对态度能够影响我们的内部发展。甚至仅仅通过允许我们专注于发展问题，或者转移我们放在他们身上的注意力和资源，他们就能够影响到我们。因此，在这次会议上，关于我们政策中对内和对外的两个方面，我都打算谈一谈。不过，我将在两个不同场合谈及这两个方面。今天我将专注于外交政策问题，而在另一个会上，我会将注意力放在国内事务上。

因此，我现在的任务是着眼于国际舞台，因为从坦桑尼亚角度来看，它似乎指出了一些将我们牵涉在内的问题；我还将列出面对问题我们将采取的态度和政策。我的讲话的基础是自独立以来我们国家就已接受的外交政策基本原则——这些原则至今不曾改变。因为我们依然需要捍卫我国领土完整和国家安全。我们坚持着在世界意识形态和权力纷争中遵循不结盟政策的尝试，不与任何强权结盟；我们继续支持联合国为和平与正义所做的努力，并努力巩固它的世界地位。我们坚持着非洲统一的信念，相信这对坦桑尼亚以及整个非洲大陆而言都是一个极其重要的目标。我们继续支持非洲解放运动，支持对种族主义压迫的斗争。

不结盟

让我先谈一谈有关不结盟的一些问题。鉴于近年来坦桑尼亚与西方阵营的大国发生了如此多的纷争，我们必须再次强调，在外交政策上，我们并没有"反西方"的愿望或打算。我们将在问题发生时处理问题，并根据是非曲直就事论事。我们必定不会因为与个别国家发生纷争而对某个团体的成员国采取广泛敌对态度，也不会因为某些国家恰巧也与相同国家有所纷争而自动站到他们那一边。我们希望与所有国家、所有民族发展友谊。

独立以前，我们与东方阵营的国家并没有建立直接的联系。独立之后，我们开始建立这种联系，而且我们将继续加强这样的联系。无论是非西方国家还是西方国家，我们都渴望与他们建立友谊，友谊的基础则都是互不干涉内政。我们不会发展任何排外的友谊，我们不会允许任何人为我们择定朋友或者敌人。

还应明确的是，我们不会允许任何人——无论他是来自东方还是西方，又或是来自与两大阵营无关的地方——尝试利用我们的友谊达到自己的目的。坦桑尼亚与其他国家间的意见分歧和利益冲突在所难免——建立的联系越多，就越会如此。我们能够了解这一点，因为我们明白，每个政府都有顾及本国利益的责任。但是我们应该一直致力于减少分歧所造成的影响，并通过讨论和谈判来解决分歧。

只有面对南非，面对葡萄牙的种族主义、殖民主义势力，面对南罗得西亚的史密斯政权时，以上所述的解决分歧的办法才是本质上不可能的。我们永远不可与这些国家谈判，除非他们放弃当前对人类交往基本原则的背离——他们目前拒绝了人人平等原则。但在所有其他情况下，我们认为分歧应该能够在不违反社会原则的情况下得到解决，相互的友谊以及和平方式解决争端才最符合每个国家的利益。

然而，我们与每一个其他国家发展友谊的愿望并不意味着我们可以不关心世界大事，也不意味着为了换得友谊，在面对有关世界和平正义的大事时我们就得尽量保持沉默。如果这种友谊是有意义的，那么它就应该能够允许我们在国际事务中保持正直。当然，我们应该避免对别国内政做出不利的评论，就像我们也不希望他们对我们的内政横加干涉。但是，如果我们因为某一个或好几个强国不会喜欢我们所说的话，而在诸如越南等问题上保持沉默，这是一种耻辱。

我认为，身在坦桑尼亚的我们很难理解越南人民的苦难，他们如今身陷的这场战争也许是人类所知的最邪恶的全方面包围战。在那里，根本没有安全的地方——对于任何人而言，全国任何地方都不安全。男人、妇女和儿童，都被卷入了战争；农民和工人，城市居民和农村居民——每一天的每一小时，他们所有人都生活在死亡、受伤或谋生手段被摧毁的威胁之下。据说，过去两年间投放在越南这个小小国家的炸弹，比 1942 到 1945 年间投放在整个太平洋战场的炸弹都多。

全世界都对有炸弹落在——此举或是无意，或是蓄意——中华人民共和国境内而造成的危险表示了关切。我们坦桑尼亚对此也很关心，因为此类事件只可能导致全球性战争的爆发。越南是一个面积小且欠发达的国家，但是这并不意味着越南人民都对烈性炸药的效果免疫，也不意味着其他的小国可以转过头去,就好像目前来看这个冲突并不重要。

我们得到的说法是,开战是因为事关重大原则,而全球最富有的国家正在捍卫这些原则免受攻击。这些原则是什么呢?其中有越南人民独立自主的原则。20年来,凭着无与伦比的勇气和决心,越南人民一直为了有机会实现这一原则而奋斗着——他们先是反抗法国人,现在又反抗美国人。当然,越南人中也分两种立场,有些人应召入伍,也有些试图从那些某个区域内最强大的人那里得到安全保障。只是,如果说这是一场内战,那么外部国家为什么要加入这场冲突?

再一次,我们得到的说法是,民主受到了捍卫,并且,就在上个月,南越举办了几轮"选举"。但是这些选举只涵盖了"平定区",而没有一位候选人明确站在反战立场上!无论如何,这是自1956年南越建立之后的首次选举,但是根本没有人会认为吴庭艳先生的政府或者他的军事继任者是民主的。

我们还被告知,外部力量之所以介入,是为了回应一个受到侵略威胁的合法政府的援助请求。人们只要看看南越士兵的数字,就会想问究竟是谁在进行侵略?

我相信,有两件事是必不可少的:第一,立即无条件停止对北越的轰炸;第二,应在1954年日内瓦协议的基础上得出解决问题之道。无论是北越还是越共,都不能被强行逼上谈判桌;目前看来这应该是很清楚的。美国必须从对权力的狂热中恢复,并回到国家成立之时遵循的原则上来。现在,数以百万计的美国民众正在反对他们政府在此事上的政策,并呼吁着和平,他们正在为国家的荣誉做出努力。我们祈祷这些民众早日取得胜利。

近几月来,在中东,我们又见到了另一场极具危险性和破坏性的战争的爆发。那里的战斗很快中止了,但是那里的情况对我们所有人而言仍然相当危险。阿拉伯联合共和国、叙利亚和约旦的大面积领土,仍然在以色列的占领之下。苏伊士运河被封锁了,而且在接下来的一段时间内显然会被持续封锁。这对坦桑尼亚的贸易很有影响,因为这增加了我们的进口成本,降低了我们的出口利润。因此我们显然会相当关注此事。但是我们还有其他的利益。我们现在没有、未来也不会因为与犯下侵略罪行的国家有外交关系而采取粉饰其侵略行为的政策。

以色列国的建立是对阿拉伯人民的侵略行为。它之所以得到国际社会的

外交政策

默许,是因为历史上犹太人遭受的迫害。这场迫害的高潮就是纳粹德国对 600 万犹太男子、妇女和儿童的谋杀——这个数字等于坦桑尼亚人口的一半,多于许多独立的非洲国家的人口。这场迫害的幸存者向阿拉伯巴勒斯坦地区内的犹太民族国家寻求庇护。国际社会接受了这种行为。阿拉伯国家至今不能接受这种侵略行为。我们认为,除非阿拉伯国家能够接受以色列的存在,否则中东不会有长久的和平。但是阿拉伯国家不能因为被攻打而接受以色列。相反,如果试图胁迫阿拉伯国家承认以色列——无论是通过拒绝交出侵占的领土,还是通过坚持双方的直接谈判——只会排除阿拉伯国家接受以色列的可能。

我们希望,在这非常困难的局势之下,和平的解决方式可以很快成为可能。因此,我们有必要接受两件事情。第一,以色列渴望作为一个国家而得到承认,这是可以理解的。但是第二,同样重要的是,以色列必须停止占领阿拉伯联合共和国、约旦和叙利亚的领土。以色列必须先撤离今年六月占领的区域——没有例外可言——然后才有理由期待阿拉伯国家默许它的存在。以色列已经胜利了,为了胜利它付出过人类生命的可怕代价。现在,以色列必须接受联合国的决议,即以色列必定不能通过武力或者武力威胁扩张其领土。

这是坦桑尼亚的立场。我们承认以色列的存在,希望与以色列保持友好,同时我们也希望与阿拉伯国家保持友好。但是,我们不能容忍任何借口下的侵略,也不接受以战争的胜利为借口侵占别国土地、管理别国人民的做法。

联合国

面对上述两个重大国际冲突以及其他许多危险情况,联合国能做的事很少。特别是在越南问题上,联合国完全无所作为;联合国秘书长曾一次又一次尝试推动和平进程,然而每次他都受到回绝。但是我们不能因此对联合国失去信心,或者减少我们对它的支持。如果强国故意忽略联合国,联合国就处于弱势。只有在具有独立主权的成员国同意联合国的行动之时,联合国才能发挥作用。但这些限制必须被视为对我们的挑战,被视为坦桑尼亚全力支持联合国的理由,这是我们力所能及的事情。因为对于国际和平而言,没有什么调停机制比联合国更加有效了。我们不能抛弃联合国,相反,我们必须为了巩固其地位、增强其力量而坚定不移、坚持不懈地努力。这必定不会容易。因为那些大国可以有自给自足的错觉;即便在今天,他们也可以假想世界的其他国家对他们而言无足轻重。因此,他们急于约束国际机构的权力。但是,我们小国不可以有这样的错觉。只有在联合国这样的组织里,我们才有希望传播我们关于国际问题的立场;也只有通过落实联合国的基本原则,我们才有希望在和平环境中生存、发展。

然而,关于联合国,我还有一点必须要说。目前,联合国还有一个基本的缺陷,这个缺陷与其架构无关,却与其成员国的独立性密切相关。这个缺陷就是,中华人民共和国仍然被排除在联合国之外;有一个政府在18年前就已被推翻,而这个政府的代表却占据了中国的席位。这很荒谬。只要这个世界上人口最多的国家还被排挤在外,联合国就会继续在所有远东问题以及许多其他重要国际问题上无所作为。坦桑尼亚将继续主张中国重返联合国,获得合法地位。我们将继续努力说服我们的朋友,不管他们是否喜欢或认同中华人民共和国政府,他们必须接受这个政府的存在。

非洲是我们当下的关切

但是,在我们发自内心关注、重视世界大事的同时,在非洲发生的事件更是与我们有着重大且直接的关联。整个非洲的解放、整个非洲的统一,是我们党和政府的基本目标。我们认识到,我们的长远利益,以及所有其他非洲人民的长远利益,都与这些事情相关联。当然,只要非洲大陆仍有部分地区的人们遭受奴役,我们就永远也不会有真正的自由和安全。如果过去有人对此有过质疑,现在他们应该不再怀疑了。我们只要看看最近几周赞比亚共和国受到的威胁便知——更不用说自从1965年11月,赞比亚不断受到能源供应的威胁。或者我们可以看看坦桑尼亚境内由葡萄牙殖民者埋下的地雷,它们已经导致了我们一些公民的死亡。又或者,我们可以看看博茨瓦纳和莱索托的处境。他们虽然在名义上是独立国家,但却没有决定本国对内或对外政策的真正自由,因为他们受到南非联邦的束缚。

每一个独立非洲国家必须持续关注非洲的总体解放。法律上的独立还不够;法理上来说,南非联邦就是一个主权国家。我们所追求的自由,必须是不分种族、肤色或宗教的非洲人民的自由。种族主义的少数派政府不能得到承认,因为他们否认了我们存在的根本基础。共存是不可能的;因为如果南非和罗得西亚的非洲人民没有进行自治的人权,那么坦桑尼亚、赞比亚、肯尼亚等国家存在的基础又是什么?如果非洲各地都接受了白人至上的原则,这个原则就会传播开来,那么我们任何人都将得不到和平。

我们必须继续为自由而斗争。我们以及每一个真正的非洲爱国者一直以来都更倾向于和平的斗争方式。我们对暴力动乱所导致的痛苦、恐怖和纯粹的浪费深恶痛绝,并且相信,为了和平的进展,在时间上做出一点牺牲是值得的。但是,如果和平走向自由的门被猛然关上,并上了锁,那么斗争就要以其他形式进行。我们是不会投降的。

在葡萄牙占领的非洲领土面前,这一直是非洲所做的选择。宗主国政府称,莫桑比克、安哥拉和"葡属几内亚"都是葡萄牙的一部分,因此不能独立,而呼吁独立则被视为背叛。此外,葡萄牙本身就是一个独裁国家;就算参与他们国内政治,也做不了什么。唯一的选择就是通过激烈斗争获得自由,否则就只有继续默许奴隶制。

现在,所有葡萄牙殖民地的人民都做出了选择;他们正在战斗。他们正在进行着自己的战斗——这一点上不要有误区。邻近地区给予自由战士们道义上的支持;我们在世界的大会上支持他们的事业。但是,外界的人,不论有多心怀同情,也无法使一个人自由;自由必须由他们自己获得,用自己的双手和大脑,承受自己的痛苦。

我呼吁与会的诸位与我一同为至今获得的成功向那些为自由而战的战士们道贺。我也同时希望与会的诸位为所有在战斗中负伤、亲属为国家自由献出了生命的人送上慰问。为自由而战的战士们面对的任务并不简单。在欧洲,葡萄牙可能是一个贫穷的国家,但它所掌握的资源并不少,而最近南非种族主义三大堡垒之间的军事讨论只能使斗争更加艰难。但是,如果非洲大陆的非洲人民,尤其是殖民地区的人民,坚定不移地要求自由——那么最终没有任何人或事可以阻挡他们。

南罗得西亚

最近几周内,南罗得西亚也爆发了战斗。战斗非常激烈,史密斯不得不向他在南非的盟兄寻求帮助。时局再次决定了非洲除了迎接这样的进展之外别无他途。多年来,我们都在呼吁在南罗得西亚民族主义运动上要有耐心;我们指责自由殖民的英国官方政策,并与罗得西亚人民一同向继任的英国政府施加压力,希望达到和平进步的期望目标。甚至在史密斯发表了独立声明以后,我们也主张英国政府有责任处理这一问题。我们尽一切可能避免黑人对白人的游击战,因为我们的目标是人的尊严,而非种族战争。但是现在大家应该清楚,只有非洲人民自己付出努力,才能改变南罗得西亚的形势。

目前外部发展之下,南罗得西亚人民甚至也许可以免于采取军事行动。整个非洲必须为这一结果而努力。但是,如果说要保证能够获得必要的国际行动支援,这却超出了我们的能力。与此同时,我们得接受以下事实,即史密斯再也不能声称南罗得西亚的非洲人支持他的政权,让世界感到迷惑了。现在,他正被迫投入资源,试图压下他所谓"他的"人民的起义。

我们希望自由运动将变得更加强大;我们希望南罗得西亚的民族主义运动者都团结起来,得到更大的成果。但在任何情况下,我们都必须继续对那片殖民地上的反种族主义及少数派控制的斗争表示支持。我们不能默许有人在我们的大陆上建立另一个南非。

与会代表们应该记得,正是因为这个问题,坦桑尼亚中止了与英国的外交关系。我们之所以采取这一行动,是因为我们相信,在1965年我们在非洲统一组织的决议上签下坦桑尼亚的国名时,我们已经做出了承诺。有的国家声称拥有对南罗得西亚的主权,但是面对种族主义白人少数派不合法的权力却无所作为,决议呼吁所有非洲国家与这样的国家断绝外交关系。我们还认为,全面执行该决议能够有效对英国施加压力,使英国政府清醒面对它对世界负有的责任。并且,我们同时想请大家注意,即使在那时,英国也依然没有说明其在南罗得西亚的政策目标。因此,我们再次要求他们做出承诺,在多数人的统治实现之前,没有独立可言。

这些都意味着,坦桑尼亚中止与英国的外交关系,此举涉及两个方面。一方面,此举事关原则,即我们必须履行我们对非洲统一组织的承诺。另一方面,这也是一种策略,即我们希望此举表示了非洲有效地向英国政府施加了压力。那已经是两年前的事了。我们现在要考虑的问题是,对于我们的事业来说,最好的选择是不是继续采用这个政策,又或者其他一些政策可能更加有效。

直至目前,我们的目标中只有一项得到了实现,并也只是在口头上得到实现而已。去年12月,英国政府怀着极大的、明显的不情愿态度,最终声明过去依照宪法提供给史密斯政权的所有一切都已被撤销,必须根据"先有多数人的统治,再有独立"的原则来解决现有问题。对于这种说法,我们给予了谨慎的欢迎——我们的谨慎态度是有道理的。英国政府已经恢复了与史密斯的所谓"非正式接触",并且这种接触的基础还是一些与原有声明相当不同的提案!但是,原有的承诺依然奏效,英国政府就算要摆脱它,恐怕也不能轻易摆脱自己在国际上的不光彩名声。

其余方面,史密斯继续掌权,他得到了南非和葡萄牙对他日益增加的支持。国际制裁——在直到今日的制裁方式下——被证明无效。多数其他非洲国家对非洲统一组织的决议的看法与我们不同,那些与我们共同行动的国家中,有些也已对自己的立场做了重新考量。在这种情况下,未来几个月内,坦桑尼亚政府必须考虑,对于我们的长远目的来说采取什么行动才是最好的。代表们能够绝对肯定的一件事是,坦桑尼亚不会改变它在南罗得西亚问题上的目标。我们的目标是促进和协助南罗得西亚实现民主独立。

非洲统一

在这个长期问题上,特别不幸的是,过去两年间,许多独立的非洲国家都发生了国内动荡、内部冲突。虽然我们感到遗憾,但是我们无权评论这些政府变动,这些变动也没有直接影响非洲大局。但是一些其他事情和我们有直接关系。例如,没有人,没有一个邻国,会不为蒙博托总统取代莫伊兹·冲伯成为刚果民主共和国的有效掌管者而欢欣鼓舞。在这个变革之前,一个非洲的叛徒掌控着一个面积较大、潜力最强的非洲国家,而在变革之后,一位非洲的民族主义者兼爱国者控制了局势。蒙博托总统掌权并不意味着刚果困难的终结;困难尚未结束。现在的难题是发展和重建。最后的雇佣兵叛乱是一些人在无望之下采取的行动,这些人知道,他们的王朝已经宣告结束。我们希望蒙博托总统和他的同事在为真正的国家自由与独立而进行的斗争中不断获得胜利。

布隆迪是我们另一位在上次例会后经历了政治制度变革的邻居。他们现在的共和政权取代了封建君主制,目前面临着重任,要同时以多个原则为基础重组国家,处理严重的经济问题。米孔贝罗总统因为遭遇车祸而缺席本周会议,我们对此深表遗憾,我希望以你们大家的名义祝愿他早日彻底康复。

乌干达政府的类型也发生了变化。从前,乌干达更像是混合体——它既不是君主政体,也不是共和政体,但它拥有上述两者的元素——而现在,它的新体制有可能会更稳定。我想我们所有人理解之前乌干达人民尝试一种独特宪法安排的动机，我想我们对这种尝试的失败结果都抱有同情。所有这些问题都是奥博特总统和乌干达公民自己的重任。我愿表达坦桑尼亚对我们东非伙伴国的统一和发展的兴趣，我想应该没有人会对我的这种表达有所曲解。东非合作的协议当然可以包容不同的经济和政治机构；但是，假如我们假装封建主义和地方观念——它们在旧的乌干达宪法中地位颇高——对我们三国的团结统一没有一定的影响，这就是愚蠢的。

但是，虽然上述三件事情——尽管它们的直接影响并不令人愉快——在非洲的发展中都是无可回避的，甚至是必不可少的，但非洲许多别的政治发展应该受到毫无保留的谴责。它们的累积效应使得直到两个月以前，非洲统一的一切希望，甚至非洲统一组织的存在，都陷入了危机。每位非洲领导人都知道，面对来自非洲外部的任何经济或者政治压力，如果单独来看，我们的单个国家都是极其弱小的。我们所有人都必须知道，如果我们团结统一，我们可以无比强大。然而，非洲国家之间的小小困难，以及我们内部的争吵，一次又一次地盖过了更远大的目标的最基本要求。非洲外交官原本正要前往某国际会议，或在会后正要归来，却被其他非洲国家关押了起来；边境线的争端已经损害了全非洲会议；我们中的一些国家受到了一个欧洲强国的经济主张的引诱，以至于他们不顾对广泛的非洲共同体的忠诚。

面对着所有这些困难——更不用说尼日利亚的部族屠杀和内战，以及不同国家在中东问题上强势却彼此冲突的看法——金沙萨的非洲统一组织会议只怕是不容乐观的了。但是那次会议却是成功的。如今，非洲再次目视前方——努力解决内部争端，为一些看似微小却非常重要的问题上的实际合作制定安排，等等。代表们应该知道，虽然极不情愿，我在那次国家首脑会议进行之时还是决定留在坦桑尼亚，我觉得这是我的责任。因此，我要毫不犹豫地向所有参与者表达毫无保留的称颂。我特别想祝贺作为会议主席的蒙博托总统，以及卡翁达总统和奥博特总统，他们的工作为会议所取得的成功做出了重大贡献。

但是，这并不意味着通向非洲的合作和统一的道路上已经毫无障碍。许多困难依然存在，还有别的困难也无疑会浮出水面。然而显而易见的是，我们必须永不放弃。不论我们在多大程度上偏离了我们的目标，我们都必须为统一和合作而努力。但是我们不能沉溺于白日梦中，也不能幻想统一与和谐指日可待。相反,我们要认真审视目前的处境,完全接受事实,然后继续前进。冲突是不会因为我们的恼怒而自动消失的,冲突也不会因为别人漠不关心或者认为它们因误会而起,就显得对相关人士而言不再那么重大。事实上,非洲的很多争端都是由非常现实的短期利益冲突造成的;即便从长远角度来看,这些争端可以通过更深层次的团结统一,甚至是更大的善意而得到克服,这也并不意味着现阶段它们就能消失不见。非洲统一的唯一途径是,首先依照非洲本来的样子接受它——误解、争端、信仰、忠诚和国际经济联系上的差异全部包括在内。

对于我们坦桑尼亚来说,这意味着我们必须认识到的第一件事是,坦桑尼亚之所以对非洲负有责任,是为了坦桑尼亚,为了坦桑尼亚对邻国、对非洲解放的行动。我们不为任何其他国家负责。我们必须接受所有非洲国家现有独立主权的全部意义。我们必须认识到,不管我们喜不喜欢另一个非洲国家的政府和政策,那也仍然是那个国家的政府,这个政府有自行做出决定的充分自由。

我们必须以非洲的本来模样接受非洲,并且不可以为我们有权干涉别国的内政,就如别国也无权干涉我们的内政。当然,我们总会更加喜欢、认同某几个政府、某一些政策;而如果我们要求任何一个国家以同样的友好和体谅态度面对所有其他国家,这将是荒谬的。但是,我们必须做好准备,在非洲问题上与所有非洲国家展开合作,无论我们对他们的对内、对外政策有什么看法。只有在一个自由非洲国家背叛非洲解放,或者在本可避免时故意损害现有合作的情况下,非洲或者任何非洲国家才有权抗议。并且,即使如此,我们的抗议也应该像兄弟之间的那样——可以私下协调,要有兄弟情谊。

社会主义还是资本主义,这是每个国家自己要面对的问题;我们对共同的不结盟政策的阐释是各国政府和人民的共同问题——至少在我们发展的目前阶段是如此。只有这个行为必须被排除在我们的相互宽容范围之外——对于针对我们的南非兄弟的奴役行为予以合作。

我们坦桑尼亚,还有其他国家,也应该在考虑到其他非洲国家的行动时表现出一定的谦逊。当然,我们应该对各类事情做出判断,但是我们必须记住,有时候我们的决策也有可能是错误的!我们永远不能不愿更改我们对其他国家、其他国家政府或其他政策的判断。我们必须试着理解其他国家所面临的实际困难,而不是急着站在我们自己不同的立场上谴责他们。

例如,所有独立的非洲国家都要求对南非和南罗得西亚进行彻底的贸易抵制。但是，如果莱索托或博茨瓦纳也试图这么做，他们的经济就会完全崩溃——甚至他们的国家都可能被南非军队占领。上述两种情况下，非洲其他国家都不可能给出任何有效的帮助。这两个国家的任务就是生存下去，同时尽可能少与南非方面合作。我们可以要求他们不拥抱包围着他们的种族主义国家，我们可以要求他们竭尽所能维护人的尊严，但是，我们不应该要求他们采取自杀式的行动。

我们的邻国，赞比亚，也有无法充分、立即执行上述政策的实际困难。但事实是，为了摆脱继承得来的经济和通讯状况，没有一个国家可以做得比赞比亚更多，也没有一个国家可以在行动中表现出比赞比亚更大的勇气。坦桑尼亚有责任尽我们的力量帮助赞比亚建立新的贸易和通讯模式。与此同时，我希望我们都愿意告诉我们的姊妹党——联合民族独立党——我们将全力支持他们，以及坦噶尼喀非洲民族联盟全国大会将与全体坦噶尼喀非洲民族联盟成员一同再次为高效完成我们两国所面临的任务而努力。

睦邻友好

但是，关于全非洲的合作和理解的讲话很容易沦为毫无意义的陈词滥调。如果希望这样的讲话有意义，我们就必须在与邻国的交往中将它落实。而这很困难！这是因为，要所有的非洲国家都以彼此的本来面貌接受彼此，说起来容易，如果你不认同邻国的做法、说法，或者你的邻国似乎正在给你带来危险，那么要接受邻国就很不容易了。然而，接受邻国正是相互接纳、互不干涉以及非洲合作所必须具有的实际意义。如果一个对所有人布道扬善的人自己却和隔壁邻居吵架，他的布道便是无用的，因为他的行为证明了他的话没有意义。

我们必须承认，任何两个人或两个国家间的紧密联系，都具有一定意义。这意味着他们将有更多合作及互惠互利的机会。但这也同时意味着他们将有更大的发生冲突的可能。例如，坦桑尼亚对塞古·杜尔总统领导下的几内亚政府怀有热忱的友情；我们对其他某些西非国家的感情则相对没有那么热忱。但是，由于坦桑尼亚与几内亚距离遥远，我们之间的友谊的实际效果比较有限，同理，尽管我们对某些西非国家的态度有所保留，因为相隔遥远，这种态度也不会导致实际冲突。但是对邻国政府缺乏体谅则是不同的问题。这意味着边境线两边的公民之间的任何争吵都很容易成为国际问题；这意味着贸易的自然模式可能被中断,或者可能成为激烈的公共争辩的原因,等等。

另一方面,邻国可以让非洲合作和友谊成为现实。如果每个国家都接受对方的全部主权,并在这个框架内努力以最大限度在各个领域彼此合作,那么非洲的合作就可以得到最大化。因为我们都是彼此的邻居。如果坦桑尼亚与肯尼亚和赞比亚和谐相处,那么肯尼亚和赞比亚也就联系在了一起。如果肯尼亚又与埃塞俄比亚合作,那么坦桑尼亚和赞比亚就都与埃塞俄比亚联系在了一起——以此类推,合作将遍布非洲大陆。目前看来,这就是非洲未来的走向。我们可以举办全非洲会议,政治会议或者技术会议皆可。但是经验表明,这些会议成功与否、是否有效,这取决于非洲各国是否拥有良好的邻里关系。如果各国间都有睦邻友好关系,那么全非洲会议就能促进发展。如果各国间没有睦邻友好关系,那么全非洲会议上各国就不得不花费时间来修补破裂的合作,而无法取得进展。

我相信,我们东非已经学到了这一教训。1966年3月,非洲十一国会议在内罗毕召开,会议由肯雅塔总统主持。会议的唯一目的就是增进东非与邻国间的了解与合作。会议实现了这一目的;坦桑尼亚代表团一致认为,我们从来没有参加过比这更有实效和建设性的政治会议。当然,这次会议没有解决这些非洲国家的所有问题;其中有些问题太根深蒂固,太复杂,不会因为一次会议就得到解决。但会议确实创造了一种解决问题的气氛;会议也为我们的共同发展做出了极大贡献。

经济合作

在国际合作实现的程度上,以及在该问题的目前进展上,我们东非当然可以有一些合情合理的自豪感。

《东非合作条约》对乌干达、肯尼亚和我们坦桑尼亚而言都标志着极为重要的一步。我们原有的经济合作是我们从前殖民统治者那儿继承来的,现在,我们已经协定,要有彻底全面的经济合作协议改革。我们已有的市场有可能成为真正的共同市场,我们也有真正有效的手段来为共同经济服务。讨论往往漫长,有时也很艰难,因为总有现实的短期利益冲突需要我们协调。但是我想借此机会向肯雅塔总统和奥博特总统以及他们的政府致敬,因为他们使得上述讨论和协商能够在合适的态度下开展。阿米尔·贾马尔部长带领了坦桑尼亚代表团，贾马尔部长以及他的同事诺西洛·斯瓦伊部长和保罗·博马尼部长，还有其他极有能力的工作人员，都做出了很大贡献。在此我也想向他们致敬。我们成功地挫败了悲观主义者和阴暗传播者的期待。他们期待——或者说希望——非洲国家间合作再一次失败。我们有理由为此感到骄傲，即使我们知道其他困难依然会出现——事实上，我们已做出了应对困难的安排！但是，只要我们像今年早些时候一样，带着友谊与决心去解决问题，那就不会有危险。

这还不是全部。坦桑尼亚是参与可能创立东非经济共同体的讨论的十一个国家之一。我们还有漫长的道路要走，大量的艰苦工作要做，然后我们这些国家才有可能获得实际的利益。但是，如果我们成功了，最终，从苏丹到赞比亚也许都将不再有内部关税。而且，即使这个目标距离实现还有很多年的时间，有限领域中的实际合作也是很有可能的。我可以向本次大会保证，坦桑尼亚将致力于在已经开始的讨论中充分发挥建设性作用。

然而这些讨论还未包括刚果和卢旺达，这两个国家——还有布隆迪——都与坦桑尼亚有着直接、持续的实际双向合作。对于刚果东部以及布隆迪而言，达累斯萨拉姆是最便捷的海港。甚至卢旺达也认为这个海港很有用。我们有责任与这些国家合作，使这个港口能够有效满足他们以及我们自己的需要。我可以向代表和嘉宾保证，我们将竭尽全力做到这一点。我们仍在讨论，从长远角度来看，为了让合作得到最好的组织需要做哪些具体安排。但是不需怀疑的是，坦桑尼亚将完全接受地理和历史情况所交托的责任。

当然，达累斯萨拉姆也日益成为赞比亚的重要港口——与南部的姆特瓦拉港一样。代表们听到下面的消息，一定会像卡翁达总统和我一样心情愉悦：连接赞比亚与坦桑尼亚的铁路即将开始建造。该工程的勘察即将开始；而后，中华人民共和国承诺将向我们提供进一步的实实在在的资金上的帮助，所以这项工程一定能够最终完成。关于该项目，我们已经谈论了很久。我们也曾做过可行性研究，做过经济调查，还有过几种不同的耗资预估。而今，我们正在取得进展。现在，我们将以最大速度开展建设，并对该项目的重要性、紧迫性以及意义有全面的认识。

结语

尊敬的各位来宾，各位代表，我可以继续讲一讲我们还需完成大量的工作，以及为了达成我们所渴望的国际合作,我们所有人需要付出巨大的努力。但是在讲话结束之时,我想再一次保证,坦桑尼亚将忠于我们所宣布的国际原则。

我们将为与我们的邻国和所有其他自由的非洲国家不断增进友谊、加强合作和促进统一而努力。我们永远不会放弃对种族主义和殖民主义的斗争。我们将致力于在为世界和平与正义而进行的艰苦斗争中发挥应有的作用。并且,我们将不惜一切代价,捍卫坦桑尼亚联合共和国的领土完整和国家安全,不让任何的袭击或阴谋削弱我们的主权独立。

39 《阿鲁沙宣言》之后

> 召开于姆万扎的坦噶尼喀非洲民族联盟全国大会的第二天（1967年10月17日），尼雷尔总统用近两小时的时间就《阿鲁沙宣言》的意义和实施情况以及之后的政策声明发表了讲话。这次讲话很重要，因为它对"自力更生"口号进行了详细阐释，对收入分配存在的问题和政策进行了解释；最后，它还对社会主义和农村发展进行了强调。

我们上一次会议之后发生了许多事，本次会议要做的就是：在我们接受了《阿鲁沙宣言》之后，根据我们给自己设定的目标，来研究一下这些事中最重要的事情。《阿鲁沙宣言》是对自力更生原则和社会主义原则的承诺。它本身并不会为我们带来这两样事物。只有勤于思考，并朝着正确的方向努力，我们才能将上述原则付诸实践。我们必须对这个事实有清醒的认识。《阿鲁沙宣言》并没有带来奇迹。它没有让作物更加多产，也没有让降雨更加频繁。它没有让所有人都更富裕，也没有改变我们的教育水平。它没有改变我们从小到大养成的思维习惯，也没有给我们带来任何其他奇迹般的变化。

我们对《阿鲁沙宣言》的接受就像一个年轻基督徒接受坚信礼；这是关于我们想要过某种生活、为了渴望的目标而要以某种方式行事的宣言。我们不会因为有了《阿鲁沙宣言》就真正成为了社会主义国家，就好比一个小男孩也不会因为参加了奉献礼就成为了一位堪称楷模的基督徒或穆斯林。真诚的奉献礼非常重要，但更重要的是仪式之后一生之中的行动。因此，摆在我们面前的问题就是，我们是否已经做出了正确的决策、正确的计划，以及我们所做的事是否最终有利于在坦桑尼亚建设社会主义、发展自力更生。

首先，让我们来看看自力更生这个问题，因为我认为这个概念已被广泛误解了，甚至我们自己的误解比别人更加严重。从我们有些人的说话行事来看，好像他们认为自力更生意味着在人力和财政资源上我们都能自给自足。自力更生并不意味着这个。如果我们以为,《阿鲁沙宣言》能立刻带给我们更多合格的医生、工程师、教师、管理人员等,于是我们发展规划中"1980年实现本国人力资源自给自足"的目标一下子就无关紧要了,这会是极其愚蠢的。自力更生指的不是这个,自力更生不是一件愚蠢的事。因此,让我们明确我们现在期待的是什么,以及自力更生政策在不久的将来意味着什么,又不意味着什么。

首先,自力更生意味着我们必须最大限度地利用现有资源。我们希望各个领域的工作都能优先考虑本国公民,前提是他们具备高效开展工作的能力。当然,我们必须让坦桑尼亚人民来制定政策,坦桑尼亚人必须掌管我们的国家。但是,现在这不是问题,我们已经做到了这一点。现在的问题是,我们是否必须不计代价让每个管理岗位都由坦桑尼亚公民承担。如果我们想要实现雄心壮志,那么我们给出的答案就必须是符合实际的。而事实就是,如果想要我们坦桑尼亚人民决定的政策得到落实,我们就需要能胜任的、有经验的工作人员,而这样的坦桑尼亚人却为数不多。

因此,问题就变成了,我们是不是要搁置计划,直到我们教育和培训了足够的坦桑尼亚本国人来做每一项工作。我们也很早就明白,如果真的为此搁置计划,这不仅是荒谬的,而且毫无必要。会计师就是会计师,不论他是不是坦桑尼亚公民;医生就是医生;我们看一位经理也只看他有能力或者没有能力。关于这些人,真正重要的就是他们能够忠诚有效地执行我们的政府和人民做出的决议——无论他们是不是坦桑尼亚公民。

如果某个工作对我们的发展至关重要,某个坦桑尼亚公民的能力并不足以胜任这项工作,而我们只因为他是坦桑尼亚的公民就雇用他,这不是自力更生,这是愚蠢。如果我们或我们的家庭成员生病了,我们需要的是高明的医生,这个医生不一定非得是本国公民。如果我们决定建一座桥梁,我们需要的是优秀的工程师,这位工程师必须能够确保桥梁的安全性,确保桥梁能够实现它的建造目的。

我们需要问自己的问题是:第一,这个工作对我们的计划来说是至关重要的吗?第二,我们有没有能够胜任这份工作、具有相关工作经验的本国公民?如果没有这样的本国公民,那么,第三,我们能否找到能够保证其忠诚度以及工作能力的非本国公民?第四,我们是不是有能让本国公民在今后从事此类工作的培训计划？然后，如果我们发现这个工作至关重要，没有能够胜任的本国公民，却有能够胜任的非本国公民，那么我们就应该支付非本国公民薪酬，让他来为我们完成工作。采取这种做法后，举例来说，我们就有可能让一个边远地区的村庄自力更生，因为它可以将增产后的产品销售出去，从而改善村民的生活条件。而如果我们仅仅因为没有本国公民来建造桥梁，就干脆不建造桥梁，那么那个村庄将会一直维持低生活水平，而完全不可能成为自力更生、欣欣向荣的社区。

但是在坦桑尼亚，我们对我们的工作者还有第二个迫切需要。理想情况下，我们还希望每个工作者都是社会主义者——这和希望每个工作者都是本国公民未必是同一回事，因为坦桑尼亚人并不全都是社会主义者。但是，如果一位高明的医生同时也持社会主义态度，那么对于我们来说他一定是笔格外巨大的财富。事实上，坦桑尼亚的国际声誉使得很多其他国家的社会主义者想来和我们一起工作。未来某天，坦桑尼亚的社会主义者也许也可以协助别国社会主义者实现他们的目标。今天，我们应该做好准备，愉快欢迎愿意帮助我们实现目标的别国社会主义者。我们也应该记住，许多社会主义者来自资本主义国家；有时候，正是因为他们不能为在自己国家实现社会主义目标做出贡献，他们才会对与我们共事热情高涨。

我的意思是，如果我们希望在社会主义和自力更生政策的实施上取得进展，我们就应该愿意聘用一切能为实现这些目标做出贡献的人。有一些工作是必须由本国公民承担的。那些岗位现在已经满员了。还有其他一些工作是我们现在或近几年必须要完成的，无论能够胜任的本国公民或社会主义者的人数是否足够。就让我们聘人完成这些工作，我们不能基于人的肤色或国籍而随意抱有成见，做出笼统评价。

关于自力更生政策，还有另一个受到一些人误解的方面。《阿鲁沙宣言》并没有说坦桑尼亚拒绝外界援助，或者说接受这种援助是错误的。我引述一下《阿鲁沙宣言》的原句："我们并不是在说，我们不会接受，甚至我们不会试图从其他国家那里获得发展资金。我们所说的不是这个。"《阿鲁沙宣言》所说的是，我们只会依靠我们自己；我们不会允许我们的国家和我们的生活必须依靠外国资金才能发展。最重要的是，我们已经坚定表明，我们不会因为想要得到海外援助，就修改本国的政治、经济或社会政策。但是，如果我们能够获得外界援助以落实我们自己的决策,那么我们将欢迎这样的援助。因此,我们欢迎中国帮助建造坦赞铁路的决定。因此,我们应该欢迎美国帮助我们建设从达累斯萨拉姆到通杜马的公路的决定。

事实上,自力更生本身并不针对任何事或任何人,除非还有人想要重新把我们国家变成殖民地。自力更生是一种积极的肯定语,表明了我们将依靠自己来发展坦桑尼亚,为了这一目的我们将使用自己拥有的资源,而不只是坐下来抱怨我们缺少别的一些资源。

我们在告诉自己,我们要建立一个自力更生的社会主义社会。我们在说:"我们的土地在这里,我们在这里;这是我们所有的知识、技能和经验;这是我们要花费在增补技能知识或购买更多先进机器上的资金。现在让我们开始吧。"我们是在告诉其他国家这个信息:"这就是我们在做的事;如果你想帮助我们,可以做这些事,因为现阶段我们最需要的就是这个。"我们真正需要明确的是,我们并不是在告诉其他国家(现在,《阿鲁沙宣言》发表之后,我们更不能这么说):"请到我国来,为我们发展我们的国家。如果你坚持如此要求,我们可以不再是社会主义国家,不再信仰平等,不再反对殖民。"我们是永远不会这么说的。我们不相信任何外人可以为我们发展我们的国家,即使他们能够做到,我们也不会愿意放弃自己决定政策的权利。我们的国家要由我们自己来发展。我们可能会决定使用我们现有的一些资源,或者使用那些资源产出的产品来从国外进口技术或机器。但是我们真正的重点将放在运用我们已经拥有的技能上,放在开发我们现有的自然资源上。

在我们目前情况下,这意味着我们的发展重点将是农村区域,特别是农业方面。此外,这意味着我们将在资源许可范围内实现现代化。我们必须实现现代化。在全国的许多地方,我们已经开始听从农业专家的建议。但是我们的主要工具锄头,对我们现在的需求而言太过原始了。我们必须舍弃它,而用牛犁来代替。如果我们非要等待每个农民都有属于自己的拖拉机的那天,我们就不能取得进展。事实上,如果我们只想等到那一天,我们将永远使用锄头,因为我们现在的务农方法效率太低,我们没有足够的财富去购买全国所需的拖拉机,我们也无法训练人们驾驶和维护拖拉机。我们目前还不能购买拖拉机,无论是从经济角度还是技术角度来看,我们都还没做好准备;但是我们可以引进牛犁。我们有牛,犁可以廉价购得,甚至可以自行制作。这才是我们的农民可以迅速学会使用的简单工具。而且,牛犁更加适合我们期待中的乌贾马村庄的小型单元耕种,也更适合一个精力充沛的农民个体能够耕种的土地面积。

如果我们想要提升生活水平,就必须推动农业现代化。但是我们不能通过为所有人买拖拉机来实现现代化,因为我们既没有这么做所必需的资金、必需的技术,也没有能让买来的器械装备经济实用的社会组织。我们必须在能力范围内购买或制作工具,这些工具必须操作简易、不易损坏,必须适合现在和不久的将来的社会和经济组织;我们要充分利用这些工具,以此推进现代化。这是我们可以做的。牛犁,牛车,让光吃草不工作的驴子为我们所用——所有这些都能为我们的产出和我们人民的生活带来极大改善。我们必须尽快运用这些技术。然后,在全国推行这一变革之后,我们的工具就能从牛犁过渡到拖拉机。但是那个时刻还没有到来,现在我们必须专注于短期目标。

这并不意味着整个坦桑尼亚农业工作中都不会出现拖拉机或现代机械。我们将把这些机器用在解决特殊问题上,或者将它们安排在大规模、井井有条的国营农场,国营农场的一切工作准则等同于现代工厂。但是目前来说,这些机器不适用于我们的广大农事单位;无论如何,如果广泛购置这些机器,我们是负担不起的,我们也认为这种做法产生的支出是不合理的。

让我们明确这一点。自力更生不是含糊不清的政治口号。自力更生对每个公民、每个群体、整个国家都是有其意义的。一个自力更生的人会与他人合作,乐意帮助他人也乐意接受帮助,但是不会依赖别人而谋得自己的食物、衣物和住所。他凭自己的收入生活,无论这份收入是多还是少,他是一个真正意义上不依赖别人的自由的人。我们大多数人民目前的生活状态就是如此;这也必须成为我们所有人的生活状态。

对一个社区而言,自力更生意味着那里的人民将使用他们共同拥有的资源和技能,来谋求他们自己的福利、自身的发展。他们不会非得等政府、地方政府委员会或其他任何人来到当地,做出这个、那个指示,然后再开展工作。有些时候,技术上的建议或者资本借贷一类的外界援助是必须的,但是人们会意识到这些援助也是要付出直接或间接的代价的,或者由他们自己来付,或者由公民同胞来付。特别是,人们只有在已经充分利用当地资源之后才能请求外界资本借贷,并且也只能借贷实现目标所需的最小数额。

对国家而言,如果每个个体和各个社区都做到自力更生,如果公民全都认识到前行之路必须由他们共同的资源、共同的努力决定，这个国家也就做到了自力更生。这意味着自主选择发展道路，不依赖外人。这意味着承认国际参与，并愿意给予和接受帮助。这意味着承认外界援助可以帮助加快我们自主选择之路上的发展步伐。但这也意味着这条道路本身必须是在我们的资源可支持的范围内的。

向剥削宣战

当然，自力更生不是《阿鲁沙宣言》的唯一要点。该宣言还向各类剥削宣战。国有化措施和确保主要经济产业的多数控制权的政府行动，是我们已采取行动的一部分，我们也必须采取这些行动来对抗坦桑尼亚国内的剥削。多年以来，政府的另一个关注点就是雇主对工人的剥削。最低工资法、离职金法以及其他许多政府及坦噶尼喀全国工人联合会的行动已除去了这类剥削中最严重的情况，虽然许多情况下执法力度依然存在问题。但是现在许多人民所担心的，是我们希望在商店购买的商品的价格，以及这些商品的质量。

政府已成立了国家价格控制咨询委员会，这是处理这个问题重要的第一步。但是，如果我们只以消极的方式处理这个问题，我们将犯下很大的错误。无论商品是国产的还是进口的，商品的销售都是一项需要支付报酬的服务。如果松巴万加的人不能在他们的地区、从他们村庄的商店买到布料，那么我们在达累斯萨拉姆、姆万扎和阿鲁沙建立纺织厂就是无用的。必须有人对布料的运输做出安排，必须有人将布料存放在商店，等着某一天，一位农民有了一些钱，需要用这些钱为自己或者妻子买新的布料。对农民而言，这种售货服务和实际的布料生产是一样重要的。这不能由国家来处理，而我们制定的规章制度也不起作用，在这些很有约束性的规章制度之下，没有人可以通过将布料运到边远地区销售来谋生。不过我们同时也必须认识到，销售布料的成本在姆万扎与在松巴万加是有很大不同的。要这个镇上的店主和我国西南部的店主标一样的价，这是很没有道理的——除非他由于某种原因被要求额外给出本地产品向远方运输的补贴。

我真正想说的是，价格管制不会是一件容易的事。如果我们只是迅速为一切制定硬性规定，我们可能最终导致农民无法在方便的地方购买他想要的东西——这对他而言当然不能算是服务，因此也并不是阻止他受剥削的方法。要解决这个问题，最好的办法就是让人民建立自己的合作商店，由他们管理，他们可以知道在方便的地方购买商品的真正价格。然后，他们就能够确保他们支付了销售费用，但不是付给某些空虚度日、剥削他人的人。

如果我们这样做，我们可能会发现，在许多地区，价格不会下降很多。1962年，政府出资做了一次分销业务的调查；我们想看看，向人民提供更好更廉价的服务在多大程度上是可能的。这次调查的结论是，虽然尚有剥削存在，尤其是当一个商店在当地形成垄断的时候，或者当存在赊欠的时候；但是总体而言，坦噶尼喀拥有所谓的"低成本分销系统"。

然而，我们对于无事可做并不满意，我们试图通过政府倡议来建立合作经营的批发、零售商店。然后，我们发现了一些我们自己的问题。许多合作商店都破产了，这些商店不得不关门。破产的最主要原因就是经验不足，管理不善。第二个原因就是，用于支付商店店员合理工资的花费太高。事实上，坦桑尼亚的大多数私营商店，不论是不是非洲人开的，都是家族产业，家族所有成员都一同参与工作，一同分得利润。他们没有固定工资，而且他们实际赚得的钱比应该赚得的少，因而必须接受政府固定最低工资。

然而，这不是放弃努力的理由——因为剥削仍在继续。对某些基本商品的价格控制是必要的、实用的，政府会强制执行——通常在地区层面上执行。但除此之外，我们应重新审视我们在合作交易中得到的教训，看看我们是否可以有一个全新的开始。以前，这些商店始于政府的倡议；他们并不是因为当地社区的需求而诞生的，所以人们对它们没有忠诚心，对它们能否成为对抗剥削的武器也没有信心。但是，假设一个村社或者一些街道的人民决定在乌贾马基础上自己开店；那么这家店就真的是他们"自己的"店，他们对它就会有忠诚心。他们可以共同决定他们想进什么样的货，他们可以商量如何分配工作、分配支出、分配利润——这就和我们建议的乌贾马农业是一样的做法。

如果这样的商店从小店做起，并先照顾本地区的基本要求，又不在积聚资本阶段把价格定得太低，那么我们也许会发现一个合作零售系统可以发展起来，并为我们提供极好的服务。然而这种情况只会在商店始于人民意愿的时候发生，不会在政府或其他人为人民而建商店的时候发生。其实，这是"自力更生的发展是前行的唯一实际之路"的另一个实例。甚至即便不说别的，与乌贾马合作商店间可能存在的竞争也必然会阻止私营商店剥削顾客。我们不能只简单地说，这个商品、那个商品标价太高。我们应该说我们的合作商店里这个商品标的是这个价；因此，如果隔壁商店要价更高，它的价格就过高了。

还有另一种方法，可以让我们降低在商店里买东西的支出。那就是不再用赊账的方法来购买几乎一切东西。商品应该明码标价，商店也应该请顾客用现金购物，并明确标出赊账的额外费用。这么做以后，我们的人民就会知道如果他们要向店主借钱来购买商品，自己需要花费多少了——这也就是我们赊账购物时的花费。在大多数情况下，我们实在没有必要赊账购物。我们赊账购物，这是因为我们没有正确为自己的收入做好规划，或者因为我们在月初或在丰收季的末尾时没有存下足够的钱，不能支付一些我们所有人有时都要支付的不规律费用——比如学费、婚礼费、丧葬费等。这是自律的问题。当然，对农民来说，妥善安排自己的收入是个特殊的问题，因为他们一年只收一次钱——只在每年粮食丰收并卖出的时候。但是农民还有那些想买更昂贵的物品的劳动者也是可以有解决方案的。储蓄和信贷合作社可以向个人以及当地社区提供很好的服务。在坦桑尼亚，这样的合作社已经有很多了，但是我们还是应该新开更多这样的合作社，这些合作社能够为我们个人和国家走向自力更生提供很大帮助。政府的农业和合作社部门中有十位全职员工正在鼓励和帮助这些合作社；我希望所有坦噶尼喀非洲民族联盟领导人都能从这些合作社身上学习，思考以何种方式、在何时帮助自己地区的人民建立这样的合作社。

这一切都意味着，在我们国家，我们可以有许多不同的对抗剥削的途径，而效果最差的途径往往就是控制或限制人民的活动。我重申一遍，我们不能仅仅指责店主剥削他人。为了自身利益，我们应该自己成立组织，然后店主们就会意识到只有提供真诚服务才能符合他们的最大利益。于是，少数一些确实试图滥用职权的店主就会受到——也必将受到——政府和人民的坚决惩处。

领导层的责任

我们现在要谈的这个领域，和别的领域一样，需要真正为坦桑尼亚公民的福利负责的人，这样的人才能成为优秀、正直的领导者。我们所需的正直领导者并不一定是发声最频繁、最响亮的。如果领导者能够激励人民，并通过发表有建设意义的讲话帮助人民了解问题、理解政策，这是一件相当好的事。但是娱乐大众并不是我们的人民对领导者的要求和期待，人们不需要一堆堆关于乌托邦将会建成的虚假承诺,也不希望领导者在面对大家的问题时,把某个人或者某个团体当作替罪羊,然后毁谤这些人。

坦桑尼亚的领导者——包括出席本次会议的诸位,以及许多其他人——必须通过言行来表明自己清楚一个重要事实:领导者不能代替人民做事。我们只能为人民提供必要的信息,指导和组织人民自己出力建设自己的国家。坦桑尼亚的领导者不应该做出承诺;我们不能代替人民实现那些承诺。我们也不应该抱怨;抱怨无济于事。我们应该知道坦桑尼亚的国情,充分理解国情,根据国情给予人民指导。

这是至关重要的。领导者必须知道我们现在的处境,然后告诉人民我们如何通过自身努力来改善贫穷的现状。自欺欺人是没有用的。世界剑麻价格已有多年连续走低,这个情况对我们计划的制定有重大影响,如此情况下若还要说剑麻的价格"据说"很低,这就是无益之举。即便我们假装坏事不存在,或者指责别人导致了坏事的发生,那些坏事也不会就此消失不见。要管理国家,抱怨是没有用的。我们肩负着管理国家的重任。抱怨我们的贫穷现状,或者抱怨世界价格走低,这就和抱怨天不下雨一样是无益之举。我们必须对现状做出评估——我们的现状包括了很多我们无法掌控的因素——并制定计划以改变现状,以及抵消我们所不能改变的事的影响。然后,我们就要辛勤工作,并在工作中施展才智,来执行我们的计划。没有其他办法。没有捷径可走。

我们的人民生活在贫困中。这是事实。还有一个事实是,人们都更容易看到其他人的财富或特权,而不容易看到自身的优势。坦桑尼亚领导者的责任并不是鼓励那些妒忌别人的人,或者化妒忌为对别人的敌视或仇恨。他必须明确告诉人们他自己不属于拥有不公平的特权的群体。正是因此,《阿鲁沙宣言》也对领导做了限制性规定。

我们的人民最起码必须明确,没有一个领导者可以因为滥用职权或剥削他人而变得富裕。他们必须知道,他为人民服务,人民为他的服务支付酬劳,他可以合理支配这份酬劳,这才是他所有财富的来源。但是,仅仅如此也还是不够的。领导者必须指出我们国家和人民的发展之路。如果十个猎人一起只捕获了一只兔子,然后停止捕猎,为了兔肉的分配而争斗不休,他们就是傻瓜,白白浪费了时间和精力。如果他们集中精力思考出更好的捕猎方式,能让他们所有人获得更多兔肉,这才是更好的做法。

坦桑尼亚的境况与此相似。现在，坦桑尼亚是个贫穷的国家。我们没有足以让我们所有人过上体面生活的财富；我们就像只有一只兔子的那十个猎人。不要逃避这个事实。除了增产，没有其他任何方式可以增加我们的财富。我们尤其要认识到，如果我们只简单增加国家的货币量，这是没有好处的。政府可以轻松下令让坦桑尼亚银行印出更多纸币，每年给所有人无数先令的纸币作为礼物。但是这么做压根儿不会增加我们的财富，其结果只会是一片混乱。

为了让我们看清事实，让我们看一个简单的例子。想象一下，鲁菲吉三角洲的一个村庄被洪水围困，村子里有十个人。他们有共计1000先令的纸币。他们还有一袋大米。如果政府派来直升机再给这些人投下1000先令纸币，他们是不是就不会感到那么饥饿，那么寒冷，是不是处境就没有那么危险了？或者，如果他们决定生个火烧光村里的所有纸币，他们的处境会变得更差吗？但是假设政府让直升机空投大米。那么他们就会有更多粮食，而他们有多少钱币并不重要。与前一种假设情况不同的是，如果发生了意外导致大米不可食用，那么这些人就会陷入极大的困境，尽管他们的纸币完好无损。因为纸币既不能食用，也不能变出栖身之所。金钱并不等于财富。

当然，假如在这个与外界隔绝的村庄，十人中有一人设法得到了政府命令直升机投下的那1000先令，情况又有所不同。这十个人的总财富没有增长，但这一个人有可能让自己得到更多大米。因此，其他九人的大米就少了，这是因为——让我重申一次——给这个与世隔绝的村庄更多钱，大米的总量也不会增多。如果这个得到额外金钱的幸运儿恰巧是村里最穷的人，那么结果可能就是，因为有了额外的金钱，财富（也即大米）的分配有所改善。在此情况下，这笔钱有可能促成大米在十人之间的公平分配。但是如果得到这笔额外金钱的人本来就与大多数人一样富有，或者更加富有，那么这笔额外的金钱就无法带来任何好的、社会主义的结果。

我们的财富

坦噶尼喀非洲民族联盟的领导者们应该在了解统计信息之前就意识到坦桑尼亚很贫穷。我们看得到贫困，我们就生活在贫困之中。然而，有时我们的人民也会看到一些人开着私家车，也会听到财政部长谈论财政预算的数字，他们会因此感到困惑，并且开始相信，不知怎么这个国家的某个地方有大量的财富,而他们之所以生活在贫困中,是因为不平等的分配、剥削,甚至是因为贫困并不真正存在!

因此,让我重申一次我们的真实境况。如果把我们国家所有人的所有财富堆成一堆,然后平均分配给所有坦桑尼亚人民,那么每人所得的价值共计525先令。这就是每人一整年的所得。不是一个月,而是一整年。这意味着全国财富总计约54.55亿先令。将近1050万人民依靠这些财富保证温饱;我们还要维持学校、医院的运作,修护道路和屋舍,支付管理部门、军队、警力和政府的一切费用,以及做好一切国内事宜。但除此之外,我们还要靠这笔财富来为未来更好的生活投资,我们要修建新的道路、新的交通设施,要建造工厂、屋舍、学校,等等。事实上,坦桑尼亚人民每年可以支出的总财富比美国政府一周的军事支出要少得多。(每个喜欢奢侈生活的坦桑尼亚富人都应该记住这一点。)

不管我们如何分配财富,我们都是一个贫穷的国家。我们不能逃避现实,任何罔顾实情而向人民允诺财富的人都是在愚弄人民,这样的人应该受到谴责。

这并不意味着总财富在不同群体间的分配就是不重要的小事。这自然是非常重要的,《阿鲁沙宣言》就提到了一个观点,坦桑尼亚应该在人民收入问题上体现更大程度的平等。这里我所关注、所强调的是,我们要分配的额度很小。我们就像我之前提到过的只有一只兔子的那十个猎人。我们的当务之急就是增加财富,我们不该把时间精力浪费在争论"我们现在拥有什么"这样的事上。

但是,目前为止,在坦桑尼亚的收入分配一事上,我们究竟做了什么呢?关于我们所创造的财富要怎么分配,我们的计划是什么呢——我们要怎么公平地进行分配?

首先,自从国家独立后,我们已经逐步提高了税收制度的先进性,这意味着收入越高的人,所缴税款占收入的比例也越高。因此,举例来说,全国只有十人年收入为30万先令及以上,这些人向政府直接上缴的税款都超过其收入的2/3。此外,他们要买的奢侈品也都伴有重税。当然,和其余人相比他们依然是富有的。但是如果和几乎任何其他国家同等情况的人相比,他们显然就不那么富有了。同时,收入远低于上述富人的人民也能感受到我们极为先进的税制的效力——这也是理所应当的。坦桑尼亚的任何高级公务员,任何部长,或者任何其他高素质的工人都会愿意向你提供这方面的例证,即便他因为自己是个社会主义者而不好意思抱怨,他也会愿意提供例证。税收政策现在就是,并且将来也是,控制我国收入差距的非常重要而有效的方法。

其次,我们已经废除了生产方式和交换方式的私有制,由此杜绝了未来对工人和农民的大规模剥削。今年二月,我们圆满完成了一系列小措施,将银行业、保险业以及食品业的一众大公司等收归国有,大大限制了此类剥削的机会。我们清除了这些隐患。与此同时,我们也收回了许多其他产业的控制权;换句话说,我们能够掌控这些产业。

第三,我们已经制止了给顶层人员的加薪,甚至也做到了削减政府直属员工的收入。我们现在的任务是确保政府部门以外,国内其他的顶层加薪情况也不再出现。在可预见的将来,不论我们的国民总收入在全国努力之下增加了多少,增加的部分都不太可能流向收入最高梯队。

但是这个收入层级的人数确实很少;大概有不超过35000人,其收入达到上缴所得税的标准,须缴附加税的人就更少了。坦桑尼亚真正的问题不是财富在富人与穷人之间的重新分配。真正的问题是,赤贫者和穷人之间、缺衣者与少食者之间,财富应该公平分配,其对国家开支的贡献也应该公平分摊。然而即便如此,对那些个人收入极易为政府和自身直接行动所影响的工薪阶层而言,情况也有了相当的改善。自1961年至今的六年以来,在坦桑尼亚雇用一名工人的成本已经增加了一倍有余。大多情况下,现金工资已经大大增加,而诸如假期津贴、遣散费、雇主支付公积金等福利也都真正增强了工薪阶层的安全保障和个人收入。

然而,农民的收入则不那么容易受到政府行动影响。通过鼓励合作运动,我们曾试图帮助农民免受中间人的剥削;我们正在努力提高合作运动的效率和效果,以确保原本的剥削并没有替换形式继续存在——确保不出现低效和官僚的剥削。然而,大多数情况下,我国农民的收入由自身辛勤耕耘、天气条件和他所卖作物的世界价格决定。政府有能力帮助,并且实际上也帮助了农民,具体做法就是教授他们种植作物的新方法,提供更高质的种子,以及在能力范围内提供信贷以供农民购买更好的工具或肥料,等等。但无论是政府还是农民都无法掌控天气;我们也都无法掌控出口农产品的世界市场价格。

我国农民生产的农作物中,有一部分是在坦桑尼亚内部消耗的,并且其中的很多农产品都由政府定价。然而,这并不意味着政府可以通过增加粮食作物的价格来增加我国人民的财富。举例说明,假如我们设定了一个较高的玉米价格,结果会怎样呢?其结果将是,工薪阶层在购买与以往等量的玉米时将从现有收入中划出更多钱来支付。他们的实际收入会因此减少。换句话说,这种情况下农民的收入是增加了,但我们就降低了工薪阶层的收入。如此,工薪阶层自然会要求增加工资,理由是生活成本上涨了。如果我们批准这个要求,最终我们必将提高工薪阶层生产的产品的价格——例如衬衫、皮鞋等——这些产品是农民需要购买的。所以最终,农民和工薪阶层的境况都没有得到改善,他们的收入都增加了,但是他们谁也不能买到比以往更多的商品。

除非我们改善产出情况,否则我们无法改善收入。对农民而言这是显而易见的,因为农民在自己的土地上劳作,拥有自己种植的庄稼。他可以抱怨作物售价太低廉,就如他可以抱怨天气情况不理想。但他总是可以发现他的产出和收入之间的关系。不管价格走向如何发展,如果农民过去每英亩只收获 4 袋玉米,而现在每英亩能收获 12 袋玉米,那么他的收入就能增加。只要农民完成了分内的工作,那么为了提高土地产出,政府所能做的就是提高农民收入。

这个基本原理也同样适用于工薪阶层:产出和收入相互关联。如果工人的收入上升,而他的产出价值没有上升,或者如果他的收入保持不变,而他的产出的总价值下降,他很快就会陷入困境。让我们举个简单的例子,一家衬衫厂里有 100 个工人,他们每个月生产 2000 件衬衫,也即每个工人生产 20 件衬衫。让我们继续假定每个工人每月工资是 200 先令;在此基础上,每件衬衫的生产成本就是 10 先令(为了让例子简单明了,我忽略了工厂租金、机器成本、运输等一系列问题)。坦桑尼亚的消费者都是以这个价格购买这些衬衫产品的。

现在让我们看看,如果这个衬衫厂的每名工人工资都涨到每月 300 先令而衬衫产量却没有增加,会有什么后果。现在每件衬衫的成本就是 15 先令。但消费者只能划出 20000 先令用以购买衬衫;因此,每月售出的衬衫不是 2000 件,而只是 1333 件。但是这就意味着要生产这个数量的衬衫,所需的工人只有 67 人。其余 33 位工人就会被遣散,因为他们生产的产品卖不出去。于是这种涨薪的总体结果就是:67 个人的生活更加富裕了,他们的月收入从 200 先令涨到了 300 先令。但是余下的 33 人原本月收入是 200 先令,现在却什么也得不到。此外,坦桑尼亚全国的消费者原本每月购买 2000 件新衬衫,如今每月只能购买 1333 件。

这当然是一个简化了的例子,但它的真实性不容置疑。事实上,自 1961 年来这样的事情已经在坦桑尼亚发生了。工资收入总共上涨了大约 80%,而工薪阶层整体生产力的提高幅度则比这小得多。因此,和 1961 年时相比,今天有收入的雇员人数减少了 93000 人。其中许多人失业的原因是雇主发现机器和手工劳作的工作结果是一样的,而购买一台机器比每个月支付给员工一笔上涨了的工资要划算得多。这意味着,为了保持较低成本,一些雇主解雇工人,购买机器来做同样的工作。在许多情况下,如果他们要继续经营,他们不会做出其他选择。在许多情况下,没有选择,如果他们继续经营。在其他情况下,例如,在国内就业市场,雇主会自己来做更多工作;或者他们干脆缩小业务,因为更高的工资支出不再符合经济原则——剑麻产业提供了许多这样的例子。在 1961 年,剑麻产业的雇员有 128928 人,而在 1966 年,这一数字已经下降到 64593,现在的数字甚至更低。

统计数据明确显示了以下两者间的联系:没有生产力的相应提高相伴的工资增长,以及有效就业的数量。例如,1963 年,整体工资水平上升最是显著,而就业人数的下跌也比任何一年都突出。1964 年,工资小幅上涨——工资涨幅可能和生产力涨幅相当——就业人数就增加了。让我给出具体数字。1963 年,平均工资涨了 28%,而就业人数减少了 14%。而在 1964 年,平均工资上涨了约 3%,而就业人数也增长了 3%。显然,1964 年的经验更符合我们扩张经济的雄心壮志——也更贴近发展计划的目标,即就业率年增长 6%。

有时会有这样的说法,即增加的工资应从利润中划出,如果这样做,商品售价不会上涨,农民境遇也不会更糟——只有富人雇主要承受些损失。不幸的是,正如我指出过的,这在坦桑尼亚行不通,在其他一些国家也许行得通,但那不是我们关心的问题。因为有国家政府、有当地政府、有合作社、有公有产业,坦桑尼亚人民现在是我国工薪阶层最大的雇主。公有的或公共掌控的产业所得的任何利润都会回报给人民,会被用于国家发展、国家福利。这就是二月份的国有化演练的重点。如果那些为威廉姆森钻石矿(50%公有)工作的幸运儿能够得到这个钻石矿的所有利润作为工资,这显然是非常不公平的。这些利润必须由我们所有人共享——事实上,目前超过 3/4 的利润都归于国家政府和其他国家机构。

威廉姆森钻石矿以及其他类似地方的雇员早已是工薪阶层中待遇较好的

群体,他们工作所得的回报大大高于同行业的平均水平。最近我们甚至遇到了这么一件可笑的事情,有一群工人因为一项特殊任务受雇于威廉姆森钻石矿,得到了他们支付的薪酬,这群工人现在指出,因为他们的薪酬只有我们向另一个钻石产业分支的国外工人支付的那么多,他们工作所得的收入少于受训期间的收入!而政府则必须决定如何处理这件事情。

工薪阶层是一个非常复杂的经济组织的一部分,他们以此谋生。我们不该希望他们能凭直觉理解他们的产出、工资和持续受雇之间的实际关联。而我们的工作——也即坦盟和坦噶尼喀全国工人联合会领导者的工作——正是理解其中关系,并向他们解释。我们必须向工人和农民指出,要增加我们的财富,办法只有一个。这个办法就是增加我们的产量。只有通过增产,我们才能有更多钱来为我们自己和我们的迫切需要付款——例如,我们需要新学校、新医院,或者我们每个人需要更高的工资。至于我们通过努力而增加的财富的其余部分,我们可以将之用于投资,如此我们就更容易在未来数年也实现增产。但是,我们不能先增加了大家的工资或其他收入,然后希望产量也将随之增加。一个农民在务农时也是不可能颠倒顺序的,他不可能先吃到玉米,然后清理土地、播种、除草、等待收获。

以上都不意味着为了均衡我国的收入,我们已经做了所有能做的事。但是,我们必须均衡收入,同时增加我们的总财富。在增加总财富一事上,我们必须集中精力。然后,我们必须通过不断维护和更新我们的累进税制来减少收入上的不平等。要做到这一点,我们必须提供面向所有人的社会服务,无论服务对象的收入是多是少;如果一个人突然有了提供给他和他家人的新医疗服务,或者新房子,或者新学校或社区中心,那么他的生活水平就得到了改善,其效果丝毫不亚于口袋中有更多金钱。生产力的提高带来了工资收入的提高,而我们也必须致力于让社会中工资最低的工人得到更高工资。

但是,如果我们的目标是使所有工人的收入完全相等,这就是错误的了。收入必须取决于工作和产出;必须让每个人都有更加努力工作的动机。我们的工资政策的关键点必须是,它在防止总体不平等的同时也构建了生产力和收入之间的直接联系。只要合适,我们就该采用计件工资方案,或因为产量增加而支付奖金。而如果以上做法并不合适——比如,像教学或护理这样的工作——我们应该考虑工作的社会效用,以及这个工作与其他谋生机会相比其相对吸引力如何——包括农事在内。

这意味坦噶尼喀全国工人联合会和坦盟面对着重要的建设性任务。我们必须认识到,要提高我们的成员的生活水平,方法就是帮助他们提高生产力,无论他们从事的是什么工作。我们的工会运动必须摆脱英国的传统,在英国,与雇主争吵就是工会存在的理由。现在,坦桑尼亚最大的雇主是人民——政府是人民的,公共机构也是人民的。坦噶尼喀全国工人联合会必须向苏联或瑞典的工会学习。上述两国的工会工作方式有所不同,不过主要关注的都是确保工薪阶层从增加的产出价值中分得公平的份额。因此,他们首先致力于鼓励工人,帮助他们提高生产力,然后再讨论收入的公平分配。与仅仅要求加薪相比,这当然就是一个更为艰巨的任务。但是,这个任务是真正服务于工会运动成员和整体人民的。这个任务不应该仅由坦噶尼喀全国工人联合会承担。坦盟的领导者们也有责任,因为工薪阶层还有农民都是我们政治运动的成员。

农村发展

我在这个问题上论述了很长时间,因为我们所有人都应该明白坦桑尼亚的这些基本经济情况。我们现在是一个贫穷的国家:通向繁荣的捷径并不存在;我们应该努力工作,慎重决策,为更美好的未来做好计划,这才是我们前行的唯一道路。一旦我们接受了这些事实,我们就可以做出计划以确保我们的进展方向是正确的。然后,我们可以确保持续增长的繁荣造福的是整体人民,福利没有集中在少数人手中。我们可以确保,我们建设的是一个人们为了共同利益彼此合作的社会。我们还可以弘扬非洲的传统价值观——作为所在社区的成员,人必须和其他同伴一同享受尊重和福利,并且他所享受的尊重与福利与他为社会做出的贡献是相称的。

对我们绝大多数人民来说,他们的社区将继续是一个农村社区,他们的谋生手段将是农事。这意味着,我国农业必须让所有愿意从事农事的人拥有经过改善的工作条件,而我们的农村生活必须基于社会主义原则——即基于平等、合作和民主的原则。

传统的非洲生活中人人平等,他们共同合作,参与到所有影响他们生活的决策中去。但是这种平等是贫穷的平等,合作是小事上的合作。他们的政府所管辖的也只是他们自己的家庭,或者是他们的氏族,或者至多是他们的部落。

因此，我们的任务就是将传统结构现代化，以使其满足我们对更高生活水平的新期待。

只要我们坚守传统生活的基本原则，并且调整我们的技术使其适应20世纪的要求，这是可以做到的。要达成这一目标，我们必须在坦桑尼亚全境内创建经济和社会的社区，社区的人们一起生活，一起为所有人的利益而工作，这些社区彼此连结，因此所有不同的社区也都为整个国家的共同利益而携手合作。

这是政策文件《社会主义与农村发展》中所概括的目标，我希望这个目标能得到本次会议的重视。本文是《阿鲁沙宣言》在农村生活实际需要层面上的应用。大家对本文的理解至关重要，我们都应为具体落实文中所述理念而努力。因为，《社会主义与农村发展》是关于社会主义和自力更生的一份纲领，它适用于坦桑尼亚的农村生活和坦桑尼亚农民；这意味着，它适用于我国95%的人口。

国家计划将覆盖我国农村，包括国有农场、国有森林、国家公园等。但这些不会成为农村地区占主导的组织类型。我们创建它们，使它们得以运作，为的是解决特殊问题，满足特殊需求。作为社会主义国家坦桑尼亚的国民，我们大部分人将在他们自己创造和管理的村社中生活、工作，村社将成为他们从事生产活动的基础。

让我们用最简单的词语来描述这个目标。许多家庭将共同生活于一个村社之内，并且将在共有的农场上为了共同的利益一起工作。他们的房子将是他们用自己的资源建造的；他们的农场将是彼此共同拥有的，其生产所得将是他们的共同财产。村社的活动、人们所从事的生产类型以及所生产的粮食和其他产品的分配，这些将皆由村社成员自行决定。因为对村社成员而言，土地是"我们的土地"；粮食是"我们的粮食"；共同所有的牲畜也是"我们的牲畜"。换句话说，我们所有的，将是一种与时俱进的、范围更大的传统非洲家庭，土地是"我们的"，粮食是"我们的"，以此类推。

村社的规模和组成在国家的各个地方将有所不同，这取决于土壤条件、合适的种粮或饲养条件以及人们的社会风俗。但是，一起生活、一同工作之后，所有人的生活条件都能得到改善。假设有40个不同家庭，每家都分开生活，各自在自家土地上耕作，各家分别汲水，分别送自家孩子去数里外上学，而与此类情况不同，村社的成员们会聚在一起，住在一个村社里。然后，在他们的共同努力下，他们最终将能够把水引入村社；他们将能够就近为孩子们建造学校，为所有人提供方便；他们将能够建造社区中心和商店，为彼此提供便利，等等。此外，在一个农场上一起工作之后，人们将很快能够投资购买牛犁来帮助完成工作，而原本这些工作都是他们靠自己的锄头和短刀来完成的；他们将能够充分利用对现代方法技术咨询；他们将能够增加共同生产量，促进共同繁荣。他们将能够共同对产品销售以及外部购买做出安排——也许可以通过经营自己的乌贾马商店来实现。如此等等。换句话说，他们将会创建一个生活和工作的社区。社区的所有成员将享有平等地位，收入上的任何变化都将仅仅是所完成的工作量的反映。人们将在工作中彼此合作，而非相互对立；他们将自主管理村社事务，并且以坦桑尼亚公民的身份共商国是。

这是我们的目标。在政策文件《社会主义与农村发展》中，这个目标已经得到了更大篇幅的清楚论述。我们必须了解这个目标，如此才能明白我们努力的方向。但是我们不可能一夕之间实现这个目标。我们还有很长的路要走。

近几年来的情况与目标有很大区别。我们并没有扩大我们的传统家庭单位，使其实现现代化，我们所做的倒不如说是抛弃了传统家庭单位，而转向了小规模的资本主义农业。我们的许多最精悍而有活力的农民，尤其是那些最愿意主动学习新技术的农民，已经开始独立经营。他们没有遵循平等精神，通过与他人合营来扩大农场规模，他们采取的是雇佣劳动力的方式。于是，一方面，农业劳动阶级的队伍开始壮大，另一方面，富裕的雇佣阶级开始扩张。所幸这种发展还没到不可挽回的地步，我们可以不费劲地制止这种趋势。但是，我们绝不能以迫害进步农民来改变现状。毕竟，是我们一直鼓励着他们走上现在的方向！与迫害相反，我们必须寻求他们的合作，必须让他们看到，新的社会主义农业能够为他们带来最高利益，以此将他们纳入这蓝图之中。这些农民展现了自己的活力和主动性，而这对我们的进展非常重要。我们需要这些人。

那么我们如何从目前的制度转向乌贾马村社制度呢？政策文件概述了一些可在不同地方使用的步骤，但有两件事是我们必须记住的。首先，合适的第一步会因地方不同而不同。第二，人民自己必须决定他们是否、何时做好准备开始转型。因为我们并不是简单地尝试组织增产；我们正尝试为大多数人民引进一种全新的生活方式。只有在人民了解这么做的目的，自发决定参与以后，这种转型才能实现。

我们绝不能冒进；重要的不是速度，而是前进的方向。我们必须鼓励人民、帮助人民，不要试图强迫他们。坦桑尼亚确实存在如上描述的村社，村社的成员正渐渐发觉村社所具有的优点。但也有时候，人们试图做出这种转型，却失败了。究其原因，往往是他们怀抱了过大的期望。他们热情过头，耐心过少。我们所需的是认真的思考、仔细的规划——由人民进行的思考和规划。这就是缓慢起步更好的原因，也许在私人计划以外也该有个公共的计划，也许人们应该展开"互助"。然后，渐渐地，问题会自己显露出来，计划的参与者们便可以解决这些问题。如此，他们便可获得信心，并开始下一步计划。

但"放慢速度"并不意味着"没有决心"。任何理解我们目标的人都可以朝着乌贾马村社的方向努力。行动的主导者不一定非得是坦盟领导者，或者政府官员。任何人都可以聚起一群朋友，决定建造村社。这些村社必须自我管理，参建者必须掌控自己的活动。没有其他人可以出面代劳。如此，一群年轻人可以决意开始建设村社；坦盟的支部成员也可以；基督教或者伊斯兰教的教徒也都可以。乡村学校的教师也可以主动邀请孩子们的家长加入到学校的共同项目中来，如此等等。

坦盟领导者的工作则是给予帮助和鼓励。这并不总是容易做到的。有时候，人们会心存疑虑，他们也许会拒绝接受建议，犯下错误。但如果坦盟领导者本身参与此类计划，并举例说明这种活动能够带来的益处，给出最佳方案，那么我们就能收获更大的成功。我们必须首先采取行动，然后别人才会跟上。如果每位来自农村地区的议员或其他代表都决定成为乌贾马村社的一员，我们将拥有一个好的开始。事实上，如果有人本可以生活在乌贾马村社中，却选择了不这么生活，那么这个人就不应该谈论乌贾马！

坦盟领导者们需要记住的另一个要点是，如果开始兴建上述村社，政府不会承诺提供帮助，村社也不会立即实现繁荣。保险起见，与其假定政府会带来一切可能需要的建议和资金，不如假定政府不能提供任何帮助！事实上，在一开始，乌贾马村社的生活将和农民自行耕作的生活一样艰辛。这个制度绝不会取消辛勤工作。它仅仅意味着，最终，人们的辛勤工作会带来更大的回报。

这是因为，正如本文所述，乌贾马村社是社会主义的、自力更生的社区。村社的成员们将利用当地资源和传统知识，他们将对生产工具进行简单的改进，共同工作。如果村社运作良好，村社成员使用的工具将从锄头升级为牛犁，他们也将不再独自携带重物,而可以使用更为便利的自行车或牛车。他们将制定自己的社会保障和援助制度以应对困难。他们的社区将成为自力更生的乌贾马社区。当政府和其他国家机构介入时,他们的所为将旨在对村社成员的活动做出补充,并协助他们进行自助。

如果我们成功兴建乌贾马村社,我们将能够以此为基础建立村社协会,单个村社无法实现一些较大的目标,而村社协会能够帮助众多村社合力实现这些大的目标。之后,我们将发展农村产业,以促进农村地区的生活多样性,提高农村地区的生活水平。但是,所有这些事情皆取决于我们是否在向正确的方向前进,取决于基层的人民是否齐心协力,以平等的精神为共同的福祉而努力。

结论

这次会议面临着一系列重要事务,但最重要的事务之一,就是对《社会主义和农村发展》的深入思考。我们应该将本文视为《阿鲁沙宣言》的组成部分之一,因此,在此我们应该给予它充分关注。我们已经就我国的工商业做出了许多决议;我们也就领导层的职责和资格做出了决议。现在,我们应该深入、严肃地思考我国广大人民,也即我们所有人,未来的道路。

我相信,如果各位都认可本文的理念,如果各位在结束会议、踏上归途时有着实施本文理念的决心,那么我们便定下了将要遵循的发展模式,在未来岁月中,它将让我们骄傲,让我们满意。

40 学校的发展

1967 年 12 月 11 日,尼雷尔总统在达累斯萨拉姆召开了中学校长会议。借此机会,他就已取得的进步向校长们表示了祝贺,也就某些对新政策的误解做出了澄清。

……最近,我到全国各地走了一趟,发现许多中学都开始试着将自力更生政策付诸实践。我见到了学校农场,观看了生产演示;我看到了为数众多的年轻人参与劳作。甚至有一所学校的男孩几乎接过了全部家务事,学校不再需要雇用服务员,因此倒惹来了坦噶尼喀全国工人联合会的责问。这是好事。这是我们的学校开始发生变化的迹象,这都多亏有学校高层的杰出领导。

我们的新政策意义何在?它要求我们的教育致力于满足国家和大多数学生的需求;要求学校密切关心社区、关心国家目前进行的斗争。它要求我们反复教育学生,让他们对未来进入社会参加工作持有正确的态度。学生们应该成为自力更生的经济发展的热情拥护者,也应该为有机会作为受过教育的人为以农业为主的我国经济贡献力量而高兴。

所有迹象都表明,我们已经开始朝着这个方向前进……然而,关于学校和校长究竟需要做些什么,某些地方还是存在一些误解。大家必须清楚,我们并不是在为学校引入一种名为"自力更生"或"社会主义"的新课程,也不只是在增加学生和教工的体力劳动时间。我们的目标是让学校做一些转变,不仅成为教育型社区,也要成为经济型社区。换句话说,我们希望将学校转变为能在相当程度上自力更生的教育型社区。我们希望每所学校(在学生和教工的共同努力下)最终都能独立负责自身的运作,独立支付学术开支之外维持运作所需的开销。我们希望大家能够认同这一新的责任,把它视为对国家发展和自力更生做出的自觉而值得自豪的贡献。

在将自力更生付诸实践的同时,学生将学习与未来生活相关的新技能,这也是劳动所带来的重要副产品;对于从事体力劳动会把手弄脏一事,他们也会采取现实的态度。他们会在实践中学习;他们也会认识到平时严格的学术追求中所习得的科学原理等知识与实际劳动的相关性。

这就需要我们旧的教育制度、每所学校的组织和教学发生根本性的变革。教育部以及在座各位校长必须一同为变革而努力,变革可能涉及考试类型、学年长度、人员编制,等等。我想,其中的一些问题将会在你们本周的会议上得到讨论。但是,在很大程度上,我们的新政策成功与否将取决于学校本身的主动性和做出尝试的意愿——在诸位的领导下。

实践自力更生的适当方式会因学校不同而不同。某些情况下,自力更生的重点可能在于学校的农场,它能为学校提供所有食物,还能有额外的经济作物可供销售。其他情况下,这也许并不符合实际,自力更生的重点在于完成所有校内的杂事,以及在车间里制作一些对学校和其他人有用的东西……

……关于这个问题,我只想强调两点,当然,也许在座诸位中许多人已经意识到了这两点的重要性。第一点是,学生必须真正参与到工作中来,贯穿始终,从策划阶段直到生产所得回报的分配。他们不能将这个新发展视为做苦力的宣判,而应将它视为一个对他们的能力、对他们对《阿鲁沙宣言》和国家发展的奉献精神的挑战,这样的挑战是令人兴奋的。

以下做法是错误的,例如,校长和教师只是拟出了经营某类农场的计划,规定农场使用某种工具、运用某种耕作方法,或者他们计划开设某类车间;然后,他们向学生出示这些计划,和他们说"这就是你们要做的事情"。如果以这样的方式行事,你们很可能会发现,学生们感到自己就像是农场或者车间的工人,他们在为别人干活。而在这种情况下,他们很可能也就会像工人一样行事,认为自己遭受了剥削,在上级监督之下尽可能地怠工。

另一方面,如果我们能够一开始就向学生直言问题和挑战所在,那么他们就可能产生完全不同的态度。我们可以向他们提供备选方案,并做出讲解;我们可以请各班选出学生代表,组成教工与学生的共同委员会,该委员会将制定计划细节、给出指令、制定纪律。该委员会可以作为学校的常设机构存在,但是必须在工作过程中经常听取全校的意见建议。

当然,这只是所需的行事方法的一个例子。你们一定能够制定出与自身情况最为合适的制度。但若想确保学生的完全参与,则总会有问题和危险出现。特别有可能出现的情况就是,时间都用在了言语讨论上,没有人真正付诸实践!另一种危险就是,因为指导不够专业,学生犯了错误,或者因为将错误的人选入了学校工作委员会,学校的纪律受到了削弱。

但是如果学校大会和委员会的主席非常优秀,那么这些问题大部分都是可以避免或克服的。虽然我们必须避免大规模的严重错误,但是有时候,小范围内允许学生犯错误,这也是值得的。这样一来,他们就能明白听取专家意见的好处——或者证明专家出了错。我们也必须正视这些情况下的纪律问题。我们成功建立民主社会的重要原因之一,是在自由讨论之后,我们总是全面落实共同决议;如果孩子们在校期间就能习惯这么做,那么他们也就是同时在学习自由社会中的公民责任。

现在,我想说明的第二点是,这类自力更生活动必须与学校工作相结合;必须让学生明白两者之间的关联。虽然我们确实应该减少公众的教育成本,不过新政策更为基本的目的还是帮助学生学习和实践将来会对他们、对社会有益的态度和技能。因此,他们不仅要知道他们要为社区做些什么,社区要为社会做些什么,还要知道必须这么做的原因。他们必须明白为什么必须有农场或者车间;他们必须明白为什么某种方案适用于农场而另一种适用于车间——他们不能只被告知事情就是如此。举例来说,他们不能只知道肥料是好东西;他们必须知道为什么肥料是好东西,它能起到什么作用。否则,日后如果他们经营自己的农场,他们可能会认为,只要增加一倍肥量,每亩地的收成也将增加一倍。而事实上,这么做的结果会很糟糕。我们受过教育的年轻人必须做好准备,能够在各自的领域实际施展领导才能;这意味着他们必须能够解释、能够示范,而不是只会死记硬背、复述知识。

显然,这意味着自力更生活动与学校课程学习必须紧密结合。例如,科学课应该包括对化学肥料或天然肥料性质的展示,数学课则应该教授学生比例法的原理,等等。

学校可能需要对不同科目的授课内容进行一些调整。但我想强调的是,我们并不是要求你们降低学校的课业标准。我们希望你们让学校科目与国家需要相关。毕竟,学生学习某种化学物质的属性,或者根据学校车间制作书桌的实际问题而做一些数学习题,这样的情况下我们没有任何理由降低课业标准。

我们所要求的就是提高所学内容与国家需要的相关性,而不是放弃或减少化学、数学课程。当然,这会带来一些问题。这会带来新的挑战,需学校所有不同学科的教师彼此合作、彼此协调。我想这也将带来一些与教科书相关的问题;你们的教工也许得自行解决自己遇到的问题,他们也许得自己撰写并分发教案……

图书在版编目(CIP)数据

尼雷尔文选.第2卷,自由与社会主义:1965~1967/(坦桑)尼雷尔著;李琳,徐宜修,王磊译.—上海:华东师范大学出版社,2014.10
ISBN 978-7-5675-2688-4

Ⅰ.①尼… Ⅱ.①尼…②李…③徐…④王… Ⅲ.①尼雷尔(1922~1999)-文集②自由-文集③社会主义制度-文集 Ⅳ.①D0-53

中国版本图书馆CIP数据核字(2014)第243408号

尼雷尔文选第二卷(1965~1967)
自由与社会主义

著　　者	[坦桑]朱利叶斯·尼雷尔
译　　者	李琳　徐宜修　王磊
译　　校	张忠祥
策划组稿	王焰
项目编辑	王国红
审读编辑	吴飞燕
责任校对	邱红穗
装帧设计	高山
出版发行	华东师范大学出版社
社　　址	上海市中山北路3663号　邮编200062
网　　址	www.ecnupress.com.cn
电　　话	021-60821666　行政传真021-62572105
客服电话	021-62865537　门市(邮购)电话021-62869887
地　　址	上海市中山北路3663号华东师范大学校内先锋路口
网　　店	http://hdsdcbs.tmall.com
印　刷　者	上海中华商务联合印刷有限公司
开　　本	787×1092　16开
印　　张	21.25
字　　数	327千字
版　　次	2015年6月第一版
印　　次	2015年6月第一次
书　　号	ISBN 978-7-5675-2688-4/K·421
定　　价	88.00元
出版人	王焰

(如发现本版图书有印订质量问题,请寄回本社客服中心调换或电话021-62865537联系)